30년 전쟁 K-배터리

이지훈 지음

30년 전쟁 K-배터리

변방에서 지배자로,
끝나지 않은 도전

리더스북

이 책을 향한 찬사

2023년 기준 대한민국 배터리 업계의 누적 수주 잔고는 1,000조 원을 넘어섰다. 한국 경제를 떠받치는 여러 산업 중 유일무이한 기록이다. 그간 대한민국 배터리 산업은 과감한 투자와 수많은 이들의 헌신으로 'K-배터리'라는 찬사를 들으며 세계시장의 지배자가 될 수 있었다. 그러나 현재 일시적 공급과잉과 중국 업체와의 치열한 경쟁으로 어려운 시기를 맞고 있다. 이러한 글로벌 각축전을 생각하면 우리에게는 새로운 백년대계가 필요하다. 한 치 앞을 내다볼 수 없는 인간에게 역사는 때때로 나아갈 방향을 알려주곤 한다. K-배터리가 지나온 결정적 순간을 짚어보며 새로운 기회를 묻는 이 책이 반가운 이유다.

권영수 • 전 LG에너지솔루션 대표이사 · 부회장

지금 세계는 소리 없는 배터리 전쟁을 치르는 중이다. K-배터리는 글로벌 시장의 강자가 되었으나 원천 기술과 양극재 원료 자원 확보, 가치 사슬의 협력이라는 차원에서 보면 미성숙한 부분이 있어 일견 불안하기도 하다. 특히 중국 업체들의 위협적인 성장세와 격화되는 자원 쟁탈전 앞에서 K-배터리의 현재 위상이 얼마나 지속

될지도 불확실한 상황이다. 이 중대한 시기에 배터리 산업을 둘러싼 역사·기술·정치·경제·지리를 꿰뚫는 흥미로운 역작이 출간됐다. 이차전지 업계 종사자와 투자자는 물론, 배터리 산업으로 새롭게 재편될 세계 질서가 궁금한 모든 사람에게 단비 같은 인사이트를 선사할 책이다.

권오준 · 포스코그룹 회장

이 책은 '패스트 팔로어'로서 성장한 대한민국이 '퍼스트 무버'가 되는 과정을 이지훈 교수의 남다른 열정으로 풀어낸 한국 배터리의 역사이자 세계 이차전지 산업의 역사다. 지금도 글로벌 시장에서 치열한 경쟁을 벌이고 있는 이차전지 산업의 판도를 이해하고 싶다면 지금 당장 일독을 권한다.

김명환 · 전 LG에너지솔루션 최고 생산 책임자·사장

'전기차의 심장'이자 '청정 에너지의 저장고'인 배터리를 둘러싼 글로벌 패권 전쟁을 치밀하게 분석한 책. 후발 주자에서 혁신 선도자로 도약한 K-배터리의 험난한 여정, 선구자들이 보여준 도전과

혁신, 헌신과 열정을 생생하게 현장 취재한 저자의 '기자 정신'이 돋보인다. 경제 안보와 글로벌 공급망 주도권을 둘러싸고 긴박하게 펼쳐지는 한중 배터리 경쟁에 대한 저자의 예리한 통찰력도 담겨 있다. 글로벌 배터리 전쟁에서 우위를 확보할 K-배터리의 책략과 활로가 궁금한 모든 이에게 추천한다.

박태성 • 한국 배터리산업협회 상근부회장

오랜만에 가슴 뛰는 벅찬 감동을 안겨준 책. 불확실한 미래를 향한 기업가들의 도전 정신, 그리고 거듭된 실패에도 굴하지 않고 끈질기게 매달린 연구자들의 노력을 가슴 깊이 느낄 수 있었다. 동시대를 함께했던 사람으로서 그 치열했던 순간이 마치 어제 일처럼 생생하게 떠오른다. 새로운 위험과 기회가 교차하는 오늘날의 배터리 산업에서, 이 책은 '배터리의 시대'를 제대로 알고 싶어 하는 이들에게 큰 영감을 줄 것이다.

이상영 • 연세대학교 화공생명공학과 교수 · 이차전지연구센터장

비교적 짧은 역사에도 빠르게 성장해온 대한민국 이차전지 산업에는 비전과 열정, 끈기와 헌신, 위험과 기회가 집약되어 있다. 이차전지 산업이 기후 위기의 대안이자 차세대 먹거리로 부상하면서 사활을 건 각축전은 이미 시작되었다. 자국 정부의 막대한 지원을 등에 업고 경쟁자들이 턱밑까지 추격해온 지금, 우리에게는 멀리 내다보는 장기적 안목이 절실하다. K-배터리가 지나온 시간을 복기하며 나아갈 길을 모색하는 이 책이 이차전지에 관심 있는 모든 사람, 특히 정책 수립자들에게 탁월한 참고서가 되길 바란다.

정준양 · 전 포스코그룹 회장

많은 이들이 K-배터리 앞에 놓인 험난한 미래를 염려한다. 그런데 우리가 잊지 말아야 할 것이 있다. 21세기 대한민국 배터리 산업은 30년에 걸친 도전과 뚝심의 결과라는 사실이다. 수많은 난관에도 끊임없이 도전한 역사가 있었기에 K-배터리 신화가 탄생할 수 있었다. 부디 이 책이 우리가 잠시 잊고 있던 K-배터리의 기백과 도전 정신을 다시 한번 일깨우는 촉매가 되길 기원한다.

최문호 · 에코프로비엠 대표이사

차례

이 책을 향한 찬사 ··· 4
주요 등장인물 ··· 13
프롤로그 배터리 산업의 진검 승부는 지금부터다 ··· 14

1장 불이 나지 않는 배터리

흐름을 바꾼 접착제 하나 ··· 25
회장님 사업과 20년 만의 흑자 ··· 38
GM의 선택 ··· 48
아직 오지 않은 시대 ··· 58
폴란드에서의 고투 ··· 65
인생의 전환점 ··· 69
폭스바겐이 준 뜻밖의 기회 ··· 75
미국의 깜짝 선물 ··· 78
뒤바뀐 갑을 관계 ··· 87
'본 글로벌' 산업 ··· 92
배터리의 나라 ··· 97

SPECIAL INTERVIEW 권영수_ 전 LG에너지솔루션 대표이사·부회장 ··· 113
SPECIAL INTERVIEW 김명환_ 전 LG에너지솔루션 최고 생산 책임자·사장 ··· 116

2장 틈새시장의 거인들

계약 하나로 44조 원을 거머쥔 중소기업	⋯ 123
대기업이 포기한 사업에 뛰어들다	⋯ 132
못난이 아기	⋯ 140
치킨 게임과 독립선언	⋯ 146
틈새 본능	⋯ 149
기술적 해자	⋯ 153
클로즈드 루프 에코 시스템	⋯ 160
거안사위	⋯ 164
하늘의 도움	⋯ 174
SPECIAL INTERVIEW **이동채_** 에코프로그룹 창립자·전 회장	⋯ 184

3장 철강 제국, 리튬을 만나다

워런 버핏의 조언 ··· 191
이상득과 볼리비아 ··· 199
권오준과 리튬 ··· 204
볼리비아에서의 실패 ··· 210
중국에 빼앗긴 염호 ··· 213
전략 수정 ··· 218
고산병 ··· 221
유레카 모먼트 ··· 228
주인 없는 회사 ··· 243
'철강 이후'를 고민하다 ··· 248
토요타 회장의 특강 ··· 252
SPECIAL INTERVIEW **정준양**_ 전 포스코그룹 회장 ··· 258
SPECIAL INTERVIEW **권오준**_ 전 포스코그룹 회장 ··· 261

4장 전쟁의 시간

정유 회사에서 배터리 기업으로 ··· 265
분쟁의 시작 ··· 272
미국으로 옮겨 간 세기의 소송 ··· 277
증거 번호 6125 엑셀 파일 ··· 290
선택과 포기 ··· 309
삼성은 왜 배터리 사업에 신중할까 ··· 314

5장 자연의 법칙에 도전하다

"교수님, 이렇게 하면 됩니다" ··· 323
청계천에서는 못 만드는 게 없다 ··· 335
모르고 지나친 기술 ··· 339
특허 전쟁 ··· 342
기업가가 된 교수 ··· 348
한국 몽夢 ··· 356
SPECIAL INTERVIEW 선양국_ 한양대학교 에너지공학과 교수 ··· 370

6장 차이나 포비아

중국과의 기술 격차는 2년? ··· 377
골든 샘플 ··· 385
부처님 손바닥 ··· 387
인도네시아, 니켈, 그리고 중국 ··· 391
중국 전기차의 아버지 ··· 401
화이트리스트 ··· 408
ATL이 CATL이 된 사연 ··· 412
피부로 느낄 만한 정책이 없다 ··· 418
태양광의 추억 ··· 422
떠오르는 LFP 배터리 ··· 430
배터리, 정말로 친환경인가 ··· 434

7장 비전과 의지

① 비전: 보이지 않는 시장을 그리다 ··· 441
② 의지: 빠른 판단과 전략적 대응 ··· 450
③ 끈기와 혁신: 실패를 뛰어넘는 끝없는 도전 ··· 456
④ 금융 헌신과 자산 레버리지: 과감하고 적극적인 자원 투입 ··· 467

에필로그 K-배터리가 지닌 맷집을 기대하며 ··· 475
감사의 말 ···482
주 ···484
찾아보기 ···496

주요 등장인물(가나다 순)

권영수	전 LG에너지솔루션 대표이사·부회장
권오준	전 포스코그룹 회장
김명환	전 LG에너지솔루션 최고 생산 책임자·사장
민경화	LG화학 IP그룹 전무
박광석	포항산업과학연구원 연구위원
박태성	한국 배터리산업협회 상근부회장
선양국	한양대학교 에너지공학과 교수
신광수	미래엔 대표
유상열	재세능원 대표이사
유성	전 포항산업과학연구원(RIST) 원장
이경섭	포스코필바라리튬솔루션 대표이사
이동채	에코프로그룹 창립자·전 회장
이봉원	전 엘앤에프 대표
이상영	연세대학교 화공생명공학과 교수·이차전지연구센터장
이존하	SK온 연구위원
이한선	LG에너지솔루션 특허센터장
정준양	전 포스코그룹 회장
조재필	UNIST 에너지화학공학과 교수·에스엠랩 대표
최문호	에코프로비엠 대표이사
홍영준	포스코홀딩스 미래기술연구원 이차전지소재연구소장(부사장)
홍정기	전 LG경영연구원 수석연구위원

프롤로그

배터리 산업의 진검 승부는
지금부터다

"우리나라에서 수주 잔고가 1,000조 원을 넘은 산업은 배터리가 유일합니다."

2023년 11월 1일, 배터리 산업의 날 행사에서 권영수 LG에너지솔루션 대표이사 부회장이자 한국 배터리산업협회 회장이 한 말이다. 훗날 이날은 K-배터리가 세계 패권을 잡은 출발점으로 기록될 것인가, 아니면 짧게 명멸한 왕조처럼 한때 피어오르고 만 불꽃으로 기록될 것인가. 미래는 예측할 수 없다. 다만 이 책은 K-배터리가 어떻게 이 자리까지 올 수 있었는지 기록하려 한다.

1,000조 원은 흔히 '배터리 3사'로 불리는 LG에너지솔루션과 삼성SDI, SK온, 세 회사의 고객이 길게는 10년에 걸쳐 구매하겠다고 약속한 배터리 물량을 금액으로 환산한 것이다. 세 회사 연간 매출

의 20배 가까운 일감을 미리 확보한 셈이다. 이들 회사의 주요 고객은 GM, 포드, 토요타 등 글로벌 자동차 제조사들이다. 전기차의 심장이 배터리이고, 그 배터리를 가장 잘 만드는 것이 한국 회사이다 보니 장차 필요한 물량을 입도선매한 것이다.

배터리를 다른 말로 '전지電池'라고 한다. 전기를 담는 연못이란 뜻이다. 이중 이차전지는 충전해서 다시 쓸 수 있는 배터리를, 일차전지는 다 쓰고 버리는 배터리를 말한다. 이 책에서 다루는 것은 이차전지다. 2030년 글로벌 이차전지 시장 규모는 약 4,000억 달러에 달해 메모리 반도체의 2배에 이를 것이라고 전망하기도 한다.

한국은 이 시장의 핵심 플레이어다. 윤석열 대통령은 2023년 '이차전지 국가 전략 회의'에서 "이차전지는 반도체와 함께 우리의 안보, 전략 자산의 핵심"이라고 말한 바 있다. 이차전지는 반도체, 디스플레이, 바이오 산업과 함께 우리나라 4대 국가 첨단 전략 기술 중 하나이기도 하다.

만일 한국에 이차전지 산업이 없었다면 어떻게 됐을까. 한국 경제가 저성장의 늪에 빠졌다는 우려가 커지는 요즘, K-배터리의 성취가 더욱 의미 있게 느껴진다. 골드먼삭스는 이차전지 산업이 한국의 경제성장률을 연간 0.3%씩 끌어올릴 것으로 내다봤다. 반도체에 크게 의존해온 한국 경제에 희망을 주는 전망이다. 지난 10여 년간 반도체가 이끈 경제성장률은 연간 0.6%다. 한국이 K-배터리에 거는 높은 기대는 정책 당국의 지원에도 나타난다. 국책은행인 산업은행이 2023년까지 5년간 배터리 산업에 신규 지원한 여신은

약 15조 원으로, 반도체의 약 3배에 달했다.

한국은 일본보다 10년 늦은 1999년부터 이차전지를 대량생산했다. 그러나 한국은 10년 뒤 일본을 제치고 이차전지 세계 최대 생산국이 됐고, 지금은 중국과 글로벌 시장 패권을 놓고 다투고 있다. 세계 이차전지 시장에서 한국의 점유율은 23.1%로 중국(63.5%)에 이어 두 번째이고 다음이 일본(6.4%)이다. 중국 기업의 점유율이 높은 것은 세계시장의 절반 이상을 차지하는 중국 내수시장 때문이다. 이 시장은 한국을 비롯한 외국 기업의 참여가 제한되어온 특수 시장이다. 중국을 제외한 시장 기준으로는 한국의 점유율이 48.6%에 달해 차지해 독보적 위상을 확보하고 있다.

고무적인 것은, 장차 중국보다 커질 것으로 예상되는 미국 전기차 시장에서 K-배터리가 승기를 잡았다는 사실이다. 미국은 자국 전기차와 배터리 시장에 중국이 발을 디디지 못하게 하는 정책을 쏟아내고 있다. 이에 힘입어 한국 배터리 업체들은 미국에 생산 시설을 대규모로 확장하고 있다. 이미 발표된 투자 계획만으로도 미국 시장에서 한국 배터리의 점유율은 2021년 11%에서 2025년 55%로 급증하게 된다.

나는 왜 지금 K-배터리를 주목하는가

지금 한국 경제를 주도하는 전자, 자동차, 조선, 철강, 석유화학은

1960년대에 시작되었다. 그러나 이차전지는 비교적 늦은 2000년 전후에 시작되었다. 한국은 배터리 기술을 처음 개발한 나라도 아니고, 그것을 처음 생산한 나라도 아니다. 그렇다면 한국은 어떻게 배터리 사업에 뛰어들어 지금처럼 세계적인 기업을 키워냈을까. 나는 이 점에 강한 호기심을 느꼈다.

나는 배터리 업계 종사자도 아니고, 이 분야 연구자도 아니다. 그런 내가 왜 배터리 산업에 관심을 갖고, 수십 명의 기업가와 전문가를 만나며 이 책을 썼느냐고 묻는다면 '호기심' 때문이라고밖에 대답할 길이 없다. 전기 작가 월터 아이작슨이 왜 스티브 잡스 전기를 쓰고, 역사학자 크리스 밀러가 왜 반도체 산업의 역사인 『칩워』를 썼을까. 역시 호기심 때문일 것이다.

K-배터리에 대한 호기심을 더욱 자극한 것은 이차전지라는 업이 지닌 인류사적 의미다. 세계 각국은 기후변화가 인류의 생존을 위협하는 문제라는 데 인식을 같이하고 공동 대응에 나서고 있다. 그런데 이 전 세계적인 대응에서 이차전지가 결정적인 역할을 한다. 태양열을 비롯한 자연의 에너지를 저장하는 데, 그리고 내연기관 자동차를 대체하는 전기차를 구동하는 데 없어서는 안 될 물건이 이차전지다. 우리가 이런 사업을 주도하고 있다는 데 자부심을 가져도 된다.

그간 K-배터리의 성장에 대한 호기심을 풀기 위해 많은 문헌과 자료, 기사를 섭렵했지만 부족했다. 내용이 파편화되어 있었고 지나치게 기술 중심적이었다. 그리고 무엇보다 사람의 이야기가 빠져 있었다. K-배터리의 오늘이 있기까지 필시 다른 사람은 보지 못한 미래를 내다본 기업가와 거듭된 실패에도 포기하지 않은 연구자, 그리고 엔지니어가 있을 것이었다. 그런데 그 이야기를 찾기가 어려웠다. 한국에서 아쉬운 것은 기록의 중요성에 대한 인식이 부족하다는 것이다. 선진국에서는 사소한 일도 기록해두는데 한국은 그렇지 않다. 나는 K-배터리 성장사史가 기록할 만한 가치가 충분하다고 생각했다. 그리고 그 일을 부족하나마 내가 어느 정도 할 수 있다고 생각했다. 그간 전직 신문기자로서, 그리고 경영학과 교수로서 많은 기업의 사례를 취재하고 연구해왔기 때문이다.

그렇게 K-배터리가 지나온 발자취를 더듬기 시작했다. K-배터리를 이끄는 주요 기업-LG에너지솔루션, 포스코홀딩스, 에코프로, SK온, 엘앤에프 등-의 핵심 관계자들을 만나 이야기를 채집했다. 창업자부터 최고 경영자, 최고 기술 책임자, 연구소장, 실무 책임자를 폭넓게 만났다. 또 대학의 배터리 연구자, 산업 분석가, 정부 관계자도 만나 K-배터리 산업을 냉정하고 객관적인 눈으로 살펴보고자 했다. 아쉽게도 삼성SDI는 핵심 관계자 인터뷰를 여러 차례 공식 요청했으나 응하지 않았다.

내가 그들에게 물은 공통된 질문 중 하나는 "오늘이 있기까지 가장 결정적인 사건 다섯을 꼽는다면 무엇인가"였다. 나는 그런 질문을 화두로 던져 오늘의 K-배터리가 있기까지 기념비적인 순간을 재구성했다. 그 이야기들을 들으며 때로는 내 일인 양 기쁘고, 때로는 안타깝고, 때로는 가슴이 뛰었다. 그리고 인생에 대해 다시 생각해보게 되었다. 한국 배터리 산업의 오늘은 끝없는 도전의 결과물이었다. 어떠한 난관에 부딪혀도 배터리가 미래의 성장 동력이 될 것이라는 비전을 포기하지 않고, 끈기와 혁신, 헌신으로 극복한 결과였다. 스토리 곳곳에 야성적 충동animal spirit이 종횡함은 물론이다.

이 책은 결국 기업가 정신에 대한 헌사다. 『역사』를 쓴 헤로도토스의 표현을 빌리자면, 이 책은 이지훈이 제출하는 '탐사 보고서'다. 그 목적은 'K-배터리 종사자들의 행적이 시간이 지나면서 망각되고' '위대하고도 놀라운 업적이 사라지는 것을 막고' 때로 '전쟁을 하게 된 원인을 밝히는' 데 있다.

거대한 전환 그리고 '두 번째 전쟁'

2023년 이후 전기차와 배터리 시장에 쓰나미가 몰아닥쳤다. 전기차 성장세 둔화, 광물 가격 하락, 중국의 저가 물량 공세라는 삼중고를 겪으며 배터리 업체가 큰 타격을 입었다.[1] 2023년 이후 전기차와 배터리 관련 기사에 단골로 등장했던 단어가 '캐즘chasm(협곡)이다. 조기 수용자early adopter들은 이미 전기차를 살 만큼 샀으며, 대중이 전기차를 사기에는 높은 가격이나 충전소 부족 같은 여러 장벽이 있어 전기차 시장이 정체기에 빠졌다는 것이다. 또 주요 국가들은 전기차 보조금을 축소하거나 폐지했고, 자동차 업체들은 투자 계획을 축소하거나 연기했다. 이에 주요 배터리 업체와 배터리 소재 업체의 일부 공장 가동률이 50%를 밑돌 정도로 떨어지고, 실적이 크게 악화되었다. 한때 국내 증시를 뜨겁게 달구었던 배터리 관련 주식 역시 가격이 급락해 투자자에게 큰 고통을 안겨주었다.

하지만 우리가 잊지 말아야 할 것은 속도가 다소 느려졌을 뿐, 전기차 전환이라는 큰 방향성은 변하지 않는다는 사실이다. 화석연료와 내연기관 자동차에서 벗어나는 것은 수십 년간 인류가 집단 지성을 통해 도출하고 합의한 생존 해법이다. 인류가 이 큰 흐름을 되돌리는 일은 없을 것이다. 오히려 요즘처럼 상황이 악화되고 관심이 줄어든 때일수록 차분히 과거를 반추하고 미래 전략을 가다듬어야 한다. 이 책이 그 성찰과 숙고에 불쏘시개가 되었으면 한다.

물잔에 물이 절반쯤 남았을 때 누군가는 절망을 보고, 누군가는 희망을 본다. K-배터리를 우려의 시선으로 보면 사상 최대의 위기로 느껴지기도 한다. 대중 소비자가 전기차를 계속 외면한다면 어떻게 할 것인가? 또다시 도널드 트럼프가 미국 대통령에 당선되어 전기차와 배터리에 대한 지원 정책을 백지화하거나 대폭 축소한다면 어떻게 할 것인가? K-배터리가 태양광이나 LCD처럼 중국과의 경쟁에 밀려 쇠락할 가능성은 없는가?

그러나 '잔에 물이 반이나 남았다'라는 관점에서 보면, 위기는 곧 기회이기도 하다. 공부를 잘하는 사람은 시험문제가 어려울수록 좋다고 한다. 불황이 오고 진검 승부를 벌여야 실력 없는 회사들이 떨어져 나가고 시장이 정비된다. 한국 배터리 업계에는 그런 시간이 앞으로 3~4년 남았다.

K-배터리는 첫 번째 전투에서 큰 승리를 거둔 뒤 파티를 즐기기도 전에 두 번째 도전, 즉 예전과는 비교도 할 수 없고 생사를 걸어야 하는 결전을 앞둔 영웅의 모습에 비유할 수 있다. 종착역이 어디인지 가늠되지 않고, 전 세계 주요 회사들이 죽기 살기로 덤벼드는 전쟁터의 한가운데 있다.

누구도 결말을 예측할 수는 없다. 호메로스가 노래했듯 '바람과 키잡이가 함께 배를 이끌기' 때문이다. 제발 바람을 보내달라는 기도에 신이 응답할 때 비로소 배는 목적지를 향해 순항하게 된다. 오늘도 여러 영웅이 배터리 나라에서 분투하지만, 그들은 여전히 신들의 손안에 있다.

그러나 설사 신의 저울이 다른 쪽으로 기운다 할지라도 그들의 분투는 헛되지 않을 것이다. 영웅을 영웅으로 만들어주는 것은 전쟁의 승패가 아니라, 영웅이 되는 과정이다. 그동안 무수히 많은 고지를 넘고 빛나는 전과를 올려온 K-배터리의 지혜와 맷집에 기대를 걸어본다.

2024년 늦가을,
이지훈

불이 나지 않는 배터리

"새로운 것을 해야 하는구나, 무조건
남이 하지 않는 일에 도전해야 하는구나, 싶었어요.
남이 안 한 걸 하니까 혁신이 이뤄졌잖아요."

흐름을 바꾼
접착제 하나

배터리는 사람처럼 숨을 쉰다. 기업을 운영하는 이들은 제품을 자식에 비유하곤 한다. 그런데 배터리를 만드는 이들에게 이 비유는 보다 생생하게 다가온다. 그들의 자식, 즉 배터리는 사람처럼 살아 움직이고 숨을 쉬기 때문이다. 공기가 몸 안팎을 오가며 사람을 숨 쉬게 하듯, 배터리 속 이온과 전자는 양극과 음극을 오가며 배터리를 숨 쉬게 한다. 그러면서 스마트폰이나 전기차 같은 최첨단 기기를 구동한다.

숨 쉬는 제품을 생산한다는 것은 업의 특성을 크게 결정짓는다. TV 디스플레이 같은 제품은 디지털화되어 있고 예측 가능한 부분이 많다. 그런데 배터리는 아날로그성이 매우 커서 예측하기 어렵다. 살아 숨 쉬기 때문이다. 배터리는 10개의 제품을 똑같이 생산

해도 숨을 쉬는 화학적 과정을 무수히 거듭하면 저마다 달라진다. 어떤 녀석은 순탄하게 자기 수명을 다하지만, 어떤 녀석은 숨을 쉬다 객사하기도 한다. 더욱 문제가 되는 점은, 어떤 녀석은 화재 같은 사고를 일으키기도 한다는 것이다. 이는 제품의 주요 사용처가 자동차라는 점 때문에 치명적인 이슈가 된다. 사람의 목숨을 위협할 수 있기 때문이다.

한국의 대형 이차전지 업체들은 1년에 몇억 명의 숨 쉬는 자식을 낳는다. 그들은 때로는 부모를 함박웃음 짓게 하지만, 심심찮게 부모 속을 썩이고 애간장을 녹이기도 한다. 배터리를 생산하는 과정에서 100만 개 중 1개만 하자가 생겨도 사고로 이어질 수 있고, 조 단위의 리콜 비용이 발생할 수 있다. 그래서 PPM(100만분의 1) 수준의 품질관리로는 모자라고 PPB(10억분의 1) 수준으로 관리해야 한다.[1] 한국의 배터리 업체, 그리고 그 부품과 소재 업체는 이처럼 까다로운 자식을 조심스럽게 다루어 대량생산하는 독보적인 기술력을 갖추었다.

외국인들은 한국 하면 가장 먼저 떠오르는 이미지로 한식, K-팝, K-뷰티 등 'K-컬처'를 꼽는다. 산업계에서는 K-배터리가 K-반도체와 함께 한국을 대표하는 키워드 중 하나가 되었다. 『배터리 전쟁』의 저자 루카스 베드나르스키는 한국을 '진정한 배터리의 나라'라고 표현했다. 그는 한국의 배터리 산업에 대해 '일본의 덕목으로 유명한 품질과 중국의 덕목으로 유명한 규모를 동시에 구현한다'라고 했다. 그렇다면 한국은 어떻게 배터리의 나라가 되었을까. 오늘의 K-배터리가 있기까지 결정적인 장면을 따라가보자.

2002년 12월 어느 날

2000년, LG화학 기술연구원의 이상영은 1년 6개월 동안 독일 연수를 마치고 귀국했다. 귀국 후 새로 생긴 안전성 강화 팀으로 발령받았는데 팀원 10명인 이 팀의 목적은 하나였다. 바로 '화재가 나지 않는 배터리'를 만드는 것이었다.

배터리의 역사는 어떻게 보면 화재 위험과의 전쟁이라고도 볼 수 있다. 세계 최초로 리튬 이온 전지를 상용화한 소니가 훗날 배터리 사업을 접은 것도 배터리 화재 때문이었고, 삼성도 발화 사고 때문에 배터리 사업 철수를 검토한 적이 여러 번 있었다. 삼성이 전기차용 배터리 시장에 한발 늦게 진입한 것도 화재 위험과 무관하지 않다.

이상영이 귀국할 당시 LG화학은 어수선했다. 당시 배터리를 장착한 휴대전화와 노트북에서 여러 차례 발화 사고가 일어났기 때문이다. LG화학 경영진은 수시로 그룹 본사에 불려 갔고 그룹 경영진은 빨리 해결책을 마련하라고 재촉했다. 이처럼 혼란한 와중에 이상영의 머릿속에 떠오른 것은 '급할 때일수록 돌아가자'라는 생각이었다. 전지가 왜 터질까? 원점으로 돌아간 그는 문제의 핵심은 분리막이라고 생각했다. 분리막을 이해하기 위해서는 배터리가 어떻게 작동하는지 알 필요가 있다.

배터리, 특히 충전해서 쓸 수 있는 이차전지 중 오늘날 가장 흔히 쓰이는 것이 리튬 이온 전지다. 구조는 샌드위치와 비슷하다. 아주 얇은 빵 두 조각이 있는데 하나는 양극, 다른 하나는 음극이라고 보면 된다. 중간에 있는 고기는 두 빵 조각을 분리하는 역할을 한다고 해서 '분리막'이라고 한다. 고기에 비유했지만 사실 분리막은 머리카락 굵기의 25분의 1밖에 안 될 정도로 얇은 필름과 같다.

이때 양극과 음극이라는 두 빵 조각이 서로 닿지 않는 게 매우 중

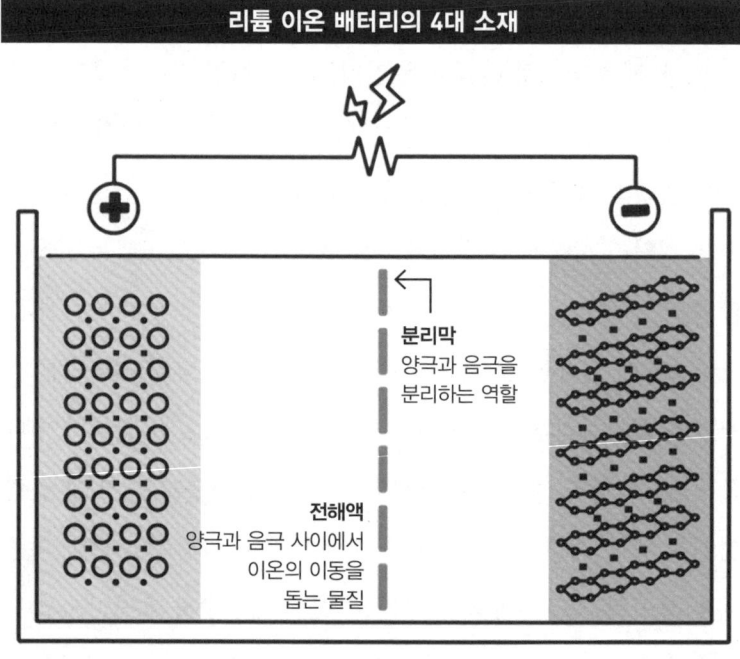

리튬 이온 배터리의 4대 소재

분리막
양극과 음극을
분리하는 역할

전해액
양극과 음극 사이에서
이온의 이동을
돕는 물질

양극
배터리의 용량과
전압, 안정성을 결정

음극
방전 과정에서 리튬 이온이 양극으로 이동할 때
이온을 받아들이고 외부 회로를 통해 전자를 방출

요하다. 닿는다면 합선으로 불이 날 수 있기 때문이다. 이와 함께 분리막은 또 하나의 중요한 역할을 해야 한다. 분리막에는 박테리아만큼 미세한 구멍이 나 있는데, 그 구멍을 통해 리튬 이온이 한쪽 빵(양극)에서 다른 쪽 빵(음극)으로 자유롭게 오갈 수 있어야 한다. 그 과정에서 전기가 충전되고 방전된다.

문제는 분리막이 매우 얇고 찢어지기 쉽다는 것이다. 분리막은 합성수지의 일종인 폴리올레핀으로 만드는데 우리 주변에 흔한 비닐봉지와 비슷하다고 생각하면 된다. 배터리에 열이 많이 나다 보니 얇은 비닐봉지가 잘 녹고 찢어진다. 그러면 양극과 음극이 닿아버려 합선이 일어나고 불이 나게 된다. 당시 분리막은 일본 업체들이 개발한 것을 썼는데 온도가 올라가 130~140℃가 되면 흐물흐물해졌다. 이러면 순식간에 폭발이 일어난다. 온도가 서서히 올라가는 게 아니라 과열되면 순간적으로 200℃ 이상 올라가다 보니, 이런 상황을 막아야 되는데 기존 분리막으로는 어려웠다.

구멍 뚫린 비닐은 잘 찢어진다. 그렇다면 비닐을 대신할 수 있는 게 무엇일까? 이상영은 폴리올레핀보다 안전한 물질이 무엇인지 고민했다. 밤낮으로 자료를 뒤지고 공부하다 보니 후보가 한 가지 물질로 좁혀졌다. 바로 세라믹이었다. 도자기나 인공 치아 같은 데 쓰이는 세라믹은 불에 강하다. 200℃까지는 전혀 문제가 없다. 게다가 눌러도 잘 뚫리지 않는다.

김명환 당시 LG화학 배터리연구소장 역시 한 세미나에 참가했다가 일본 참가자 발표 자료에서 세라믹을 주목하고 이상영의 연구에 힘을 실어줬다. 그렇게 해서 세라믹과의 씨름이 시작되었다.

'비닐 대신 세라믹을 쓰자. 세라믹 분말을 비닐에 바르든 어떻게 하든 그걸 써보자.'

처음에는 분리막을 없애고 세라믹 자체를 필름처럼 만들어야겠다고 생각했다. 분리막 자체가 하나의 필름이라 할 수 있는데, 폴리올레핀 대신 세라믹으로 그것을 대신하겠다는 생각이었다.

"그런데 안 되더라고요. 엄청 헤맸어요. 지금 생각해보면 너무 용감한 생각이었죠."

세라믹이라는 물질의 또 하나의 특성은 경도와 강도가 매우 높다는 것이다. 이런 세라믹으로 필름처럼 얇은 막을 만든다는 것은 불가능에 가까웠다. 이상영은 두 번째 방법을 생각했다. 벽돌에 시멘트를 바르듯 전극(음극)에 세라믹 분말을 바르면 어떨까? 그렇게 해서 전극과 세라믹을 일체화하면 어떨까? 그런데 이 단계에서 이상영은 해결하는 데 2년이 필요했을 만큼 예기치 못한 복병을 만났다. 세라믹을 전극에 바를 때 쓰는 접착제*가 문제였다. 어떤 접착제를 써도 세라믹 분말이 좀처럼 전극 표면에 붙지 않는 것이었다.

"이게(세라믹이) 잘 붙어 있으면 좋겠는데 안 되는 거예요. 제가 알고 있는 모든 지식을 동원해 적합한 접착제를 찾아봤지만 안 붙

---

* 배터리 업계에서는 '바인더'라고 한다.

더라고요."

100개에 가까운 접착제를 시험해보았지만 소용이 없었다. 절망에 빠져 있던 어느 날, 이상영은 우연찮게 한 가지 물질을 떠올렸다. 독일에서 지내던 시절 옆자리에 앉아 있던 동료가 작은 통에 처음 보는 분말을 넣고 있었다. 유기 전자 소자에 쓰는 접착 물질이라고 했다. 접착력이 뛰어나다는 말에 당시 이상영은 그것을 조금 얻어 통에 보관해두었다가 귀국할 때 가져왔다. 불현듯 이때의 기억이 떠오른 그는 집에 보관하고 있던 그 물질을 회사에 가져와 시험해보았다.

"세라믹이 붙더라고요. 신기하게도 그동안 제가 겪었던 문제가 모두 해결되었죠."

LG화학으로 하여금 전기차 배터리 사업을 포기하지 않게 만들고, GM과 닛산을 비롯한 여러 자동차 회사의 수주를 따내고, SK이노베이션과 조 단위의 특허 소송을 하게 만든 기술, 바로 안전성 강화 분리막 SRS 기술이 탄생하는 순간이었다.

"지금 생각하면 모두 소설 같은 이야기예요. 회사에서 저를 독일에 보냈고, 독일에서 아무 생각 없이 옆자리 친구가 갖고 있는, 이름도 모르는 물질을 보고 너무 신기해서 가지고 왔다가 문득 그걸 제가 하던 연구에 써봐야겠다는 생각을 떠올렸으니까요."

이상영은 자신이 가져온 그 물질을 고려시대에 문익점이 중국에서 몰래 숨겨 가져온 목화씨에 비유하곤 한다. 목화씨는 옛날 중국에서 국외 반출을 금지했던 반면, 이상영이 가져온 접착 물질은 구매 가능하다는 점만 달랐다. 알아보니 이 접착 물질은 일본의 어느 화학 회사에서 만들고 있었다. 그 회사는 그 물질을 개발해 생산했지만 수요가 없어 사업을 접으려던 참이었다. 생산량은 소량에 불과했다. 그런데 이상영이 한국에서 연락해 이를 대량 구매할 수 있는지 문의하자 회사 관계자는 깜짝 놀라며 "무엇에 쓰려고 그러느냐"고 물었다. 훗날 이 회사는 접착 물질로 돈을 벌어 대규모 공장을 세우게 된다.

오로지 한국 기술만으로 특허를 내다

SRS 기술의 핵심은 접착제였다. 그러나 이것으로 모든 문제가 해결된 것은 아니었다. 이상영은 당초 분리막을 없애고 대신 세라믹 분말을 전극(음극)에 바를 생각이었다. 독일에서 가져온 그 '신비로운' 물질을 접착제로 써서 말이다. 그러면 분리막이 필요 없어진다. 실험실에서 해보니 생각대로 성공이었다. 이제 생산만 하면 되었다.

그러나 또 다른 복병이 나타났다. LG화학의 배터리 생산 공정은 분리막이 있는 상태에서 조립이 되도록 세팅되어 있었다. 분리막 자체를 빼버리니 제품을 조립할 수 없었다. 새로운 기술을 쓰려면 기존 설비를 허물고 새로 설치해야 하니 생산 파트에서 싫어할 수밖에 없었다. 어떻게 하나 고민하고 있는데 안순호 당시 팀장이 기가 막힌 아이디어를 냈다(안순호는 훗날 폭스바겐의 배터리 자회사인 파워코PowerCo의 최고 기술 책임자CTO가 된다).

"분리막을 살려봐. 세라믹을 전극에 바르지 말고 분리막에 발라보자고."

이상영은 그 아이디어를 실험한 끝에 일주일 만에 성공시켰다.

"그 전에 훨씬 어려운 일도 했기 때문에 이건 쉬웠어요. 세라믹 자체를 필름으로 만들어보려고도 했고, 전극에 코팅도 해봤기에 분리막에 코팅하는 건 일도 아니었지요."

이렇게 개발된 SRS 기술은 LG화학에는 가뭄 끝의 단비와도 같았다. LG화학 기술연구원 유진녕 원장은 본사 경영진 앞에서 SRS 기술을 발표한 뒤 아주 오랜만에 큰 칭찬을 받았다. 연구소로 돌아온 유진녕은 이상영을 원장실로 불러 말했다.

"이 박사, 정말 큰일 했어. 자네가 LG화학을 살렸어."

그러나 기술을 개발하고 나서도 쉽지는 않았다. 이 기술이 상용화되어 대량생산에 이르기까지는 10년 가까운 시간이 걸렸다. 연구실에서 기술을 개발하는 것과 그 기술을 적용해 대량생산을 하는 것은 전혀 다른 문제다. SRS 기술을 개발한 후에도 LG화학은 상용화 과정에서 크고 작은 문제에 부딪혔다. 분리막에 세라믹 분말을 코팅하니 저항이 생겨 충전 속도가 늦어지고 출력도 나빠졌으며 배터리 수명도 줄어드는 문제점이 있었다.

여기에 어느 날 생산 담당 직원들이 김명환 배터리연구소장 앞에 무언가를 들고 왔다. 세라믹 코팅을 한 분리막을 배터리의 또 다른 구성 물질인 전해액이라는 액체에 넣었더니 전해액 색깔이 까맣게 변하는 것이었다. 이들은 전해액을 망치는 부품을 쓰면 안 된다며 목소리를 높였다. "왜 굳이 불필요한 공정을 추가해 원가를 올리느냐"는 비판은 양반이었고 "삼성도 이런 것 쓰느냐"는 반대 의견도 많았다. 삼성도 안 쓰는데 왜 우리만 쓰느냐는 것이었다. 그때마다 김명환과 유진녕이 나섰다.

"처음에는 이러한 방식이 비용이나 공정 측면에서 비효율적이라는 지적을 받았지만 저는 그렇게 생각하지 않았습니다. 특히 안정성 면에서 얻는 이득은 결코 양보할 수 없었습니다. 후에 리콜 같은 문제가 생겼을 때 들어가는 비용에 비하면 '새 발의 피'에 불과하다고 생각했어요."

김명환의 회고다. 크지 않은 체구에 온화한 눈빛의 소유자인 그는 LG 배터리 엔지니어들 사이에서 대부代父와 같은 인물이다. LG화학이 배터리 개발을 시작한 초기부터 몸담았고 배터리연구소장을 오랫동안 역임했다. LG가 자랑하는 파우치형 전지를 개발하고 기술 우위를 지키는 데 중심적인 역할을 한 그는 최고 기술 책임자와 최고 생산 책임자CPO를 역임하고 2023년 말 퇴임했다.

다시 SRS 기술로 돌아가자. 이 기술이 개발된 것은 2004년이다. LG화학은 이 기술을 가리켜 "분리막 원단에 세라믹을 코팅함으로써 열적·기계적 강도를 높여 내부 단락을 방지한다"라고 설명한다. LG화학은 이 기술을 2007년 한국을 시작으로 2010년 미국, 2012년 중국, 2014년 유럽과 일본에서 특허등록했다.[2]

LG화학은 당초 이 기술을 특허출원하지 않는 것도 검토했다. 특허를 출원하면 기술을 보호받을 수 있지만, 일부 기술이 공개되는 단점이 있다. 코카콜라가 특허를 내지 않고 레시피를 비밀로 하는 것도 이 때문이다. 당시 연구진은 이런 논리로 특허를 내지 말자고 주장했지만 특허 팀은 반대했다. 대기업 특성상 늘 퇴사자가 있기 때문에 언제까지나 정보를 원천 차단하기가 힘들다는 이유였다. 결국 SRS 기술에 대한 특허를 내는 쪽으로 정리되었다.

이후 SRS 기술은 전기차 배터리의 실질적 표준이 되었다. 현재 LG에너지솔루션이 만드는 전기차 배터리 모두에 100% 이 기술이 적용될 뿐만 아니라, 전 세계 모든 전기차 배터리에 세라믹 코팅 분리막이 쓰인다. 전기차 업체들이 이 기술을 쓰지 않는 배터리는 구매하지 않기 때문이다. LG에너지솔루션과* LG화학은 수만 건의 특허를 보유하고 있지만, 그중 기술적 해자垓子에** 해당되는 대표적 기술이 바로 이 기술이다.

흔히 '기술 하나에 특허 하나' 하는 식으로 생각하지만 그렇지 않다. 원천 기술이 특허를 취득하면 관련 기술이 계속 개발되어 후속 특허가 줄줄이 이어진다. LG에너지솔루션과 LG화학이 지닌 SRS 관련 특허만 500건이 넘는다. 어떤 업체든 SRS 기술을 쓰려면 LG와 라이선스 계약을 맺고 돈을 내야 하며, 그러지 않으면 소송을 감

---

* 2020년 LG화학은 배터리 사업 부문을 물적분할해 LG에너지솔루션을 상장했다.
** 기업이 독점 기술이나 차별화된 지적재산 등을 통해 지니는 우위.

수해야 한다. 2014년 LG화학은 이 기술을 배터리 종주국인 일본에 수출했다. 일본의 세계적인 배터리 분리막 업체인 우베 막셀 Ube Maxell에 특허 판매 계약을 체결한 것이다.

이한선 LG에너지솔루션 특허센터장은 30년 특허 인생에서 가장 의미 있었던 일 중 하나로 세계 최대 배터리 기업 CATL의 모태인 ATL과의 특허 소송을 꼽았다. ATL은 소형 전지 분야에서 크게 성장하면서 당시 LG화학과 경쟁 관계에 있었다. 그런데 제품 특허를 분석해보니 LG화학의 SRS 기술을 포함해 여러 특허를 침해했다는 사실을 발견했다. 2017년 LG화학은 ATL을 상대로 미국, 독일, 이탈리아 등 세계 각지에서 특허 소송을 제기했다. 결국 ATL은 2019년에 LG화학과 합의했고 LG화학은 소송을 취하했다. ATL이 미국에서 벌어들이는 SRS 매출의 3%를 로열티로 받는 조건이었다.

현재 연세대 화공생명공학과 교수인 이상영은 그때 삶의 지침이 될 커다란 교훈을 얻었다.

"새로운 것을 해야 하는구나, 무조건 남이 하지 않는 일에 도전해야 하는구나, 싶었어요. 남이 안 한 걸 하니까 혁신이 이뤄졌잖아요."

문제는 남이 하지 않는 걸 하면 실패할 확률이 너무 높다는 점이다.

"100에 99는 실패해요. 저도 정말 여러 번 포기하려고 했어요. 아무리 해도 안 되니까요. 그때 연구소에 있던 분 중 한 명은 제게 그만두고 기존 제품을 개선하는 일이나 하라고 충고하기도 했어요. 하지만 연구자로서 자존심이 있어서 계속해보겠다고 했던 것이죠."

이에 대해 김명환은 "만약 SRS 기술이 개발되지 않았다면 자동차용 전지 생산은 힘들었을 것"이라고 말한다. 자동차용 전지는 안전성이 특히 중요하고 조금이라도 문제가 있어서는 안 되기 때문에 이 기술이 필수라는 것이다. 유진녕은 나중에 이상영에게 이런 말을 했다.

"이 박사가 개발한 기술은 사실 LG화학에서 처음 독자적으로 한 거야."

당시 우리 대기업은 저마다 기술 연구소를 갖추고 있었지만 좋게 말해 벤치마킹이고 일본이나 유럽 혹은 미국 제품을 따라 만드는 것에 불과했다. 사실 이차전지의 안정성을 강화하는 물질로 세라믹을 쓴다는 아이디어도 일본이 갖고 있었다. 그러나 이를 상용화하는 데 성공한 것은 LG화학이었다. 그리고 이 기술은 후발 주자인 LG화학이 향후 일본의 파나소닉이나 소니와 경쟁할 수 있는 발판이 되어주었다.

회장님 사업과
20년 만의 흑자

 이 책을 쓰기 위해 여러 이차전지 전문가를 만났지만, 특히 LG에너지솔루션의 전현직 고위 임원을 비롯해 LG 관계자를 여럿 만났다. 현재 업계에서 가장 앞서가는 회사이기도 했고, 배터리 산업이 밟아온 길을 알리자는 책의 취지에 공감해 취재에 적극적으로 협조했기 때문이기도 하다. 이들에게 이차전지 산업을 선도하는 오늘의 LG가 있기까지 가장 결정적인 사건 다섯 가지를 꼽아달라는 질문을 했더니 한결같이 구본무 전 회장의 오랜 기간에 걸친 변함없는 지원을 첫손에 꼽았다.
 배터리에 대해 아무것도 모르던 LG는 어떻게 이차전지 산업에 뛰어들었을까? 현재 포스코홀딩스 미래기술연구원 이차전지소재 연구소장이자 전 LG화학 미래기술연구센터장인 홍영준은 이렇게 회고한다.

"어느 날 구본무 회장님이 이차전지 배터리를 들고 오셨어요. '이거 굉장히 재미있는 물건이에요. 나중에 뜰 것 같으니 똑같이 만들어보세요'라고 하셨지요."

1992년 LG그룹 부회장이던 구본무는 유럽 출장길에 영국원자력연구원AEA에 들러 이차전지라는 것을 처음 접했다. 충전하면 여러 번 반복해서 쓸 수 있는 배터리라는 사실이 신선한 충격이었다. 당시 AEA는 이차전지의 원천 특허 몇 개를 보유하고 있었는데, 이를 목격한 구본무는 이차전지가 LG그룹의 미래 먹거리가 되리라고 생각했다. 귀국길에 이차전지 샘플을 가져온 그는 럭키금속(지금은 LS MnM으로 계열 분리되었다)에 연구를 지시했다.

LG화학 팀장과 삼성SDI 임원을 역임하고 배터리에 대한 여러 권의 책을 저술한 선우준은 이 스토리에 몇 가지 디테일을 더한다.[3] '철의 여인'으로 불리던 영국 총리 마거릿 대처는 1980년대에 국영기업을 민영화했는데 이때 AEA도 자생력을 키우기 위해 기술 판매를 추진했다. 때마침 한국은 문어발식 사업 확장이 붐을 이루고 있었기에 대표적 재벌인 LG와 AEA의 이해가 맞아떨어졌다. 이에 LG그룹은 1991년 AEA와 첨단산업 분야 공동 연구 개발과 기술 이전 협약을 맺었다. 그리고 LG의 원로 기술자가 런던으로 건너가 AEA에 6개월간 상주하면서 사업 아이템을 물색했다. 그렇게 해서 찾아낸 아이템 중 하나가 배터리였다. 구본무가 출장길에 AEA에 들른 것은 바로 이즈음이었다.

강력한 의지로 시작한 배터리 산업

이처럼 LG그룹은 갑작스럽게 배터리 사업을 시작했다. 극심한 부침을 겪기도 했고 흑자를 내기까지 20년이 넘는 시간이 걸릴 만큼 쉽지 않은 길이었다. 그럼에도 구본무 회장은 이 사업에 큰 힘을 실어주었고 그 때문에 배터리 사업은 그룹 내에서 '회장님 사업'으로 불리곤 했다. 그렇다면 구본무 회장은 왜 그렇게 이 사업에 애착을 가졌을까? 그는 이 사업에 대해 어떤 생각을 갖고 있었을까? 2023년 11월, 김명환 당시 LG에너지솔루션 사장을 만나 구본무 회장이 이차전지 사업에 대해 발언한 내용 중 가장 기억에 남는 말은 무엇인지 물었다. 그는 세 가지를 꼽았다. 첫 번째 기억에 남는 말은 1997년에 했던 "모두 해외여행 보내드릴게요"라는 말이다. 잠깐만 당시 상황을 살펴보자.

LG화학은 1996년 LG금속에서 이차전지 사업을 넘겨받은 뒤 1999년에 공장을 지어 한국에서 최초로 생산을 시작했다.[4] 처음 연구를 시작했을 때만 해도 이 산업에 뛰어든다는 것 자체가 불가능한 듯 보였다. 사내에 리튬 이온 전지 전공자는 단 한 명도 없었고, 니켈 수소 전지를 비롯한 '옆 동네' 경험자가 전부였다. 그마저도 일본에서 얻어 온 제품을 살펴보며 분석하는 수준이었다. LG화학은 히타치 등 일본 메이저 업체와 협업을 시도했지만 기술 제휴는 물론 설비나 재료 입수도 거절당하기 일쑤였다. 차선책으로 일본의 신규 장비 업체를 설득해 간접적으로 설비 지식을 얻었다. 리튬 이온 전지를 세계 최초로 상용화한 소니 출신 일본 기술자의 도움을 받기도 했다.

다행히 '패스트 팔로어fast follower'라는 말을 듣는 한국의 대기업이니만큼 따라잡는 속도가 파격적으로 빨랐다. 화학 사업은 기술을 실험실에서 구현하고 나서 그 바탕 위에 파일럿(시험) 라인을 깔아 검증하고, 그 후 양산 설비를 건설해 생산하는 것이 일반적이다. 하지만 LG화학은 이렇게 차근차근 순서대로 하지 않고 파일럿과 양산 설비 건설을 동시에 진행하는 방식을 택해 단기간에 사업화하는 데 성공했다. 김명환은 웃으며 "LG스럽지 않게도' 파일럿 라인을 굉장히 빨리, 1년여 만에 만들었다"라고 말했다.

"보통은 4~5년 연구하고 파일럿 공장을 깔아 1년 정도 검증한 뒤 양산 라인을 설치해요. 그런데 저희는 연구 개발을 시작하자마자 파일럿 라인을 깔았고, 그러고 나서 다시 1년 만에 양산 라인을 깔았어요. 그러니까 거의 3년 만에 양산을 시작한 거죠."

당시 LG그룹은 매년 연구 개발 성과 보고회라는 행사를 열었다. 회장을 비롯한 최고 경영진과 연구소장 등이 모인 가운데 그룹 계열사가 주요 연구 개발 성과를 보고하는 자리다. 이 행사는 매년 장소를 여러 계열사로 옮기며 진행되는데 1997년의 보고회는 LG화학에서 열렸다. 그해 행사에서는 LG화학이 단연 스포트라이트를 받았다. 이차전지라는 신사업을 밑바닥에서 시작해 1년 만에 어느 정도 자동화된 원통형 배터리 파일럿 라인을 초스피드로 완성한 덕분이었다. 생산 라인 시찰을 마친 구본무 회장은 매우 흡족해하며 말했다.

"여기 연구 개발에 참여한 분들 모두 너무 고생하셨으니 부부 동반으로 괌에 보내드리겠습니다."

그런데 30명쯤 되는 팀원 모두 보내주겠다고 약속하고 얼마 뒤 생각하지 못한 돌발 변수가 터졌다. 외환 위기가 발생한 것이다. 앞서 언급한 연구 개발 성과 보고회가 10월에 열렸는데 한 달이 조금 지난 12월 3일, 정부는 국제통화기금IMF에 구제금융을 요청했다. 환율은 천정부지로 치솟았고 금 모으기 운동이 벌어졌다. 당시 팀장이던 김명환은 회장실에 연락했다.

"지금 나라가 이런데 우리가 어떻게 놀러 가서 외화를 쓰겠습니까? 없었던 일로 하겠습니다."

회장실에서는 알겠다고 대답했다. 그런데 일주일쯤 지나 회장실에서 다시 연락이 왔다.

"회장님 말씀이, 상황이 좋지 않은 것은 사실이지만 다녀오라고 하십니다. 여러분이 지금 쓰는 비용보다 더 큰 성과를 내주면 된다고 하셨습니다."

그렇게 당시 연구 개발에 참여한 관계자들은 부부 동반으로 괌 여행을 다녀왔다.

"그때 해외여행 갔다 온 우리 마음이 어땠겠어요? '회장님이 이렇게 기대하시는데 더 잘해서 꼭 보답하자'라는 마음을 먹게 되었어요."

"산요만큼은 사람 뽑으세요"

당시 이차전지 분야에서 독보적인 1위를 차지하고 있는 기업은 일본의 산요였다. 김명환은 1년에 한 번씩 실적 보고 회의에서 구본무 회장을 만났는데 그때마다 구 회장이 했던 질문이 "산요는 R&D 인력이 몇 명입니까?"였다. 당시 산요의 연구진은 400명인 데 비해 LG는 그 절반인 200명 정도였다. 이 말을 들은 구 회장은 말했다. "산요만큼은 뽑으세요. 1등 하는 경쟁사보다 R&D 인력이 더 많아야 합니다."

"구본무 회장님은 R&D에 아주 '열정적으로' 지원하는 걸로 유명했어요. 생산이나 마케팅 등 다른 사업 본부에서 불만을 가질 정도로 R&D에 대한 지원이 굉장했습니다. 당시 이차전지 사업을 시작은 했지만 계속 적자를 보던 시기인데도 R&D에 좋은 사람을 뽑아라, 그것도 앞서가는 1등 회사만큼 뽑아라, 이런 말씀을 계속 하셨습니다."

김명환이 기억하는 구본무 어록 세 번째는 "계속 투자하세요"다. LG화학도 그렇지만 이차전지 업체들이 처음부터 오늘 같은 전기차 시대를 내다본 것은 아니었다. 처음에는 휴대전화에 들어가는 소형 전지를 염두에 두고 생산에 나섰다. LG화학은 1999년부터 양산을 시작했지만 공장 규모는 작았다. 전혀 다른 것을 생산하던 기존 청주 공장에서 쓸모없는 건물을 개조해 배터리를 만들기 시작했고 생산 규모를 늘려야 할 때는 또 다른 남는 건물에서 만드는 식이었다.

그러다 1999년 충북 오창에 본격적으로 이차전지 공장을 짓기 시작했다. 투자 규모는 1조 원. LG화학이 한 해에 조兆 단위 투자 결정을 내린 것은 외환 위기 이후 처음이었다. LG는 오창 공장 부지 330,578m²(10만 평)를 확보했는데 이는 전기차 시장을 내다본 구 회장의 장기 포석이었다.

"사실 그때 저는 이 넓은 땅을 어떻게 채우나 싶어 굉장히 걱정했어요. LG화학은 그 당시까지 대부분 기술을 도입해서 사업을 했거든요. 그런데 기술을 도입한 것도 아니고, 일본이 앞서가는 상황에서 우리가 독자적으로 기술을 개발해 공장을 지어 운영한다는 것 자체가 엄청난 도전이었죠. 한 번도 경험해보지 못한 큰 사건이었어요."

지금은 LG에너지솔루션 오창 에너지플랜트라 불리는 오창 공장에 가면 두 가지에 놀라게 된다. 첫째는 어마어마한 규모다. 차로 한참을 달려도 끝이 보이지 않는다. 둘째는 아직도 공장을 짓고 있다는 점이다. 2023년 내가 방문했을 때도 새로운 공장들이 건설되고 있었다.

오창 공장은 2004년에 준공되어 본격적으로 양산을 시작했는데 갑자기 생산능력이 4배로 늘어났다. 그런데 직원들이 제대로 숙련되지 않은 상태에서 큰 공장을 운영하다 보니 여러 문제가 쌓였고, 결국 큰 위기가 터졌다. 그해 8월, 애플이 LG화학이 공급한 노트북 PC용 리튬 이온 전지 2만 8,000개를 리콜한 것이다. 배터리가 과열되거나 폭발할 위험이 있었기에 소비자에게 배터리 사용을 즉각 중단하고 애플에 연락해 다른 제품으로 무료 교환하라고 권고했다.

신뢰를 잃을 위기에 처한 LG화학은 2005년 4월부터 두 달간 공장 문을 닫는 극단의 조치를 취했다. 오창과 청주 공장 생산 라인의 가동을 전면 중지하고 재발 방지책을 마련하기로 한 것이다. 서울 본사의 전지사업부 직원 100여 명이 오창 공장으로 자리를 옮겼고, 두 달 동안 연구원과 생산 엔지니어가 밤낮으로 휴일도 없이 달라붙었다. 자발적인 리콜도 실시해 애플의 노트북 PC용 배터리 12만 개를 추가 리콜했다.[5] 이처럼 어렵게 신뢰를 회복한 LG화학은 2005년 7월 세계 2위 컴퓨터 제조사인 휴렛패커드HP와의 대규모 공급 계약을 이끌어냈다. 2007년까지 노트북용 배터리 팩을 매년 250만 개씩 총 1,000만 개 공급하는 계약이었다.

한편 LG화학이 본격적으로 배터리를 양산하자 일본 업체들의 견제가 심해졌다. 경쟁사 산요는 배터리 공급 가격을 30%나 인하했다. 신생 배터리 업체 LG와 삼성의 싹을 자르기 위한 덤핑 공세였다. 그런데 당시 LG 계열사인 LG정보통신이 휴대전화용 배터리를 산요에서 공급받고 있던 터라, 산요가 배터리 가격을 낮추자 원가를 크게 절감하는 어부지리를 얻었다. 당시 LG화학 성재갑 회장이 LG정보통신 사장에게 "우리 덕분에 가격이 30% 떨어졌으니 돈 좀 내놔요"라며 농담했다는 일화가 있다.

구본무 회장은 왜 그토록 이차전지 사업에 진심이었을까? 수십 년 뒤 도래할 전기차 시대까지 예측한 것일까? 구 회장이 출장길에 리튬 이온 전지를 접한 1992년 당시 LG그룹에서는 그의 아버지 구자경 회장이 주도하는 혁신 활동이 한창이었다. 혁신 활동의 주제 중 대표적인 것이 바로 미래 성장 엔진이었다. 성장의 한계에 부딪혀 혁신을 이야기하게 된 만큼 '다음에는 무엇으로 먹고살까'에 관심이 집중될 수밖에 없었다. 이차전지는 그 잠재적 후보 중 하나로 구본무의 눈에 띄었다.

1995년 구자경 회장이 물러나고 구본무가 회장으로 취임했다. 그로서는 아버지에게 물려받은 것 외에 자기 사업을 만들어야겠다는 생각이 강했을 것이다. 그 사업은 남들이 하지 않는 것이야 하고 1등이 될 수 있는 것이어야 했다. 그렇기에 부회장 시절 스스로 발굴한 아이템인 이차전지에 남다른 애착을 가졌을 것이다. 그는 평소에 "우리가 언제까지 이렇게 팔로어에 머물러야겠어요? 남들이 하지 않는 것으로 세계에서 1등을 할 수 있는 사업을 해야 합니다"라는 신념을 이야기하곤 했다. 이런 점에서 이차전지는 적어도 한국에서는 그 누구도 발을 들인 적 없는 사업이었다. 물론 얼마 후 삼성이, 조금 시간을 두고선 SK가 뛰어들었지만 말이다.

게다가 이차전지는 LG그룹의 기존 사업과도 깊이 연결되어 있었다. 당시 LG전자는 휴대전화를 만들고 있었는데 핵심 부품인 배터리는 대부분 일본 제품이었다. 문제는 그 배터리를 돈 주고도 사기 힘들다는 사실이었다.

"휴대전화를 만들려면 배터리가 필요하니 일본에 가서 현금을 들고 기다렸어요. 그런데 일본 배터리 업체들은 일본 휴대전화 회사에 먼저 물건을 줍니다. 한국에는 남은 것 혹은 B급만 줬고요."

배터리 국산화는 LG전자의 문제일 뿐 아니라 국가적 차원의 문제이기도 했다. 당시 정보통신부 국정감사에서는 국회의원들이 "우리가 휴대전화를 수출한다고 떠드는데 가장 중요한 부품인 배터리 하나 국산화 못해서 되겠어요?"라고 비판하곤 했다. 이처럼 여러 증언과 상황을 종합해보면 LG가 배터리 산업에 뛰어든 것은 구본무 회장이 지닌 새로운 산업에 대한 열망, 그리고 남과 다른 것으로 1등을 해야겠다는 욕구가 동력이 되었다고 짐작할 수 있다.

GM의
선택

2009년 1월 12일 미국 미시간주 디트로이트의 대형 컨벤션 센터인 코보 홀. 바깥은 아직 녹지 않은 눈이 곳곳에 쌓여 있고 날씨는 추웠다. 이해에도 어김없이 북미 국제 자동차 쇼가 열렸지만 전시장은 과거에 비해 거대 기념물이나 요란스러운 장식 없이 소박했다. 부스별로 각 회사 신차를 전시하고 벽에 달린 모니터에서 영상을 상영하는 것이 전부인 '경제적인' 전시회였다.

리먼 브러더스가 파산한 지 불과 4개월 뒤였다. 전례 없는 불경기에 디트로이트의 상징인 자동차 공장들은 문을 닫았고, 직원들은 해고되었으며, 자동차 판매장은 손님 하나 없이 썰렁했다. 미국 정부의 구제 자금만이 자동차의 도시 디트로이트를 지탱하고 있었다.

쇼 첫날인 전날 GM의 개막 행사는 정치 집회와 비슷한 분위기를 연출했다. 릭 왜거너Rick Wagoner 회장의 개막 연설에 이어 GM의 신차들이 차례로 행사장으로 입장하는 동안 수백 명의 GM 종업원과 은퇴자가 피켓을 흔들며 함께 입장하거나 행렬 양쪽에서 환호성을 질렀다. 대중 앞에 가장 먼저 선보인 자동차는 GM이 이듬해 출시할 예정인 전기차 시보레 볼트Volt였다.[6]

자동차와 함께 입장한 인파 중에는 미시간 주지사 제니퍼 그랜홈의 모습도 보였다. 그녀가 든 피켓 앞쪽에는 '우리는 전기다We're Electric'라고 쓰여 있고, 뒤에는 '여기에 머물 것Here to Stay'이라고 쓰여 있었다. 그 문구들은 쇠락하는 자동차 공룡 GM에 과거의 영예를 회복해줄 것으로 기대되는 전기차와 그것이 지역사회에 가져다줄 일자리 창출 효과에 대한 간절한 염원을 담고 있었다.

이튿날 릭 왜거너 회장은 코보 홀 기자회견장에 섰다. 그의 등 뒤 왼쪽에는 전날 행사장에 가장 먼저 입장한 시보레 볼트가 자리 잡고 있었다. 이에 비해 오른쪽에 길쭉하게 서 있는, 커다랗고 검은 물체는 낯설었다. 바퀴가 달린 선반 위에 고정된 폭 40cm, 높이 180cm 정도 되어 보이는 이 물체는 T 자 형태를 띠어 십자가를 연상시켰다.[7] 전기차 시보레 볼트에 사용할 배터리로, 200개 이상의 작은 리튬 이온 전지를 조립한 것이었다. 볼트라는 전기차 모델 자체는 이미 2년 전 같은 장소에서 열린 자동차 쇼에서 콘셉트 카로 소개된 바 있다. 문제는 '누가 전기차의 심장인 배터리를 만들 것인가'였다.

모두의 관심이 쏠린 자리에서 왜거너 회장은 볼트에 들어갈 배터리를 한국의 LG화학이 만들어 GM에 공급할 것이라고 발표했다. 한국의 LG화학, 나아가 K-배터리의 역사에 거대한 이정표가 될 사건이었다. 왜거너 회장이 연단 바로 앞에 앉아 있던 김반석 LG화학 대표이사(부회장)를 500여 명의 청중에게 소개하자 박수가 쏟아졌다. 김 부회장은 돌아서서 청중에게 손을 들며 인사했다. 기자들이 몰려들고 플래시 세례가 터졌다.

K-배터리의 행보를 바꾼 역사적인 첫 수주

GM은 자사의 첫 전기차에 배터리를 공급할 업체를 2년에 걸쳐 물색해왔다. 12개 업체가 물망에 올라 1차로 8개 업체가 낙점되었다. 콘셉트 카가 발표되고 한 달 뒤부터 8개 업체 대표들이 디트로이트를 속속 방문했다. 이어서 20여 명의 GM 직원이 두 달간 엄밀히 심사한 끝에 후보를 둘로 추렸다. 한국의 LG화학과 미국의 촉망받는 스타트업인 A123 시스템스였다. 김명환은 A123 시스템스를 이렇게 기억했다.

"A123 시스템스는 MIT 출신들이 만든 회사인데 어마어마하게 똑똑한 친구들이 있었어요. 프레젠테이션도 아주 잘했죠."

GM은 최종 업체를 선정하기 위해 LG화학과 A123 시스템스에 각각 수백만 달러를 주고 공동 연구를 진행하며 성능은 물론 구성원들의 팀워크까지 꼼꼼히 평가해 양쪽에 점수를 매겼다. 이 과정에서 LG화학이 A123 시스템스를 누르고 GM의 선택을 받은 데는 앞서 설명한 화재에 강한 분리막 기술, 즉 세라믹을 코팅한 분리막 기술이 크게 기여했다.[8]

당시 LG화학의 배터리는 레시피 두 가지를 혼합한 것이었다. LMO(리튬·코발트·망간 산화물)라는 레시피와 NCM 111(니켈·코발트·망간을 1:1:1의 비율로 혼합한 것)이라는 레시피가 그것이다. 와이너리가 여러 포도 품종을 블렌딩해 원하는 와인 맛을 내듯, LG는 두 방식을 혼합해 GM이 요구하는 성능을 구현해낸 것이다. 당시 GM의 볼트 라인 책임자 토니 포사와츠는 한 인터뷰에서 LG화학을 선택한 이유에 대해 "경쟁사의 배터리보다 열을 더 잘 발산하고 더 많은 에너지를 저장할 수 있기 때문"이라면서 "A123 시스템스도 매우 유능했지만 둘 중 한 회사가 1등이 되어야 했다"라고 밝혔다.[9]

GM이 기술 못지않게 중요하게 생각했던 것은 양산 기술이었다. 실험실에서 기술이 앞서는 것과 공장을 제대로 지어 GM이 원하는 물량을 안정적으로 공급할 수 있느냐는 또 다른 문제이기 때문이다. LG화학은 바로 그 점에서 경쟁자를 이기는 데 성공했다. 그러나 당시 미국에서는 "GM이 처음 전기차를 제대로 만드는데 왜 한국산 배터리를 쓰는가? 미국에도 A123이라는 좋은 회사가 있는데"라는 불만 여론이 적지 않았다.

그런데 한편 당시 LG화학의 CEO 김반석이 회사를 대표해 스포트라이트를 받은 것은 당연한 일이었지만 어떤 의미에서는 아이러니했다. 리스크가 낮은 기존 석유화학 사업에서 잔뼈가 굵은 그는 전기차용 배터리 사업에 부정적인 수뇌부 중 한 사람이었다. 그는 자칫하면 불이 나고 폭발하는 배터리 사업을 매우 위험하게 생각한 것으로 알려져 있다. LG의 어느 배터리 사업 담당 직원이 기후변화 대응을 위한 전기차 배터리 사업의 필요성을 역설하자, 김반석이 그 직원에게 "필요한 건 알겠는데 그걸 왜 우리가 해야 하지?"라고 반문했다는 일화가 있을 정도다.

GM에 낙점된 후 김반석은《월간조선》과의 인터뷰에서 "GM에 배터리를 공급하는 것은 LG화학 60년 역사상 가장 획기적인 사업"이라며 "세계 최대의 자동차 메이커에서 기술력을 인정받았다는 의미가 크다"라고 말했다. 그는 AP와 나눈 인터뷰에선 "LG화학은 글로벌 기업으로 세계 각지에 공장을 두었으며 미래에 미국에서도 배터리를 생산할 수 있을 것"이라고 말해 일자리 문제에 촉각을 곤두세우고 있는 미국인들을 달랬다.

한편 GM의 발표는 앞으로 LG화학이 자동차용 배터리 사업을 계속할지 여부를 좌우하는 사건이기도 했다. 당시 최고 경영진은 '돈 먹는 하마' 같은 자동차용 배터리 사업 중단을 심각하게 검토하고 있었다. 이때 김명환이 경영진에게 최후의 카드로 던진 것이 GM 볼트의 계약을 따내지 못하면 전기차 배터리 사업을 접겠다는 말이었다. 그렇기에 2009년 디트로이트에서 전해진 낭보는 LG화학이 전기차 사업을 계속할 수 있다는 보증서이기도 했다.

그로부터 1년 9개월 뒤인 2010년 10월 15일, 미국 미시간주 홀랜드시. 지게차들이 흙을 파내는 허허벌판 공사장에 버락 오바마 미국 대통령이 나타났다. LG화학이 짓는 미국 배터리 공장 기공식에 참석한 것이다. 오바마는 구본무 회장에게 한국말로 "안녕하세요"라며 인사를 건넨 뒤 전기차용 배터리 공장 건설을 축하한다고 말했고, 구 회장은 "뜻깊은 자리에 와주셔서 감사하다"라고 화답했다. 오바마는 축사에서 "전기차용 배터리 공장을 건설하는 것은 단지 새 공장을 건설하는 것 이상의 의미가 있다. 이 사업은 홀랜드시와 미시간주는 물론 미국이 어디로 가고 있는지 알려주는 상징적인 사업"이라고 말하기도 했다. 또 그는 미국 경제가 어려움을 겪고 있지만, 친환경 자동차 양산을 통해 미래형 일자리를 만들고 해외 원유 의존도를 낮출 수 있다고도 덧붙였다.

미국 대통령이 외국 기업 행사에 참석하는 것은 꽤 이례적인 일이다. LG화학 역시 오바마 대통령이 올 것이라고는 생각하지 않았다가, 막판에 대통령이 참석하기로 결정되면서 실무진이 행사 준비에 애를 먹었다. 이는 장차 열릴 전기차 시대에 LG화학, 나아가 K-배터리가 주도적인 역할을 하리라는 것을 보여주는 사건이었다. 구본무 회장은 GM에서 배터리 주문을 따내고 미국 공장 기공식에 오바마 대통령이 참석한 일에 고무되고 자부심을 느꼈을 것이다.

구본무 회장은 재벌 그룹 회장이라고 느껴지지 않을 만큼 소탈한 성격의 소유자였다. 특유의 '아재' 개그로 상대방의 긴장감을 풀어주고 다른 사람들의 말을 경청했다. 약속이 있으면 항상 15분 정도 먼저 가서 상대방을 기다리고, 골프 약속이 있으면 클럽 하우스 앞에서 미리 기다렸다가 손님이 차에서 내릴 때부터 영접했다. 그런 그가 남들 앞에서 무언가를 자랑하는 것은 매우 드문 일이었다.

2011년 11월 29일은 그런 드문 날 중 하나였다. 구본무는 이날 경기도 파주의 LG화학 LCD 유리 기판 공장을 방문했다. 그해 초 오창 LG화학 전기차 배터리 공장과 구미 LG전자 태양전지 공장 방문을 시작으로 이어진 일곱 번째 현장 방문이었다. 파주 공장에서는 유리 기판을 만들어 LG디스플레이에 LCD 패널 제조용으로 공급할 예정이었고 양산을 준비하고 있었다.

그날 동생 구본준 LG전자 부회장과 강유식 LG 부회장, 김반석 LG화학 부회장, 조준호 LG전자 사장, 박영기 LG화학 사장, 그리고 이인재 파주시장을 비롯한 관계자들이 동행했다. 그런 와중에 어쩌다 배터리가 화제에 올랐다. 이인재 파주시장이 "회장님이 모처럼 파주에 오셨으니 선물을 하나 해주십시오"라면서 자유로에 전광판을 설치해달라고 요청했다. 파주 시정과 함께 파주 LG디스플레이 산업 단지도 홍보하면 좋겠다는 것이었다. 구 회장은 선뜻 승낙하며 말을 이었다.

"전광판은 햇빛이 비쳐도 난반사가 되지 않아야 하고, 열이 나지 않으면서 오래가야 합니다. 거기에 들어갈 배터리도 중요하지요."

그렇게 구 회장은 우연히 나온 배터리 이야기를 이어갔다.

"영국에 가서 이차전지를 처음 봤는데, 전지를 한번 쓰고 버리는 게 아니라 계속 충전해서 쓴다니 정말 대단한 기술이라는 생각이 들었습니다. 앞으로 우리가 먹고살 건 이것뿐이라는 생각도 들었어요. 그런데 배터리 산업에 뛰어들자고 하니 다들 반대했어요. 겉으로는 티 내지 않았지만 돌아서서는 '회장이 쓸데없는 일을 한다'고들 했을 겁니다. 제가 영국에 출장 간다고 했을 때도 아무도 안 따라가려고 했어요. 사업을 시작하고 나서는 계속 손해를 보니 다들 '이러다 회사 망하겠다'고 했지요. 그런데 사업이란 게 잘나가다가도 망할 수 있고, 적자를 보다가도 뒤집어질 수 있는 것 아니겠어요. 보세요. 결국 우리가 성공했습니다."

그러자 구본준 부회장이 짓궂게 그 자리에 함께 있던 몇몇 LG 계열사 CEO들을 가리키며 "그때 사장님도 반대하셨죠? 사장님도 그랬고요"라며 놀렸다. 여담이지만, 이날 모임에서는 한국 기업들이 일본 기술을 어떻게 따라잡았는지 보여주는 대화도 나왔다.

당시 LCD용 유리 기판 부문에서 일본 A사의 기술력은 최고로 꼽혔다. LG가 아무리 열심히 해도 따라잡을 수 없는, 보이지 않는 '한 수'가 있었기 때문이다. 이 이야기가 오가던 중에 구본무 회장은 난데없이 예전 현대차 이야기를 꺼냈다. 현대차 직원들이 토요타와 미쓰비시 공장에 가서 엔진 기술을 배워 오려는데 미쓰비시 측에서는 카메라로 찍는 것은 물론 수첩에 메모하는 것도 안 된다고 했다. 그러자 현대차 직원들은 각자 파트를 나눠서 "눈으로 찍어 오자"고 했고 실제로 그렇게 해서 기술을 알아냈다는 것이다.

현대차 일화에서 힌트를 얻은 구 회장은 LG화학 실무진에게 일본에 있는 A사의 공장을 직접 가보라고 했다. 그러면서 만일 A사에서 기술 유출을 우려해 공장 방문을 거절한다면 이인재 시장과 함께 가보라는 아이디어도 냈다. 기업인이 아닌 시장이 간다고 하면 보여주지 않겠느냐는 것이었다. 이인재 시장은 기꺼이 가겠다고 했고, 이날의 모임이 있고 얼마 뒤 실제로 LG화학 유리 기판 담당 전무와 엔지니어들이 이 시장과 함께 일본 A사를 방문했다. 예상대로 A사 측에서는 이인재 시장에게만 공장 견학을 허락하고 LG 관계자들은 들어오지 못하게 할 정도로 보안이 철저했다.

 LG 관계자들은 이 시장이 공장을 견학하기 전 한 가지를 부탁했다. 유리가 얇아지는 공정이 위에서 아래로 내려오게 되어 있는지, 아니면 옆으로 이동하게 되어 있는지 봐달라는 것이었다. 당시 LCD용 유리 기판은 전량 일본에서 수입하고 있었다. 일본의 핵심 기술은 얼마나 얇게 만드는지에 있었는데, 마치 스카치테이프처럼 돌돌 말리는 유리를 만들 정도로 기술력이 뛰어났다. 당시 삼성과 합작한 미국 코닝의 기술은 유리가 수평으로 이동하면서 얇아지게 하는 기술이었다. LG화학 관계자들이 궁금했던 것은 A사도 코닝과 같은 방식을 채택했는지, 아니면 코닝과는 다른 수직 이동 방식을 사용하는지였다.

 이인재 시장은 A사의 공장을 견학할 때 그 공정을 유심히 살펴봤다. 결과는 수직 이동 방식이었다. 그 말을 들은 LG화학 관계자들은 이 시장에게 "시장님, 나라를 위해 정말 큰일 하셨습니다. 이

제 됐습니다"라고 말했다. 이처럼 후발 주자 한국은 안 되면 눈으로 사진을 찍으면서까지 일본의 기술을 따라잡기 위해 고군분투하고 있었다.

아직 오지 않은
시대

2004년 연구원 신분에서 벗어나 전지사업본부장으로 비즈니스 세계에 발을 담근 김명환은 LG배터리연구소로 돌아오게 되었다. 오창 공장에서 끔찍한 애플 노트북 리콜 사태가 벌어지면서 책임을 져야 했기 때문이다. 연구소장 자리로 돌아온 그는 전기차용 배터리를 본격적으로 개발해야겠다는 생각을 품고 있었다.

"소형 전지(노트북이나 휴대전화용 전지)는 우리가 일본보다 10년 정도 늦게 출발했잖아요. 그런데 자동차용 배터리는 일본도 아직 손대지 않고 있었죠. 똑같은 선상에서 한번 붙어볼 만하다, 우리가 더 빠를 수 있다고 생각했습니다. 그렇다고 그저 희망만 갖고 도전한 건 아니었습니다. 우리가 소형 전지 사업을 하는 동안 퍼스트 무버first mover로서 만든 기술이 있었거든요. 자동차는 무엇보다 안전이 중요한데 우리는 세라믹 코팅 기술을 보유하고 있었고, 공법 면에서 일본도 갖추지 못한 스태킹stacking(양극·음극·분리막 등 배터리 소재를 계단처럼 층층이 쌓는 공정)이라는 차별화된 기술이 있었어요. 이런 것들을 가지고 자동차용 배터리를 만들어보자고 생각했습니다."

이렇게 해서 LG화학 기술연구원에 자동차 전지를 연구하는 별도 연구소를 만든 뒤 전기차 배터리 사업을 시작했다. 개발에는 많은 돈이 들어갔고 고객은 확보되지 않은 탓에 6년간 적자가 계속되었다. 당연히 그룹의 반대는 더 심해졌다. 소형 전지 부문에서도 계속 적자를 보고 있는 마당에 무슨 자동차 전지를 생산하느냐는 것이었다. 그동안 계속해온 소형 전지 생산을 그만두자는 말은 차마 하지 못하고, 일단 자동차 전지 생산부터 중단하라는 말도 나왔다. 소형 전지에서 흑자다운 흑자를 낸 것이 2007년이었기에 그 전까지 압박이 심했는데, 특히 2006년이 그랬다. 그 여파로 배터리 연구 인력이 다수 빠져나갔다.

"사실 구본무 회장님 외에는 지주회사의 거의 모든 임원이 반대했습니다. '이건 아무리 생각해도 안 되는 사업이니 생각을 바꾸라'는 이야기를 거듭 들었죠. 그래도 회장님만은 끝까지 포기하지 않았습니다."

기술도 기술이지만, 고객을 확보하는 것이 가장 큰 문제였다. 전기차 배터리는 전형적인 수주 산업이다. 몇 안 되는 대형 자동차 회사에서 주문을 받지 못하면 공장을 돌릴 수 없다. LG화학은 일본에서는 닛산, 미국에서는 GM 등 대륙별로 하나씩 수주 목표를 정했다. 닛산을 목표로 삼은 이유는 2002년에 한 학회에서 닛산이 전기차를 개발하고 있다는 정보를 입수했기 때문이다. 그 뒤 LG와 닛산 사이에는 전기차용 배터리를 같이 개발해보자는 논의가 오갔다. 닛산과 샘플도 주고받으면서 공동 연구가 진척되는 듯했다. 물론 당시 LG화학에는 자동차 전지 연구소도 없는 상태였고 작은 규모의 팀에서 전기차 배터리를 연구해보려고 시도하는 단계였다. 그러던 와중에 2007년 닛산이 배터리 회사를 직접 만들었다. NEC와 합작해 ASEC라는 회사를 만든 것이다. LG로서는 닭 쫓던 개 지붕 쳐다보는 격이었다.

미국에서는 앞에서 살펴본 것처럼 타깃으로 정한 GM의 낙점을 받아 계약을 따냈다. 이는 기술의 승리이기도 하지만 전략의 승리이기도 했다. LG화학은 미국 시장에 진출하기 위해 단계별 접근법을 썼다. 가장 먼저 한 일 중 하나는 미국 콜로라도의 배터리 스타트업을 인수한 것이다. 4명의 엔지니어가 창업한 콤팩트 파워Compact Power Inc로, 소형 전지 기술을 활용해 전기차용 전기 기술을 만들어보겠다는 목표를 세운 회사였다. LG화학은 일찌감치 2001년에 300만 달러를 투자해 콤팩트 파워의 지분 60%를 인수한 상태였다.

일차적 성과는 1년여 만에 나타났다. 2002년 7월 미국 콜로라도에서 열린 세계적 자동차 경주 대회인 파익스 피크 인터내셔널 힐 클라임Pikes Peak International Hill Climb 랠리 전기차 부문에서 LG화학의 배터리를 장착한 전기차가 우승을 차지한 것이다. 전기차 부문에서는 유일한 출전자라 완주만 하면 우승이었지만, 완주 자체에 의미가 있었다. 이 랠리는 해발 4,302m 산 정상까지 올라가는 156km의 코스로 '구름으로 오르는 레이스'라 불린다. 당시만 해도 가드레일 없이 노출되는 구간과 비포장도로가 많은 위험한 코스였다.

콤팩트 파워는 그 전 해에도 납축전지를 장착한 전기차를 가지고 이 랠리에 출전했으나 중간에 방전되면서 탈락했다. 이후 랠리 재도전에 나섰고 당시 출장 중이었던 노기호 LG화학 사장이 그 소식을 들었다. 그는 한국에 오자마자 "콤팩트 파워가 자동차 랠리에 나간다는데, 우리가 만든 배터리를 줘야겠다"라고 말했다.

LG화학 배터리연구소는 부랴부랴 경주용 전기차에 쓸 리튬 이온 배터리를 만들기 시작했고, 몇 달 동안 거의 수작업으로 수백 개의 배터리 셀을 완성했다. 연구원들 사이에서는 "아직 개발 중인 셀을 줘도 되느냐"는 걱정과 함께 "괜히 망신당하는 것 아니냐"는 걱정도 나왔다. 이런 상황에서 의외의 성과를 거둔 것이었다. 다음 해에도 LG화학은 전년 기록을 갈아 치우며 2년 연속 우승을 거뒀다.

당시 산업부 산업정책과 서기관이던 박태성 현 한국배터리산업협회 상근부회장은 LG화학 관계자들이 찾아와 보여준 이 대회 우승 장면 동영상을 시청한 기억이 생생하다. LG화학 측이 전기차 배터리의 중요성을 알리기 위해 마련한 자리였다.

"그 우승이 한국 배터리 업체들이 전기차 배터리 분야에서 기술적 자신감을 갖게 된 중요한 계기였지요."

당시는 미국에서도 다들 전기차 생산이 불가능하다고 보던 때였다. 배터리가 가장 큰 이유였다. 노트북용 소형 배터리에서도 불이 자주 나는데, 그걸 자동차에 어떻게 사용하느냐는 것이었다. 가격이 너무 비싸다는 것도 주요한 이유였다. 그럼에도 자동차 제조사들은 저마다 미래를 대비해 전기차와 배터리를 선행 연구하는 조직을 운영했다. 이 밖에 자동차 제조사들이 컨소시엄을 만들어 미국 에너지부에서 받은 자금으로 여러 기술을 탐색하는 프로그램도 있었다. LG는 이 컨소시엄에 들어가길 원했고, 무엇보다 그런 기회를 통해 LG화학이 보유한 기술을 자연스럽게 알리고자 했다. 그런데 컨소시엄에 들어가려면 미국 회사여야 한다는 전제 조건이 있었다. 콤팩트 파워를 인수한 것은 그 일환이었다.

LG화학은 2005년 콤팩트 파워 본사를 미시간주 트로이로 옮겼다. 위치상 '빅 3', 즉 GM, 포드, 크라이슬러가 있는 디트로이트까지 자동차로 20분이면 갈 수 있었다. 이에 더해 포드자동차에서 26년간 근무하면서 하이브리드 카 상용화를 연구한 수석 엔지니어 프라바카 파틸Prabhakar Patil을 연구소장으로 스카우트했다.

그렇게 콤팩트 파워를 통해 계속 문을 두드린 끝에 LG화학에도 마침내 기회가 왔다. 2004년 8월, 미국 정부와 빅 3 자동차 제조사의 컨소시엄인 USABC가 추진하던 과제 중 460만 달러 규모의 리튬 폴리머 전지 기술 개발 프로젝트에 참여하게 된 것이다. USABC는 'United States Advanced Battery Consortium'의 약어로, 차세대 전기차 애플리케이션 상용화를 앞당기는 배터리 기술 개발을 목표로 했다. 이 프로젝트에 참여하는 것은 LG화학의 자동차용 배터리 기술을 미국 공인 기관에서 인정받았다는 데 의의가 있었다.

또 LG화학으로서는 콤팩트 파워를 통해 빅 3 자동차 회사와 정부 프로젝트를 같이 진행하면서 자연스럽게 접촉할 기회이기도 했다. 파틸 소장은 2005년 동아일보와 나눈 인터뷰에서 "GM과 포드 등 빅 3 자동차 메이커를 상대로 이차전지 사업 기회를 엿보고 있다"고 말했다.[10] 그 사업 기회 중 하나는 얼마 후 결실을 맺을 것이었다. 앞서 언급한 GM 전기차 시보레 볼트용 배터리 수주가 그것이다.

그러나 정작 볼트가 출시되자 초기 흥행은 기대에 못 미쳤다. 2011년 한 해 동안 미국 시장에서 7,671대 판매되는 데 그쳤다.[11] 볼트는 '최초의 상용 전기차'라는 영예로운 타이틀도 미쓰비시와 닛산에 양보했다. GM이 볼트를 시판하기 전에 미쓰비시가 아이미브i-MiEV를, 닛산이 리프Leaf를 시판했기 때문이다.[12] 그러나 일본 전기차 역시 판매 성적이 그리 좋지 않았다. 닛산 리프는 2011년 9,674대 팔렸다.[13]

LG화학이 볼트 수주를 계기로 지은 미국 미시간 공장도 한동안 고전했다. 전기차 수요가 기대에 못 미치면서 2013년 상업 생산이 시작된 이후 한동안 3개 생산 라인 가운데 1개 라인만 가동하기도 했다. 그런 가운데 공장 직원들이 근무시간 중 비디오게임을 하거나 영화를 보며 시간을 보낸 것으로 밝혀져 현지 여론의 질타를 받

는 일도 있었다.[14]

전기차의 시대는 아직 오지 않았다. 소비자는 '친환경'이라는 사명감에는 동의했지만 매일 전기차를 타는 것은 주저했다. LG화학은 볼트 수주로 돈을 벌지 못하고 오히려 까먹었다. 그러나 돈보다 훨씬 귀중한 '경험'을 얻었다. 홍정기 전 LG경영연구원 수석 연구위원의 말이다.

"스마트폰과 자동차는 완전히 다르잖아요. 자동차용 배터리는 신뢰성이 무엇보다 중요합니다. GM에 공급하게 되니 다른 완성차 업체들도 'LG는 그래도 GM에 배터리를 공급해본 회사다'라며 신뢰를 가지게 되었죠. 이것을 계기로 뒤에 다양한 고객을 확보할 수 있게 된 겁니다."

폴란드에서의 고투

2004년, LG화학은 중국 난징에 공장을 지었다. 이 공장은 본격적으로 대량생산을 해보는 수련장의 성격도 지니고 있었다. 중국에서 확보할 수 있는 대규모의 저임금 노동력이 이를 가능하게 했다. 그간 한국 청주와 오창 공장에서 생산했지만 인건비와 노조 문제로 대량생산하는 데는 한계가 있던 터였다. 반면 중국에는 휴대전화를 생산하는 기업 고객층도 두꺼웠다. LG화학은 난징 공장을 키워 중국을 최대 생산 기지로 만들었다. 홍정기는 난징 공장의 의미에 대해 이렇게 설명했다.

"생산 기술을 안정화하는 데 난징 공장이 매우 큰 역할을 했습니다. 처음에는 소형 전지로 시작하다가 나중에는 자동차 배터리도 생산했는데 어느 시점부터는 생산성이 한국 공장을 능가했습니다. 당시에는 배터리 분야에서 이 정도로 대량생산 체제를 확립한 회사가 없었어요."

3년 만에 수율 90%를 달성하기까지

같은 맛집도 이사하거나 분점을 내면 맛이 예전만 못하다는 말을 듣는다. 국내 공장이 잘 돌아간다고 해도 해외 생산 기지에서 안정된 수율(총 생산량 대비 품질 기준을 충족한 완제품 비율)을 올리기란 생각보다 어려운 일이다. 특히 문화가 다른 서양권에서 공장을 운영하는 것은 더욱 어렵다.

LG화학은 난징에서 쌓은 경험을 바탕으로 2018년 폴란드 공장을 준공했다. 유럽 시장을 본격적으로 공략하기 위해서였다. 하지만 폴란드 공장은 오창이나 난징과 똑같이 공장을 지어 똑같은 공정으로 운영하는데도 목표 수율이 좀처럼 나오지 않았다. 현지 인력을 열심히 가르치기도 했지만 쉽게 개선되지 않았다. '폴란드가 아니라 헬hell란드'라는 자조 섞인 농담이 나올 정도였다.

폴란드 공장의 생산 규모는 86GWh(GW시)로 전기차 120만 대를 생산할 수 있는 규모에 달한다. 2023년 1~9월 LG에너지솔루션 전체 생산량의 48%를 이곳이 담당했다.[15] 폴란드 공장에서 근무하는 인원은 1만 명이다. GM 볼트에 배터리를 공급하기 위해 지은 미국 미시간 공장은 오바마 대통령이 기공식에 참여해 유명해졌지만 규모가 5GWh에 불과했다. 그만큼 폴란드 공장의 규모가 얼마나 큰지 알 수 있다. 그런 초대형 공장에서 1만 명의 현지인을 고용해서 뭔가를 생산한다는 것은 스케일이 완전히 다른 차원인 것이다.

김명환은 자신이 재임한 기간 중 가장 보람 있었던 일 중 하나로 폴란드 공장 안정화를 꼽았다. 그가 역점을 둔 것은 현지 인력의 동기부여였다.

"공장이 어렵다 보니 매번 회의를 소집해 다음 계획은 뭐냐는 식으로 닦달하는 것이 대부분이었어요. 그러다 보니 업무 만족도가 낮아 퇴직률이 높았죠. 제가 최고 생산 책임자가 되어 내린 결론은 이 사람들한테 시간을 줘야겠다는 것이었어요. 그래서 보고를 받지 않고 그저 위임했습니다."

직원 복지시설도 확충했다. 사람들이 제대로 식사할 수 있는 공간이 없는 것을 보고 돈만 까먹고 있는 공장에 500억 원을 들여 복지동을 지은 것이다. 그렇게 해서 폴란드 공장에서 목표로 삼은 수율, 즉 90% 이상을 달성하는 데 3년이 넘는 시간이 걸렸다.

"폴란드 공장이 정상화된 게 LG화학에 터닝 포인트가 되었습니다. 그게 제대로 안 됐으면 아마 힘들었을 겁니다."

현재 LG에너지솔루션이 K-배터리 3사 중 가장 공격적으로 미국에 배터리 공장을 짓고 있는 것은 난징과 폴란드 공장을 운영하며 얻은 자신감과 무관하지 않다. 2022년 8월에 가동하기 시작한 LG에너지솔루션의 미국 오하이오 공장은 폴란드에서의 경험을 바탕으로 1년 만에 수율을 안정화할 수 있었다.

2024년 6월 미국 테네시주 스프링힐. LG에너지솔루션과 GM의 합작 법인 얼티엄셀즈Ultium Cells가 3개월 전 준공한 두 번째 공장이 언론에 최초로 공개되었다. GM의 고급 전기차 모델인 캐딜락 리릭에 장착하는 배터리를 생산하는 공장이다. '스마트 팩토리'를 표방하는 이 공장은 코팅·전극 부착·패키징 등 공정 전 과정을 자동화했고, 시뮬레이터 16대로 신입 사원을 교육한다.[16] 이런 스마트 팩토리는 현지에서 숙련된 근로자를 확보하는 데 겪는 어려움을 해결하는 방법이기도 하다.

LG에너지솔루션에 따르면 테네시 공장은 가동 1개월 만에 수율이 90%를 넘어섰다. 이렇게 빨리 공장을 안정화할 수 있었던 것은 30년 이상 쌓아온 풍부한 양산 경험이 있는 데다, 공장을 가동하기 전 오창 공장에서 충분히 검증하기 때문이다. 해외 공장을 여러 곳에 동시에 지어 돌리는 것은 다른 기업들이 해보지 않은 일인 만큼 시행착오가 많을 수밖에 없다. 일례로 물 온도만 약간 달라져도 생산물의 결과 값이 달라진다. 이 문제를 해결하고자 LG에너지솔루션은 오창 공장에서 완벽한 모범 답안을 만든 후 해외 공장에 적용하겠다는 전략을 세운 바 있다.[17] 이런 의미에서 오창 공장을 '머더 mother 팩토리'라 부른다. '공장의 공장'인 셈이다.

인생의 전환점

 2011년 12월, 구본무 회장이 권영수 당시 LG디스플레이 사장을 불렀다.
 "권 사장이 LG화학 전지사업본부장으로 가주면 좋겠어요."
 권영수는 자신이 잘못 들은 건가 싶었다. 전혀 예상하지 못한 말이었다. 그는 LG전자에서 30년 가까이 근무한 뒤 LG디스플레이 사장으로 4년간 있으면서 매출 20조 원을 달성한 주역이었다. 그가 재직하는 동안 LG디스플레이는 삼성전자를 누르고 1위가 되었고, 고부가가치 제품인 OLED 개발에도 성공한 터였다. 그런데 배터리라니?
 권영수는 구 회장을 비롯해 LG그룹 주요 계열사 사장 7명이 참석하는 경영 회의 멤버이기에 이차전지라는 말을 간혹 듣긴 했다.

주로 이차전지에 투자한다는 이야기였지만 특별한 관심을 갖지 않았다. 당시 LG화학의 전지사업본부 매출은 LG디스플레이의 10분의 1 정도밖에 되지 않았다. 게다가 구 회장이 말한 자리는 CEO도 아닌 본부장이었다. 사장급이라고는 해도 엄연히 CEO 아래였다. 현직 계열사 대표이사를 다른 계열사 본부장으로 발령 낸다는 것은 누가 봐도 좌천성 인사였다. 권영수는 생각을 가다듬고 말했다.

"회장님, 혹시라도 제가 부담이 되신다면 그만두겠습니다. 제가 그쪽으로 가는 것은 아무래도 무리인 것 같습니다."

그러자 구본무 회장은 아주 미안한 표정을 지으며 말했다.

"권 사장, 전지사업본부 매출을 다 합치면 3조나 돼요. 빠르게 성장하고 있고요."

"그건 잘 알겠습니다. 그러나 대단히 죄송하지만 저는 받아들일 수 없습니다."

권영수는 이렇게 말하고 자리를 떴다. 이후 그는 3일 동안 출근하지 않고 잠적했다. 휴대전화를 끄고 서울 근교를 돌아다니며 마음을 정리했다. 회사를 그만둘 생각이었다. 그런데 지인들을 만나보니 다들 이렇게 말하는 것이었다.

"살다 보면 이런 일, 저런 일 다 있게 마련이네. 회장님이 오죽했으면 자네보고 그리로 가라고 했겠어? 그분이 어려운 결정을 했는데 그렇게 매정하게 떠나는 건 아닌 것 같네."

결국 권영수는 구 회장을 다시 만났다. 구 회장은 활짝 웃으면서 소주나 한잔하자고 말했고, 두 사람은 그렇게 낮술을 마셨다.

"제가 종교는 없지만 하늘은 누군가를 큰 인물로 키우기 위해 세 번의 어려움을 준다고 하더군요. 저는 어릴 때 큰 어려움을 한 번 겪었는데, 생각해보면 그 일도 그중 하나였던 것 같습니다. 제 인생의 중요한 전환점이었던 것이죠."

2023년 11월, 권영수가 LG에너지솔루션 대표이사에서 퇴임하고 몇 달 뒤 그를 만났다. 그의 얼굴에는 한번 보면 쉽게 잊을 수 없는 특징이 있다. 그중 하나가 형형한 눈빛이다. 인상학을 전공한 어느 교수는 그의 눈동자가 "어디까지 생각하고 있는지 알아챌 수 없는 먼 곳을 응시한다. 이런 눈은 안 보이는 곳을 들여다보며 직관이 뛰어나다"라고 평가한 바 있다.[18] 한때 길렀던 콧수염은 인상을 더욱 강렬하게 해주었다.

구본무 회장은 왜 권영수를 생면부지의 배터리 사업부로 보낼 생각을 했을까. 당시 LG그룹은 "이번 인사는 권 사장이 LG디스플레이를 세계 최고의 기업으로 키웠듯 LG화학의 이차전지 사업도 세계 최고로 키워달라는 구 회장의 당부와 믿음이 작용했다"라고 설명했다.[19] 당시 LG화학의 전지사업본부장이란 자리는 1~2년 만에 사람이 바뀌는 자리였다. 워낙 사고가 잦다 보니 한번 가면 잘리는 곳이라고 정평이 나 있었다. 바람 잘 날 없는 전지사업본부를 보며 구 회장은 'LG그룹에서 제일 독한 사람이 권영수인데 그를 마지막으로 투입해보자'라고 생각했던 것은 아니었을까. 한 LG 고위 관계자는 이렇게 말하기도 했다.[20]

"그 전 경영자들이 배터리 사업을 접고 싶어도 구 회장의 눈치를 보느라 할 수 없이 끌고 가는 분위기가 있었습니다. 이에 비해 권영수 부회장은 본격적으로 1등 한번 해보자면서 독하게 달려들었어요. 그가 전지사업본부장이 되면서 LG화학의 배터리 산업이 비약적으로 발전할 수 있었습니다. 그러니 구본무 회장의 인사는 신의 한 수라고 할 수 있겠지요."

또 하나의 해석은 구 회장이 LG화학에 부족했던 대규모 조립 가공업 노하우를 전자와 디스플레이를 경험한 권영수를 통해 보강하려 했다는 것이다. 배터리는 산업 부문으로 치면 조립 가공업이다. 그러다 보니 소니나 산요처럼 조립과 대량생산에 강점이 있는 전자 회사가 주로 이 사업을 이끌어나갔다. 조립 가공업 노하우가 없는 LG화학이 배터리 사업을 하는 것은 꽤 이례적이었다.

이에 대해 당시 LG화학의 대응 논리는 이랬다. "배터리 자체는 분명히 전자 부품이다. 하지만 거기에 사용하는 양극재, 음극재, 분리막, 전해액 등이 모두 화학물질이며, 그 안에서 일어나는 일도 전기화학 반응이다. 이걸 이해하지 못하고서는 남을 따라 할 수는 있어도 1등을 하기는 어렵다. 지금 우리가 조립과 생산에 능숙하지 못한 문제가 있지만 일단은 근본적인 소재 경쟁력을 키워야 한다. 조립 기술은 시간이 지나면 익숙해지고 향상될 것이다."[21]

그러나 이 결정은 양날의 검이기도 했다. 조립 가공업 경험이 없는 LG화학이 배터리라는 전자 부품을 대량생산하는 데는 많은 시행착오가 따랐다. 주방장이 아무리 뛰어난 레시피를 가지고 있더라도 수백 명의 손님에게 빠른 시간에 균일한 요리를 제공하기 어려운 것과 마찬가지다. 배터리는 단순 조립 산업과 달리 대규모 설비가 필요한 장치 산업적 측면도 있다. LG에너지솔루션 같은 대형 배터리 셀 업체 공장에는 길이 100m에 높이와 폭이 각각 5m 정도 되는 코팅 기계를 비롯해 대규모 장비가 들어서 있다. 김명환은 다음과 같이 설명했다.

"배터리는 조립라인에서 컨베이어 벨트가 돌아가는 일입니다. 즉 조립 가공업인데 LG화학은 이런 사업을 해본 적이 없어요. 샘플은 개발했지만 그걸 대량생산을 해본 적이 없으니 쉽게 될 리 없었죠."[22]

반면 삼성SDI는 배터리 산업을 전자 조립 산업으로 접근했다. 이는 두 회사의 행보와 성과에도 상당한 차이를 낳았다. 이상영 연세대 교수는 그 차이를 이렇게 표현한다.

"삼성SDI는 굉장히 엄격하게 관리하고 불량품이 없도록 조립을 굉장히 잘해요. 제품 개발에도 1년 이상 시간을 주는 경우가 거의 없다고 들었어요. 그런데 소재를 들여다보면 그리 새로운 것은 별로 없었어요. 반대로 LG화학은 별 희한한 화학 소재를 다 시도해봅니다. 화학을 기반으로 배터리 사업을 시작했으니까요. 다만 조립을 해본 적이 없으니 조립이 어설펐고 불량률이 높았어요. 그게 (두 회사의) 확실한 차이였어요."

권영수 역시 LG화학에 가서 비슷한 것을 느꼈다. 우선 급한 것이 제품 개발이기에 직원들이 거기에 모든 초점을 두었고, 정작 개발된 제품을 대량생산하는 공장 운영은 서툴렀다. 그러나 본부장이라고 해서 권영수가 생산에 제동을 거는 것은 쉽지 않은 일이었다. LG화학은 서울대 화공과 출신이 가장 많은 회사 중 하나일 것이다. 그리고 그중 상당수가 박사다.

"15명이 회의를 하면 저만 빼고 모두 박사인 적도 있었어요. 그만큼 연구원들의 자부심이 굉장히 컸죠."

권영수가 부임하고 얼마 뒤 여러 공장에서 화재 사고가 잇따랐다. 미국 미시간 공장에 이어 한국 오창 공장, 중국 공장에 화재가 난 것이다. 권영수는 오히려 하늘이 준 기회라고 생각했다. "공장 운영이 얼마나 엉망이면 이렇게 동시다발적으로 불이 날 수 있느냐"며 제동을 걸 수 있었기 때문이다. 이후 권영수는 LG전자와 LG디스플레이에서 경험 많은 직원들을 영입하기도 했다. 그러나 권영수 역시 배터리 생산의 어려움을 과소평가한 측면이 있었다.

"디스플레이는 어떻게 보면 죽어 있는 재료예요. 재료를 올려 패널을 만들면 거기서 더 이상 변화가 없어요. 그런데 배터리는 화학 반응이 끊임없이 일어나요. 살아 있는 재료라고 할 수 있죠. 그래서 단순한 조립업과는 다릅니다. 권 부회장도 처음에 생각했던 것처럼 간단하지 않아 고생했어요. 조립 경험 많은 사람들을 데리고 오면 쉽게 해결될 줄 알았는데 근 10년을 같이 고생했죠."[23]

폭스바겐이 준
뜻밖의 기회

 권영수는 자신이 경영자로 재임한 기간 중 가장 기억에 남는 일로 2014년 폭스바겐 자회사 아우디와의 계약을 꼽는다. 폭스바겐 그룹은 현재 LG에너지솔루션의 유럽 고객 중 가장 큰 고객이다. 그러나 당시만 해도 폭스바겐의 고려 대상에 LG에너지솔루션은 포함되어 있지 않았다.
 전기차용 배터리는 모양에 따라 각형과 파우치형 그리고 원통형으로 나뉜다. 각형 배터리는 납작한 사각형 통조림처럼 생겼는데 그 안에 배터리 재료를 담는다. 알루미늄 캔으로 겉을 싸기 때문에 충격에 강하고 안전하다는 장점이 있다. 폭스바겐은 여러 배터리 형태 중 각형을 선호해 삼성전자와 파나소닉에서 각형 배터리를 공급받고 있었다. 반면 LG화학이 주력으로 만드는 파우치형에 대해서는 매우 부정적이었다. 특히 CTO인 올리히 하켄베르크가 그랬다. 파우치형은 배터리 재료를 얇은 비닐 재질 주머니인 파우치에 담는다. 부피를 크게 차지하지 않고 여러 형태로 가공할 수 있다는 것이 장점이지만 외부 충격에 약하다.

권영수는 2012년 LG화학 전지사업본부 본부장으로 부임한 후 1년간 독일을 오가며 공을 들였으나 폭스바겐의 문은 열리지 않았다. "파우치형은 각형에 비해 같은 공간(부피)에 20% 이상 많은 에너지를 저장할 수 있고, 같은 무게라면 20% 이상 더 많은 에너지를 저장할 수 있다"라고 거듭 설명했지만 통하지 않았다.[24]

그러던 차에 폭스바겐이 매년 가을에 여는 신기술 소개 행사에 LG화학을 초대했다. 예전에는 초대조차 하지 않았는데 초대받은 것만도 천운이었다. 이 행사가 각별한 의미를 지니는 것은 폭스바겐 회장이 참여하기 때문이다. 배터리 업체가 완성차 업체 CEO를 만난다는 것은 하늘의 별 따기다. 게다가 상대는 엄격하고 철저하며 때로 부하들을 혹독하게 단련하는 것으로 유명한 전설적인 경영자, 훗날 연비 조작 사건에 책임을 지고 은퇴하는 비운의 경영자 마르틴 빈터코른Martin Winterkorn이었다.

이 행사에는 초대받은 기업들이 각자의 기술을 10분 정도 설명하는 순서가 있었다. LG화학은 잘 준비된 자료와 수많은 리허설로 가다듬은 프레젠테이션을 통해 빈터코른 회장의 관심을 끄는 데 성공했다. "그렇게 좋은 기술이라면 테스트라도 한번 해보지 그랬나"라는 빈터코른의 말 한마디에 폭스바겐에서 LG화학에 제품 테스트 기회를 주었다. LG화학은 한 번뿐인 그 기회를 놓치지 않았다. 권영수는 이 순간을 이렇게 회고했다.

"만약 그 가을에 우리 회사가 폭스바겐에 가서 제품을 소개할 기회가 없었다면, 만약 빈터르코른 회장이 그 행사에 참여하지 않았다면 불가능한 일이었죠."

마침내 2014년 8월, LG화학은 아우디와 전기차 배터리 공급 계약을 체결했다. 아우디의 차세대 플러그인 하이브리드 자동차에 장착할 배터리를 공급하는 업체로 선정된 것이다. LG가 폭스바겐 그룹과 맺은 인연의 시작이었다.

미국의
깜짝 선물

'IRA'라는 영어 약어를 들으면 무엇이 떠오르는가? 2022년 이전에 이 말을 들었다면 아일랜드의 무장 단체, 혹은 미국의 개인 퇴직 계좌를 떠올리는 사람이 많았을 것이다. 그러나 2022년부터 사람들의 대화와 글, 인터넷 검색에서 IRA가 전혀 다른 의미로 자주 쓰이기 시작했다. 바로 2022년 8월 조 바이든 미국 대통령의 서명으로 발효된 '인플레이션 감축법Inflation Reduction Act'을 가리키는 말이 된 것이다.

사실 이름과 달리 이 법은 인플레이션 감축과는 별 관련이 없는 내용을 담고 있다. 인플레이션이란 이름은 당시 40년 만에 가장 큰 폭의 물가 상승을 경험하고 있던 미국 국민에게 어필하기 위한 바이든 행정부의 정치적 계산에서 비롯된 것이었다. 나중에 바이든 대통령조차 한 연설에서 이 법안이 인플레이션과는 아무 관련이 없다고 말한 적도 있다.

IRA의 진짜 핵심은 바이든의 같은 연설 중 다른 대목에 담겨 있었다. 바로 '기후변화 대응을 위한 전례 없이 큰 3,680억 달러의 투자'였다. 미국 역사상 탄소 배출 감소를 위해 지출하는 이 자금 중 상당 부분이 전기차 소비자나 이차전지 생산 업체에 대한 보조금으로 지출될 예정이었다. 그러다 보니 이 법안은 한국 배터리 산업에는 크리스마스 선물처럼 고마운 것이었다. 급성장하는 미국 전기차 시장에 대응하기 위해 미국 진출을 서두르던 차에 미국에서 보조금(정확하게는 세액공제) 혜택까지 받게 되었으니 말이다. 2024년 3월 기준 미국에서 판매되는 전기차 모델 가운데 IRA 보조금 혜택을 받는 것은 36개다. 그중 30개 차종이 K-배터리를 장착한다.[25]

인류애에 어필하는 이 법안은 날카로운 발톱도 숨기고 있었다. 그 발톱은 한 국가를 정면으로 겨냥했다. 바로 중국이었다. 중국 업체를 보조금 대상에서 제외한 것이다. 바이든 행정부는 2024년 5월 또 다른 발톱을 꺼내 들어 중국산 전기차와 배터리에 각각 100%와 25%의 관세를 부과하기로 했다. 미국의 이러한 조치는 한국에 남다른 의미로 작용했다. 국내 배터리 업계는 이 같은 조치가 K-배터리에 모두 이로운 것은 아니지만, 전체적으로는 큰 기회라고 받아들인다. 장차 중국보다 커질 것으로 예상되는 미국 배터리 시장에서 중국과 경쟁 없이 사업할 수 있는 유리한 환경이 조성되었기 때문이다.

그런 면에서 K-배터리 업체들이 가야 할 길은 자명했다. 미국에 현지 공장을 짓고 리튬이나 니켈 등 배터리 재료로 쓸 광물은 중국 이외의 곳에서 조달하는 방법을 찾아야 했다. 그래야 IRA에 의거한 보조금 혜택을 받을 수 있기 때문이다. 그렇게 한국 배터리 업체의 미국 진출 러시가 시작되었다. 한국 배터리산업협회에 따르면 북미 지역에 예정된 국내 이차전지 및 소재 업체의 투자 규모는 2024년 4월 기준 512억 달러(약 70조 원)에 이른다. 미국의 7개 주와 캐나다를 합해 모두 14개의 공장을 짓기 위한 것이다.

LG에너지솔루션의 경우 몇 년 전까지만 해도 미국에 단 하나의 공장을 갖고 있었다. 기공식에 오바마 대통령이 참석한 바로 그 공장, 미시간 공장이다. 2013년 생산을 시작한 미시간 공장의 생산능력은 연간 20GWh에 불과했다. 그러나 2020년대에 접어들면서 미국에서 운영하는 공장을 크게 늘리기 시작했다. 2024년 현재 3개 공장이 가동 중이며 6개를 더 짓고 있다. 모두 완공되면 생산능력이 342GWh에 이르게 된다. 불과 몇 년 사이에 북미 지역 생산 규모가 약 17배 증가하는 것이다. 막대한 자금이 투입될 수밖에 없다.

LG에너지솔루션 이사회는 2023년에만 두 번의 통 큰 투자 결정을 했다. 미국 애리조나에 짓는 단독 공장에 7조 2,000억 원, 조지아에 현대차와 합작으로 짓는 공장에 5조 7,000억 원을 투자하기로 한 것이다. 이제 배터리 사업은 과거 휴대전화나 노트북용 배터리를 만들던 때와는 성격이 크게 달라졌다. 몇조 원을 수시로 투자

해야 하는 고위험 사업이 되었다.[26]

미국 시장을 향한 승부수

사람은 집 한 채 사는 데도 밤잠을 설치며 고민한다. 그런데 수조에서 수십조 원의 투자를 결정하려면 쉽지 않은 과정을 거칠 수밖에 없었다. 모든 투자 결정이 그렇겠지만 특히 북미 투자에는 큰돈이 걸렸기 때문에 LG그룹 내에서도 격론이 벌어졌다. LG그룹, 아니 국내 기업을 통틀어 해외에 이 정도 규모로 투자하는 것은 유례없는 일이었기 때문이다.

LG그룹의 지주회사인 (주)LG에서는 직원들을 블루 팀과 레드 팀으로 나누어 블루 팀은 '하자', 레드 팀은 '하지 말자'고 토론을 벌였다. 레드 팀에서는 당연히 전기차 수요의 불확실성, 배터리 공급 과잉 우려, 유럽에 비해 미국에 편중된 투자, LFP 배터리*를 비롯한 저가 제품 확산 등을 거론했다.

반면 블루 팀의 논리는 이랬다. 대규모 투자를 요하는 배터리 사

---

* 리튬 철 인산화물(Lithium Iron Phosphate, LFP)을 사용하는 리튬 이온 배터리. 에너지밀도(같은 무게나 부피에 담을 수 있는 에너지의 양)는 다른 리튬 이온 배터리에 비해 낮지만, 가격이 비교적 저렴하고 긴 사이클 수명을 제공한다. 여기에 열 안정성이 우수하고 과열이나 화재 위험이 적어 전기차에 많이 사용된다. 또 코발트와 니켈을 사용하지 않아 자원 확보 측면에서도 경제성을 지닌다.

업은 결국 소수 업체만 살아남는 과점 산업이 될 수밖에 없다. 또 배터리 업체는 주 고객인 완성차 업체의 핵심 공급 업체가 되어야 장기적 생존이 가능하다. 그 점은 완성차 업체의 다른 협력 업체와 마찬가지다. 그러려면 투자가 불가피하다. 마침 미중 분쟁으로 IRA 법안이 나오면서 새로운 기회가 열렸다. 그렇다면 시장 선점의 속도를 높일 필요가 있다.

하지만 이런 투자는 불확실한 상황에서 정보를 100% 알 수 없는 만큼, 어떻게 보면 대규모 투자는 베팅에 가깝다고도 볼 수 있다. 확률을 높이기 위해 LG에너지솔루션은 시나리오 분석을 활용했다. 만약 트럼프가 다시 미국 대통령이 되어 IRA가 없어진다면 어떻게 할 것인지, 전고체* 같은 신기술이 갑작스럽게 등장하면 어떻게 될 것인가 등 다양한 변수를 두고 최악의 경우를 상정했다. 이런 최악의 시나리오와 함께 기본 시나리오, 최선의 시나리오로 나눠 미래를 생각해보기도 했다.

권영수는 이에 대해 "가장 중요한 사실은 IRA 법안에 따른 보조금 같은 인센티브는 일종의 복권처럼 생각해야 한다는 것입니다. 즉 IRA만을 전제로 투자 결정을 내리지는 않았습니다"라고 말했다. IRA 보조금이 크게 줄어들거나 없어진다고 가정해도 수익성이

---

* 전해질이 고체 상태인 배터리 기술. 액체 전해질을 사용하는 전통적인 리튬 이온 배터리와는 달리 전고체 배터리는 고체 전해질을 사용하기에 안전성과 에너지밀도를 높일 수 있다. 이로 인해 화재 위험성도 낮아지는 동시에 배터리 수명이 길어질 수 있다는 장점을 지닌다.

있을 것이라고 판단되는 분야에만 투자한다는 것이다. LG가 생각한 최악의 시나리오는 IRA 법안이 폐지되어 미국이 완전 경쟁 시장이 되고 중국의 경쟁 업체가 몰려오는 상황이었다. 그러나 설사 그런 시나리오가 현실화된다 하더라도 갑작스럽게 경쟁 구도가 변하지는 않을 것이라 판단했다.

"완성차 업체가 새로운 전기차 모델을 내놓는다면 생산 시설을 구축하는 데 3년 정도 걸리고, 생산 시설이 안정화되어 실제로 새로운 플랫폼을 통해 판매되기까지 7~10년이 걸립니다. 그 전기차에 어떤 배터리를 장착할지를 오래전에 미리 정해야 합니다. 즉 시장에서 물건 사듯 필요하면 저렴한 물건을 뚝딱 사 오는 게 아닙니다. '우리 전기차를 이런 모양으로 디자인하니 배터리는 어떤 모양이어야 하고, 플랫폼은 이런 게 필요하니 이걸 공동 개발하자'는 식으로 진행되는 거죠. 2024년 시점에서 보면 2030년대 초까지는 흐름이 정해져 있다고 볼 수 있습니다. 적어도 이 기간 내에서는 경쟁 구도가 급격히 바뀌기 어렵고 투자 수익성을 확보할 수 있다고 판단했습니다."[27]

LG에너지솔루션이 대규모 북미 투자 의사 결정을 비교적 마음 편하게 할 수 있었던 것은 투자의 대부분이 고객, 즉 자동차 회사와의 합작 투자였기 때문이다. 2019년, LG에너지솔루션은 앞서 언급한 GM과의 합작 법인 얼티엄셀즈를 설립해 공장을 지었다. LG에너지솔루션이 지분의 63%, GM이 37%를 출자한 이 합작회사는 미국 오하이오에 첫 공장을 지어 2022년 말부터 생산을 시작했고

2024년 2월에는 두 번째 공장 건축을 완료했다. 두 번째 공장에서 생산하는 배터리는 캐딜락의 SUV 모델인 리릭을 비롯해 GM의 3세대 신규 전기차 모델에 장착할 예정이다. 또 LG에너지솔루션은 현대차, 혼다, 스텔란티스와도 각각 합작 법인을 설립한 뒤 미국 조지아와 오하이오, 그리고 캐나다 온타리오에 각각 공장을 건설하고 있다.

"액수는 컸지만 합작 법인이기 때문에 훨씬 부담이 덜했어요. 잘못되면 저쪽에서도 절반은 책임져야 하니까요."

LG에너지솔루션의 이차전지 사업 전략에서 가장 두드러진 점이 바로 이 합작 투자joint venture 전략이다. 합작 법인은 배터리 수요자인 자동차 회사가 원하는 바이기도 했다. 전기차의 심장인 배터리를 장기간에 걸쳐 안정적으로 확보하기 위해서는 합작 형태로 배터리 회사를 묶어두어야 했기에 서로의 이해가 맞아떨어졌다. 사실 합작처럼 어려운 게 없다. "동업하면 망한다"는 말이 있지 않은가. 배터리 합작 투자를 해도 위험 요인이 많다. 일단 상대가 기술을 훔쳐 갈 가능성이 가장 큰 위험 요소일 것이다. 그럼에도 LG에너지솔루션은 양질의 고객을 확보하는 게 더 중요하다고 판단해 합작을 결정했다. 한 고위 관계자는 합작 투자의 배경을 다음과 같이 설명했다.

"성능 좋은 배터리를 내놓는 것도 중요하지만, 그와 함께 가장 첫 번째로 해야 하는 것은 고객, 즉 핵심 완성차 업체와의 협업이라고 생각했습니다. 다행히 과거에 우리가 기술을 조금 일찍 확보했기 때문에 그걸 기반으로 고객을 확보하자고 해서 GM과의 합작을 실행했던 겁니다. 물론 그런 움직임을 더욱 재촉한 것이 미중 분쟁에 따른 IRA 법안이었고요."

LG에너지솔루션이 보여준 배터리 업체와 OEM의 합작 사례는 배터리 업계에서 하나의 표준으로 자리 잡았다. SK온은 포드, 삼성SDI는 스텔란티스 및 GM과 각기 합작 법인을 설립해 미국 공장을 짓고 있거나 지을 예정이다.

그러나 LG에너지솔루션 입장에서 합작 투자 결정은 비교적 쉬웠던 데 비해 애리조나 단독 공장 결정은 쉽지 않았다. 우선 7조 원이 넘는 금액은 너무 컸다. 기업공개를 통해 조달한 자금이 10조 2,000억 원이었으니 말이다. 또 이 공장은 테슬라를 바라보고 짓는 것이었는데 일론 머스크 말 한마디에 왔다 갔다 하는 바람에 불확실성이 컸다. 일론 머스크가 미국에 짓자고 했던 공장을 중국에 짓자고 말을 바꾸기도 했다. 결국 원안대로 미국에 짓기로 했지만 의사 결정이 늦어졌다. 2022년 상반기에 이야기가 되기 시작해 2023년 말에야 결정이 났다.

"여러 변수가 많아 고민이 많은 결정이었습니다. 하지만 의사 결정이 늦어진 게 결과적으로는 유리하게 작용했어요. 원래는 2170 배터리 공장을 생각했는데, 4680 공장으로 바꿀 수 있었어요. 올바른 결정을 할 수 있었지요."[28]

2170과 4680은 배터리의 여러 형태 중 원통 모양 배터리의 규격을 알려주는 숫자다. 2170은 지름 21mm와 높이 70mm를, 4680

은 지름 46mm와 높이 80mm를 말한다. 기존 원통형 배터리는 21 70 규격이 대표적이었는데 4680이 새로운 대세로 떠오르고 있다.

뒤바뀐
갑을 관계

자동차 업계는 주요 산업 중 갑을 관계가 가장 뚜렷한 곳으로 꼽힌다. 이를 잘 보여주는 일화가 있다. 한때 LG전자가 자동차 부품 사업을 확대하고 있을 때 업계에서는 LG그룹이 자동차 사업에 진출하지 않을까 하는 추측이 나돌았다. 그때 구본무 회장이 이우종 당시 LG전자 사장을 만나 느닷없이 "호號를 하나 선사하겠다"라고 말했다. 그 호는 '평을도사平乙道士', 평생 을로 살라는 뜻이었다. LG는 완성차 시장에 뛰어들 생각이 전혀 없다는 뜻을 재치 있고 확실하게 전달한 것이다.

그러나 최근 몇 년 사이 자동차 업계의 전통적인 갑을 관계에 커다란 변화의 신호가 나타나고 있다. 전기차용 배터리 공급이 부족해지면서 배터리 회사들이 협상에서 우위를 차지했기 때문이다.

2022년 하반기에 IRA 법안이 발표되자 미국의 글로벌 자동차 제조사들이 한국 배터리 업체에 러브콜을 보냈다. 전기차 시대가 앞당겨질 것이라는 기대와 시장을 초기에 선점해야 한다는 초조함 속에서 완성차 제조사들은 전기차 공급 계획을 앞당겼다. 문제는 전기차의 심장에 해당하는 배터리가 턱없이 부족하다는 점이었다. 완성차 업체들은 후한 조건으로 배터리 장기 공급 계약을 맺었고 배터리 업체에는 하루빨리 미국에 공장을 지어달라고 요청했다.

앞서 LG에너지솔루션이 여러 배터리 업체와 합작했다고 언급했는데, LG에너지솔루션은 투자 위험을 분산하기 위해 합작하는 완성차 업체와의 계약 조건에 몇 가지 조항을 포함시켰다. 예를 들어 배터리의 주원료인 리튬 가격이 폭등해 LG에너지솔루션의 원가 부담이 커진다면 완성차 업체가 납품 단가를 올려준다든지 하는 식으로 원가 일부를 보전해주는 방식이다. 또 북미 시장에서 전기차 수요가 크게 둔화되어 배터리 판매가 급격히 감소할 경우, 예상보다 줄어든 수익을 완성차 업체가 분담하는 조항도 추가할 수 있다. 일종의 이중 안전장치인 셈이었다.

이는 기존 자동차 업계 관행에 비춰볼 때 상상할 수 없는 계약 조건이다. 그럼에도 이것이 가능했던 것은, 배터리 시장이 수요자인 완성차 업체보다 공급자인 배터리 업체가 더 많은 협상력을 갖는 이른바 판매자 시장sellers' market으로 바뀌었기 때문이다. 배터리 수급이 안정적이지 못한 데다 고품질과 생산량을 충족하는 업체가 몇 안 되다 보니, 완성차 업체들이 배터리 업체에 일종의 특혜를 준 셈이다.

"미국 완성차 업체 입장에서는 초유의 일일 겁니다. 자동차 제조업은 대표적인 조립산업 아닙니까? 자동차 한 대에는 부품 약 3만 개가 들어갑니다. 완성차 업체가 그 부품을 만드는 기업들을 줄 세우고 최소한의 먹을 것만 주는 동네가 자동차 산업인데, 그런 식으로 부품 업체와 협상하는 건 아마 처음일 겁니다."[29]

2023년 8월에 만난 이경섭 당시 포스코홀딩스 전무는 완성차 업체의 적극성에 깜짝 놀랄 때가 있다고 말했다. 미국의 주요 완성차 업체를 방문하면 예전에는 만나기 힘들었던 CEO들이 흔쾌히 자신을 만나준다는 것이다. 배터리 소재를 차질 없이 공급받아 배터리를 생산하는 것이 그만큼 중요해졌다는 뜻이다.

문제는 이런 갑을 관계의 역전이 지속될 수 있느냐다. 이를 비관적으로 보는 전문가들도 적지 않다. 이에 대해 홍정기 전 LG경영연구원 수석연구위원은 이렇게 분석한다.

"역사상 완성차 업체들이 그런 식으로 밸류 체인*을 관리한 적이 없어요. 그들은 어떤 식으로든 계층구조를 통해 부품 업계를 장악해왔습니다. 그래야 이윤을 챙길 수 있고 주도권을 행사할 수 있으니까요."

---

* 기업이 제품 및 서비스를 생산하고 제공하는 각 단계에서 어떻게 가치를 창출하는지 나타내는 개념.

현재 완성차 업체들은 배터리를 스스로 개발해 생산하겠다는, 이른바 배터리 내재화 투자에 일제히 나서고 있다. 이것은 배터리가 그만큼 중요한 부품이기도 하거니와 배터리 업체에만 맡겨뒀다간 장차 주도권을 내줄 수 있다는 경계심을 반영한 것이라 볼 수 있다.

"배터리 내재화가 어렵긴 하겠지만 완성차 업체들은 어떻게 해서든 하고야 말 겁니다. 이렇게 완성차 업체가 공급 업체에 코가 꿰어 끌려다닌 적이 한 번도 없거든요."

전기차 제조원가의 30~40% 정도를 배터리가 차지하는 만큼, 완성차 업체는 배터리 내재화를 더욱 서두를 것으로 보인다.

한편 배터리 시장이 진입기를 거쳐 성장기로 접어들면서 대량 생산과 경쟁 체제가 자리 잡고 있는데, 이는 배터리 시장을 다시 판매자 시장에서 구매자 시장으로 변화시킬지 모른다. 산업에서 힘의 역학은 시장 상황을 반영하게 마련이다. 실제로 2023년 하반기 이후 전기차 시장이 예상보다 부진해지면서 완성차 업체가 배터리 업체에 내준 힘의 우위를 회복하는 조짐이 나타났다.

2024년 2월 방한한 메리 배라Mary Barra GM 회장은 LG화학에 25조 원 규모의 양극재 공급 계약이라는 선물을 안겨주는 한편, LG에너지솔루션에는 배터리 공급 가격을 낮춰달라는 취지의 요구를 했다.[30] 이에 앞서 GM은 지난해 오랜 협력 업체인 LG에너지솔루션 외에 삼성SDI와도 미국에 합작 공장을 짓기로 했다. 당초 GM은 LG에너지솔루션과 네 번째 합작 공장을 짓는 계획을 추진했으나 삼성SDI로 파트너를 바꾸었다.

또 2024년 1월 중앙일보 보도에 따르면, 현대차는 2025년 이후 출시될 2세대 플랫폼 전기차에 장착할 배터리 공급과 관련해 LG에너지솔루션, SK온, 삼성SDI 등 여러 업체와 협상 중인 것으로 알려졌다.[31] 현대차는 1세대 플랫폼 전기차에는 LG에너지솔루션과 SK온에서 공급받은 파우치형 배터리를 장착했다. 그러나 2세대 플랫폼 전기차의 배터리 공급권은 삼성SDI에 주었다.

GM이나 현대차가 이렇게 배터리 업체와 '1 대 다' 협상을 벌일 수 있었던 데는 부진한 배터리 시장 업황이 영향을 미쳤음을 빼놓을 수 없다. 2023년 하반기 이후 북미와 유럽 시장의 전기차 수요가 예상보다 작아지면서 K-배터리 3사의 실적은 직격탄을 맞았고, 배터리 업체 간 수주 경쟁은 더욱 치열해졌다.

'본 글로벌' 산업

한국 이차전지 산업을 논할 때 빼놓을 수 없는 단어가 있다면 '글로벌'일 것이다. 한국 배터리산업협회의 박태성 상근부회장을 1시간 40분간 인터뷰했을 때 '글로벌'이란 단어가 17차례 언급됐다. 산업통상자원부에서 20년 가까이 일했고 반도체디스플레이과장, 통상정책총괄과장, 무역투자실장을 역임한 그는 한국의 이차전지 산업을 '본 글로벌born global'이라고 지칭했다.

"노트북이나 휴대전화에 들어가는 소형 배터리는 우리가 전자산업을 확보하고 있었기 때문에 캡티브 마켓captive market*이었다

---

* 원래는 소수의 공급자에게 구입하거나 아니면 구입을 포기해야 하는 시장을 가리키는 말이지만, 우리나라에서는 대체로 계열사 간 내부 거래를 일컫는다.

고 볼 수 있어요. 기본적으로 내수시장(계열사)이 있으니 거기에서 출발해 해외시장으로 진출할 수 있었습니다. 하지만 전기차용 배터리는 소형 배터리와 다릅니다. 삼성도, LG도 전기차를 만들지 않기에 내수시장을 목표로 할 수 없었죠. 그래서 처음부터 글로벌을 지향하며 세계시장으로 진출했습니다. 이것이 한국 이차전지 산업에서 굉장히 특기할 만한 부분입니다."

배터리 수요자인 GM이나 포드, 토요타 같은 완성차 업체들이 해외에 있기에 처음부터 수출을 염두에 두고 물건을 만들 수밖에 없었다는 이야기다. 박태성은 K-배터리의 본 글로벌 특성이 최종 배터리 셀 업체에 그치지 않고 배터리 관련 소재, 부품, 장비 업체 등 배터리 밸류 체인 전체로 확대됐다고 설명했다.

"배터리 산업의 이런 특성은 사실 한국의 산업 발전 전략과 기본적으로 궤를 같이하는 특징이기도 합니다. 예를 들어 양극재 업체인 포스코퓨처엠이나 에코프로비엠은 모두 해외 기업과 제휴하고 있어요. 분리막조차 유럽 기업과 거래하고, 장비 업체들도 유럽 배터리 셀 업체의 수주를 받아 장비를 공급하는 식입니다."

포스코퓨처엠이나 에코프로비엠, LG화학, 엘앤에프 같은 소재 업체는 계열사나 한국 배터리 업체에만 기대지 않고 해외 배터리 업체들도 고객으로 확보하고 있다. 포스코퓨처엠의 경우 2022년 수출이 내수를 처음으로 앞질렀다.

이같은 K-배터리의 본 글로벌 성향은 2020년대 들어 미국 공장 건설 붐으로 최고조에 달했다. 그런데 이런 현상은 얼핏 대단해 보이긴 하지만 쉽지 않은 생각거리를 남긴다. K-배터리가 주된 생산 기지를 미국으로 옮긴다면 그것은 한국 기업인가, 아니면 미국 기업인가? 고용과 생산 증대를 비롯한 경제 효과는 모두 미국에 귀속되는 것 아닌가? 그렇다면 오히려 중국 업체가 한국에 들어오는 것을 고마워해야 하는 것 아닌가?

실제로 배터리 3사는 지난 10년간 미국, 중국, 유럽에 공장을 지었다. 2023년 기준 해외에서 생산하는 비중이 92%에 달한다. 미국, 유럽, 동남아에 증설하는 계획을 추진 중이어서 이 비율은 더 커질 전망이다. 이에 대해 박태성은 이렇게 설명한다.

"배터리는 수주하고 제조하는 산업이기에 해외 현지 시장으로 나갈 수밖에 없습니다. 건설 업체들도 해외 플랜트를 수주하는데 거기에 대해서는 거부감이 별로 없잖아요. 그런 맥락으로 생각하면 됩니다. 그리고 국내 배터리 업체가 미국에 공장을 지을 경우에도 소재, 부품, 설비를 한국 기업들이 수주합니다. 그러니 그 과실이 모두 해외에 귀속되는 것은 아니고 한국에도 30~40%는 돌아오게 되어 있어요. 새만금, 포항, 울산, 광양에 소재 업체가 대규모 투자를 하는 것은 이런 이유 때문입니다."

중요한 것은 배터리 소재·부품·장비 업체가 명성 높은 한국의 배터리 셀 업체들과 거래하면서 실력을 키웠다는 점이다. 현재 K-배터리의 장비 국산화율은 90%가 넘는다. 국내 배터리 업체들이 생산 시설을 갖출 때 90%는 한국 장비 업체 것을 쓴다는 의미다.

"반도체의 경우 장비의 해외 의존도가 높습니다. 그래서 국산화

비율이 20% 수준밖에 안 됩니다. 그런데 배터리를 보면 산업 밸류 체인이 대부분 국산화되어 있습니다. 또 국내 기업에만 의존하지 않고 해외 기업과도 거래하죠."

대형화되는 배터리 규격

'배터리' 하면 대부분 작은 원통형을 떠올린다. 일상에서 쉽게 구매하고 사용하는 배터리가 그런 모양이기 때문이다. 하지만 원통형뿐만 아니라 각형과 파우치형 배터리도 있다. 각형은 납작하고 각진 알루미늄 캔 모양이다. 파우치형은 라면 봉지 같은 주머니에 배터리를 담았다고 생각하면 된다. 이 세 유형의 배터리는 단순히 외형만 다른 것이 아니라 장단점과 적용 기술 또한 각기 다르다.

자동차 업체가 원통형 배터리를 선호하게 된 것은 표준화하기 쉽기 때문이다. 편의점에서 살 수 있는 일반 배터리처럼 표준화되면 가격이 낮아지는 것은 물론, 쉽게 다른 브랜드로 대체할 수도 있다. 파우치형 배터리는 이와 달리 고객의 요구에 따라 형태와 모양을 바꾸는 맞춤형 제품에 가깝다.

일반적으로 배터리 업체마다 중점적으로 생산하는 형태는 다르며, 중도에 다른 형태로 바꾸는 것은 쉽지 않다. K-배터리 3사 중 LG에너지솔루션은 파우치형과 원통형을, 삼성SDI는 각형과 원통형을, SK온은 파우치형을 주로 생산해왔다. 글로벌 배터리 시장 판매 비중을 보면 각형이 68%로 가장 크고 파우치형이 19%, 원통형은 12%를 차지한다. 각형의 비중이 큰 것은 CATL과 BYD를 비롯한 중국 배터리 업체가 대부분 각형을 생산하기 때문이다.

최근 업계 추세는 원통형 배터리를 대형화하는 것이다. 지금까지 전기차에 쓰인 원통형 배터리는 지름이 18mm 혹은 21mm인 제품(1865, 2170)이었다. 그런데 최근 배터리 업계의 화두는 지름이 2배가 넘는 46mm 제품(4680)을 개발하는 것이다. 테슬라가 이 규격을 차세대 배터리 규격으로 확정하고 생산하면서 BMW, 볼보, 스텔란티스 등 다른 자동차 회사들도 관심을 보이고 있다.

4680 배터리는 기존 2170 배터리보다 부피가 5배나 크기 때문에 전기차에 훨씬 적은 수를 넣어도 된다. 전기차에 장착할 때 용접 횟수도 줄일 수 있어 원가를 크게 낮출 수 있다. LG에너지솔루션은 2024년 12월부터 4680 원통형 배터리를 양산할 예정이라고 밝혔다.

배터리의
나라

2023년 11월, 배터리 산업의 날 행사로부터 3주가 지난 후 권영수는 은퇴했다. 권영수로서는 어쩌면 절묘한 시기에 은퇴했다고도 볼 수 있었다. 그는 경영자가 오를 수 있는 가장 높은 위치까지 올라갔다. 그는 LG에너지솔루션을 상장해 한때 삼성전자에 이어 시장가치가 두 번째로 높은 회사로 만들고(2024년 10월 기준, 지금은 세 번째다), K-배터리 전체 수주 잔고 1,000조 원의 절반이 넘는 구매 계약을 따냈다.[32]

그러나 상황은 급변했다. 2023년부터 전기차 시장 성장세가 둔화되면서 배터리 시장에도 한파가 몰아쳤다. 권영수는 바로 그 전환기에 물러났다. 그가 은퇴한 뒤 LG에너지솔루션의 2024년 1분기 매출은 전년 같은 기간에 비해 30% 줄어들었다.

엎친 데 덮친 격으로 경쟁자 중국의 위협은 더욱 커지고 있다. 중국의 2025년까지 예정된 배터리 생산능력만으로도 전 세계 수요의 3배가 넘을 것이라는 추정도 있다.[33] 실제로 중국 업체들은 남아도는 배터리 물량을 해외로 밀어내기 시작했다. 유럽 배터리 시장에서 중국 배터리가 차지하는 점유율은 2020년까지 10%대에 머물던 것이 2023년 들어서는 40%를 넘어섰다.[34]

권영수는 "나는 좋은 시기에 떠날 수 있었지만 개인적으로는 후배들에게 미안하기도 하다. 지금부터 2~3년이 중국에 잡히느냐 아니냐가 판가름 나는 중요한 시기이기 때문이다"라고 했다. 그러나 이런 점을 감안하더라도 지금까지 K-배터리가 이룬 성취의 의미가 퇴색하는 것은 아니다. 그 의미 중 하나는 세계 배터리 산업에서 한국과 일본의 얽히고설킨 관계에서 비롯된다. K-배터리에 1,000조 원 수주 잔고 못지않게 의미 있었던 것은 거기에 세계 1위 자동차 제조사 토요타의 주문이 포함되었다는 것이다.

권영수가 배터리 산업의 날 행사에서 축사를 하기 약 한 달 전, LG에너지솔루션은 토요타에 10년간 배터리를 공급하는 계약을 체결했다. 토요타가 장차 북미에서 판매할 신형 전기차 250만 대에 장착할 물량으로, 금액으로는 30조 원을 넘는 것이었다. LG에너지솔루션은 이를 위해 미국 미시간 공장에 4조 원을 투자해 토요타 전용 배터리 생산 라인을 만들기로 했다.

이 계약은 LG에너지솔루션에 여러 의미가 있었다. 이 회사의 단일 수주 계약으로는 최대 규모 금액인 동시에 토요타와 배터리 공급 계약을 맺은 것은 처음이었다. 또 이 계약으로 글로벌 톱 5 완성차 업체, 즉 토요타·폭스바겐·르노닛산·현대차·GM 모두에 배터리를 공급하게 되었다.

토요타가 배터리 공급 업체로 오랜 파트너였던 파나소닉 대신 LG에너지솔루션을 택한 것은 업계에서 이변으로 받아들여졌다. 토요타는 그간 파나소닉이 만드는 각형 배터리를 주로 써왔고 LG가 생산하는 파우치형에는 관심을 보이지 않았다. 그러나 토요타는 장차 출시할 전기차에 들어갈 배터리는 모델에 따라 각형을 고집하지 않고 원통형이나 파우치형으로 다변화할 계획이었고, 파우치형은 이를 가장 잘 만드는 회사 중 하나인 LG에 맡기기로 한 것이다.[35]

토요타와 계약서에 사인할 때 권영수는 LG화학 전지사업본부장 시절 토요타를 방문한 기억을 떠올리지 않을 수 없었다. LG화학의 배터리 사업이 LG에너지솔루션으로 분사되기 5년 전의 일이었다. 당시 토요타를 방문한 것은 전기차용 배터리를 토요타가 만드는 하이브리드 자동차에 납품하기 위해서였다.

토요타 측 반응은 호의적이지 않았다. 방문 약속을 잡는 것부터 쉽지 않았고 구본무 회장의 부탁으로 토요타의 전무급 임원을 간신히 만날 수 있었다. LG화학 쪽에서는 권영수와 김명환을 비롯한 고위 경영진이 대거 참여하고 자료를 잔뜩 준비해 토요타를 방문했다. 그런데 회의실에서 만난 토요타의 전무는 한국에서 날아온 방문자들을 투명 인간 취급했다. LG화학 일행과 눈도 마주치지 않고 벽을 보고 대화했다. 그래도 열심히 LG화학 배터리의 장점에 대해 설명했더니 그가 미심쩍은 듯 물었다.

"그런 배터리로 1,000,000km는 갑니까?"

"1,000,000km까지는 아니고 300,000km는 갑니다."

"1,000,000km가 불가능하다면 우리는 안 씁니다."

여지조차 주지 않는 토요타 측 반응에 LG 일행은 빈손으로 돌아와야 했다.

그로부터 9년 뒤인 2023년 말, 권영수는 토요타를 다시 방문했다. 이번에는 앞서 언급한 대로 토요타와 장기 공급 계약을 체결한 뒤 정식 초대를 받아 방문한 것이었다. 토요타 본사에 도착해 엘리베이터에서 내리니 직원 5명이 일렬로 서서 꾸벅 인사를 했다. 담당 부장이나 임원이겠거니 했는데 5명 모두 회의실로 따라 들어갔다. 알고 보니 사토 고지 사장과 CTO, CPO 등 실세 5인방이었다. 사토 사장은 그해 4월 도요다 아키오에 이어 사장이 되었는데 일본 대기업 사장으로는 젊은 54세였다. 권영수가 그에게 농담 삼아 "사진에 비해 너무 젊어 보여서 사장인 줄 못 알아봤다"고 말을 건넸다. 토요타 측은 저녁 식사에 이르기까지 LG에너지솔루션 일행을 극진하게 환대했다. 9년 전을 생각하면 감동적인 경험이었다.

LG에너지솔루션에 손을 내민 일본 자동차 회사는 토요타뿐만이 아니었다. 혼다 역시 LG에너지솔루션과 합작 법인을 만들어 미국 오하이오에 배터리 공장을 건설하기로 했다. 혼다가 투자금을 분담하고 배터리 생산은 LG가 맡기로 했는데, 그 첫 삽을 뜬 것이 토요타와 계약하기 7개월 전이었다.

"우리 배터리의 시작이 일본이잖습니까. 배터리에 대해 자부심을 갖고 있는 토요타와 혼다가 한국 기업인 LG의 물건을 사게 되었으니 감개무량했죠. 억울하면 출세하라는 말이 있듯 회사는 실력이 있고 봐야 하고, 실력이 있으면 대우받지만 실력이 없으면 찬밥이라는 당연한 사실을 새삼 느꼈죠."

토요타는 얼마 뒤 LG에너지솔루션의 모기업인 LG화학과도 대규모 계약을 체결했다. 토요타가 미국에 건설 중인 배터리 공장에 LG화학이 만드는 배터리의 핵심 소재인 양극재를 공급받기로 한 것이다.[36] 2030년까지 계약 금액은 2조 8,600억 원이었다. 사실 일본에는 독보적인 기술력을 갖춘 니치아라는 양극재 회사가 있다. 토요타가 그런 회사를 제치고 LG화학을 선택한 것 역시 이례적으로 받아들여졌다.

빠른 추격자에서 시장 선도자로

LG에너지솔루션이 9년 전 토요타에서 푸대접을 받을 만도 한 것이, K-배터리는 일본 기술을 카피하는 데서부터 출발했기 때문이다. 좀 더 거슬러 올라가보면 1980년대 후반부터 전 세계적으로 노트북이나 휴대전화 등 가지고 다니는 전자 기기, 이른바 포터블portable 기기가 급속히 보급됐다. 가지고 다니려면 가볍고 장시간 사용 가능한 전지가 필요하니 이차전지 기술이 꽃피우기 시작했다.

수요는 기술을 낳기 마련이다. 니켈 수소 전지와 리튬 이온 전지가 그즈음에 개발되었다.[37] 이들 이차전지는 일본에서 1990년과 1991년에 각각 상업 생산되어 빠른 속도로 시장을 키워나갔다. 이차전지의 원천 기술은 대부분 미국과 유럽에서 개발되었으나 그 기술들을 엮어 제품으로 만든 것은 일본이었다. 두 종류의 전지 중 리튬 이온 전지는 1990년대 초까지만 해도 안전성이 확보되지 않아 '위험한 물건'으로 치부되었다. 그러나 1990년대 중반이 되자 상황이 달라졌다. 기술 진보로 리튬 이온 전지의 안전성이 어느 정도 확보되면서, 상대적으로 무겁고 부피가 크며 출력이 떨어지는 니켈 수소 전지를 밀어내기 시작했다. 휴대전화와 노트북, 캠코더, MP3 플레이어 등 각종 모바일 기기의 등장이 결정적인 역할을 했다.

초기에는 글로벌 이차전지 시장을 일본이 거의 독점했다. 니켈 수소 전지는 산요, 마쓰시타, 도시바가 세계 수요의 약80% 이상을 점하고 있었고, 리튬 이온 전지는 소니가 전 세계 수요의 90%를 점해 일본의 독무대나 다름없었다.

LG화학과 삼성SDI가 배터리 양산을 시작한 것은 각각 1999년과 2000년이다. 일본에 비해 10년 정도 늦었지만 온갖 방법으로 벤치마킹하고 생산원가를 낮추면서 일본을 추격하는 한국 특유의 전략은 이번에도 통했다. LG화학은 배터리 생산 초기에 연구소에서 기술을 개발함과 동시에 파일럿 공장을 짓는 파격적인 방식으로 단기간에 사업화하는 데 성공했다.

삼성SDI의 경우 일본이나 미국 기업과 라이선싱 계약을 맺고 원천 기술을 들여왔으나, 그것을 대량생산하는 것은 전혀 다른 문제였다. 공장 건설부터 쉽지 않았다. 설비를 구축하기 위해 일본 장비 업체를 찾아다녔지만 그들은 설비를 절대 보여주지 않았다. 삼성은 어쩔 수 없이 소니 기술자 여러 명을 초빙했다. 그들을 그룹장으로 임명하고 일본어로 회의를 하기도 했다. 초기 파일럿 라인 설치를 통한 시제품 생산과 양산 라인 안정화에 일본 기술자들이 큰 역할을 했다.

삼성SDI는 일본보다 10년 늦은 후발 주자로서 고객사에 어필하기 위해 신문기사 제목으로 뽑힐 만한 기술 개발을 중점적으로 추진했다. 삼성은 배터리에서 가장 뜨거운 경쟁 포인트인 용량(배터리가 저장할 수 있는 전기에너지의 양) 확대에 집중했다. 2000년부터 리튬이온 전지 공장을 가동했는데 그때 도전한 제품이 세계 최고 용량의 배터리였다. 당시 시장에서 주류를 이루는 것은 1,600mAh(밀리암페어시, 1시간 동안 사용할 수 있는 전류량)였지만, 삼성은 2,000mAh 원통형 전지 생산에 도전했다. 고용량 전지 개발의 핵심 중 하나는 고용량에 수반되는 화재 위험을 막는 안전성 확보였다. 이를 위해서는 CID Current Interrupt Device라 불리는 핵심 부품이 필요했으나 소니의 특허 때문에 독자적인 구조로 개발해야 했다. 삼성SDI 팀원들은 사비를 털어 금형을 바꾸어 제작하며 시행착오를 겪은 끝에 독자적인 구조의 CID를 개발하는 데 성공했다.

삼성SDI는 계속해서 2,200mAh, 2,400mAh, 2,600mAh, 2,800mAh, 3,000mAh로 기록을 경신해나갔다. 마치 삼성전자가 반도체에서 64메가 D램, 128메가 D램, 256메가 D램으로 신기록을 써나간 것과 비슷했다. 삼성이 2,800mAh 배터리를 양산한 뒤 1년이 넘도록 일본은 같은 용량을 개발하지 못했고, 이를 지켜보던 삼성 엔지니어들은 짜릿한 희열을 느꼈다.

훗날 소니가 배터리 품질 사고로 대규모 리콜을 했을 때 《일본경제신문》이 특집 기사를 낸 적이 있다. 그 기사는 당시 사고의 원인 중 하나로 일본 업체들이 2,000mAh를 배터리 용량의 한계로 생각하고 있던 차에 삼성이 2,000mAh를 먼저 내놓자 이때부터 용량 경쟁이 시작되었고, 무리한 설계로 안전사고가 여러 번 일어났다고 분석하기도 했다.[38]

2008년 삼성SDI는 시장조사 기관 IIT의 이차전지 업체 종합 평가에서 산요를 꺾고 1위를 차지했다. 안전성, 품질, 기술력, 가격 등 11개 항목을 평가한 결과였다. 그해 삼성SDI는 17%의 세계시장점유율로 소니를 제치고 산요에 이어 글로벌 이차전지 시장점유율 2위를 차지했다. 2010년 《산케이 신문》은 '일본 기업들이 반도체의 악몽을 떠올리며 두려워하고 있다'고 보도했다.

그리고 2011년 3월, 삼성SDI가 2010년 리튬 이온 소형 이차전지 시장에서 20%의 시장점유율로 산요(19.3%)를 역전해 세계 1위에 올랐다는 뉴스가 보도되었다. 3위는 LG화학(15.0%), 4위는 소니(11.9%)였다. 같은 해 9월 한국 배터리 업체들의 2분기 시장점유율이 42.6%로 일본(33.7%)을 눌렀다는 뉴스가 나왔다. 한국이 일본을 역전한 것은 처음이었다.[39]

한국이 일본을 빠르게 따라잡은 가장 큰 이유 중 하나는 2007년 애플이 아이폰을 출시하면서 스마트폰 시대가 열린 것을 꼽을 수 있다. 한국의 삼성전자와 LG전자는 애플보다는 늦었지만 당시 흐름을 타고 발 빠르게 스마트폰을 출시했다. 이들의 선전은 배터리를 공급하는 삼성SDI와 LG화학의 성장으로 이어졌다. 일본의 소니, 후지쯔, 도시바, 파나소닉도 스마트폰을 내놓았으나 시장에서 큰 반향을 일으키지 못했다. 2010년대 들어 세계 이차전지 시장은 스마트폰에 이어 전동공구와 전기차로 사용 경로가 다양해졌고, 이에 걸맞게 소재와 기술에 있어서도 다변화가 요구되었다. 배터리 모양을 예로 들면 기존에는 원통형이 대부분이었으나 각형과 파우치형으로 다양해졌다. K-배터리 업체들은 각형과 파우치형 기술을 집중적으로 개발해 고객사들의 수요에 맞는 제품을 출시했으나, 일본 업체들은 기존 원통형에만 집중해 시장 변화 대응에 실패했다.

또 하나의 이유는 엔고 현상이다. 2009년 엔화 환율은 달러당 83엔대까지 떨어져 15년 만에 최저를 기록했고 2011년에는 75엔대까지 떨어지기도 했다. 이는 세계시장에서 일본 제품에 비해 한국 제품이 상대적 가격경쟁력을 갖추는 데 일조했다.

그러나 이때까지만 해도 K-배터리는 냉정히 말하면 일본을 빠르게 따라잡았을 뿐 시장 선도자라고 보기에는 힘들었다. 또 K-배터리의 급성장에 발판이 되어준 것은 계열사 간 내부 시장, 이른바 캡티브 마켓 덕분이었다. 삼성전자의 스마트폰 애니콜과 갤럭시가 삼성SDI가 세계 1위로 등극하는 데 큰 힘을 실어준 것처럼 말이다.

일본과 전혀 다른 길을 가다

'패스트 팔로어' 전략으로 일본 업체들을 따라잡은 K-배터리는 2000년대 후반부터 일본과는 다른 독자 노선을 걷기 시작했다. 전기차용 배터리 시장에 공격적으로 뛰어든 것이다. 일본조차 가지 않은 길이었다. 전기차 배터리 시장은 소형 전지 시장과는 비교도 할 수 없는 거대한 시장이었다. 이 시장을 선도한 것은 LG화학이었다. 소형 전지 시장에서는 K-배터리 업체 중 삼성이 앞서나갔다면, 급부상한 전기차 전지 시장에서는 LG가 K-배터리의 대표 주자로 세계 패권을 다투게 된다.

일본 기업은 리튬 이온 전지를 세계 최초로 개발해 상용화했지만, 그 전지를 노트북이나 휴대전화가 아닌 자동차에 사용한다는 생각은 하지 못했다. '불이 나는 배터리를 자동차에 어떻게 쓰나?'라는 게 일본 배터리 업체들의 생각이었다. 이들은 무겁지만 안전한 기존 제품, 즉 니켈 수소 전지(일명 니켈하이드라이드 전지)로 수익을 충분히 올리고 있었기 때문에 리튬 이온 전지 시장에 뛰어드는 것을 주저했다. 반면 한국 배터리 업체들은 일본 업체들이 보기에 '미친' 짓을 벌였다.

LG화학에서 근무했던 이상영 연세대 교수를 만났을 때 그가 이렇게 물었다.

"전 세계에서 리튬 이온 배터리를 최초로 장착한 전기차를 어느 나라에서 만들었는지 아십니까?"

"일본 아닐까요?"

"아닙니다. 한국의 현대차이고 거기에 들어간 배터리는 LG화학이 만들었습니다."[40]

2009년 출시된 현대차의 아반떼 LPI 하이브리드가 그것이다. 2007년 10월, 노무현 대통령이 평양을 방문했을 때 동행한 정몽구 당시 현대차 회장은 구본무 LG 회장에게 토요타의 프리우스에 필적할 하이브리드 카를 함께 개발해보자고 제안했다. LG화학이 안정적으로 배터리를 공급 해달라는 것이었다. 구본무 회장은 흔쾌히 동의했고 귀국하자마자 현대차용 배터리 개발을 지시했다.

현대차로서는 프리우스에 비해 10년 늦은 출발이라 차별화 포인트가 필요했는데, LG화학이 개발 중이던 전기차용 리튬 이온 전지는 니켈 수소 전지를 사용하는 프리우스에 신선한 대항마가 될 수 있다고 판단했다. 그러나 가격이 문제가 되었다. 현대차는 LG화학이 제시한 가격을 현대차는 받아들이지 못했고 결국 협상은 결렬되었다.

현대차는 할 수 없이 일본 파나소닉을 찾아갔다. 토요타 프리우스에 공급하던 니켈 수소 전지를 현대차에도 공급해달라고 요청한 것이다. 그러나 파나소닉이 난색을 표했다. 주 고객인 토요타의 경쟁자가 될 수도 있는 한국 자동차 업체와의 거래를 경계한 것이다. 파나소닉은 배터리를 팔더라도 배터리 공급 개수를 제한하겠다고 밝혔고, 이는 현대차가 받아들이기 힘든 제안이었다.

그러한 교착 상태에서 물꼬를 튼 것이 구본무 회장이었다. 당시 김명환 LG화학 배터리연구소장은 현대차 건을 포기하고 추진 중이던 GM 전기차 프로젝트에 집중하겠다며 미국에 출장을 와 있었다. 그러던 어느 날 김명환은 김반석 LG화학 대표이사의 전화를 받았다. 당장 돌아와 현대차에 배터리를 공급하고 가격은 현대차에 맞춰주라는 것이었다.

이에 앞서 구본무 회장은 김반석에게 현대차 건이 어떻게 됐는지 물었다. 협의가 결렬되었다고 하자 구 회장은 배터리 성능이 못 미쳐서인지 물었고, 김반석이 "가격이 안 맞아서"라고 하자 "그렇다면 손해를 보더라도 팔라"고 지시했다. 구본무 회장은 정몽구 회장과 했던 약속을 금과옥조로 생각하고 있었다. 김명환은 다음 날 바로 귀국했고 하이브리드 카 프로젝트는 급물살을 타게 되었다.

이 프로젝트는 현대차는 물론 LG화학으로서도 모험일 수밖에 없었다. 문제는 리튬 이온 전지가 휴대전화나 노트북 배터리의 표준이 됐지만, 그때까지 자동차에 쓰인 적이 없었다는 점이었다. 많은 에너지를 담을 수 있다는 것을 비롯해 여러 장점에도 화학적 안정성이 낮아 화재나 폭발 위험에 취약하다는 점 때문이었다.[41] 리튬 이온 전지를 휴대전화나 노트북에 넣는 것과 자동차에 넣는 것은 전혀 다른 문제였다. 현대차와 LG화학은 위험을 감수하고 만들어보기로 했다. 이런 위험을 감수하게 된 배경에는 LG화학이 몰래 개발해둔 비밀 병기, 즉 앞에서 살펴본 '세라믹 코팅 분리막'이라는 기술이 자리 잡고 있었다.

현대차가 리튬 이온 전지를 기반으로 한 하이브리드 전기차를 내놓는다고 하자 일본 업체들이 보인 반응은 "미쳤다"였다. 안전성이 확보되지 않은 배터리를 전기차에 넣는다고? 휴대전화나 노트북 배터리에 툭하면 불이 나는데도? 일본 업체들은 이 프로젝트가 실패할 것이라고 예측했다.

그 뒤 어떻게 됐을까? 아반떼 LPI 하이브리드는 4년여 동안 1만 3,000대가 팔렸다. LPG 충전이 불편하다는 이유 등으로 많이 팔리지는 않았고 2013년에 단종되기에 이르지만, 우려하던 화재 사고는 발생하지 않았다. 보다 중요한 것은 LG화학이 이 경험을 바탕으로 전기차 시장에 더욱 자신 있게 발을 디딜 수 있게 되었다는 점이었다. 아반떼 LPI 하이브리드가 출시된 2009년에 LG화학은 GM의 전기차 시보레 볼트의 배터리 공급 업체로 선정되어 날개를 달았다. 그 이후 르노, 포드, 폭스바겐 등 세계 유수의 자동차 제조사와 공급 계약을 맺었다.

LG화학은 GM과 계약하기 전 먼저 배터리 공동 연구 계약을 체결했다. GM에는 LG화학이 배터리 생산을 맡겨도 될 만한 회사인지 테스트하는 의미도 있었다. 미국 메이저 자동차 제조사가 LG화학의 고객이 될 수도 있다는 이 소식은 한국의 다른 배터리 업체들을 강하게 자극했다. 『배터리 다이제스트』의 저자 선우준은 "LG화학과 GM이 배터리 공동 연구 계약을 체결하지 않았다면, 삼성SDI와 SK이노베이션은 전기차용 배터리 사업을 하지 않았을 것"이라고 밝힌 바 있다.

삼성SDI는 세계 1위 자동차 부품 업체 보쉬Bosch와 합작해 전기차 배터리를 함께 생산하는 프로젝트를 급히 가동했다. 두 회사는 2008년 9월에 두 회사의 이니셜을 딴 합작 법인 SB리모티브를 설립했다. 삼성은 보쉬의 자동차 노하우를, 보쉬는 삼성의 전기차 배터리 노하우를 필요로 했기에 빨리 성사될 수 있었다.

합작사 SB리모티브는 1년도 채 안 된 이듬해 7월에 대규모 계약을 수주했다. BMW가 출시 예정이던 플러그인 하이브리드 'i' 시리즈에 10년간 배터리를 공급할 업체로 선정된 것이다. 보쉬가 오랜 기간 구축해둔 BMW와의 관계가 뒷받침이 되었다. LG화학이 GM 전기차 공급 계약을 따낸 뒤 불과 반년 뒤에 이룬 K-배터리의 또 다른 쾌거였다(삼성SDI는 몇 년 뒤 보쉬와의 합작을 청산했다). SK그룹도 그동안 배터리를 틈새시장 정도로 취급하던 데서 벗어나 전기차 배터리 사업에 본격 투자하기로 결정했다.

이렇게 급작스럽게 전기차 배터리 사업에 뛰어들게 되었으니 기술도 경험도 부족했다. 삼성SDI는 BMW에 배터리 승인을 받기 위해 시제품을 수작업으로 급조해 보낸 뒤 공포에 떨었다. 특히 배터리에 못을 통과시킨 뒤 폭발 여부를 테스트하는 관통 시험에 마

음을 졸였다. 합격 소식은 삼성SDI 직원들에게도 의외로 받아들여질 정도였다.[42]

일본 기업들이 자국 시장과 하이브리드 카, 기존 기술(니켈 수소 전지·원통형 전지)에 몰두하는 사이 한국 배터리 기업들은 이렇게 미국 및 유럽의 자동차 기업들과 손잡고 적극적으로 전기차 시장을 공략했다. 이에 대해 이상영은 이렇게 말한다.

"일본이 시기를 놓친 거죠. 전기차 시장이 이렇게 커질 줄 몰랐던 거예요."

아무도 걷지 않은 운동장을 걷다

LG에너지솔루션 특허센터장인 이한선 상무는 약 30년간 특허를 담당하면서 회사가 시장 추종자에서 선도자로 올라서는 과정을 생생히 지켜본 주인공이다. 1990년대 말 LG가 배터리 사업에 진출하기 위해 가장 먼저 한 일 중 하나는 특허를 분석하는 것이었다. 1998년에 이한선이 분석해보니 전 세계 배터리 관련 특허 건수는 약 2만 건이었고, 주요 특허는 일본 업체들이 선점하고 있었다. 그런데도 우리나라 기업들이 배터리 사업을 할 수 있었던 것은 일본 업체들이 주요 특허를 일본 시장에만 출원하고 해외에는 출원하지 않았기 때문이다. 기술은 물론 소재나 장비를 모두 일본 업체들이 보유하고 있었기에 해외에서 경쟁자가 나오기 어렵다고 본 것이다. 이한선에 따르면 이는 K-배터리에 '천운天運'이었다.

그런데 2000년대 중반부터 상황이 역전되었다. K-배터리가 전기차 배터리 시장에 선제적으로 뛰어들면서 독자 기술이 개발되고 특허가 쏟아지기 시작한 것이다. 지금 세계 배터리 특허는 100만 건에 이르는데, LG에너지솔루션이 가장 많은 특허를 보유하고 있다.

LG에너지솔루션 본사 사옥은 여의도의 랜드마크인 더현대 서울과 같은 빌딩에 자리 잡고 있다. 이한선을 만난 60층 직원 휴게실은 통유리로 이루어져 한강이 훤히 내려다보였다. 그는 LG가 전기차 배터리 특허를 쏟아낸 과정을 이렇게 말했다.

"겨울날 새벽 눈이 소복이 쌓인 운동장, 발자국이 하나도 없는 운동장을 마음대로 휘젓고 다니며 발자국을 낸 것과 같았습니다."

일본도, 미국도 가보지 않았던 전인미답의 전기차 배터리 시장을 한국 배터리 업체들이 새로운 고객, 새로운 기술로 개척한 것이다. 1990년대 한국은 '산업화는 늦었지만, 정보화는 앞서가자'는 슬로건을 내걸고 IT 강국으로 부상했다. 2000년대 국내 배터리 업계에는 이 같은 명시적인 슬로건이 없었다. 하지만 K-배터리 업체들이 마음속으로 간직했던 암묵적인 슬로건은 'IT용 배터리는 늦었지만, 전기차 배터리는 앞서가자'가 아니었을까.

SPECIAL INTERVIEW

"앞으로 2~3년이
K-배터리의 변곡점이 될 것"

권영수
전 LG에너지솔루션 대표이사·부회장

● 디스플레이와 배터리 업체 CEO를 모두 경험했다. 두 사업의 차이는 무엇인가?

"디스플레이는 상당 부분 디지털화되어 있어 예측 가능하다. 그런데 배터리는 아날로그성이 매우 크기 때문에 예측하기 어렵다. 또 수많은 노하우가 숨겨져 있다. 공장 운영만 하더라도 디스플레이의 난도가 100이라면 배터리의 난도는 300 정도 된다. 무엇보다 디스플레이에는 화재 위험이 없지만 배터리는 자칫 잘못하면 화재를 겪을 위험이 있다. 인명 사고도 발생할 수 있다. 이게 결정적인 차이다."

● **2023년 한국 배터리산업협회 회장으로서 수주 잔고 1,000조 원을 발표할 때 어떤 느낌이 들었나?**

"기념사에서 성장 가능성이 무한한 사업에서 한국 기업이 선구자 역할을 한 것은 처음이라고 이야기했다. 한편으로는 미래의 먹거리로 키워야 한다는 의무감이 더 컸다. 특히 중국과의 싸움에서 이기는 것이 쉽지 않은 일이기에 우리에게 주어진 과제가 굉장히 엄중하다는 마음이었다."

● **IRA 법안에 대한 생각은?**

"미국 시장에서 중국을 막아주는 골든 타임을 주었다. 중국 업체의 배터리 소재나 부품을 쓰면 안 되기 때문에 GM 같은 회사는 한국산 소재를 써달라고 요구하고 있고, 덕분에 K-배터리가 비싸더라도 지금까지 버텨왔다. 그러나 IRA는 복권과도 같은 것이고 그 시간이 길지 않을 가능성이 있다. 그것을 전제로 의사 결정해서는 안 된다."

● **디스플레이처럼 배터리 시장을 중국에 빼앗길 가능성은 없나?**

"그럴 가능성도 꽤 있지만, 디스플레이처럼 쉽게 당하지는 않을 것이라고 생각한다. 배터리는 화재 위험이 있어 품질이 매우 중요하다. 전기차 배터리가 잘못되어 사고가 터지면 조 단위 비용이 발생하는데 그렇다고 다른 배터리 회사로 갑자기 바꿀 수도 없다. 고객들은 조금 비싸도 품질이 좋고 믿을 수 있는 제품을 쓰자고 생각한다. 여기에 기회가 있다.

그러나 "한국 제품이 좋은 줄 알았는데 중국 배터리랑 별 차이가 없네"라며 똑같이 취급받는 순간, 중국에서 100원에 배터리를 사 오니 한국 것도 100원에 사겠다고 마음먹는 순간, K-배터리는 끝이다. 다소 비싸더라도 한국 것을 써야 한다고 인정받아야 한다.

조사해보니 같은 사양일 때 한국 제품이 중국 제품에 비해 배터리 셀은 10%, 배터리 소재는 15% 정도 비싸다. 중국은 배터리 재료를 만드는 회사부터 원가 경쟁력이 있고 설비도 저렴하다. 이런 조건을 어떻게 극복할 것인가가 진검 승부의 하이라이트다. 앞으로 2~3년이 중국에 잡히느냐 아니냐가 판명되는 첫 번째 시기가 될 것이다. 공부 잘하는 사람은 시험문제가 어려울수록 좋다고 한다. 호황일 때는 다 잘된다. 불황이 왔을 때 진검 승부를 벌여야 실력 없는 회사가 떨어져 나가고 시장이 정돈된다. 그 시기가 앞으로 2~3년, 길면 3~4년이면 온다고 본다."

| SPECIAL INTERVIEW |

"이제 우리는 전기차 이전으로 되돌릴 수 없다"

김명환
전 LG에너지솔루션 최고 생산 책임자 · 사장

● 배터리 사업에 40년 가까이 종사해왔는데, 가장 보람을 느끼는 것은?

"미국에서 같이 공부한 친구들 대부분이 학교로 갔다. 내가 기업으로 온 것은 내가 만든 제품이 사회에 도움을 주었으면 하는 바람 때문이다. 회사에서 사업을 키운 것도 있지만, 에너지와 환경 같은 인류의 고민을 해결하는 데 기여했다는 것이 큰 보람이다.

미국과 유럽이 2035년이나 2040년에는 내연기관 자동차 판매를 중지하는 법안을 만들고 있다. 배터리를 경제적인 가격에 공급할 수 있다는 판단이 섰기 때문이다. 또 앞으로 ESS(에너지 저장 장치) 시장도 굉장히 커질 것이라고 예상한다. 지구상의 에너지 자원(석유와 우라늄 등)은 한정되어 있다. 이를 다 합쳐도 태양에서 오는 에너지의 6개월 치밖에 안 된다. 결국 태양을 포함한 자연 에너지를 써야 한다. 이를 위해서는 자연 에너지를 저장했다가 나중에 쓸 수 있는 장치인 이차전지가 반드시 필요하다. 테슬라의 2030년 목표를 보면 3분의 2가 ESS와 관련된 것이다. 전기차가 아니다."

● **사업을 하면서 느끼는 보람은?**

과거에는 "LG화학에서 기술을 도입하지 않고 독자적으로 기술을 개발해 대규모 산업으로 발전시킨 사례가 거의 없다. 예전에는 해외 기술을 도입해 사업했고 특정 지역에서 활동하는 로컬 기업이었는데, 배터리 사업은 우리가 남의 도움 없이 개발하고 양산해 글로벌 시장에서 상품화까지 해낸 사례다."

● **일본 기술을 도입한 것 아닌가?**

"물론 처음 소형 전지를 생산할 때 일본에서 배워 오긴 했다. 소니 연구소 출신 고문을 영입하기도 했다. 하지만 소니보다 더 좋은 제품을 만들자는 다짐으로 일본 것을 그대로 따라 하는 것이 아니라 우리만의 기술을 만들어나갔다. 그때나 지금이나 일본에 기술료를 주지 않았을 만큼 자동차용 전지는 확실하게 독자적으로 개발했다고 말할 수 있다."

● **전기차로의 전환은 되돌릴 수 없는 흐름인가?**

"기후변화를 말하면 '아직 멀쩡한데 무슨 소리냐' 하고 반박하는 사람들에게 들려주는 말이 있다. 밀폐된 방에 1분마다 개체 수가 2배로 늘어나는 미생물을 집어넣는다고 하자. 오후 8시에 넣었는데 12시에 방 안에 꽉 찼다면 미생물이 50% 찼을 때는 언제인가? 정답은 12시 1분 전이다. 1분에 2배가 되니 말이다. 75%의 여유가 있는 것은 2분 전이다. 지금 지구가 그런 상태다. 느끼기 시작할 때는 이미 늦는다. 나같이 생각하는 사람들이 파리 기후 협약을 만들었다."

● **한국 배터리 회사들이 해외에 공장을 많이 짓는 이유는 무엇인가?**

"주로 미국에 짓고 있는데 고객인 완성차 업체들이 원해서 그렇다. 또 하나는 우리나라 노동시장이 유연하지 않다. 중국 업체들은 아직 자기네 안방에서 모든 것을 해결할 수 있으니 매우 편할 것이다. 인건비도 저렴하고 정부에서 지원도 받는다. 사실 우리도 미국에 공장을 짓지 않고 한국에 지으면 좋겠다.

중요한 것은 우리가 미국에 공장을 미리 지어놓으면 중국 업체들이 나중에 들어와 사업하기가 쉽지 않을 것이라는 점이다. 중국 업체들이 자국에서 생산할 때는 여러모로 편하지만 미국에 공장을 지으면 전혀 다른 이야기가 된다. 미국 현지인을 고용해서 그들의 언어를 사용하고 그들의 문화와 제도를 이해하며 훈련시켜야 한다. 중국에서 쓰던 설비를 똑같이 미국에 설치한다고 해서 바로 해결되는 차원의 문제가 결코 아니다. 그러니 우리가 한발 먼저 진지를 구축해놓으면 중국 업체들이 들어올 틈이 없을 것이다."

● 중국과의 경쟁에서 중요한 것은?

"이제 리튬 이온 전지 기술력은 비슷해졌다. 기술력 차별화도 중요하지만 그에 못지않게 중요한 것이 양산 실력이다. 반도체를 예로 들면 TSMC와 삼성전자 중 누가 양산을 잘하느냐를 놓고 경쟁하고 있는데 TSMC 품질이 좋다고들 한다. 리튬 이온 전지도 어느 회사가 생산을 잘하느냐, 품질이 더 좋으냐를 놓고 경쟁한다. 또 생산 측면에서 365일 내내 안정적으로 공장을 가동할 수 있느냐가 중요하다. 한국의 경우 명절 연휴 같은 때는 공장을 일부만 가동한다. 스마트 팩토리로 운영하면 필요 인력도 줄어들고 365일 컴퓨터가 알아서 공장을 돌린다.

또 하나를 꼽는다면 특허다. LG에너지솔루션이 보유한 특허가 3만 건 정도 된다. CATL 같은 중국 기업들은 대부분 중국 내에서 사업을 하기 때문에 우리가 문제 삼을 것이 없다. 하지만 중국 기업들이 글로벌로 진출하면 이야기가 달라진다. 특허로 공격할 수 있기 때문이다.

틈새시장의 거인들

"이번 사업이 성공할 확률이 어느 정도라고 보십니까?"

"솔직히 말하면 50%입니다."

계약 하나로 44조 원을 거머쥔 중소기업

2023년 12월 1일 금요일. 주식시장이 마감하고도 한참 뒤인 오후 6시 20분, 한 코스닥 기업의 공시에 투자자들의 시선이 집중되었다. 에코프로비엠이란 회사가 내놓은 공시의 제목은 '하이니켈계 NCA(니켈·코발트·알루미늄) 양극 소재 중·장기 공급 계약'이고, 계약일은 12월 1일로 되어 있었다. 양극 소재는 양극재*와 같은 말로 이차전지의 핵심 소재 중 하나다. 그런데 뒤이어 나온 내용이

---

* 리튬 이온 배터리에 주로 사용하는 핵심 소재로 배터리의 양극(+극)에서 전자가 이동할 수 있도록 도와주는 역할을 한다. 양극재의 특성에 따라 배터리의 용량이나 수명, 안정성 등이 결정되므로 배터리 제조 공정에서 중요한 요소다. 일반적으로 리튬 코발트 산화물(LCO), 리튬 철 인산염(LFP), 리튬 니켈 망간 코발트 산화물(NMC) 같은 다양한 화합물을 양극재로 사용한다.

투자자들을 놀라게 했다.

구매자인 삼성SDI가 5년간 이 회사에서 구매하기로 한 금액이 43조 8,676억 원으로 그 전 해 에코프로비엠 매출의 8배가 넘는 금액이었다. 즉 이 계약 하나로만 8년 치 매출을 확보한 것이다. 더구나 구매자인 삼성SDI의 매출에 비해서도 2배가 넘었다. 천하의 삼성이 2년 치 매출을 지불하기로 하고 5년 치 물량을 미리 계약해서 사들인다니, 도대체 그 물건이 무엇인지 관심이 쏠렸다. 주말이 지나 열린 월요일 주식시장에서 에코프로비엠 주가는 15% 급등했다.

에코프로비엠은 친환경 소재 업체 에코프로에서 이차전지 사업이 떨어져 나와 2016년 창립된 기업이다. 지주회사인 에코프로는 에코프로비엠 외에도 여러 자회사를 두고 있다. 에코프로와 에코프로비엠을 한마디로 표현하자면 '명품 시장을 공략한 겁 없는 중소기업'이라고 할 수 있다. 주력 제품은 공시 제목에 나와 있듯 '하이니켈계 양극재'인데, 이는 양극재 시장에서 가격이 가장 높은 제품에 해당한다.

양극재의 성능을 결정적으로 좌우하는 것은 니켈 함량이다. 니켈을 많이 넣으면 배터리 성능이 좋아지지만 화재 위험성 등 단점도 부각된다. 하이니켈high nickel 양극재란 니켈을 많이 넣은 양극재를 가리키는데, 배터리 성능은 뛰어나지만 단점을 줄여야 하기 때문에 손이 많이 간다. 그러다 보니 가격도 비쌀 수밖에 없다. 최문호 에코프로비엠 대표는 하이니켈 양극재를 '개구리 알'에 비유했다.

"말랑말랑한 개구리 알을 다루는 듯한 느낌이랄까요? 잘 깨지는 개구리 알을 안 깨지게 해야 하니까요."

명품 핸드백을 만들려면 최고급 가죽을 써야 한다. 마찬가지로 명품 배터리를 만들려면 명품 양극재가 필요하다. 그런데 그 명품 양극재를 불과 몇 년 전만 해도 이름도 잘 알려지지 않은 중소기업, 자본금 1억 원과 여직원 1명으로 창업한 회사가 만들어 삼성SDI에 무려 44조 원어치를 팔게 된 것이다.

에코프로는 K-배터리의 주요 플레이어 중 대기업 계열이 아니라 맨바닥에서 출발해 성공한 가장 극적인, 그리고 거의 유일한 사례에 속한다. 세계 배터리 시장에는 스타트업으로 출발해 대성한 사례가 흔하며 특히 중국이 그러하다. CATL(배터리), BYD(전기차와 배터리), 간평리튬(리튬), 칭산(니켈), 론바이(양극재)가 대표적이다. 그러나 한국에는 드물기 때문에 더 값진 성공담이다.

44조 원 계약이라는 메가톤급 공시가 나온 2023년 12월, 에코프로 그룹의 창업자 이동채 회장은 영어(囹圄)의 몸이 된 지 반년을 넘기고 있었다. 그는 주식시장에서 미공개 정보를 이용해 부당이득을 취한 혐의로 형사 고발되었다. 1심에서 집행유예를 받았으나 2심에서 2년 실형을 받고 법정 구속되었고, 대법원에서도 상고가 기각되어 판결이 확정되었다.

무슨 일이 있었던 걸까? 2020년 1월 31일 에코프로비엠은 SK이노베이션으로부터 2조 7,000억 원의 계약을 따냈다. 투자자들에게 반드시 알려야 할 호재였는데, 그는 이 사실이 금융감독원 전자 공시 시스템을 통해 공시되기 전에 주식을 사들였다. 1년 반 뒤인 2021년 9월에도 비슷한 일이 반복됐다. 이번에는 SK이노베이션과 10조 1,000억 원의 수주 계약을 체결했다는 정보를 공시하기 전에 주식을 미리 사들인 것이다.[1]

이동채는 징역 2년과 벌금 22억 원, 추징금 11억 원 판결을 받았고 2024년 8월 광복절 특별사면으로 풀려났다. 이 회장과 별도로 에코프로의 간부 5명도 미공개 정보를 이용한 혐의로 고발되어 모두 집행유예 판결을 받았다. 이들은 범행을 함께 모의한 것은 아니지만, 개별적으로 미공개 정보를 이용해 주식을 매매한 혐의가 인정되었다.

문제의 두 계약, 특히 2021년에 체결한 10조 원짜리 계약은 사람들의 뇌리에 에코프로를 강하게 각인시킨 사건이었다. 나아가 K-배터리의 잠재력을 세상에 알리고, 국내 증시에 이차전지 투자 붐이 일게 하는 불쏘시개가 되었다. 그래서 에코프로는 훗날 '코스닥 황제주'란 명칭을 얻었지만 바로 그 일이 이동채를 영어의 몸으로 만든 것이다. 판결문을 보면 이동채는 11억 원의 부당이득을 취한 것으로 되어 있다. 보유 주식 가치만 수조 원에 이르는 그에게는 그야말로 푼돈에 불과했다.[2] 그러나 그 돈은 이동채의 파란만장한 운명을 또다시 요동치게 만들기에 충분했다.

은행원이 될 뻔한 창업자

이동채는 포스코 철강 단지 인근인 경북 포항시 대송면에서 1남 7녀 중 둘째로 태어났다. 소위 '58년 개띠'였다. 찢어지게 가난한 집에서 태어났고 이동채를 제외한 다른 형제는 모두 초등학교밖에 나오지 못했다.

그는 대구상고를 졸업한 뒤 지금은 국민은행에 병합된 주택은행에 입사했다. 고졸 행원은 승진에 한계가 있다는 사실을 알고 은행을 퇴사했고 이후 삼성 계열사에 잠시 취업했다가 시험을 봐서 공인회계사가 되었다. 12년의 회계사 생활은 그에게 기업에 대한 시각, 산업을 보는 눈, 미래에 대한 통찰력을 키워줬다. 그가 기업에 회계감사를 나갈 때는 감사로만 끝내지 않고 반드시 경영자에게 문제가 될 부분, 개선할 부분을 알려줬다. 그렇게 여러 기업을 접하던 그는 남의 회사 뒤치다꺼리하는 회계사 말고, 스스로 사업을 해보자는 꿈을 키우게 됐다.

이동채는 2023년 11월 옥중에서 서면 인터뷰에 응했다. 그는 한 달 만에 200자 원고지 60매 분량의 답변을 보내왔는데, 창업을 결심했던 때의 생각을 다음과 같이 표현했다.

"사나이 대장부가 세상에 태어났으면 적어도 1만 명 정도 먹여 살리는 일을 해야 하는 것 아닌가 하는 꿈을 갖게 되었지요."

그의 첫 창업은 자의 반 타의 반으로 이루어졌다. 친척이 운영하던 모피 회사에 보증을 섰는데 그 회사가 어려워지자 아예 인수하게 된 것이다. 그러나 외환 위기가 닥치면서 2년 만에 빚더미만 남기고 사업은 실패로 돌아갔다.

도망치듯 미국으로 떠난 그는 다시 한번 한국에서 사업을 해보기로 결심하고 귀국했다. 모피 의류 사업에 실패한 이유를 곰곰이 생각해보니 두 가지 원인이 있었다. 하나는 경험이 전혀 없는 모피 의류 사업에 뛰어든 것이었고, 또 하나는 모든 책임이 CEO에게 집중되는 경영 구조를 선택한 것이었다. 그렇게 실패 원인을 연구한 끝에 새 사업의 방향성을 잡았다. 첫째, 대한민국에서 지금까지 아무도 해보지 않은 사업을 하자. 그렇다면 경험이 문제가 되지 않는다. 둘째, 주식회사 제도의 장점을 살리자. 경영학을 전공한 그는 '주식회사 제도는 인류 최고의 발명품'이라는 사실을 배웠다. 한 사람에게 위험이 집중되지 않는 제도이기 때문이다.

그렇게 남들이 하지 않은 사업을 찾기로 하고 1년여간 도서관과 서점을 돌아다니며 온갖 책과 잡지를 섭렵했다. 그러던 어느 날, 커피숍에서 집어 든 잡지에서 그는 운명을 바꿀 기사를 마주한다. 일본 교토에 선진국 정상들이 모여 '교토의정서'를 채택했다는 기사였다. 선진국들이 지구온난화에 책임이 있음을 인정하고 10년 후까지 온실가스를 5.2% 줄인다는 목표를 정했다는 내용이었다.

이동채는 강력한 끌림을 느꼈다. '환경 사업은 인류가 존재하는 한 성장할 수밖에 없는 절대 사업'이라는 결론에 도달했다.

"이런 사업은 아무도 하지 않으리라 생각했습니다. 불과 얼마 전 선진국 정상들의 입에서 나온 것이었으니까요."

그러나 문제가 있었다. 스스로가 이공계와는 거리가 먼 삶을 살아온 문외한이라는 점이었다. '모르면 배우자'라고 생각한 그는 대덕연구단지를 제집처럼 드나들며 한국화학연구원, 한국에너지기술연구원, 한국기계연구원의 연구원들과 인적 교류를 쌓아나갔다. 하지만 많은 이들이 창업을 말렸다. 환경 관련 기업을 창업하려는 대의는 좋지만, 그것으로 이윤을 내기가 쉽지 않다는 것이었다. 지인들은 "정부도 아직 적극적으로 나서지 않는 상황에서 그런 시장이 열리기나 하겠어"라는 반응이었다.

1998년 10월, 이동채의 두 번째 회사가 문을 열었다. 서울 서초동 후미진 골목에 위치한 건물 4층의 33m²(10평) 남짓한 공간에 자본금 1억 원, 그리고 직원은 이동채 본인과 모피 회사에서 인연을 맺은 여직원이 전부였다. 처음에 지은 회사 이름은 '코리아제오륨'이었는데, 2001년 에코프로ECOPRO로 변경했다. 생태계와 자연, 환경을 의미하는 '에코eco'와 호의적pro, 보존하다protect, 전문가professional라는 뜻을 담은 '프로pro'를 결합해 만든 사명이다.

사실 에코프로의 창업 초기 아이템은 이차전지가 아니라 친환경 기술 사업이었다. 창업하기 전부터 인연을 맺은 한국화학연구원의 도움으로 실용화될 가능성이 높은 아이템을 정하고 공동 연구 개발을 시작했다. 이처럼 외적 네트워크를 활용하는 것은 이동채가 중소기업에 부족한 연구 개발 문제를 풀어나가는 방식이었다. 그는 정부 출연 기관의 기술을 이전받기도 하며 사업화 방안도 함께 모색했다.

첫 아이템은 디스플레이나 반도체 제조 공정에서 나오는 온실가스를 줄이는 촉매였는데 국가 과제로 연구비를 받아 시작했다. 두 번째 아이템은 반도체 제조 공정에서 유해한 화학 성분을 흡착해 제거하는 케미컬 필터였다. 당시 국내 기업은 일본과 미국의 수입 제품에 의존하고 있었기에 이를 국산화해보기로 했다. 에코프로는 한국화학연구원, 그리고 한국에너지기술연구원과 공동으로 기술을 개발하고 특허를 취득했다.

십시일반으로 모은 초기 투자금

제품을 본격적으로 생산하기 위해서는 공장이 필요했다. 저렴한 부지를 찾아 서울과 평택 등을 알아보다가 충북 청주에 좋은 땅이 있다는 것을 알게 되었다. 정부가 10년에 걸쳐 조성한 오창과학산업단지였다. 문제는 돈이었다. 아이템도, 공장 부지도 정했는데 투자비가 없었다. 인터넷 버블이 꺼진 직후라 당시 사람들은 벤처 기업인을 사기꾼 취급했다. 한번 사업에 실패한 뒤라 은행 대출을 받기 어려운 데다 담보도 없었다. 그가 가진 것은 오직 초기 단계의 기술과 의지뿐이었다.

산업은행 강남 지점을 찾아간 그는 대출을 신청하면서 만약 사업이 실패하면 공인회계사로 돌아가 돈을 벌어 갚겠다고 이야기했다. 지점장이 물었다.

"이번 사업이 성공할 확률이 어느 정도라고 보십니까?"

"솔직히 말하면 50%입니다."

지점장에게는 의외의 답이었다. 보통 이런 경우 90%가 넘는다고 확언하는 경우가 태반이기 때문이다. 이동채의 진솔함을 믿은 지점장이 조건을 내세웠다. 개인적으로 자본금 10억 원을 마련하면 지점장 전결로 같은 액수의 돈을 대출해주겠다는 것이었다. 어떻게 해서든 10억 원을 구해야 했다.

이동채는 그날부터 지인들에게 편지를 보냈다. 저녁을 대접할 테니 모여달라는 뜬금없는 내용이었다. 약속 장소인 서울 JW메리어트 호텔에 55명이 모였다. 은행원, 삼성 계열사 직원, 회계사를 거치며 쌓아온 인연이었다. 이동채는 환경 사업의 청사진을 이야기한 뒤 본론으로 들어갔다. 투자를 해달라는 것이었다. 대박을 안겨준다는 보장은 없지만 7년 내에 반드시 갚겠다고 약속했다.

그는 그 자리에 모인 이들에게 탁자 위 종이에 투자 금액을 써달라고 했다. 그러자 기적이 일어났다. 최저 500만 원부터 최고 5,000만 원까지, 11억 5,000만 원이 모인 것이다. 이동채가 이 돈이 입금된 통장을 들고 찾아오자 훗날 산업은행 부행장까지 승진한 인호 당시 강남 지점장은 깜짝 놀라 그 자리에서 약속대로 10억 원을 대출해주었다. 11억 5,000만 원에 10억 원을 더한 돈으로 에코프로는 충북 오창과학산업단지에 터를 잡았다. 그리고 6년 후, 에코프로가 코스닥에 상장하면서 이때 투자한 지인들에게는 원금을 훨씬 뛰어넘는 상환이 이뤄졌다.

대기업이 포기한
사업에 뛰어들다

옥중의 이동채에게 보낸 질문지에 이런 질문이 있었다. '기업이 신성장 동력을 찾고 성공시키려면 어떤 마인드와 전략이 가장 중요하다고 보는가?'

그의 대답은 '틈새시장을 공략하라'는 것이었다. 그가 정의한 틈새시장은 '작은 기업은 들어오지 못하고 큰 기업은 뛰어들지 않는 시장'이다. 에코프로가 초기에 뛰어든 환경 사업이 그랬고 뒤늦게 뛰어든 이차전지 소재 사업도 그랬다. 뒤에서 자세히 살펴보겠지만 에코프로는 대기업인 제일모직이 시장 규모가 작다고 포기한 이차전지 소재(양극재) 사업을 인수한 뒤 기술적 해자를 구축해 오늘에 이른 회사다. 에코프로가 강점을 띠는 하이니켈계 양극재는 양극재 시장 내에서도 틈새시장, 그중에서도 하이엔드 틈새시장에 해당했다. 경쟁 전략의 대가 마이클 포터의 표현을 빌리자면 '차별화 우위에 바탕을 둔 틈새시장'이라고 할 수 있다.

시장을 찾은 뒤에는 '속도전이 아니라 지구전인 기술 개발을 통해 진입 장벽을 높인다'는 것이 그의 전략이었다. 멋있어 보이지만 결코 쉽지 않은 전략이다. 특히 중소기업이 지구전으로 기술을 개발한다는 점이 그렇다.

그런데 에코프로의 출발은 환경 사업이었다. 그렇다면 언제, 어떤 계기로 이차전지 핵심 소재인 양극재를 만들었을까? 한국을 대표하는 이차전지 소재 회사 중 하나인 에코프로의 오늘은 제일모직과의 인연을 빼고는 설명할 수 없다. 제일모직은 에코프로의 운명을 바꿀 세 번의 제안을 하게 된다.

운명을 바꿀 세 번의 제안

첫 번째 제안은 2003년 이루어졌다. 제일모직은 리튬 이온 이차전지의 핵심 소재인 전해액 사업을 같이 해보자고 에코프로에 제안했다. 제일모직은 기존 섬유와 패션 사업에서 케미컬과 전자재료 사업으로 영역을 확장하고 있었는데, 신사업 중 하나가 전해액이었다.

이차전지는 리튬 이온이 양극과 음극 사이를 이동할 때 전기가 형성된다. 전해액은 리튬 이온이 원활하게 이동할 수 있도록 도와

주는 액체다. 전해액의 종류에 따라 리튬 이온의 움직임이 둔해지기도, 빨라지기도 하므로 까다로운 조건을 만족해야 한다. 제일모직은 전해액을 비롯해 이차전지에 사용하는 소재를 생산해 계열사 삼성SDI에 납품하고 있었다. 순도 낮은 저급 중국산 전해액을 들여온 뒤 자체 정제 과정을 거쳐 순도를 높이는 공정이었다. 제일모직은 이 공정을 에코프로에 맡길 생각이었다.

에코프로는 바로 제안을 받아들였다. 그동안 PFC 촉매와 케미컬 필터, 나노카본 볼 같은 친환경 소재 개발에 성공해 기술력을 인정받았지만, 판로가 제한적이라 매출에 별 도움이 되지 않아서 새로운 먹거리가 절실히 필요했다.

2003년 제일모직에서 설비를 이전받은 에코프로는 전해액을 생산해 제일모직에 공급했다. 이 사업은 에코프로가 이차전지 소재 사업에 진출하는 계기가 되었고, 처음으로 32억 원이라는 매출다운 연 매출을 올려 자금난을 헤쳐나가게 한 사업이기도 했다.

1년 뒤 제일모직은 에코프로에 두 번째 제안을 건넸다. 내친김에 전해액 외에 이차전지의 또 다른 핵심 소재는 함께 개발해보자는 것이었다. 이차전지의 4대 소재는 '양극재·음극재·전해액·분리막'으로, 그중 가장 중요한 것 하나를 꼽는다면 양극재다. 리튬이온 이차전지의 경쟁력은 얼마나 강한 힘을, 얼마나 오랜 시간 지속할 수 있느냐로 판가름 나는데 양극재는 바로 그것을 결정짓는 핵심 소재다. 총 제조원가에서 차지하는 비중도 35%가 넘는다.

이 양극재를 만들기 전 단계의 중간 제품에 해당하는 것이 전구체다. 영어 'precursor'를 우리말로 옮긴 것이다. 원래 '선도자'란 의미지만, 화학에서는 어떤 물질을 만들기 위한 전 단계의 물질이란 뜻으로 쓰인다. 이를테면 단백질의 전구체는 아미노산이다.[3] 선양국 한양대 에너지공학과 교수에 따르면 '양극재가 자식이라면 전구체는 부모'라고 할 수 있다.

제일모직은 에코프로가 전구체를 생산해주기를 바랐다. 전구체는 니켈·코발트·망간·알루미늄 등 금속 물질을 혼합해서 만드는데, 양극재의 성능·가격·품질의 70% 이상을 차지한다. 제일모직이 생각하는 그림은 이랬다. 에코프로가 전구체를 만들어 제일모직에 납품하면, 제일모직은 고온의 전기로爐, furnace에 굽는 소성 작업을 거쳐 양극재를 완성해 삼성SDI에 납품하고, 삼성SDI는 그걸로 최종 제품, 즉 배터리를 만드는 것이었다. 에코프로는 이 제안 역시 받아들였다.

전구체는 대부분 일본에서 수입하는 상황에서 에코프로는 제일모직의 제의를 받아들여 전구체 국산화에 뛰어들었다. 당시 정부는 이차전지 산업을 육성했고, 기업과 대학, 국책 연구 기관이 참여하는 '초고용량 리튬 이차전지 개발 컨소시엄'을 구성했다. 에코프로는 2004년 이 과제에 제일모직과 함께 참여했다.

그렇게 에코프로가 전구체 개발에 착수한 2004년, 이동채는 운명적 만남을 가지게 된다. 훗날 에코프로비엠 대표이사가 되는 최문호를 만난 것이다. 신입 사원 채용 면접장에 온 최문호가 이동채와 마주했다. 신입 사원은 당찬 포부를 밝혔다.

"제가 지금 서른이니 마흔까지 에코프로에서 열심히 일하겠습니다. 그다음에는 나가서 제 사업을 해보겠습니다."

쉰 살이 된 최문호는 지금도 에코프로비엠에서 일하고 있고 그사이 사장 자리에 올랐다. 서울대 화학과를 졸업한 그가 직원이 30명도 안 되는 중소기업, 그것도 지방 기업에 입사한다는 건 쉽지 않은 결정이었을 것이다. 왜였을까? '엄청나게 방황하는' 20대를 보낸 그는 MBA 공부를 하러 미국에 가볼까 싶어 준비하다 병역 특례로 화학 업체에서 일하게 되었다. 그런데 대학에서 공부할 때는 몰랐는데, 화학 분야 일이 의외로 재미있었다. 미국 대학교에 지원서를 쓰던 중 문득 이런 생각이 들었다.

'왜 MBA 과정을 밟아야 하지? 돈 벌려고? 내가 흥미를 느끼는 분야는 화학 사업인 것 같은데….'

이런 생각은 '이럴 거면 이쪽에서 밑바닥부터 시작해보자. 거기서 배워서 언젠가는 내 사업을 해야겠다'라는 결심으로 이어졌다.

"그렇게 입사할 회사를 찾던 중 우연치 않게 에코프로라는 회사가 얻어걸렸어요."

최문호가 입사한 2004년부터 에코프로는 전구체를 개발해야 했다. 맨땅에서 시작한 에코프로는 어떻게 전구체를 개발할 수 있었을까?

"한마디로 정리하자면 모두 자체적으로 확보했습니다. 누구한테 베끼거나 물어볼 수 없었거든요."

일본 설비를 사고 싶어도 너무 비싸 엄두를 내지 못했다. 그래서 처음부터 설비를 국산화하는 방식으로 진행했다. 설비 회사를 통해 기술을 확보할 수도 없었다. 입자의 크기를 분석하는 가장 기초적인 장비조차 없어 그 대신 현미경을 사서 사진을 찍고 수기로 입자 크기를 기록했다. 힘들고 긴 2005년을 보내고 2006년 1월, 전구체를 파일럿 생산할 수 있었다. 마침내 제일모직의 승인을 받고 전구체 공급을 시작했다. 전구체 생산 국산화를 이룬 순간이었다.

그러나 가장 중요한 난관을 넘어서지 못하고 있었다. 최초의 전구체 설비는 월 2톤으로 제일모직이 삼성SDI에 공급해야 하는 양극재 규모에 비해 턱없이 적었다. 이에 추가 설비 투자로 생산량을 5배로 끌어올렸는데 불량률이 크게 치솟았다. 에코프로에서 납품받은 전구체를 가지고 제일모직이 양극재를 생산해보니 제대로 된 제품이 나오지 않는다는 것이었다. 에코프로는 온도와 구조, 위치를 바꿔가며 수없이 시뮬레이션했고, 일본에서 여러 기술 고문을 데려와 부족한 부분을 채워나갔다. 이렇게 해서 제일모직의 기준을 충족시킬 수 있었다.

제일모직의 양극재 사업을 인수하다

얼마 뒤 제일모직은 세 번째 제안이자 에코프로의 운명을 송두리째 바꿔놓을 제안을 건넸다. 제일모직의 양극재 개발 기술과 사업권 일체를 인수하지 않겠느냐는 것이었다. 제일모직이 양극재 사업에서 손을 뗀다니? 에코프로로서는 충격이었다. 제일모직은 양극재 시장이 대기업이 사업하기에는 너무 작은 시장이라 손익분기점을 넘기기 어렵다고 판단했다. 그래서 양극재 사업에서 철수하고 반도체용 소재 산업에 주력하겠다고 결정한 것이었다.

에코프로가 인수 여부를 놓고 고심하는 동안, 이 인수전에 경쟁사가 뛰어들었다. 벨기에에 본사를 둔 세계적 양극재 업체 유미코아였다. 제일모직의 사업권을 인수하면 삼성SDI에 양극재를 공급할 수 있었기 때문에 유미코아가 관심을 가지는 것도 당연했다. 제일모직으로서는 사업권을 최대한 높은 금액으로 넘기는 것이 유리했기에 경쟁 구도가 형성되는 것을 마다하지 않았다. 에코프로 내부에서는 치열한 논쟁이 벌어졌다.

"대기업까지 포기한 시장인데 큰돈을 들여 뛰어드는 것은 너무 위험한 결정 아닐까요? 기존 환경 사업에 보다 집중하는 게 더 좋을 것 같습니다."

"아직 시장이 열리지 않았을 뿐입니다. 앞으로 전기차 수요가 확대될 수밖에 없으니 시장을 선점하고 준비해야 합니다."[4]

에코프로는 결국 제일모직의 양극재 사업을 인수하기로 결정했다. 이제 눈앞에 놓인 과제는 유미코아와의 인수 경쟁에서 이기는 것이었다. 에코프로는 '핵심 기술을 한국이 보유해야 한다'는 명분과 '양극재 경험은 없지만 전구체 기술을 확보하고 있다'는 논거를 내세워 제일모직은 물론 정부까지 설득했고, 결국 2007년 사업권을 인수했다. 에코프로에 이 계약의 가장 큰 수확은 삼성SDI라는 탄탄한 판매처를 확보한 것이었다. 대기업에 납품하는 기업이라는 이력은 다른 기업에 납품할 때도 큰 도움이 된다. 이외에 배터리 선도 업체인 삼성SDI에서 배터리 관련 기술을 배울 수 있다는 장점도 있었다.

우연히 시작된 에코프로와 삼성 SDI의 인연은 지금까지 이어지면서 에코프로 정체성의 큰 부분을 차지하고 있다. 에코프로는 2021년 삼성SDI와 합작 법인 에코프로이엠을 설립해 삼성SDI에 공급할 양극재를 생산했다. 이와 별도로 에코프로비엠은 앞서 살펴보았듯 2023년 삼성SDI로부터 43조 원 계약을 수주했다. 2023년 8월 기준, 에코프로비엠에는 주재환 대표이사를 비롯해 삼성SDI 출신 임원이 11명에 이른다.[5] 2023년 상반기 기준 에코프로비엠의 매출 중 52.9%가 삼성SDI와의 계약으로 얻은 것이다.

한편 에코프로가 제일모직의 사업권을 인수한 2007년은 에코프로에 또 하나 중요한 의미가 있는 해였다. 코스닥 시장에 상장한 것이다. 주식시장에서 환경 사업이 미래 성장 산업으로 각광받는 흐름을 타고 에코프로의 공모주 청약은 874대 1의 경쟁률을 기록했고, 이를 통해 100억 원의 자금을 확보할 수 있었다. 에코프로는 이 돈으로 전구체와 양극재를 함께 생산하는 라인을 국내 최초로 구축했다. 세계 최고 양극재 회사를 향한 첫걸음이었다.

못난이 아기

이처럼 시대의 흐름에 휩쓸려 이차전지 소재 사업에 뛰어들었지만 에코프로가 흑자를 내기까지는 10년이 넘는 세월이 필요했다. 제일모직의 권유로 사업을 시작한 것이 2003년인데 2014년이 되어서야 비로소 의미 있는 흑자를 냈다. 그 전까지는 기존 환경 사업에서 번 돈으로 이차전지 쪽 적자를 메워야 했다.

세계적인 애니메이션 제작사 픽사의 성공 비결을 분석한 『창의성을 지휘하라』라는 책에서 저자 에드 캣멀Ed Catmull 전 픽사 회장은 '배고픈 짐승'과 '못난이 아기'의 비유를 들었다. 그에 따르면 배고픈 짐승이란 수익에 대한 압박과 효율성에 대한 요구를, 못난이 아기는 새로운 아이디어와 창의성을 뜻한다. 캣멀은 기업이 짐승을 먹여 살려야 할 필요성과 아기를 키워야 할 필요성을 조화롭게

충족시켜야 한다고 주장했다.[6]

에코프로에 양극재 사업은 못난이 아기와 같은 존재였다. 10년이 넘는 시간 동안 아기를 키우며 잠재력을 이끌어냈기에 훌륭한 열매를 맺을 수 있었다. 에코프로는 오창에 이어 포항에까지 공장을 지어 현재 양극재 공장만 9개를 가동 중이다. 그러나 2008년 첫 번째 공장은 최문호 대표의 표현을 빌리자면 '참담한 실패'였다. 공장은 제대로 돌아가지 않았고 제품은 생산되지 않았다.

"하이니켈 양극재 공장이 없었던 터라 벤치마킹할 데도 없었고, 제 머릿속에서 나온 상상력을 풀어내 파일럿 플랜트를 해본 정도의 경험을 가지고 공장을 지은 거였거든요. 당연히 제대로 돌아가지 않았죠."

2023년 11월, 충북 오창의 에코프로 본사에서 인터뷰했을 때 최문호는 구안와사를 앓은 뒤라 얼굴 움직임이 부자연스러웠다. 주변에서는 과로가 원인이라고 했다. 15년 전의 그는 과로도 과로지만 일이 뜻대로 안 풀려 죽고 싶은 심정이었다.

"제품이 제대로 생산되지 않으면서 1시간에 원료비로만 2,000만 원씩 쓴 적도 있었어요. 거의 회사가 망할 지경이었습니다."

그러나 이때 쌓은 경험을 기반으로 에코프로는 하이니켈 양극재의 양산화 기술과 전구체 기술을 확보했다. 여기서 갖춘 전구체 기술은 훗날 LG화학 납품으로 이어졌다.

생산은 생산대로 어려웠지만 수요도 적긴 마찬가지였다. 에코프로가 인고의 10년을 보낸 이유 중 하나는, 에코프로가 선택한 틈새시장이 생각만큼 빨리 커지지 않은 데도 있었다. 그 시절 이동채 회장은 훗날 자신 있게 이차전지 사업의 미래를 이야기하는 그와는 사뭇 다른 모습이었다. 직원들이 기억하는 당시의 그는 그저 '오늘을 어떻게 넘길까', '필요한 자금 몇억 원을 어떻게 구할까' 하며 늘 고민하는 중소기업 사장이었다. 최상운 에코프로 부사장은 이렇게 회고했다.

"월급날이 얼마나 빨리 돌아오는지, 월말이 되면 회장님이 와서 '오늘 결제 잘 넘어갈 수 있죠?'라고 물어보시곤 했습니다."

이동채 회장의 리더십에 남다른 점은 없었을까? 최문호는 "뭔가 하려고 하는 사람이 있으면 믿어주고 기다리는 부분이 가장 뛰어난 것 같다"고 말했다. 사업이 생각대로 진척되지 않고 돈도 벌지 못하면 민감해지고 화도 날 법한데, 참고 견디면서 엔지니어나 연구 인력을 존중해주었다는 것이다.

두 번째 고객을 찾아나서다

에코프로의 현재를 이해하기 위해서는 몇 가지 용어에 대한 이해가 필요하다. 오늘날 이차전지의 대명사인 리튬 이온 이차전지의 양극재는 리튬과 전구체를 섞어서 만든다. 전구체는 여러 물질을 합성해 만드는데, 어떤 물질이 들어가느냐에 따라 여러 종류로 나뉜다.

1991년 소니가 최초로 상용화한 리튬 이온 이차전지는 전구체로 LCO(리튬-코발트 산화물)를 사용했다. 이 물질은 제조가 비교적 용이하고 수명도 오래가서 널리 사용되었다. 그러나 점차 문제점이 부각되는데, 무엇보다 주성분 중 하나인 코발트 가격이 너무 비쌌다. 또 이론상 용량의 절반 정도밖에 이르지 못하는 것도 단점이었다.

  이에 따라 코발트 함량을 줄이는 대신 다른 금속 원료를 배합한 NCM과 NCA가 주력 전구체로 부상했다. 이것을 세 가지 물질이 들어간다고 해서 흔히 '삼원계'라고 부른다. 이런 전구체를 양극재 재료로 사용한 배터리를 삼원계 배터리라 고 부르며, 구성 물질에 따라 NCA 배터리 혹은 NCM 배터리라 부른다.

  삼원계 전구체에 들어가는 물질은 각각 특징이 있다. 니켈은 주로 배터리의 에너지밀도와 깊은 관계가 있다. 코발트와 망간은 배터리의 안정성, 알루미늄은 출력(힘)을 담당한다고 보면 된다.

  에코프로가 처음에 주력으로 개발하고 생산한 것은 삼원계 중 하나인 NCA 전구체였다. 특히 니켈 함량이 높은 하이니켈 NCA 전구체였다. 니켈은 배터리의 용량과 깊은 관련이 있다. 즉 니켈이 많이 들어갈수록 배터리 용량이 높아지는데, 에코프로가 처음 개발한 것은 니켈이 80% 들어가 용량이 컸다.

  이는 당시 휴대전화와 노트북용 이차전지 소재로 광범위하게 쓰이던 NCM 소재보다 에너지밀도가 20~30%가량 높았다. 당시 NCM 전구체는 니켈이 50% 정도 들어가는, 이른바 미드니켈이 대세였기에 용량에 한계가 있었다. 훗날 NCM 전구체 역시 니켈 함량을 점차 높여 80~90%까지 높인 제품이 등장하게 된다.[7]

당시 제일모직과 에코프로가 NCA에 주목한 이유는 성능이 좋아 전동공구와 무선 청소기, 나아가 전기차에까지 적용할 수 있기 때문이었다. 물론 이는 최종 수요처인 삼성SDI의 요청이기도 했다. 그러나 예상과 달리 전동공구 등의 용도로 배터리를 쓰는 시장은 커지지 않았다. 또 생산자 입장에서는 NCA가 생산 공정이 까다롭고 대량생산이 곤란해 제조원가가 비싸다는 단점이 부각되었다. NCA 양극재를 생산하던 제일모직이 사업을 접은 것도 이 때문이었다.

제일모직의 양극재 사업을 인수한 에코프로는 수요가 생기기까지 인내의 시간을 보내야 했다. 사내 일각에서는 "오지도 않는 손님을 기다리는 것이 아니냐"는 자조 섞인 목소리도 흘러나왔다. 여기에 시장 상황은 더욱 비관적으로 흘러갔다. 배터리 업체들이 NCA계에서 NCM계로 대거 옮겨 가기 시작한 것이다. NCM 제품은 NCA에 비해 에너지밀도가 떨어지지만, 상대적으로 값이 싸고 휴대전화를 비롯한 소형 IT 기기용으로 적합했기 때문이다.

어느 날 청천벽력 같은 소식이 전해졌다. 당시 삼성SDI는 에코프로의 NCA 양극재를 공급받아 전동공구용 이차전지를 생산해왔는데, 원가절감 차원에서 타사의 NCM 소재로 대체하겠다는 것이었다. 에코프로로서는 막대한 돈을 들여 전구체와 양극재 공장을 준공한 상태에서 가장 큰 고객을 잃게 된 것이다.

사면초가의 상황에서 에코프로는 다른 고객을 찾아나섰다. 바로 LG화학이었다. 한국의 유일한 전구체 생산 라인을 가동하지 않는 것은 국가적으로도 손실이니 가동할 기회를 달라고 간청했다. 당시 LG화학은 NCM 523(니켈 50% · 코발트 20% · 망간 30%) 양극재 기술을 개발했는데 원료인 전구체를 일본의 다나카화학에서 공급받고 있었다. 다행히 LG화학이 관심을 보였다. 전구체 생산을 다나카에 거의 의존하고 있어 불안하던 차에 거래처를 다변화하고, 경쟁을 통해 전구체 공급 가격을 낮출 수 있는 기회로 본 것이다.

에코프로는 급한 불을 끄긴 했지만, 전공인 NCA를 내려놓고 NCM을 다시 공부해야 했다. LG화학에서 보내준 실험실 장비와 샘플, 현미경으로 찍은 사진에서 출발해 NCM 523 전구체 개발에 착수했다. 그리고 1년여 만에 LG화학의 납품 승인을 받아 2009년부터 공급을 시작했다.

치킨 게임과
독립선언

영웅은 한 번의 시련으로 탄생하지 않는다. 큰 승리를 거두고 보검을 손에 쥐고 난 뒤에도 또다시 생사를 건 진검 승부에서 이겨야 비로소 진정한 영웅이 된다. 이때 두 번째 시련은 예전에 성공한 경험에서 잉태되는 경우가 많다. 이동채와 에코프로의 앞길에도 바로 그런 시련이 기다리고 있었다.

세계적으로 이차전지 수요가 급증하면서 에코프로에도 많은 주문이 몰려들었다. 에코프로는 규모의 경제를 극대화하기 위해 생산 라인을 늘려나갔다. 당시 한 경제지의 기사 제목은 '에코프로 증설, 또 증설'이었다. 문제는 특정 기업에 대한 매출 의존도가 너무 높다는 점이었다. 2012년 들어 LG화학으로 인한 매출이 전체 매출의 80%에 육박했다. 매출이 늘어난다는 점에선 축복이지만, 자칫 LG화학이 빠져나간다면 하루아침에 물거품이 될 수 있었다. 우려는 점차 현실로 다가오고 있었다.

1990년대 일본에서 이차전지가 상용화된 후 세계 이차전지 소재 시장은 일본 업체들이 주도했다. 이후 에코프로를 비롯한 한국 소재 업체가 생겨나 경쟁 구도를 형성했고, 뒤이어 중국 업체들이 저가 제품으로 시장에 진출했다. 치열한 경쟁이 펼쳐지면서 제품의 질에 대한 변별력이 떨어지고 가격이 경쟁 우위를 좌우하게 되었다.

전구체도 마찬가지였다. LG화학이 전구체 공급을 일본 업체들과 에코프로의 경쟁 체제로 만들면서 치열한 가격경쟁이 벌어졌다. 에코프로가 처음 LG화학과 공급 계약을 맺을 당시 전구체의 가공비는 7달러 수준이었다. 이후 에코프로의 공급 물량이 절반을 넘어서자 일본 업체는 줄어든 물량을 만회하기 위해 에코프로보다 20% 낮은 가격으로 납품했다. 그러자 LG화학은 에코프로에도 동일한 가격대를 요구했다. 불과 6개월이 되지 않아 일본 업체는 또다시 4달러 수준으로 가격을 낮췄고 LG화학은 중국에서도 새로운 전구체 공급 업체를 발굴했다. 에코프로 경영진의 고민은 깊어만 갔다.

최문호는 당시를 떠올리며 이렇게 말했다.

"계속 이렇게 가다가는 경영난을 피할 수 없고 결국 파국으로 치달을 수도 있었습니다. 경쟁사가 4달러로 가격을 낮추면 우리는 3달러로 낮춰야 했는데, 직접원가가 4달러 수준이었으니까요. 납품하면 할수록 손해가 나는 상황이었습니다."

결단은 이동채의 몫이었다. 그는 진흙탕이 되어버린 게임에서 빠져나오기로 결정했다. LG화학에 전구체 사업 포기를 통보한 것이다. 세계적인 스포츠 브랜드 나이키가 오늘날의 위치를 점하게 된 가장 결정적인 계기는 일본 오니츠카 타이거에서 신발을 수입해 파는 일을 접고, 자체 브랜드로 독립한 것이다. 에코프로 역시 오늘날의 에코프로가 된 가장 결정적인 계기 중 하나는 2012년 LG화학으로부터 독립을 선언한 것이었다.

에코프로가 삼성SDI 및 LG화학과 인연을 맺고 헤어지는 과정은 사람의 그것처럼 무상하다. 처음에 제일모직과의 인연으로 이차전지 소재 사업을 시작했다가 삼성SDI에 버림받고, 다시 LG화학과 새로운 인연을 맺었다가 쓰라린 결별을 한다. 몇 년 뒤 에코프로는 삼성SDI와 다시 한번 인연을 맺게 되고 훗날 합작회사를 세우기에 이른다.

틈새
본능

2012년, 에코프로가 LG화학과 결별하며 입은 상처는 컸다. 매출의 80%가 한꺼번에 날아갔다. 당시 에코프로는 수요 증가에 발맞춰 의욕적으로 두 번째 공장을 지은 뒤였기에 그 충격은 더 컸다. 전구체를 월 200톤 생산함과 동시에 에코프로로서는 처음으로 양극재도 월 100톤 규모로 생산하려고 지은 공장이었다. 특히 두 번째 공장은 글로벌 금융 위기 직후인 2009년에 준공되어 산업계에서 기대를 모았다. 이윤호 당시 지식경제부 장관은 준공식 축사를 통해 "투자 확대야말로 성장 잠재력을 확보하는 단초일 뿐 아니라 일자리를 창출해 국민 생활을 안정시키는 가장 효과적인 방법"이라고 에코프로를 치하했다.

그런데 주문이 끊기면서 쌩쌩 돌아가던 전구체 생산 라인이 멈추었고 양극재 공장 역시 쉬고 있었다. 양극재 공장은 최문호가 치킨 게임이 벌어지는 전구체만으로는 사업을 영위하기 어렵다고 판단해 이동채 회장에게 거의 떼를 쓰다시피 해서 지은 것이었다.

또 한 번의 결단이 필요했다. 이 시점에 에코프로는 두 가지 큰 결정을 내렸다. 첫째, 전구체 사업에서 손을 뗐다. 일본, 중국과 치킨 게임을 벌이는 한 미래가 없다고 판단한 것이다. 둘째, 전구체 사업에 기울이던 노력을 양극재, 특히 하이니켈 NCA 양극재에 집중한다는 것이었다. 결정은 쉽지 않았다. 최문호는 당시 놀고 있는 미드니켈 양극재 라인을 하이니켈 양극재 쪽으로 개조하자고 건의했다가 사내 투자심의위원회에서 엄청난 비난을 받았다.

"주문도 없이 선투자 개념으로 양극재 공장을 지었다가 라인이 놀고 있는데, 다시 큰돈을 들여 공장을 개조하자고? 정신이 있는 거야?"

그러나 다른 방법이 없었다. 위기를 극복하기 위해서는 선택과 집중이 반드시 필요했다. 당시 시장에선 니켈 함량이 50%인 NCM 523 양극재, 이른바 미드니켈 제품을 중심으로 치열한 경쟁이 벌어지고 있었다. 에코프로는 그 판에 같이 뛰어들어 경쟁하는 대신, 아직 경쟁자가 많지 않고 틈새시장에 해당하는 하이니켈 쪽으로 표적을 옮기기로 했다. 하이니켈은 만들기도 어렵고 고가이며 이윤이 높다. 잠재수요를 생각해보면 당시로서는 전기차까지는 먼 미래였지만 전동공구나 무선 청소기, 전기 자전거 등으로 수요가 늘어날 것으로 예상되었다. 경쟁자는 일본의 토다공업과 일본화학, 단 두 업체뿐인 것도 나쁘지 않았다. 기술 장벽이 높겠지만 도전할 만했다. 에코프로에 다시 한번 '틈새 본능'이 발동했다.

그다음 필요한 것은 고객 발굴이었다. 하이니켈을 쓰는 곳이 어디인지 생각해보니 삼성SDI 외에는 일본의 소니밖에 없었다. 전동공구용으로 에코프로가 생산하는 하이니켈 NCA 양극재를 쓰고 있었던 것이다. 어느 날 일본에서 열린 배터리 박람회에 참석한 에코프로 관계자들이 소니 직원과 명함을 주고받았다. 그런데 귀국하는 날 갑자기 소니에서 연락이 왔다. 공장을 방문해줄 수 없겠느냐는 것이었다. 에코프로 일행은 항공권을 취소하고 소니 에너지 디바이스 공장이 있는 후쿠시마로 향했다. 2009년 동일본 대지진으로 원전 사고가 났던 바로 그 후쿠시마였다.

첫 미팅에서 소니는 숙제를 내주었다. 당시 에코프로가 개발한 제품보다 훨씬 높은 수준의 숙제였다. 직원들은 몇 달 동안 시행착오를 겪어가며 개선한 결과를 보여주면서도 "우리가 원하는 수준은 아닌 것 같다"라는 말을 들을 줄 알았다. 그런데 놀랍게도 소니의 반응은 "그러면 그 정도까지만 해달라"에 가까웠다. 기존 기술에서 조금만 수정하면 가능한 수준이라 바로 샘플을 만들어 보냈고 소니의 승인이 떨어졌다. 그렇게 해서 2013년부터 에코프로는 이차전지 생산의 효시라 할 수 있는 철옹성 소니에 하이니켈 NCA 양극재를 납품했고, 1년 6개월 뒤에는 장기 공급 계약을 맺었다.

이에 앞서 에코프로는 인연이 끊어졌던 삼성SDI와도 관계를 정상화했다. 삼성SDI는 에코프로의 NCA 양극재 대신 타사의 NCM

양극재를 채택해 전동공구 제품에 사용했으나 제품 질이 떨어지는 문제가 나타났다. 건설 현장에 주로 쓰이는 전동공구는 순간적인 힘과 고출력이 필요한데 당시 NCM 양극재는 이 부분에서 약점을 드러냈다. 삼성SDI는 NCA 양극재로 돌아가기로 결정하고 에코프로에 다시 손을 내밀었다. 에코프로는 2011년부터 삼성SDI에 양극재 공급을 재개했다.

이즈음 미국에서는 신생 전기차 업체가 돌풍을 일으키고 있었다. 바로 테슬라Tesla였다. 테슬라가 2012년 출시한 모델S는 전기차가 환경을 보호하는 데도 도움이 될 뿐 아니라 고급스럽고 세련될 수 있음을 보여주었다. 테슬라는 에코프로의 운명에도 큰 영향을 미쳤다. 삼성SDI가 테슬라에 전기차용 배터리를 공급하기 위해 에코프로에 전기차에 특화된 NCA 양극재 개발을 제안했기 때문이다. 2014년, 삼성SDI가 생산한 전기차용 배터리가 테슬라에서 납품 승인을 받으면서 에코프로의 양극재 기술력도 마침내 세계적으로 인정받게 되었다.

연이어 굵직한 계약을 따내고 하이니켈 양극재 판매량이 급증하면서 에코프로는 세 번째 양극재 공장을 지었고 연간 4,200톤의 생산능력을 확보하게 되었다. NCA 양극재 1위인 일본 스미토모에 이어 세계 2위였다. 그리고 2015년, 창사 이래 처음으로 매출 1,000억 원을 돌파했다.

기술적
해자

　에코프로는 양극재, 그중에서도 하이니켈계 양극재 분야에서 전 세계 매출 1, 2위를 다툰다. 기술력 또한 세계 최고 수준으로 꼽힌다. 그중 '초격차'라 부를 수 있는 기술은 무엇일까? 이 질문에 이동채는 "아주 민감한 제품, 즉 용량이 큰 하이니켈 양극재를 비교적 안정적으로 생산하는 기술"이라고 답했다. 꽤 추상적인 답변이라 최문호 에코프로비엠 대표에게 다시 물어보았다. 이번에는 질문을 조금 바꾸어 '중국과의 기술 격차가 어느 정도라고 보는지' 물었다.
　"시장이 커지면서 기술 수준이 급속하게 평준화되고 있지만 하이니켈은 공정 난도가 높아 중국보다 다소 앞서고 있어요. 금속 이물질 제거나 양산품 제어 능력에서는 2~3년 정도 수준 차이가 나지 않을까 생각합니다."

 뒤에서 살펴보겠지만 전구체에 니켈을 많이 쓸수록 배터리의 성능이 좋아진다. 그러나 화재 위험성이 높아지고 배터리의 수명이 짧아진다는 부작용이 있다. 따라서 이 같은 부작용을 통제하는 것이 매우 중요한데 이는 높은 기술을 요구한다. 이 말을 좀 더 자세히 이해하기 위해 양극재의 제조 공정을 잠깐 짚고 넘어가자. 양극재는 다음 4단계를 거쳐 제조된다.[8]

1단계	**전처리** 전구체에 리튬과 각종 첨가제를 혼합하는 공정
2단계	**1차 소성*** 혼합물을 도가니에 담은 뒤 700~900℃ 고열로 익히는 공정
3단계	**후처리** 소성 과정에서 만든 알갱이를 일정한 크기로 쪼개고 이물질을 제거하는 공정
4단계	**2차 소성** 알갱이를 안정화하기 위해 특수 재료와 혼합하고 300~400℃로 다시 굽는 공정

 최문호는 "니켈 함량이 50~60%인 NCM 523이나 NCM 622 같은 미드니켈 제품은 그냥 구우면 끝입니다. 그렇기 때문에 전구체 기술과 소성 기술 중에 뭐가 더 중요하냐고 묻는다면 전구체라고

---

* 광물을 가공할 때 사용하는 고온 처리의 한 방식.

대답할 수 있습니다"라고 했다. 앞에서 설명한 제조 공정 4단계 중 1단계에서 얼마나 좋은 전구체를 쓰느냐가 중요하다는 것이다.

"그런데 하이니켈부터는 이야기가 좀 달라집니다. 전구체도 중요하지만 소성과 후처리하는 공정이 훨씬 더 중요하거든요."

즉 하이니켈은 용량은 뛰어나지만 열 안정성이나 수명이 좋지 않기 때문에 이를 개선하는 작업이 매우 중요하며, 그것이 바로 소성과 후처리 단계에서 결정된다는 것이다.

예를 들어 소성 공정에서 하이니켈은 허용하는 온도 등의 범위가 미드니켈에 비해 훨씬 좁다. 매우 섬세하게 관리해야 한다는 의미다. 또 후처리 공정에서는 소성 이후 양극재 알갱이 표면에 남는 이물질을 제거하는 공정이 핵심인데, 하이니켈 양극재의 경우 이물질이 많이 남는다는 것이 문제다. 대표적인 이물질이 전기화학 반응에 참여하지 않고 찌꺼기처럼 남은 리튬(전문용어로 잔류 리튬)인데, 이는 의도하지 않은 화학반응(부반응)을 일으켜 열 안정성이나 수명을 떨어뜨린다. 따라서 전기차에 쓰이는 배터리의 경우 안정성을 위해 잔류 리튬을 제거하는 것이 필수다.

바로 이런 문제로 리튬 이온 전지 개발 초기부터 성능이 좋은 하이니켈계 양극재가 계속 검토는 되면서도 실제 적용되는 일이 드물었다. 당시 잔류 리튬 제거 기술은 전 세계에서 일본 스미토모만 보유한 기술이었다. 에코프로는 시행착오 끝에 이 기술을 개발해 스미토모의 기술 장벽을 허물었다.

하이니켈 양극재를 만드는 기술을 가장 쉽게 비유한다면 무엇에 가깝느냐는 질문에 최문호는 2분 정도 고민하더니 다음과 같이 말했다.

"간단히 말하자면 미드니켈은 대충 만들어도 성능이 나온다고 할 수 있어요. 그런데 하이니켈은 한 땀 한 땀 만들어야 성능이 나온다는 느낌입니다. 적당한 비유가 뭐가 있을까요. 조금만 실수해도 깨질 것 같은 느낌, 말랑말랑한 개구리 알을 다루는 것 같은 느낌일까요?"

바로 이런 기술력이 중국보다 2~3년 앞서 있다고 보는 이유다. 요즘 하이니켈 양극재는 전동공구나 전기 청소기 같은 곳은 물론, 전기차용으로 더욱 널리 쓰이고 있다. 전기차용으로 하이니켈 배터리의 가능성을 처음 보여준 것은 테슬라였다. 2012년에 출시한 모델S에 NCA 소재의 하이니켈 배터리를 채용한 것이다. 처음 테슬라에 배터리를 공급한 업체는 한국 업체가 아니라 파나소닉이었지만 말이다.

현재 에코프로비엠의 양극재 매출 중 하이니켈은 어느 정도 비중을 차지할까? 최문호는 "전부"라고 답했다. 니켈 함량이 가장 낮은 등급이 80%이고, 제일 많이 팔리는 등급은 88%다. 그리고 91%와 92%짜리가 개발 단계를 지나 양산에 들어갔다고 했다.

이제 에코프로비엠은 NCA 양극재와 NCM 양극재를 동시에 생산한다. 둘 다 하이니켈임은 물론이다. NCA 제품은 주로 전동공구 시장을 대상으로 판매되었지만 전기차 시장 판매가 빠르게 성장하고 있다. 앞서 언급한 44조 원의 수주 공시 역시 삼성SDI에 대한 전기차용 NCA 양극재 공급 계약이다.

NCM 제품은 전기차용으로 NCM 811(니켈 80%·코발트·10%·망간 10%)을 개발한 데 이어 흔히 'NCM 구반반(9:½:½, 니켈 90%·코발트 5%·망간 5%)'이라 불리는 양극재를 개발했다. NCM 구반반은 SK온에 공급되어 포드의 전기차 F-150 라이트닝에 사용되고 있으며, 에코프로비엠의 주력 제품 중 하나로 자리 잡았다.

에코프로는 전기차용 배터리를 개발하기 위해 외부에서 기술을 구매하기도 했다. 뒤에서 살펴볼 선양국 한양대 교수가 개발한 농도구배형 양극재 기술을 이전받은 것이다. 이 기술은 니켈 함량을 높여 용량을 높이면서도 안전성을 담보할 수 있는 기술이었다. 지금이야 하이니켈이 K-배터리의 정체성을 이루게 되었지만 10년 전 미드니켈이 대세이고 하이니켈 시장이 불확실하던 시절, 에코프로는 무슨 생각으로 하이니켈에 몰두했을까?

"사실 전기차 시장이 이렇게 어마어마하게 커질 거라고 상상한 건 아니었습니다. 당시에는 '고출력에 고용량인 하이니켈 배터리가 전동공구용으로 쓰이고 있다. 그리고 하이니켈 배터리를 사용할 또 다른 용처가 분명히 생길 것이다'라고 생각했습니다. 사실 그때만 해도 하이니켈을 자동차에 쓴다는 건 아무도 생각하지 못했어요. 매우 위험하다고 여겼거든요. 혹시라도 전기차까지 진출할 수 있으면 정말 좋겠다는 정도로만 생각한 거죠."

전기차 시장이 실제로 어마어마하게 커지면서 에코프로의 앞길에 신세계가 열렸다. 에코프로의 2023년 연결 기준 매출은 7조

2,590억 원에 달했다. 이동채 회장과 여직원 1명으로 시작한 회사는 이제 3,500명을 고용한다. 양극재 부문이 에코프로비엠으로 분사해 상장한 것을 포함해 4개 회사가 증시에 상장되었다. 4개 계열사의 시가총액을 더하면 37조 원이 넘어(2024년 6월 기준) 삼성SDI의 1.5배에 이른다. 배터리 회사에 소재를 납품하는 회사의 시장가치가 주 고객인 대기업 배터리 계열사 시장가치의 1.5배가 된 것이다. 이차전지 소재 업체에 오래 몸담은 어느 관계자는 "에코프로가 신화를 하나 만든 것"이라며 "나는 못했지만 이 일을 이룬 사람들을 존경한다"라고 말했다.

최고 품질을 지닌 제품, 즉 하이엔드high end에 집중하는 틈새 전략은 에코프로의 미래에 잠재적인 위협이기도 하다. 양극재는 니켈을 얼마나 많이 넣어 용량을 늘리느냐를 중심으로 기술이 개발되고 경쟁이 전개되어왔다. 그러나 니켈 함량이 90% 수준까지 높아졌기에 더 이상 높이는 데는 한계가 있다. 기술이 포화 상태에 이르렀다고도 볼 수 있다. 그리고 이런 하이엔드 기술은 프리미엄급 자동차에 적용하는 것이고, 범용차는 그 정도까지 용량을 늘릴 필요가 없다. 또 에너지 용량을 늘리다 보니 화재 위험이 높아지고 그에 대응하는 안전장치를 마련하는 데 비용이 많이 들어갈 수밖에 없다.

틈새 전략은 장기적인 성장을 추구하는 데 한계가 있다. 타깃으로 삼는 세분 시장의 규모가 작고 충분히 성장하지 못하는 경우가 많기 때문이다. 그래서 틈새 전략으로 시작한 기업도 덩치가 커지다 보면 여러 세분 시장을 공략하는 전략으로 선회하곤 한다. 에코프로도 그 준비를 하고 있는 것 같았다. 최문호는 이렇게 말했다.

"저희도 3년 전부터 미드니켈(니켈 함량 40~60%)이 다시 대세가 될 가능성이 높다고 보고 준비하고 있습니다. 또 양극재에 망간을 더 많이 넣는 조성이 있는데, 그런 것도 가능성이 있다고 보고 준비하고 있죠. 리튬이 워낙 비싼 만큼 리튬 이온 대신 소듐 이온 배터리도 준비하는 중입니다."

클로즈드 루프
에코 시스템

2022년 말부터 에코프로를 다룬 뉴스에 '클로즈드 루프 에코 시스템'이란 말이 등장했다. 나아가 이 단어는 배터리 업계가 지향하는 미래를 상징하는 표준 용어가 되었다. '클로즈드 루프closed loop'는 완결적 순환 체계란 의미로, 원료부터 리사이클링까지 모든 과정을 아우르는 가치 사슬을 한 회사에서 구현하겠다는 것이다. 전통적인 경영 용어로 말하자면 '수직 계열화'에 가깝다.

원료부터 시작해보자. 양극재 업체인 에코프로의 관점에서 원료는 리튬과 니켈을 비롯한 금속이다. 여기서부터 자급하겠다는 것이다. 어떻게? 계열사인 에코프로씨엔지가 폐배터리를 분해해 얻는다. 그 금속들에서 에코프로머티리얼즈가 전구체를 만들고, 에코프로이노베이션은 배터리용 리튬(수산화리튬)을 만든다. 이 소재들을 가지고 양극재 업체인 에코프로비엠이 양극재를 만든다. 정리하면 '리사이클링(에코프로씨엔지)→전구체(에코프로머티리얼즈)→수산화리튬(에코프로이노베이션)→양극재(에코프로비엠·에코프로이엠)'라는 순환 구조가 구현된다.

에코프로는 2017년부터 짓기 시작한 포항 공장('포항 캠퍼스'라고 부른다)에 이 개념을 적용했다. 포항 영일만 산업 단지에 위치한 495,867m^2(약 15만 평) 부지의 공간에 모든 계열사들이 모여 앞에 설명한 순환 구조가 2022년부터 본격적으로 가동되었다. 포항 캠퍼스는 2024년 현재도 건설 중이다. 2024년 3월 에코프로 관계자는 "전기차 시장의 성장세 둔화 등 전방 산업이 어려움을 겪고 있지만, 시장의 성장성은 의심의 여지가 없기에 계획된 투자를 차질 없이 집행해나갈 방침"이라고 밝혔다.[9]

이 같은 시스템을 만드는 이유는 무얼까? 원가절감이라는 목적이 가장 크다. 최문호 대표에 따르면 양극재 원가의 80%는 재료에서 발생한다. 리튬과 전구체가 그것이다. 이를 외부에서 사지 않고 내부에서 만들 수 있다면 제품 원가를 낮추고 그룹 차원에서 부가가치를 획득할 수 있다. 그러나 광산이나 염호鹽湖(광물이 매장된 호수)에서부터 계열화하려면 막대한 자본이 필요하다. 그래서 폐배터리에서 금속을 얻는 방법을 쓰는 것이다. '클로즈드 루프'란 말보다 '리사이클링'이란 말이 더 적합할지 모른다.

클로즈드 루프나 리사이클링은 또 하나의 존재 의의가 있다. 친환경적이라는 점에서다. 광산에서 금속을 채굴해 제련하는 작업에는 환경에 유해한 화학 공정이 다수 수반된다. 환경 역사학자 제임스 터너는 이를 배터리의 '작고 더러운 비밀'이라고 표현했다.[10] 배터리라는 것은 화석연료를 땅에 남겨두는 대가로 다른 자원(리튬이나 니켈 등)을 땅에서 대량으로 끄집어내는 것을 의미하는데 여기에는 더럽고 위험한 일이 수반된다는 것이다. 이에 비해 폐배터리를 재활용하는 것은 훨씬 친환경적이다. KPMG에 따르면 폐배터리를 재활용하면 전기차에서 발생하는 탄소 배출량을 약 7% 저감할 수 있다.[11]

한편 에코프로는 그만두었던 전구체 사업을 다시 시작했다. 실험실 규모로만 전구체를 생산하고 있었는데 2017년 별도 공장을 지어 다시 양산했다. 이후 전구체 생산 부문은 에코프로머티리얼즈란 회사로 분사돼 2023년 코스닥에 상장했다.

나아가 에코프로는 싼 금속을 사서 순도를 높여 사용하는 공정을 도입했다. 배터리용 리튬은 수산화리튬으로 값이 비싸다. 그래서 저렴한 탄산리튬을 사 와서 수산화리튬으로 변환하는 것이다. 이 공정을 맡은 계열사가 에코프로이노베이션이다. 2020년에는 배터리 리사이클링 전문 기업 에코프로씨엔지를 창립했다.

물론 모든 것이 클로즈드 루프로 해결되는 건 아니다. 폐배터리를 분해해서 얻은 물질만으로 전구체와 리튬을 만들 수는 없다. 부족한 부분은 당연히 외부에서 사 와야 한다. 에코프로는 장기적으로 전구체의 33%와 리튬 26%, 니켈 31% 내재화를 달성한다는 목표를 세웠다.[12]

에코프로는 헝가리와 캐나다에 건설 중인 양극재 공장에도 클로즈드 루프 개념을 적용하겠다고 밝혔다. 제품 생산에 이르는 가치 사슬 전반을 수직 계열화해 내부에서 생산한다는 아이디어는 어찌 보면 단순하지만, 배터리 분야에서 이를 실현한 것은 세계 최초다. 이 아이디어가 업계의 보통명사가 되고 다른 기업들이 비슷한 프로젝트를 진행하는 것을 보면, 시대를 잘 포착한 아이디어라고 볼 수 있을 것이다. 물론 작명作名도 훌륭했다.

포스코그룹의 율촌 이차전지 소재 콤플렉스는 '풀 밸류 체인full value chain'이란 표현을 쓰지만 에코프로가 말하는 '클로즈드 루프'와 내용은 동일하다. 2023년 3월, 권영수 당시 LG에너지솔루션 부회장도 주주총회에서 "2025년까지 완벽한 자원 선순환 체계인 '퍼펙트 클로즈드 루프Perfect Closed Loop' 달성을 목표로 한다"고 밝힌 바 있다. 기술로 시장을 선도해온 에코프로는 이제 아이디어와 비즈니스 모델로도 시장을 선도하게 됐다.

거안사위
居安思危

2003년 어느 날, 에코프로의 이동채 회장이 이차전지 사업에 처음 뛰어든 것과 비슷한 시기에 대구에서 LCD 부품을 생산하던 한 기업인은 남모를 고민에 빠져 있었다.

'이 사업이 우리나라에서 경쟁력을 유지할 수 있을까?'

엘앤에프의 이봉원 사장은 당시 이런 생각을 자주 했다. '남모를' 고민이라고 한 것은, 다른 사람들이 보기에는 고민할 이유가 전혀 없었기 때문이다. 그가 2000년에 창업한 회사는 LCD 부품 중 하나인 백 라이트 유닛을 생산하고 있었다. LCD 시장이 급성장하면서 매출은 짧은 시간에 급격히 늘어났다. 대주주인 허전수 회장이 LG그룹 방계 구성원이었기에 LG필립스LCD(현 LG디스플레이)의 주문을 받는 데 별 어려움이 없었다. 원래 브라운관 부품 사업을 하던 대주주 허 회장은 이봉원을 전문 경영인으로 영입해 LCD 부품을 만드는 신사업을 시작했다. 그리고 새로운 기업의 설립부터 경영 일체를 위임했다.

회사가 갑자기 커지면서 2명으로 시작한 직원은 3년 만에 400여 명으로 불어났다. 다들 몰려드는 주문 물량을 소화하느라 밤낮없이 일했다. 공장에는 반도체 공장처럼 방진복을 입고 일하는 클린룸이 있었고 사람들은 이 일이 첨단산업이라고들 했다. 그러나 이봉원의 생각은 달랐다.

"겉보기에는 첨단산업이었지만 공정 대부분이 수작업에 의한 조립에 의존했어요. 회사 내부에서는 '첨단 원시 산업'이란 농담이 나올 정도였지요. 게다가 핵심 부품은 거의 다 일본에서 사 오고 있었습니다. 만약 중국처럼 인건비가 싼 나라에서 이 아이템을 다룬다면 게임이 되지 않을 것이라는 생각, 이 사업으로는 미래가 없겠다는 생각이 들기 시작했습니다."

당시 그의 나이는 환갑을 바라보고 있었다. 모든 것을 내려놓고 여생을 즐겁게 보내고 싶은 생각이 굴뚝같았다. 게다가 그는 오너도 아닌 '월급쟁이 사장' 아닌가?

그럼에도 그가 남모르는 고민을 진지하게 계속한 것은 전 직장에서의 쓰라린 경험 때문이었다. 지금은 대구로 편입된 농촌에서 태어나 상고와 야간대학을 나온 이봉원은 은행 입행 시험에 두 차례, 회계사 시험에 한 차례 떨어진 뒤 대구의 남선알미늄에 입사해 30년 이상 근무했다. 나중에는 계열사 대표이사까지 역임했지만 국내 최대 알루미늄 업체 중 하나로 성장해 한때 종업원이 2,000명에 육박했던 이 회사도 외환 위기 앞에서는 무력했다. 건설사들이 경영난에 빠지면서 건축자재인 알루미늄 새시 매출이 급격히 줄어들었고 회사는 망하기 직전까지 갔다. 당시 도입된 워크아웃 제도로 간신히 살아남긴 했지만 그 과정에서 많은 사원이 회사를 떠났다.

그는 남선알미늄을 나와 젊은 시절 따둔 자격증으로 세무사 사무실을 개원했다. 그러던 차에 지역 기업인으로 알고 지내던 허전수 회장의 권유로 엘앤에프를 창업했던 것이다. 당시 그의 나이 만 56세가 되던 해였다. "그놈의 회사 다니는 것 지긋지긋하지도 않으냐"고 아내가 못마땅해했지만 그는 과거 남선알미늄에서의 세월을 되짚어보았다. 임원 시절 경영난에 빠진 계열사 경영을 맡을 사람이 필요하다는 말을 듣고 사장직에 지원했고, 3년 만에 회사를 정상화하면서 짜릿함과 보람을 함께 느꼈다. 최고 경영자가 아니고서는 결코 얻을 수 없는 경험이었다. 이봉원은 그때의 감정을 다시 느껴보고 싶었다. 게다가 그는 체질적으로 조직에서 많은 사람들과 함께 일하는 것이 적성에 더 맞는 것 같았다.

그렇게 해서 '지긋지긋한' 회사에 다시 다니기로 하고 창업한 것이 엘앤에프였다. 영문 회사명은 L&F로 '빛과 미래light and future'라는 뜻을 담았다. 다행히 몇 년 만에 대구에선 손꼽히는 첨단 기업이 되어 코스닥에도 상장했다. 직원을 모집하면 많은 사람이 몰려왔다.

"그런데 기쁘지 않았어요. 이 많은 친구들이 높은 경쟁을 뚫고 들어왔는데 만약 수주 물량이 줄어들고 뒷감당을 못하게 되면 어떻게 하나, 그건 젊은 사람들에게 할 짓이 아니라는 생각이 들었습니다."

거안사위居安思危. 편안할 때 위험할 때의 일을 미리 생각하고 경계한다는 뜻이다. 이봉원이 그랬다. 엘앤에프는 수주 물량 중 거의 대부분을 LG필립스LCD 한 곳에 납품하고 있었는데, 그럼에도 LG필립스LCD의 핵심 공급업자는 아니었다. 물량으로 보면 네 번째 쯤 되는 협력 업체였다. 또 당시 LG필립스LCD가 파주에 대규모 공장을 신설했는데 엘앤에프는 기존 구미 공장에만 물량을 대고 있었기에 안심할 처지는 아니었다.

고민을 거듭하던 이봉원은 새로운 사업 아이템을 찾기로 결심했다. 물론 직원들 중 그의 고민을 이해할 사람은 없었다. 모두가 휴일도 없이 일하는 정신없이 바쁜 시기였기 때문이다. 그는 혼자 고민하면서 새로운 사업이 갖춰야 할 조건 세 가지를 정했다. 첫째, 우리나라에 아직 없거나 있더라도 상용화 초기인 아이템이어야 한다(에코프로 이동채 회장이 생각한 창업 아이템의 조건과 같다는 점을 주목할 필요가 있다). 둘째, 우리나라에서 장기적으로 경쟁력을 유지할 수 있어야 한다. 남선알미늄에서 극심한 노사분규를 경험했던 그는 노동 집약적 산업에서는 장기적으로 경쟁력을 유지하기 어렵다고 생각했다. 셋째, 미래에 시장이 계속 성장할 잠재력이 있어야 한다.

그는 새 사업을 찾기 위해 대학과 국책 연구소를 찾아다녔다. 첫 번째로 깊이 검토한 아이템은 LCD의 핵심 부품인 형광체였다. 아직 국산화되지 않았고, 높은 기술이 요구된다는 점이 이봉원의 눈길을 끌었다. 마침 부산의 모 대학교수가 학내 벤처기업을 만들어 이 물질을 개발 중이라는 소식을 듣고 달려갔다. 마침 그날이 대통령 선거일이었기에 이봉원은 더욱 생생하게 기억했다. 형광체는 일본의 니치아라는 회사 제품이 가장 좋은데, 그 교수는 자신이 개발한 제품이 그에 못지않은 성능을 구현한다고 이야기했다. 또 만일 엘앤에프가 생산한다면 기술을 양도할 수 있다고도 했다. 이봉원은 샘플을 얻어 양산 가능한지 알아봐야 했는데, 경험 있는 전문가의 분석이 필요했다.

이때 이봉원이 소개받아 만난 유상열이란 인물이 오늘날의 엘앤에프와 한국 양극재 산업에 큰 영향을 미치게 된다. 유상열은 한양대 물리학과를 나와 삼성SDI에서 18년간 일하다 그만두고 벤처기업을 막 창업한 상황이었다. 그는 삼성SDI에서 형광체와 이차전지 생산 모두에 관여한 경력이 있었다. 이봉원이 제시한 샘플을 유상열이 분석해보니 결과는 부정적이었다.

"연구실에서는 의미 있는 수치가 나오지만 대량생산은 힘들 것 같습니다."

이봉원은 유상열과의 인연을 흘려보내지 않았다. 그는 유상열에게 새로운 사업 아이템을 추천해달라고 부탁하면서 자신이 생각하는 세 가지 조건을 이야기했다. 얼마 뒤 유상열은 다섯 가지 아이템을 추천했다. 그중 하나가 바로 이차전지 소재인 양극재였다. 양극재는커녕 이차전지라는 말을 처음 들은 이봉원에게 유상열은 "한번 쓰고 버리는 게 아니라 충전해서 다시 쓸 수 있는 배터리"라고 대답했다. 이차전지는 전선이 없어 휴대전화를 비롯한 휴대용 전자 기기에 건전지 대신 쓸 수 있다는 설명과 함께였다.

"설명을 듣자마자 '바로 이거다!' 하는 생각이 들었습니다."

마침 휴대전화가 급속히 보급되고 있었기에 앞으로 분명히 시장이 커질 것이라 예측했다. 당시 이차전지 생산은 일본이 가장 앞서 있었고 한국에서는 삼성SDI와 LG화학에서 소량 생산하는 정도였다. 두 회사 모두 이차전지 생산에서 핵심적인 소재인 양극재를 대부분 일본에서 수입했고, 한국에서는 유미코아만 양극재를 생산하고 있었다. 그가 생각하는 신사업의 첫 번째 조건, 즉 한국에서 아직 시작하지 않았거나 상용화 초기 단계여야 한다는 조건에 부합했다.

이봉원은 인건비 비중에 대해서도 알아보았다. 이차전지 소재 산업은 단순 조립산업이 아니라 광물을 원료로 하는 장치산업으로, 인건비 비중이 높지 않고 높은 기술력이 필요했다. 즉 중국, 대만, 동남아 등과 인건비로 경쟁을 벌이지 않아도 된다는 뜻이었다. 신사업의 두 번째 조건에도 부합했다. 마지막으로 세 번째 조건, 성장 잠재력을 생각했을 때 휴대용 전자 기기가 확산되고 있었기에 성장 가능성도 충분한 듯 보였다. 생각하면 할수록 자신이 찾던 신사업 아이템 조건에 딱 맞아떨어졌다. 이봉원은 양극재 사업을 시작해야겠다고 결단을 내렸다.

전자 부품 기업에서 화학제품 기업으로

유상열은 양극재 생산 경험이 있는 엔지니어를 소개해주었고, 엘앤에프에서는 태스크포스를 가동했다. 이쯤 되니 회사 임원들에게 알리지 않을 수 없었다. 이봉원은 열정적으로 신사업 추진 방안을 설명했으나 임원들 반응은 차가웠다. 기존 제품인 LCD용 백라이트 주문이 계속 늘어나 휴일도 쉬지 못하고 있었고 라인을 증설해야 했다. 게다가 전자 부품을 만들던 회사가 생소한 화학제품을 개발한다니. 이봉원은 그들을 설득해야 했다.

"새로운 아이템을 개발하지 않으면 회사의 존속조차 어려워질 날이 올 수 있습니다."

"위험 없는 성공이 어디 있습니까. 서까래 한두 개 부러질 정도의 위험이라면 감수해야 해요. 회사의 기둥이 부러질 일은 결코 없을 겁니다."

또 다른 문제는 투자비였다. 유상열이 공장 설계도 초안을 가져왔는데 초기 투자비가 200억 원 정도 들 것으로 예상되었다. 엘앤에프에서는 감당하기 힘든 액수였다. 이봉원은 이차전지를 포기할 마음을 먹고 추천받은 사업 아이템 중 투자비가 적은 아이템을 살펴보았다. 자료를 보고 또 보고 수없이 검토해봤지만 이차전지가 머릿속에서 떠나지 않았다. 이봉원은 유상열에게 물었다.

"이차전지 사업이 너무 탐나는데 엄두가 안 납니다. 초기 투자비를 좀 줄이는 방법이 없겠습니까?"

얼마 후 유상열이 규모를 줄인 양산 라인 설계도를 가지고 찾아왔다. 이번에는 50억~60억 원 정도 비용이 든다고 했다. 그러던 차에 뜻밖의 기회가 찾아왔다. 한때 엘앤에프 주가가 많이 떨어져 주주들을 달래기 위해 자사주를 매입했는데 주가가 올랐다. 그런데 어느 기관 투자가가 그 주식을 사고 싶다는 제안을 해왔다. 양극재 초기 투자 예상 금액과 비슷한 50억 원 정도의 차익이 났다(막상 시작해보니 엘앤에프의 실제 초기 투자 금액은 그 몇 배에 달했다. 이봉원은 처음부터 실제 투자 규모를 알았다면 사업을 시작하지 않을 수도 있지만, 유상열을 원망할 생각은 조금도 없다고 했다).

이 돈을 신사업에 투자하려면 대주주의 허락이 필요했다. 이봉원은 허전수 회장을 찾아갔다. 새 사업 아이템을 준비한 이유와 그간의 과정, 사업 계획을 설명하면서 만약 실패하면 주식 매각 차익을 없던 셈 치면 되니 베팅해보자고 했다. 허전수 회장은 선뜻 동의해주었다. 나중에 허 회장을 잘 아는 기업인이 이봉원에게 어떻게 그런 투자를 쉽게 승인받았느냐고 물었다. 알고 보니 허 회장은 거액의 투자를 쉽게 결정하는 사람이 아니었다. 그만큼 이봉원에 대한 허 회장의 신뢰가 컸던 것이다.

그럼 실제로 이 사업을 누가 담당할 것인가? 기술 개발부터 양산에 이르기까지 누가 책임지고 맡을 것인가? 아무리 찾아봐도 유상열뿐이었다. 하지만 유상열은 캐나다 자본이 중국에 창립한 스타트업 회사의 경영을 맡고 있었던 터라 이봉원의 입사 제안을 거절했다. 너무 아쉬웠던 이봉원은 유상열이 경영하는 회사에 대해 알아보았다. 그 회사의 주력 제품은 ITO라는 물질이었다. TV 브라운관 모니터 표면에 정전기가 일어나는 것을 방지하기 위해 코팅하는 물질이었다. 회사 규모가 크지 않고 주 공급처가 LG전자 중국 현지 공장이라 어느 정도 영업도 가능할 것으로 판단되었다. 캐나다인 주주가 M&A 의향이 있다는 것도 알게 되었다.

이봉원은 또 한번 결단을 내렸다. 그 회사를 아예 인수하기로 한 것이다. 사람을 얻기 위해 기업을 통째로 사들이는 것이다. 이런 방식을 '재능 인수'라고 하는데 영미권에서는 'acqui-hire(acquisition+hire)'라고 한다. 실리콘밸리 기업들이 적극적으로 이용하는 인재 경영의 방식이다.

이런 우여곡절을 거쳐 LCD 부품 사업을 하던 엘앤에프는 완전히 다른 사업인 양극재 사업에 뛰어들었다. 새 사업은 별도 자회사가 맡기로 했다. 2005년 창립된 엘앤에프신소재가 그것이다. 이봉원은 두 회사의 대표이사를 겸임하게 되었다. 이후 엘앤에프는 K-배터리의 트레이드마크가 된 NCM 양극재를 국내 최초로 양산하는 데 성공했다. 또 엘앤에프는 상당 기간 국내에서 양극재를 가장 많이 생산하는 기업이었으며 지금은 에코프로비엠과 LG화학, 포스코퓨처엠과 함께 '양극재 빅 4'로 꼽힌다.

엘앤에프 CFO를 역임한 서상호 JH머티리얼즈 부사장은 2009년 이상득 의원의 보좌관과 국책 연구소 연구원 몇 명이 엘앤에프를 찾아온 일을 기억한다. 당시 이상득 의원은 자원 특사 자격으로 볼리비아를 오가며 배터리의 핵심 원료인 리튬 광물 확보를 추진하고 있었다. 그래서 리튬이 실제로 어떻게 생겼는지 보러 왔다는 것이다. 왜 엘앤에프에 왔냐고 물으니 "관세청에 확인해보니 엘앤에프가 리튬을 가장 많이 수입하는 회사였기 때문"이라고 했다.

한 가지 눈여겨볼 것은 2013년에 엘앤에프가 LCD용 백 라이트 생산을 중단했다는 사실이다. 대만 업체와 중국 업체가 백 라이트 사업에 뛰어들면서 가격경쟁이 격화된 데다 LCD 사업 자체도 환경이 악화되었다. PDP를 추월하면서 급성장했지만 호황은 잠시였고, 2000년대 후반부터 중국에 밀려 급격히 시장을 잃었다. 이봉원이 일찌감치 걱정한 것이 10년도 안 돼 현실이 된 것이다. 동종 업체들은 문을 닫거나 매출이 크게 줄어들었고 직원들은 회사를 떠나야 했다.

하지만 엘앤에프는 직원을 한 사람도 해고하지 않았다. 원하는 사람은 동종 대형사로 전출하고 다른 직원들은 교육시켜 양극재 사업으로 보냈다. 2016년 엘앤에프와 엘앤에프신소재는 병합했고 지금은 매출의 100%가 양극재에서 나온다. 만일 이봉원이 잘 나갈 때 새 사업을 치열하게 고민하고 시작하지 않았으면 어떻게 되었을까? 이봉원은 이렇게 말했다.

"현실에 안주하면 안 됩니다. 끊임없이 혁신하지 않으면 눈앞에 있는 거대한 치즈가 언제 사라질지는 아무도 모릅니다."

하늘의
도움

2005년 엘앤에프신소재가 창립되어 양극재 사업을 시작했지만 고객도, 받아놓은 주문도 전혀 없었다. 이차전지 소재 사업은 정주영 회장이 옛날에 조선 사업을 시작할 때처럼 주문부터 받아놓고 공장을 지을 수 있는 사업이 아니다. 공장을 먼저 짓고 시제품을 만든 후 양산에 성공해 까다로운 고객사의 승인을 받아야 비로소 제품을 공급할 수 있다.

첫 공장은 대구 근교 왜관에 있던 엘앤에프의 기존 부지를 활용해 지었다. 당시 삼성SDI와 LG화학이 배터리를 만들기 위해 쓰던 양극재는 LCO라는 레시피를 썼는데, 대부분 일본에서 수입하거나 한국에 진출해 있던 벨기에 회사 유미코아에서 조달했다. 엘앤에프신소재도 당연히 LCO 생산 라인을 구축했다. 이 무렵 LCO 양극재는 휴대전화나 노트북에 들어가는 소형 배터리용으로 주로 사용되고 있었다.

지방 기업이 개발자와 연구 요원을 확보하는 것도 쉽지 않았다. 다행히 양극재를 전공한 조재필 교수가 지방대학 중에서는 유일하게 구미의 금오공대 대학원에 양극재 전공 과정을 개설해 학생들을 가르치고 있었다. 조 교수가 첫 졸업생 대부분을 회사로 보냈고 그 뒤로도 여러 제자들을 보내 이들이 엘앤에프신소재의 핵심 인력이 되었다.

엘앤에프신소재는 왜관 공장에서 어렵사리 LCO 양극재를 개발해 샘플을 삼성SDI와 LG화학에 제출했다. 그러나 그것은 긴 과정의 시작일 뿐이었다. 배터리 회사들은 제출받은 양극재 샘플로 실제 전지 셀을 만들고 엄격한 규격 테스트를 한다. 여기까지만 해도 여러 달이 걸린다. 테스트 결과 불합격 통보를 받으면 보완해서 또 샘플을 제출하고, 몇 달 뒤 불합격 판정을 받으면 또다시 샘플을 제출하는 과정이 반복되었다. 처음 몇 번은 그러려니 했지만 공장을 건설하고 1년이 넘도록 샘플만 만들고 있자니 너무나 힘들었다.

"직원들이 이번에는 꼭 승인이 날 거라며 큰 기대를 갖고 테스트 결과를 보러 갈 때는 제 자식들 수능 시험이나 대학 입시 결과를 기다릴 때보다 더 간절했습니다."

그렇게 피 말리는 시간이 흘러 2006년 9월, 공장 라인 설치 2년여 만에 드디어 LG화학에서 첫 승인을 받았다. 이봉원과 직원들은 환호성을 질렀다.

한편 그보다 조금 앞서 이봉원은 또 한 명의 소중한 인연을 만나게 된다. 일본 배터리 전시회에 출장 가는 길에 동행한 임원의 소개로 일본의 자동차 전지 회사 GS유아사의 아라히 부장을 만난 것이다. 그는 일본 이차전지 업계의 동향과 전망을 설명하면서 몇 가지 조언을 건넸다. 이중에는 "시험 설비를 완벽하게 갖춰라", "제품을 중국에 팔지 마라. 삼류 회사가 된다"라는 조언도 있었다. 마침 은퇴를 앞둔 아라히 부장을 두 번째 만났을 때 이봉원은 고문으로 모시고 싶다는 의향을 전달했고 그는 흔쾌히 수락했다. 아라히는 이후 한 달에 일주일씩 왜관에 있는 엘앤에프 공장에 와서 직원들을 지도했다.

그러던 어느 날, 아라히 고문이 이봉원에게 K-배터리의 역사를 고쳐 쓸 만한 제안을 했다. 당시 이차전지 양극재는 LCO가 주류라 엘앤에프신소재도 LCO 양극재를 개발하고 있었다. 이 양극재는 희귀하고 비싼 코발트를 사용하고 있었다. 그런데 일본에서 최고 기술을 갖춘 전구체 제조 기업이 비싼 코발트 대신 니켈을 많이 쓰는 삼원계 NCM 전구체를 개발했다는 것이었다. 당시 니켈 가격은 코발트값의 5분의 1에 불과해 이대로라면 원가를 획기적으로 절감할 수 있을 터였다.

아라히는 그 전구체 덕분에 이차전지 소재 분야에 큰 변화가 있을 것이며 그 일본 기업과 제휴할 수 있다면 단번에 시장에서 앞서 나갈 수 있다고 조언했다. 마침 아라히는 그 회사 사장을 잘 알기 때문에 소개해줄 수도 있었다. 이 말을 들은 이봉원의 귀가 번쩍 뜨였다. 마다할 이유가 없었다. 알고 보니 그 일본 기업은 (주)다나카화학연구소(이하 다나카화학), 사장은 창업자의 데릴사위로 장인의 성을 따른 다나카 다모쓰田中保였다.

국내 최초로 NCM 양극재를 상용화하다

2006년 4월 교토 북쪽 후쿠이 해변의 다나카화학 본사에서 이봉원과 다나카 사장의 첫 만남이 이뤄졌다. 이봉원은 지금까지 여러 회사를 경영해온 경험과 엘앤에프신소재를 창업한 동기, 현재 상황 등을 설명했다. 다나카 사장은 이봉원의 경영 이념에 공감을 표하면서 '신뢰받는 회사'라는 엘앤에프의 사훈이 다나카화학의 사훈과 비슷하다고 말했다. 이봉원이 나중에 아라히를 통해 전해 들은 바로는, 다나카화학은 다른 회사와 합작했다가 실패한 경험이 있어 경영자가 신뢰할 수 있는 사람인지를 매우 중요하게 생각했다.

두 사람은 인간적으로 의기투합했고, 일본을 여러 차례 방문한 이봉원은 다나카화학과 협력하기로 합의하고 비밀 유지 협약에 서명했다. 다나카화학이 개발한 NCM 전구체를 원료로 엘앤에프신소재가 양극재를 만들고, 그것을 삼성SDI나 LG화학에 공급해보자는 것이었다. 이후 다나카화학 기술진이 한국에 와서 고객별 스펙에 맞는 NCM 양극재를 개발했다.

NCM 양극재에 니켈을 많이 넣을수록 많은 에너지를 담을 수 있다. 요즘은 니켈 함량이 90% 이상인 양극재도 만들지만, 당시에는 니켈 함량이 40~50%인 양극재를 개발했다. 다시 1년이 넘는 시간이 흐른 후 샘플을 만들어 삼성SDI와 LG화학 양측에 제출했는데 다들 겁을 냈다. NCM은 미국에서 새로 개발된 기술이었고, 삼성과 LG도 그런 기술이 있다는 것만 알고 있는 상황이었다.

NCM 양극재를 먼저 승인한 것은 삼성SDI였다. 그런데 삼성SDI는 이봉원을 크게 당황하게 했다. 새 양극재를 빨리 여러 모델에 적용하고 싶은데 6개월 뒤부터 매달 300톤을 납품할 수 있겠느냐는 것이었다. 기존 공장 생산능력이 월 50톤에 불과했으니 감당하기 힘든 규모였다. 엘앤에프는 일단 소량으로 시작해 시행착오를 겪고 개선하면서 서서히 증설해나가길 원했지만, 삼성SDI는 곧바로 신제품을 적용해 원가절감 효과를 보고 싶어 했다. 당시 코발트 가격이 20~30달러에서 폭등하기 시작해 100달러를 넘었던 터라, 코발트를 니켈로 대체한 NCM 양극재가 대안으로 급부상한 것이다.

엘앤에프로서는 기뻐하기도 잠시, 또 다른 난관에 부딪히게 된 셈이었다. 6개월 만에 생산량을 6배로 늘려야 하는 어려운 일이었지만 고객사의 요구이기에 어떻게든 방법을 찾아보겠다고 대답했다. 기존 왜관 공장으로는 감당할 수 없어 일단 공장 부지부터 찾아야 했다. 그때 이봉원이 떠올린 곳이 엘앤에프가 LCD 백 라이트 신공장용으로 짓고 있던 대구 서쪽 성서 4차 단지 공장이었다. 정부가 싸게 내놓은 땅을 20 대 1이 넘는 경쟁을 뚫고 입찰받았는데, 공장을 지어야 하는 의무 기한이 다가오고 있었다. 그래서 LCD 시황이 좋지 않음에도 새 공장을 짓고 있었다. 이미 공사가 진행돼 철골 구조물이 1층까지 올라간 상태였다.

"그 공장을 양극재 공장으로 바꿀 수 없겠나?"

이봉원의 지시에 실무자들이 현장에서 실측하며 가능성을 검토했다. 절묘하게도 기둥의 폭과 길이가 좀 빡빡하긴 하지만 양극재 생산 설비를 넣을 수 있겠다는 결론이 나왔다. 즉시 태스크포스를 구성해 건축설계를 변경했다. 소성로를 비롯한 중요 설비를 수입하고 원재료를 조달해 시제품 출하 일정을 잡았다.

양극재 생산량을 늘리려면 원료인 전구체도 더 많이 필요했다. 일본의 다나카화학 역시 많은 물량을 대기 위해서는 생산 라인을 증설해야 했다. 이봉원은 다나카 사장을 만나 고객사인 삼성SDI가 2년 후 세계 1위를 목표로 하고 있다고 설명하고, 납기일에 맞출 수 있도록 200톤의 라인 증설을 요청했다. 워낙 급격한 물량 증가였기에 다나카에게도 쉬운 결정이 아니었지만, 그는 이봉원 사장을 믿고 증설하기로 결정했다.

그로부터 6개월 뒤 엘앤에프는 이 엄청난 프로젝트를 기어코 성공시켜 삼성 SDI와의 약속을 지켰다. 2008년의 일이었다.

"기적 같은 일이었지요. 6개월 만에 공장을 짓고 완성품을 만들고 합격해야 했는데 그게 된 겁니다."

무엇보다 신기한 것은 새 공장에서 나온 첫 시제품이 삼성의 품질 검사 승인을 통과했다는 사실이었다. 그간 셀 수 없이 불합격을 받았던 까다로운 검증 과정을 단 한 번에 통과했다는 사실에 엘앤에프는 물론 삼성SDI도 깜짝 놀랐다.

"양극재 최종 제품은 까만색인데 크기가 10~20마이크로미터 (1m의 100만분의 1) 정도 됩니다. 머리카락 굵기와 비슷하지요. 그런 가루 몇백 톤을 만드는데 거기에 쇳가루 하나라도 들어가면 배터리가 폭발하는 원인이 되거든요. 그만큼 이물질에 취약합니다. 그런데 그 기준을 통과한 것이죠."

이렇게 삼성SDI는 엘앤에프의 최대 고객이 됐다. 얼마 뒤 LG화학도 엘앤에프를 찾았다. 당시 세계시장에서 1위와 3위를 기록하던 두 이차전지 업체를 고객으로 품으면서 엘앤에프는 국내 최대 양극재 업체로 자리 잡았다. 그리고 국내 최초로 NCM 양극재를 상용화한 회사라는 영예로운 타이틀을 얻게 되었다.

"천운이었죠. 20대 1의 경쟁을 뚫고 확보한 공장 부지가 있었고, 기존에 짓던 공장이 있었기에 공기를 크게 앞당길 수 있었고, 마침 코발트 가격이 급등했으니까요."

그러나 빠른 시간에 새로운 배터리 레시피를 성공시킬 수 있었던 것은 하늘의 도움 덕분만은 아니었다. 당시 엘앤에프의 제조 및 품질관리 부서 직원들 중에는 LCD 백 라이트 부문에서 일하던 숙련 사원이 많았다. LCD 백 라이트와 이차전지 양극재 제조 공정에는 한 가지 공통점이 있다. 극도로 미세한 먼지나 오염 물질이 제품의 질에 치명적인 영향을 미친다는 것이다.

그들은 LCD 백 라이트 공장 때부터 '이물異物(이물질)은 적, 1등 품질, 매일 개선'이란 표어를 붙여놓고 오랜 기간 토요타식 혁신 운동을 벌여왔다. 이봉원의 표현을 빌리자면 '개선의 맛에 눈을 뜬 친구들'이었다. LG전자 혁신 팀장 출신의 컨설턴트가 와서 혁신 활동을 지도했다. 모든 직원이 노트를 한 권씩 가지고 다니면서 개선에 대한 아이디어가 생각날 때마다 무조건 적어서 제안하게 했는데, 이를 모으면 1년에 2만 건이 넘는 분량이었다. 이렇게 단련된 직원들의 높은 품질 의식과 이물질 관리에 대한 지식은 이차전지 양극재 생산에도 큰 도움이 되었던 것이다.

아무리 그래도 월급쟁이 사장이 이토록 치열하게, 열심히 일할 수 있을까. 오너도 아닌데 새로운 회사를 창업하는 고난을 왜 스스로 짊어졌을까.

"많은 월급쟁이가 '남의 일을 한다'고들 생각하는 것 같습니다. 하지만 저는 한 번도 그렇게 생각해본 적이 없습니다. 남선알미늄 시절 회사가 노사분규 등 몇 번의 고비를 겪었을 때도 실무 책임자로서 할 일을 다했습니다. 엘앤에프도 내 회사가 아니라는 생각을 결코 해본 적이 없습니다. 뒤돌아보면 '내가 바보스러웠나' 생각할 때도 있지요. 하지만 내가 맡은 일은 곧 내 일이라는 생각은 달라지지 않았습니다. 나 혼자 잘 살기로 했다면 어려울 때 그만두고 세무사로 먹고살 수 있었을 겁니다."

그가 오너가 아닌 것을 아쉬워했던 유일한 순간은, 그가 꼭 추진하고 싶었던 일을 '등기에 지분이 등록되어 있지 않기에' 하지 못한 때였다. 전구체를 직접 생산해보려 했던 일, 중국 화유코발트와 합작을 추진했던 일을 하지 못했을 때다. 화유코발트는 훗날 포스코퓨처엠, LG에너지솔루션과 합작 법인을 설립했다. 2018년에 은퇴한 이봉원은 전기차 시대와 함께 이차전지 소재 시장이 급성장하는 것은 현장에서 미처 보지 못했다. 엘앤에프는 니켈 함량이 80% 또는 90%인 고급 양극재를 개발하며 굵직한 계약을 따냈다.

2023년 2월, 이 회사가 다시 한번 뉴스의 중심에 섰다. 테슬라와 3조 8,000억 원 규모의 양극재 공급 계약을 체결한 것이다. 테슬라는 배터리를 파나소닉이나 LG에너지솔루션 같은 회사에서 사서 쓰지만 직접 만들기도 한다. 그 제조에 필요한 핵심 소재를 엘앤에프로부터 공급받는다는 것이다. 엘앤에프의 매출은 수직 상승해 2023년에 4조 6,000억 원을 기록했다.[*]

엘앤에프의 전체 매출에서 최대 고객사인 LG에너지솔루션이 차지하는 비중이 70%를 넘는다. 하지만 테슬라에 이어 SK온과 13조 원, 유럽 업체와 9조 원의 장기 공급 계약을 맺는 등 수요처를 다변화하고 있다. 현재 CEO는 카이스트를 졸업한 화학공학 박사이자 LG화학 출신인 최수안이다.

어느 날 TV에 엘앤에프 관련 뉴스가 나왔다. 배터리 소재 국산화를 앞당겨 국가 경쟁력 강화에 이바지했고, 지역 기업인데도 글

---

[*] 그러나 광물 가격과 연동되는 양극재 가격이 하락한 탓에 2,200억 원의 영업 손실을 기록했다.

로벌 기업으로 성장했다는 내용이었다. 그 뉴스를 보던 이봉원의 아내가 그에게 말했다.

"당신, 세상에 큰 보시했소."

| SPECIAL INTERVIEW |

"작은 기업은 들어오지 못하고
큰 기업은 뛰어들지 않는 시장에 주목하라"

이동채
에코프로그룹 창립자 · 전 회장

● 회사가 지방에 있는데, 우수 인력을 어떻게 확보했나.

"나는 지방에서 상고를 졸업하고 야간대학을 나와 맨손으로 창업했다. 에코프로 임직원 대부분도 지방의 공고나 지방대학 출신일 만큼 에코프로는 지방 출신들이 똘똘 뭉쳐 일군 회사다.[13] 창업 초기부터 직원들에게 '마음껏 활약할 수 있는 마당을 만들어보겠다. 그러니 주인공은 여러분이다'라고 거듭 말한 바 있다. 같은 꿈을 꾸는 사람들이 있었기에 지금의 에코프로가 존재한다."

● 사람의 중요성을 강조하는데.

"사업을 하면서 가장 중요한 것은 자금, 기술, 매출 등이 아닌 사람이라고 생각한다. 사업은 혼자 하는 것이 아니라 조직원과 함께 해야 하는 것이기 때문이다. 직원 모두 주인의식을 가질 수 있는 시스템을 구축해 모두가 같은 방향을 향해 노력을 기울이도록 하는 것이 가장 힘든 일이다. 에코프로는 다른 회사에서는 볼 수 없는 독특한 복지 제도를 갖추었다. 퇴직금 누진제가 그것이다. 10년 이상 근무하면 근속 기간에 따라 법적으로 산정된 퇴직금의 120~200%를 지급한다. 사내 결혼을 장려해 사내 커플이 많은 것도 특징이다.

● 중소기업이 새로운 분야에 뛰어들어 기술을 개발하기 쉽지 않았을 텐데.

"에코프로가 성공을 거두는 데 가장 큰 영향을 미친 요인은 '사람을 믿는 것'이라고 생각한다. 직원은 물론 외부의 인적 네트워크를 강화해, 정부 출연 기관의 도움을 통해 기술을 이전받기도 하고, 사업화 방안도 함께 모색하면서 사세를 확장할 수 있었다. 이 모든 것은 신뢰가 바탕이 된 인연이 되었기에 가능한 일이라고 생각한다. 믿음이 배신보다 더 큰 이로움을 가져다준다는 신념을 갖고 있다."

● 기업이 신성장 동력을 얻기 위해서는 어떤 마인드와 전략이 가장 중요한가.

"먼저 큰 흐름을 읽어야 한다. 1997년 교토의정서에서 에코프로 창업 아이디어를 얻었다. 환경과 관련된 사업은 성장할 수밖에 없다는 판단이 시작이었다. 처음에는 흐름이 구체적으로 그려지지 않을 수 있다.

그다음은 노력, 뚝심, 꿈이 중요하다. 미래는 누구나 예측할 수 있지만 성공하는 것은 어렵다. 물론 운도 중요하다. 에코프로는 남들이 하지 않고 쉽게 따라 들어올 수 없는 새로운 시장을 염두에 두고 기술 개발을 이뤘다. 이른바 니치 마켓(틈새시장) 전략을 중요하게 생각한다. 작은 기업은 들어오지 못하고 큰 기업은 뛰어들지 않는 시장에 주목하는 것이다. 만일 에코프로가 창출한 시장에 후발 주자가 들어오면 그동안 쌓아놓은 기술로 다른 시장을 창출하면 된다."

● 에코프로의 초격차 기술은 무엇이며 지속 가능한가.

"용량이 높아서 아주 민감한 하이니켈 제품을 안정적으로 사용할 수 있는 제품으로 생산하는 기술이다. 지속 가능하게 하려면 지속적으로 고도화 작업을 하면서도 시장의 변화에 능동적으로 대응하는 유연성을 잃지 말아야 한다. 또 '보안'도 중요한 숙제다."

● 중국과의 경쟁에 대비하기 위해 업계와 정부는 어떤 노력을 기울여야 하나.

"꽤 오래전부터 많은 배터리 관련 한국 기술자가 해외, 특히 중국 등지에 스카우트되어 일하고 있다. 이 때문에 기술, 특히 양산 기술이 빠른 속도로 평균화되어가고 있다. 미국은 중국을 강하게 배척함으로써 한국 기업에 더욱 큰 기회를 제공하는 것으로 보이기는 한다. 그러나 미국과 유럽에서의 고용 창출과 투자가 한국의 발전과는 다른 문제일 수 있다."

3장

철강 제국, 리튬을 만나다

"내가 중국에 있는 BYD라는 회사 주식도

10% 가지고 있는데

전기차와 이차전지를 만드는 기업입니다.

리튬인산철 배터리를 만들지요.

그 배터리를 만드는 원료 중 하나가 철이고요.

포스코는 왜 그런 분야에 관심을 갖지 않지요?"

워런 버핏의
조언

 순천역에서 자동차로 30분 정도 가면 바닷가에 포스코 공장으로 조성된 거대한 숲이 나온다. 축구장 75개 넓이의 부지에 포스코를 상징하는 파란색으로 지붕을 칠한 수십 개의 공장이 위치한다. '포스코' 하면 철강을 떠올리지만 이 공장들 어디에서도 철강은 생산하지 않는다. 대신 배터리에 들어가는 소재를 생산한다. 포스코그룹이 '이차전지 소재 콤플렉스'라고 부르는 이 공장 단지는 율촌산업단지 안에 있다. 여수시 율촌면의 이름을 딴 단지다. 여기서 다시 30분 정도 가면 포스코 광양제철소가 나온다.
 포스코 이차전지 단지를 견학하던 중 관계자가 영화 〈노량: 죽음의 바다〉를 보았느냐고 물었다. 그 영화의 무대가 된 곳 중 하나가 '장도'라는 섬으로 이순신 장군의 거점이었던 곳이다. 장도 주변을 매립한 땅이 지금의 율촌산업단지가 되었다. 장도는 언덕 형태로 남아 있고 공원이 조성되어 이순신 장군의 동상이 서 있다. 포스코 단지로부터 불과 1km 정도밖에 떨어져 있지 않은 곳이다. 임진왜란이 끝나갈 무렵 왜군은 장도 건너편에 성을 쌓고 저항했고, 이순신 장군은 명나라 수군과 함께 토벌 작전을 벌였다. 그 역사가 어린 곳에 400년 넘는 시간이 흘러 한국, 중국, 일본 3개국이 때로는 치열하게 각축을 벌이고 때로는 협력하는 첨단산업의 현장이 건설되었다.

포스코 이차전지 단지의 30% 정도는 행정구역상으로 광양시에도 걸쳐 있어 이곳에 있는 포스코 관계자들은 명함을 2개 만들어 다닌다. 하나는 주소가 여수시, 다른 하나는 광양시로 되어 있다. 포스코 단지에 진입하려면 '율촌포스코미래로'라는 이름의 도로를 지나야 한다. 도로명처럼 포스코는 이 단지에 미래를 걸고 있다.

박태준 전 회장은 생전에 "이제 철강으로 먹고살 날이 얼마 안 남았다. 그다음 먹거리를 찾으라"라고 끊임없이 강조했다. 여기에 나날이 강화되는 친환경 규제는 철강 생산과정에서 많은 이산화탄소를 배출하는 포스코에 위협으로 다가왔다. 포스코는 첨단 기술이 집약된 광양제철소 준공을 '철강에서는 더 이상 올라갈 곳이 없다'는 의미로 해석하고 새로운 사업을 찾아 나섰다. 수많은 시행착오 끝에 정착한 미래 사업이 바로 이차전지 소재 사업이었고, 그 구체적 결실이 바로 포스코의 이차전지 단지라고 할 수 있다.

이 단지에는 포스코퓨처엠, 포스코필바라리튬솔루션, 포스코리튬솔루션, 포스코HY클린메탈 등 포스코의 이차전지 계열사 네 곳이 입주해 있다. 많은 이들에게 낯선 이름이다. 그도 그럴 것이 이 중 세 곳은 2021년 이후에 창립됐고, 두 회사는 외국 기업과의 합작 법인이다. 또 이중 두 회사는 첫 제품을 출하한 지 1년도 안 되었고, 한 회사는 아직 생산을 시작하지도 않았다. 2024년 5월, 이곳을 방문했을 때 한편에서는 공장들이 제품을 생산하고 바로 그 옆에는 새 공장들이 지어지고 있었다.

포스코퓨처엠은 이차전지의 핵심 소재인 양극재를 생산한다. 리튬 이온 전지의 원리가 샌드위치와 비슷하다고 한 것이 기억나는가. 아주 얇은 빵 조각 2개가 있는데 하나는 양극, 하나는 음극이다. 양극재는 그중 양극을 구성하는 물질로, 밀가루같이 생겼지만 색은 검은 분말이다. 제조 공정을 간단히 설명하면 주로 중국에서 만드는 전구체에 리튬을 혼합한 뒤 고온에 굽는 것이다.

포스코퓨처엠은 국내외에 양극재 공장을 5개 보유하고 있다. 그중 율촌 공장은 광양제철소와 비슷한 '단일 규모로는 세계 최대'라는 수식어가 붙는다. 이곳에서는 연간 9만 톤의 양극재를 생산하는데 전기차 90만 대에 공급할 수 있는 양이다.

공장에는 방진복을 입고 안전모와 보호 안경, 마스크를 써서 몸을 완전히 싸맨 뒤 밀폐된 공기 샤워기 안에 들어가 미세 먼지를 제거하고 나서야 들어갈 수 있다. 견학한 공정은 소성 공정, 쉽게 말해 도자기처럼 굽는 공정이었다. 필요한 물질을 혼합해 최고 1,000℃의 고온에 굽는다. 세라믹으로 만든 네모난 용기에 4.8kg

무게의 물질을 담은 뒤 길이 55m의 전기로를 22시간 동안 이동하게 하면서 굽는다. 이 공장에는 이런 전기로가 18개 있다.

이 단지에는 국내에서 여기 아니면 볼 수 없는 공장도 있다. 포스코필바라리튬솔루션의 리튬 가공 공장이 그것이다. 호주의 필바라 광산에서 가져온, 리튬을 함유한 광물에서 배터리용 리튬을 추출하는 공장이다. 포스코는 필바라 광산을 소유한 호주 필바라 사에서 20년간 리튬 광석을 공급받는 계약을 체결했고, 이후 합작사를 창립해 이 공장을 지었다.[1]

이 공장은 앞서의 양극재 공장보다 스케일이 크다. 아파트 10층 높이는 족히 되어 보이는 높은 구조물, 길이 수백 미터의 파이프가 넓은 공간을 가로세로로 점령하고 있다. 원료 창고에는 호주에서 배로 실어 온 모래처럼 생긴 회색 가루가 가로·세로·높이가 151·50·28m인 대형 컨테이너벨트에 산처럼 쌓여 있다. '스포듀민spodumene'이라 불리는 이 광물은 배터리의 핵심 원료인 리튬을 2.8% 함유하고 있기에 남다른 가치를 지닌다. 화학과 전기공학을 이용해 여기에서 리튬을 뽑아낸다.

공장 외관은 정유 공장과 비슷해 보인다. 다른 점은 정유 공장은 액체(원유)를 다른 종류의 액체(휘발유)로 바꾸는 반면, 리튬 공장은 고체(광석)를 액체 상태로 바꾼 뒤 다시 고체(수산화리튬)로 바꾼다는 것이다. 최종 생산품인 수산화리튬을 공장 사람들은 '하얀 가루'라고 부른다. 한번 만져보고 싶었지만 안 된다고 했다. 물과 만나면 발열 반응이 일어나기 때문이다. 손에 땀이 있는 상태에서 만질 경우 화상을 입을 수도 있다. 수산화리튬 최종 제품은 진공포장 한다. 공기 중의 수분이나 가연성 물질에 노출되는 것을 막기 위해 서다.

이 공장의 설비 중 중국 기업 이름이 간자체로 쓰여 있는 것들이 종종 눈에 띈다. 중국에서 구매한 것이기 때문이다. 중국 설비는 싼 대신 문제를 자주 일으키기에 고쳐가며 써야 한다. 중국 기업들은 리튬을 비롯한 배터리 원료 가공 산업의 70~90%를 장악하고 있다. 그래서 설비도 중국산이 많다.

이 공장에서 5분 거리에 또 다른 리튬 가공 공장을 짓고 있었다. 포스코리튬솔루션이라는 다른 포스코 계열사의 것으로, 리튬 원료를 호주 광산이 아니라 아르헨티나에 있는 옴브레 무에르토Hombre Muerto라는 염호에서 가져온다는 점이 다르다. 포스코는 이 염호 일부의 소유권을 아주 어렵게 얻어냈다. 전기차 시대에 배터리의 핵심 원료인 리튬은 귀한 몸이다. 그 리튬의 소유권을 확보하거나, 20년간 장기 공급을 약속받는 것은 국내 배터리 업계에서도 이전에는 없었던 일이다. 이 때문에 포스코의 염호 확보 시도는 업계에서 높이 평가받고 있다. 특히 탈脫중국 원료 공급망이 필요하기에 더욱 그렇다.

포스코는 한편으로 중국과 경쟁하면서 다른 한편으로는 중국과 합작회사를 만들었다. 중국 화유코발트사와 합작으로 창립한 배터리 리사이클링 업체 포스코HY클린메탈이 바로 그것이다.[2] 배터리 제조 공정에서 나온 스크랩(불량품)이나 폐배터리를 처리해

니켈이나 코발트, 탄산리튬 등 배터리 재료로 재활용한다. 합작사인 화유코발트는 배터리 원료 중 가장 비싼 코발트를 세계에서 가장 많이 생산하며, 최근에는 폐배터리 리사이클 사업을 활발하게 벌이고 있다.

포스코HY클린메탈은 포스코가 자랑하는 '이차전지 풀 밸류 체인'을 완성하는 데 중요한 역할을 한다. 포스코는 배터리의 원료인 리튬이나 니켈을 소유하고 생산하며, 그것을 가공해 배터리 소재인 양극재와 음극재를 만든다. 즉 최종적으로 배터리를 만들고, 수명이 다한 폐배터리는 포스코가 수거해 배터리 원료로 가공한다. 원료부터 리사이클링까지 모든 과정을 아우르는 가치 사슬(그래서 풀 밸류 체인이라고 표현한 것이다)을 한 회사가 구현한 것은 세계 최초라고 포스코는 자랑한다.

그렇다면 철강 기업 포스코는 언제, 왜 생뚱맞게도 리튬과 이차전지에 관심을 가지게 되었을까? 이야기는 14년 전으로 거슬러 올라간다.

2010년 1월 18일 오전 11시. 당시 포스코 회장이던 정준양은 '오마하의 현인'으로 불리는 세계적인 투자자 워런 버핏Warren Buffett을 만났다. 정준양이 포스코의 일곱 번째 회장으로 취임하고 1년 정도 지났을 때였다. 버핏이 회장으로 있는 버크셔 해서웨이는 당시 포스코 전체 주식 중 4.5%를 보유하고 있었다.

"2010년 뉴욕에 투자자 설명회를 하러 가는 길에 버핏에게 면담 신청을 했는데 오전 11시부터 12시까지 딱 1시간을 주더군요."

정준양을 만난 워런 버핏은 주머니에서 지갑을 꺼내더니 "이게 복 지갑이다. 이걸 들고 같이 사진을 찍으면 복받을 것"이라고 말했다. 정준양은 그 사진을 스마트폰에서 찾아 보여줬다. 정준양에 따르면 버핏은 당시 이런 이야기를 했다.

"포스코는 굉장히 훌륭한 회사이기에 5% 지분을 투자했어요. 그런데 내가 중국에 있는 BYD라는 회사 주식도 10% 가지고 있는데 전기차와 이차전지를 만드는 기업입니다. 리튬인산철LFP 배터리를 만들지요. 그 배터리를 만드는 원료 중 하나가 철이고요. 포스코는 왜 그런 분야에 관심을 갖지 않지요?"

버핏은 정준양에게 관심이 있으면 당시 버크셔 해서웨이 부회장인 찰리 멍거Charlie Munger를 만나보라고 권했다. 정준양은 LA로 가서 멍거를 만났고, 멍거는 정준양에게 이차전지 사업이 유망한 이유가 무엇인지, BYD는 어떤 회사인지 알려주었다.

한국으로 돌아온 정준양은 내친김에 중국 선전에 있는 BYD 회장과의 면담을 신청했다. 알고 보니 BYD는 포스코의 고객사 중 하나였다. 자동차를 만드는 회사가 세계적 경쟁력을 갖춘 포스코의 자동차용 강판을 쓰는 것은 자연스러운 일이었다. 정준양은 BYD 창업자 왕찬푸王傳福 회장을 만났고, 두 사람 사이에는 앞으로 이차전지 분야에서 협력해보자는 이야기가 오갔다.

그 뒤 두 회사 간에 가시적인 협업이 이뤄진 건 아니다. 하지만 워런 버핏, 찰리 멍거, 왕찬푸와의 잇따른 만남은 정준양으로 하여금 이차전지 사업에 강한 호기심과 흥미를 갖게 했다. 특히 포스코는 그렇지 않아도 본업인 철강 사업이 성숙 단계에 이르렀고 환경 규제로 위협을 받는 터라 새로운 먹거리를 고민하던 참이었다.

포스코 사람들은 정준양을 호기심이 매우 강하고 박학다식하며, 일을 벌이기 좋아하는 사람으로 평가한다. 정준양은 다변가이기도 하다. 2023년 여름 어느 카페에서 그를 만났는데, 그는 3시간 동안 쉴 새 없이 이야기했다. 따로 질문을 던지기도 전에 미리 보낸 질문지를 스스로 언급하며 말을 이어나가기도 했다. 술 한 잔 마시지 않고도 몇 병 마신 것처럼 이야기할 수 있는 사람이 있는데 그가 바로 그런 체질이었다. 오랜 시간 그의 이야기를 듣다 보니 기운이 빠져 미니 케이크 두 조각을 사 왔는데 정작 그는 한 조각도 먹지 않을 정도로 에너지가 넘쳤다.

이상득과
볼리비아

포스코는 1973년 한국 최초의 제철소인 포항제철로 출발했다. 좋은 철로 나라를 이롭게 한다는 '제철보국'을 기치로 내걸고 50년 세월 동안 철과 함께해왔다. 그리고 2009년, 포스코는 새로운 물질과 인연을 맺었다. 리튬이었다. 이 인연은 철과의 인연 못지않게 포스코의 미래를 크게 바꿔놓았다.

리튬은 주기율표의 188개 원소 중 세 번째에 위치한 아주 단순한 물질이자, 금속 중에서는 가장 가벼운 물질이다. 이 점은 배터리에 아주 적합한 특성인데, 배터리에 많이 집어넣으면서도 작고 가볍게 만들 수 있기 때문이다. 또 리튬은 전자를 아주 쉽게 내주는 특성이 있다. 이 역시 배터리에 아주 적합한 특성이다. 전기는 전자의 흐름이다. 전자를 손에 넣기 위해서는 그것을 원자로부터 분리

해야 하는데 리튬은 이 과정이 매우 쉽게 일어난다.³

리튬은 공기나 산소 등 어떤 물질과도 쉽게 반응하기 때문에 자연계에 순수한 형태로는 존재하지 않는다. 다른 물질과 섞인 화합물 형태로만 존재할 뿐이다. 따라서 화합물에서 추출해야 비로소 순수한 리튬을 얻을 수 있는데, 카망베르 치즈처럼 은백색을 띠며 부드럽다.⁴ 1817년 발견된 리튬은 20세기와 21세기 문명을 지탱하는 핵심 물질이기도 하다. 리튬을 주원료로 리튬 이온 전지를 만들고, 그것으로 휴대전화와 노트북, 전기차가 움직이기 때문이다. 그 때문에 리튬은 '하얀 석유'라고도 불리며 일론 머스크Elon Musk는 리튬 정제 사업을 '돈 찍어내는 면허'라고 표현하기도 했다.

포스코가 이 리튬이란 물질, 나아가 리튬을 주원료로 삼는 리튬 이온 배터리에 주목하게 된 더욱 결정적인 계기는 이상득 당시 한나라당 의원과 정준양의 만남이었다. 정준양이 워런 버핏을 만났을 때와 비슷한 시기에 이상득은 그에게 리튬에 주목하라고 조언했다. 이상득은 정준양이 버핏을 만나기 1년 전인 2009년부터 남미를 수시로 드나들었다. 그는 정치적 이유로 은퇴를 결정했고 이후 '자원 외교 특사'라는 이름으로 외국을 다니고 있었다.⁵

자원 외교는 이명박 정부가 가장 역점을 두고 추진한 국정 과제이기도 했다. 한국은 에너지 자원의 95% 이상을 수입에 의존하는 나라다. 특히 2008년 글로벌 금융 위기 이후 유가가 급등하면서 이는 한국 경제에 큰 부담이 되고 있었다. 이명박 대통령은 "자원 외교는 국가 생존의 문제"라고 강조하며 자원 확보를 위한 적극적인 노력을 지시했다. 정부는 중남미, 아프리카, 중앙아시아 등 자원 부국과의 교역과 투자 확대에 나서고 해외 자원 개발 사업에 적극적으로 참여했다.

이상득이 가장 공을 들인 나라 중 하나가 볼리비아였다. 그는 2009년부터 2012년까지 볼리비아를 다섯 차례 방문했고, 볼리비아 대통령이 그의 초청으로 최초로 한국을 방문하기도 했다. 볼리비아까지 가려면 비행기로만 꼬박 24시간이 걸리는데, 직항이 없어 경유지를 거치면 하루 하고도 반나절이 넘게 소요된다. 왜 볼리비아였을까? 볼리비아에는 우유니Uyuni라는 이름의 염호, 즉 소금 호수가 있다. 예전에 바다였다가 융기해 호수가 되었다. 경상남도보다 넓은 면적에 푸른 하늘과 흰 구름이 비치는 풍광의 호수로 세계에서 손꼽히는 관광지다. 또 높은 고도와 풍부한 일조량 덕분에 천혜의 소금 산지로 유명하다.

소금 호수라고는 하지만 말라 있을 때는 사막과 비슷하고, 물이 있을 때도 얕아서 자동차로 달릴 수 있다. 중요한 것은 이 염호의 지하에 리튬, 마그네슘, 칼슘, 칼륨 등 광물을 다량으로 함유한 물(염수)이 고여 있다는 점이다. 전 세계 리튬 매장량의 4분의 1이 우유니 염호에 있다는 추정도 있다.[6] 리튬은 배터리를 만드는 데 가장 중요하고도 값비싼 광물이다. 우유니 염호는 엄청난 가능성만 존재할 뿐 실제로 리튬이 생산되지는 않고 있었다. 이상득은 우유니 염호의 개발권을 획득하기를 원했다.

볼리비아의 문은 쉽게 열리지 않았다. 볼리비아는 자원 민족주의가 그 어느 곳보다 강한 나라다. 이 나라는 300년간 스페인의 식민지였다. 스페인 사람들이 가장 먼저 한 일은 안데스산맥의 은광을 파내는 것이었다. 그들은 원주민들을 노예로 부렸고 그중 수십만 명이 광산에서 죽어갔다. 착취는 넌더리 나고 자원은 절대 외국에 주어서는 안 된다는 피해의식이 생겼다.

게다가 볼리비아를 노리는 건 한국만이 아니었다. 비슷한 시기 세계 각국 기업과 정부가 우유니 염호 속 리튬을 얻기 위해 줄을 지어 기다리고 있었다. 일본, 중국, 프랑스, 독일이 볼리비아 정부에 접근했다.[7] 그 좁은 문을 열 수 있는 한 가지 열쇠는 기술이었다. 볼리비아는 외국에 리튬 소유권을 주기는 꺼렸지만, 리튬을 추출하는 기술은 절실히 필요로 했다. 염호에서 리튬을 추출하는 것은 보통 어려운 일이 아니다. 염수에서 탄산리튬 100kg을 얻으려면 지하에서 뽑아 올린 염수 약 15,000kg을 처리해야 한다. 그렇게 하고도 최종 생산품 100kg에 정화하지 않은 염수를 한 숟가락만 넣으면 모든 노력이 헛수고가 된다. 아주 적은 불순물로도 가치가 없어지는 것이다.[8]

우유니 염호는 다른 염호와 달리 불순물이 많다. 또 비가 잦은 편이라 물을 증발시키는 전통적 방식(염전에서 물을 증발시켜 소금을 얻는 것과 비슷하다)으로 리튬을 추출하는 것은 상대적으로 어렵다. 또 우기에는 몇 달간 침수되기도 한다. 이와 달리 칠레 아타카마Atacama 염호는 강우량이 연간 50~100ml 정도밖에 안 될 정도로 비가 거의 안 와서 염수의 물을 증발시키기에는 기가 막힌 장소이고 불순물도 적은 편이다.

이상득은 기술을 교섭 카드로 활용해 모랄레스 볼리비아 대통령을 어렵사리 설득했다. 2009년 볼리비아는 한국과 리튬광 개발을 위한 공동 연구 MOU(양해 각서)를 체결했다.[9] 2010년 2월 볼리비아는 우유니 염호의 염수 300L를 샘플로 한국에 보내왔다. 한국이 리튬 추출 기술을 8월 말까지 개발하는 조건으로 볼리비아는 염수 샘플 15,000L를 보내주기로 약속했는데 그 1차분이었다. 이상득은 뛸 듯이 기뻤다.

그렇다면 약속한 리튬 추출 기술을 어떻게 개발할 것인가? 처음에는 한국광물자원공사가 참여했지만 힘에 부쳤다. 이상득은 자연스럽게 자신의 지역구 포항에 위치한 기업 포스코를 떠올렸다. 정준양에게 도움을 요청한 것이다. 이상득의 책에는 정준양을 찾아가 이런 말을 한 것으로 쓰여 있다.

"염수를 얻기 위해 일흔이 넘은 나이에 세 번이나 볼리비아를 방문했습니다. 고산병과 싸우며 피를 토하는 심정으로 얻어 온 것입니다. 리튬도 철광석과 같은 광물이지 않습니까? 남의 일이라 생각 마시고 적극 도와주십시오. 그러지 않으면 철광석처럼 거의 전량을 수입에 의존해야 합니다."[10]

정준양은 자금과 기술을 지원하기로 약속한 뒤 포스코 내에서 이 일을 맡길 사람을 찾았다. 바로 여기서 포스코의 이차전지 사업 진출에 또 한 명의 결정적 인물, 권오준이 등장한다.

권오준과
리튬

권오준은 정준양과 같은 서울사대부고와 서울대를 나온 직속 후배다. 정준양은 공업교육을, 권오준은 금속공학을 전공했다. 몇 년 후 정준양에 이어 포스코 회장이 되는 권오준은 당시에는 포스코 산하 연구소인 포항산업과학연구원Research Institute of Industrial Science&Technology, RIST 소장으로 일하고 있었다. 정준양은 권오준을 불러 물었다.

"염수에서 리튬을 채취하는 기술이 급히 필요한데 가능하겠어요?"

운명의 부름이 있을 때는 끌어안아야 한다. 권오준은 할 수 있다고 대답했다. 권오준이 "예"라고 자신 있게 대답할 수 있었던 데는 이유가 있었다. 당시 포스코 계열사인 포스코켐텍(현재는 포스코퓨처엠)은 철강 고로(용광로)를 만들 때 쓰는 내화물을 만들고 있었다. 고로는 1,500~2,000℃의 고온에서 철광석, 코크스, 석회석을 반응시켜 쇳물을 생산한다. 내화물은 용광로의 열을 차단하고, 용광로 내에서 발생하는 화학반응에서 고로를 보호하는 역할을 한다. 내화물 소재로 중요한 것이 마그네슘이다. 고로를 만들 때 60~90%의 마그네슘을 함유한 벽돌을 사용한다. 이 벽돌은 높은 내화성과 내식성을 띠며, 쇳물의 부식을 방지하는 역할을 한다.

그 마그네슘을 뽑는 방법은 두 가지다. 광산에서 채취하는 방법과 바닷물에서 채취하는 방법이다. 바닷물에서 채취할 경우에는 바닷물을 증발시켜 염수를 얻고, 그 염수를 화학 처리해 얻는다. 권오준이 소장으로 있던 포항산업과학연구원은 바닷물에서 마그네슘을 추출하는 기술을 연구한 적이 있다.

"바닷물에서 마그네슘을 뽑으나 염수에서 리튬을 뽑으나 비슷한 거 아니겠어요? 원리적으로는 우리가 할 수 있는 거라고 생각했지요."

2023년 8월 권오준이 한 말이다. 그를 만난 곳은 서초동의 한 오피스텔로 어두침침한 대학 연구실 분위기가 났다. 그는 정준양과는 아주 다른 유형의 인물이었다. 정준양이 외향적이라면 권오준은 내향적이었고, 정준양이 일을 벌이는 스타일이라면 권오준은 차분히 정리하는 스타일이었다. 권오준은 은퇴 후 '철'을 주제로 『철을 보니 세상이 보인다』라는 책을 썼다. 어두침침한 오피스텔에 틀어박혀 그토록 '재미없는' 주제로 500쪽이 넘는 책을 쓸 수 있는 사람은 많지 않다(그러나 권오준은 철강이 자신에게는 가장 흥미진진한 주제라고 했다). 그는 인터뷰 때 포스코 시절 측근 한 명을 대동했다. 포스코 부사장과 포항산업과학연구원장을 역임한 유성 포스코 자문역이었다. 정확한 답변을 위해서라고 했다.

"그다음에 리튬을 어디에 쓰나 보니까 전기차인데, 전기차라는 건 우리 인류의 미래 아니겠어요? 앞으로 어마어마한 수요가 생길 거라고 보았죠. 그래서 망설임 없이 뛰어들었습니다."

2010년 3월 포항산업과학연구원과 한국광물자원공사, 지질자원연구원이 '탄산리튬 제조 기술 개발사업단'을 만들었다. 세 기관은 각자 기술을 연구해 이를 비교한 후 가장 우수한 기술을 채택하기로 했다. 권오준은 리튬 추출 기술 개발을 위한 전담 팀을 구성했다. 팀원은 20명 정도였다. 당시 정부가 볼리비아와 합의한 기한은 8월까지 5개월이 남아 있었다. 그때까지 뭔가 가시적인 성과를 내놓아야 했다.

"다른 일 모두 제쳐두고 그 일에만 매달렸어요. 매주 월요일 아침 8시에 팀 회의로 한 주를 시작했습니다."

약속했던 8월까지 1차 연구 성과를 내는 데 성공했다. 앞서 설명한 대로 세 기관이 경쟁 방식으로 기술을 개발했는데, 포스코의 기술이 다른 두 기관 것을 압도했다.[11] 권오준은 "상당한 확신을 가지고 하나를 개발했다"고 말했다.

일반적으로 리튬 추출은 염호 바닥에 구멍을 뚫고 염수를 퍼 올린 뒤, 자연적으로 1년 이상 증발시켜 농축된 소금물에서 불순물을 걸러내는 방식으로 이뤄진다. 그런데 포스코는 자연 증발 대신 화학적 방법을 통해 추출 기간을 1개월에서 짧게는 8시간으로 줄였다. 8시간까지 줄이는 데는 전기를 사용한다. 이 기술은 '리튬 함유 용액으로부터 고순도 리튬 추출 방법', '리튬 함유 용액으로부터 리튬을 경제적으로 추출하는 방법', '염수로부터 고순도의 인산리튬 추출 방법' 등의 이름으로 특허등록되어 있다. 권오준은 발명자 중 한 사람으로 기재되어 있다.

"다행히 원리적으로는 마그네슘 추출이나 리튬 추출이나 비슷한 일이었고, 마그네슘 추출 기술 개발에 참여했던 연구원이 일부 남아 있었어요. 어떻게 보면 상당히 운이 좋았지요."

권오준은 8월에 볼리비아로 건너가 전문가 80여 명을 상대로 그간 개발한 리튬 채취 기술을 발표했다. 아직 시험적인 연구 결과에 불과했지만, 권오준은 그 기술에 상당한 확신을 가졌다.

며칠 뒤 모랄레스 볼리비아 대통령이 한국을 방문했다. 모랄레스 대통령은 기자회견에서 "이렇게 멀리 떨어져 있는 나라들이 긴밀한 관계가 된 것이 놀랍다"고 말했다. 그는 "볼리비아는 500년간 원주민들이 착취당한 경험이 있고, 한국은 일제 치하에서 고통받은 경험이 있다. 그런 공통점이 신뢰가 간다"라고도 했다. 그는 이명박 대통령과 정상회담과 만찬을 함께 했고, 만찬장에는 이상득 의원과 정준양 회장도 참석했다. 이상득은 그에게 리튬 이온 전지를 장착한 디지털카메라를 선물했다. 이틀 뒤 모랄레스 대통령은 LG화학 오창 공장을 방문해 구본무 회장의 안내를 받았다.

그런데 화학 분야에서 실험실에서 기술을 개발하는 것과 그 기술을 공장에 적용해 대량생산하는 데는 매우 큰 차이가 있다. 이차전지 산업 관계자들을 만나보면 이 점을 공통적으로 강조하는데 그것이 리튬 추출이건, 양극재 생산이건, 배터리 생산이건 마찬가지다. 기업들이 대학이나 연구소의 기술 개발을 평가절하하는 이유이기도 하다.

2010년 권오준의 포항산업과학연구원에서 개발한 기술 역시 실험실에서 나온, 검증되지 않은 기술에 불과했다. 포스코의 경우 실험실에서 기술을 개발한 뒤에는 시험용으로 소규모 공장을 지어 시험 생산을 해본다. 화학 분야뿐 아니라 대부분의 공장이 '파일럿 플랜트'라고 하는 이 과정을 거친다. 포스코는 여기서 한발 더 나아간다. 그러고도 바로 공장을 짓는 게 아니라 '데모demo 플랜트'라고 해서 좀 더 큰 규모로 대량생산을 시험해본다. 이렇게 몇 년에 걸쳐 시험을 진행해 대량생산이 가능하다는 판단이 서야 비로소 실제 상업 생산을 위한 공장을 짓는 것이다.

포스코와 포항산업과학연구원은 몇 년에 걸쳐 파일럿 플랜트와 데모 플랜트를 키워가며 리튬 추출 기술의 양산 가능성을 검증했다. 1차 성과는 2012년에 나왔다. 포항산업과학연구원은 염수에 전기 화학반응을 일으켜 리튬을 직접 추출하는 기술을 적용해 파일럿 플랜트에서 하루 1,000L의 염수로 리튬 5kg을 제조하는 데 성공했다고 그해 2월에 발표했다. 지금까지 리튬 추출은 염수를 증발시키는 방법을 사용했지만, 화학반응으로 직접 추출하는 기술을 실현한 것은 포스코가 세계에서 처음이라는 설명이 뒤따랐다. 리튬 회수율도 종전 50%에서 80% 이상으로 끌어올릴 수 있었다. 포스코는 리튬 직접 추출 관련 주요 기술 30여 건을 국내외에 특허출원했다는 설명도 덧붙였다.

이날의 발표는 포항산업과학연구원의 파일럿 플랜트 현장에서 담당 직원이 기술을 설명하는 행사를 통해 진행됐다. 당시 행사 사진을 보면 모든 참석자가 안전모를 쓰고 있다. 볼리비아에서 온 담당 정부 부처 국장은 맨 앞에서 두 손을 모은 채 기도하듯 설명을 듣고 있으며, 바로 뒤에 이상득 의원이 역시 진지하게 지켜보고 있다. 보도 자료를 보면 '기술을 최종 검증하는 단계에서 볼리비아 우유니 염수 15,000L를 사용해 자연 상태 염수에서도 기술 적용이 가능함을 입증했다'는 대목이 있다. 이것이야말로 포스코가 볼리비아에 반드시 전하고 싶은 내용이었다.

볼리비아에서의
실패

 한국광물자원공사는 2011년 7월 볼리비아와 리튬 배터리 사업 공동 추진을 위한 MOU를 맺고, 2012년 3월에는 기본 계약, 7월에는 본계약을 체결했다. 3년 만에 나온 구체적 성과이긴 했지만 환호할 만한 내용은 결코 아니었다. 계약 내용은 당초 목표로 했던 리튬 공동 개발이 아니었다. 리튬을 재료로 만드는 배터리의 소재인 양극재를 연구하는 합작 법인 설립에 지나지 않았다.[12]

 합작 법인 설립도 지지부진했다. 본계약 이후 볼리비아는 광물자원공사에 계약 변경을 요구했다. 양극재를 상업화하는 시점에 한국광물자원공사 등 우리 기업에 리튬 공급 우선권과 로열티를 주기로 한 조항 등을 빼자고 요구한 것이다. 사실상 계약을 파기하자는 것이나 다름없었다. 한국이 볼리비아까지 간 이유는 리튬을 안정적으로 확보하기 위해서인데, 그 부분이 보장되지 않는다면 합작의 의미가 없어지는 것이었다.

이렇게 파국으로 치닫게 된 보다 근본적인 문제 중 하나는 협상 상대가 요구한 것으로 알려진 '언더더테이블 머니under-the-table money'를 국민 기업을 표방하는 포스코가 들어줄 수 없었다는 점이었다. 이에 따라 출자금 납입 등 추가 조치를 진행하지 못했고, 1년 이내에 출자금을 납입하지 않을 경우 계약이 종료된다는 조항에 따라 2013년 7월 계약이 종료되었다. 정준양은 이 복잡한 과정을 이렇게 정리했다.

"그쪽에서 너무 무리한 요구를 하는 바람에 잘 안 되었지요."

지지부진하던 볼리비아 리튬 사업은 결국 박근혜 정부로 넘어가며 사실상 종료되었다. 자원 외교가 비리의 온상으로 낙인찍히고 수사 대상이 되는 가운데, 박근혜 정부가 해외 자원 개발 사업을 금기시했기 때문이다. 볼리비아의 모랄레스 대통령은 2015년 한국이 리튬 개발 사업을 중단해 유감이며, 다시 사업을 진행하고 싶다는 뜻을 박근혜 대통령에게 전했다. 그러나 박 대통령은 임기 내내 볼리비아와 거의 교류하지 않았다.[13] 그나마 한 가지 위안은 볼리비아에 공들였다가 뒤통수를 맞은 나라가 한국뿐이 아니었다는 점이다. 미국도, 일본도, 프랑스도, 독일도 모두 빈손으로 나왔다. 이에 대해 정준양은 볼리비아 리튬 사업을 그만두길 잘했다고 했다.

"그게 개발됐으면 지금도 계속해서 환경론자들에게 비판받았을 겁니다. 그리고 염호는 거기 말고 다른 데도 있으니까요."

볼리비아에 다섯 번이나 다녀온 권오준에게 볼리비아에서의 실패는 더 쓰라렸을 것이다. 그는 자신의 책에서 이렇게 심경을 토로했다. '볼리비아는 자본주의가 아직 시스템화되어 있지 않아 공무원이건 누구건 간에 의욕이 없었다. 그래서 아무도 뭔가 해보려고 시도하려 들지 않았다. 결국 볼리비아에서는 협력을 성사시킬 수 없어 철수했다.'[14]

결과적으로 볼리비아 염호 리튬 개발 사업은 실패로 돌아갔다. 실패는 이것으로 끝나지 않았다. 포스코는 이후에도 이른바 '리튬 삼각지대'에 속한 또 다른 나라들, 즉 칠레와 아르헨티나의 여러 염호를 노크했지만 여러 번 실패를 맛보았다. 최초의 성공은 2018년이 되어서야 찾아왔다. 아르헨티나에 있는 옴브레 무에르토 염호의 일부 소유권을 확보한 것이다.

중국에 빼앗긴
염호

포스코는 볼리비아에서의 실패 이후에도 염호를 확보하기 위해 여러 가능성을 검토했다. '리튬 트라이앵글Lithium Triangle'에 속한 세 나라 중 볼리비아를 제외한 칠레와 아르헨티나가 대상이었다. 리튬 트라이앵글이란 중남미에서 안데스산맥을 끼고 있는 삼각형 모양의 땅으로, 미국지질조사국이 전 세계 리튬 매장량의 58%가 있다고 추정한 지역이다.

　안데스산맥은 2개의 큰 지각판이 만나 발생한 열과 압력 때문에 광물이 많이 매장되어 있었다. 이 광물들이 흘러 들어오는 빗물에 녹고, 그 물이 그릇 형태의 지질구조에 모였다. 물이 들어올 수는 있지만 나갈 수는 없는 구조이기에 물이 더 밑으로 흐르지 못한 채 증발을 거듭해 지하에 농축되었다. 그 농축된 물이 바로 염수다.[15]

포스코가 볼리비아에 이어 노크한 지역은 칠레 마리쿤가Maricunga 염호였다. 포스코는 2011년에 리튬 개발 기업인 Li3에너지와 '리튬 생산과 상용화를 위한 기술·투자 협력 MOU'를 체결했다. Li3에너지는 이 염호의 지분 60%를 가지고 있었고 포스코의 리튬 추출 기술을 원했다. 포스코는 이곳에 연산 20톤 규모의 파일럿 공장을 건설할 계획이었다. 이어 본공장을 착공하고 Li3에너지의 지분도 인수할 예정이었다. 그러나 전혀 예상하지 못한 복병을 만났다. 칠레 정부에서 협상 절차에 문제를 제기하고 최종적으로 입찰 자체를 원천 무효화한 것이다. 국제 관행상 있을 수 없는 일이었다.[16]

그 사이 정준양에 이어 권오준으로 수장이 바뀐 포스코는 이번에는 아르헨티나에 의사를 타진했다. 아르헨티나는 리튬의 관점에서 보면 '변방'이라고 할 수 있었다. 그만큼 손을 덜 탔다. 지방정부나 중앙정부, 정치권의 영향력이나 기존 업체의 텃세가 덜해 상대적으로 참여하기가 쉬웠다. 아르헨티나에서 노크한 지역 중 하나가 카우차리Cauchari 염호였다. 이 염호의 소유권을 갖고 있으며 캐나다에 본사를 둔 리튬아메리카스LAC가 포스코에 제안을 해왔다. 합작으로 염수 리튬 공장을 지어 리튬을 생산하자는 것이다. 리튬아메리카스는 염호라는 자산을 출자하고 포스코는 기술을 출자하자는 조건이었다. 포스코는 그 제안을 받아들였다. 리튬을 안정적으로 확보할 수 있는 데다 어렵게 개발한 리튬 추출 기술을 활용할 기회가 되기 때문이다.

협의는 일사천리로 진행되었고 포스코는 2014년 카우차리 염호에 파일럿 공장을 준공했다. 규모가 꽤 있는 건물과 지하에서 뽑아 올린 염수를 가둬두는 연못, 즉 폰드pond가 있는 이 공장은 앞서 마리쿤가 염호에 짓기로 한 파일럿 공장의 10배인 연산 200톤 규모였다. 포스코는 이 공장에서 1년간 최종 기술 검증을 거친 뒤 2016년부터 규모를 키워 본격 상업 생산을 시작할 예정이라고 밝혔다.

그러나 이 프로젝트 역시 허무하게 실패로 돌아갔다. 리튬아메리카스 측에서 갑자기 계약을 깬 것이다. 중간에서 이 계약을 낚아챈 것은 칠레의 세계적인 리튬 업체 SQM이었다. SQM은 포스코가 제안한 가격의 2배 이상을 지불한 것으로 추정되었다. 값을 올린 발단은 중국 업체들이었다.

"그 전까지만 해도 좋은 시절이었어요. 염호 가치가 그렇게 높지 않았으니까요. 그런데 그 무렵부터 중국 사람들이 밀려왔습니다. 카우차리 염호도 중국 사람들이 건드리면서 값이 치솟았어요. 그래서 리튬아메리카스가 막바지에 갑자기 값을 올려 다른 쪽에 판 거죠."[17]

리튬아메리카스로서는 그 정도 돈을 받으면 굳이 포스코의 기술과 합작해서 생산하지 않고 염호 소유권만 팔아도 충분히 이익이라고 생각했던 것이다. 이후 카우차리 염호는 주인이 몇 번 바뀐 끝에 중국의 세계적인 리튬 업체 간펑Ganfeng Lithium이 절반 이상의 지분을 차지해 최대 주주가 됐고, 2023년부터 이 염호에서 리튬을 생산하기 시작했다.

포스코는 카우차리의 실패에 이어 아르헨티나에 있는 또 다른 염호인 포수엘로스Pozuelos에서도 중국 때문에 고배를 맛본다. 이 염호의 소유권을 보유한 투자회사 리테아Lithea Corporation와 합작으로 리튬을 생산하기로 하고, 2016년 2월 권오준이 아르헨티나로 날아가 파일럿 공장 착공식까지 가졌다. 권오준은 기념사에서 "포스코 고유의 우수하고 친환경적인 리튬 추출 기술을 이곳 환경에 접목한다면 아르헨티나와 한국 양국에 친환경적으로 가치를 창출하고 미래를 약속하는 산업으로 거듭나게 될 것"이라 말했고, 착공식 다음 날에는 마우리시오 마크리 아르헨티나 대통령과 면담도 했다.[18]

그러나 다 된 밥상 같았던 이 프로젝트도 결국은 실패로 끝났다. 리테아가 계약을 일방적으로 파기한 것이다. 포스코에 돌아온 것은 위약금 200억 원뿐이었다. 이번에도 계약을 낚아챈 것은 중국의 간평이었다. 그해에 간평은 미국의 세계적인 화학 기업 앨버말Albemarle Corporation을 누르고 리튬 세계 1위 업체로 등극했다.

"그 당시 간평은 이미 원재료 확보에 엄청난 투자를 하고 있었던 거예요. 중국 정부가 지원하니 못할 게 없죠. 우리는 계약할 건지 말 건지, 계약금 150억 원도 많아서 좀 줄일 수 없는지 물어봤는데, (간평을 비롯한) 중국 업체들은 (해외 원재료 확보라는) 정부 방침이 서니까 싹쓸이를 한 것 같아요."[19]

이렇게 포스코의 뒤통수를 친 포수엘로스 염호는 2년 뒤 포스코에 또 다른 시련을 안겨주었다. 2018년 3월 MBC 〈PD수첩〉이 'MB 형제와 포스코-백색황금의 비밀'이란 보도를 통해 이명박 정부의 자원 외교를 비판하며 이명박·이상득 형제와 포스코의 유착 의혹을 제기했다. 보도 내용에는 취재진이 아르헨티나 포수엘로스 염호에 가봤더니 포스코가 착공했다는 리튬 공장이 흔적도 없었다는 내용도 있었다.

  정준양의 설명에 따르면 염호 파일럿 공장이라고 한 것은 사실은 컨테이너 3대였다. 거기에 여러 장치를 설치한 뒤 뽑아 올린 염수로 다양한 시험을 했다. 그러던 차에 염호 계약이 파기되면서 컨테이너 설비는 한국으로 가져온 것이었다. 〈PD수첩〉이 현지를 찾아간 것은 그 뒤였다.

전략 수정

 그때까지 포스코의 원료 확보 전략에는 공통점이 있었다. 기술로 협상 주도권을 쥐는 전략이었다. 유성 전 포항산업과학연구원 원장은 이렇게 말했다.
 "리튬 사업에서 포스코의 가장 큰 약점은 광원(염호나 광산)이 없다는 것입니다. 하지만 우리가 기술을 개발해서 상업적으로 생산하면 염호를 보유한 측에서 우리에게 찾아올 것 아니겠어요? 우리가 굳이 돌아다니면서 같이 하자고 호소할 필요 없어요. 우리 전략은 그것이었어요."
 앞서 언급한 칠레와 아르헨티나의 여러 염호가 그런 방식으로 접근한 것이었다. 그러나 잇따른 실패를 경험한 포스코는 전략을 수정했다.

"안 되겠다, 우리 염호가 있어야겠다'라는 생각을 하게 되었어요. 처음에는 우리 기술에 혹해서 협상하자고 하던 사람들이 염호 가치가 올라가면서 마음이 변하는 것을 여러 번 경험했으니까요. 결과적으로 큰 건 두 건(칠레와 아르헨티나 염호)을 중국이 가로채게 됐거든요. 이제 마냥 기다릴 수는 없겠다고 생각했어요. 그때부터 염호에 대한 소유권을 가지는 것을 철칙으로 생각하고 추진했습니다."

소유권을 가져야 한다는 생각은 염호는 아니지만 리튬이 대량 매장된 호주의 광산 지분 확보로 이어졌다. 2018년 2월, 포스코는 호주의 광산 개발 업체이며 서호주에 리튬 광산을 보유한 필바라 미네랄Pilbara Minerals의 지분 4.76%를 인수하고, 연간 24만 톤의 리튬 정광을 장기 구매하는 계약을 체결했다고 밝혔다. 정광은 자연 광석을 높은 품위의 광물로 가공한 광석이다.

그리고 얼마 뒤, 마침내 포스코는 꿈에 그리던 염호를 손에 넣었다. 아르헨티나 북서쪽 살타의 해발 4,000m 고지에 있는 옴브레 무에르토 염호였다. 스페인어 옴브레 무에르토는 '죽은 사람dead man'이란 뜻으로 그만큼 생물이 살 수 없을 정도로 척박한 환경을 나타내는 이름이다. 2018년 8월 포스코는 이 염호의 북측 부분 1만 7,500ha의 소유권을 호주 갤럭시리소스Galaxy Resources에서 사들였다. 서울시의 3분의 1에 해당하는 면적이다. 포스코는 이곳에 전기차 배터리 3억 7,000만 개를 만들 수 있는 1,350만 톤의 리튬이 매장된 것으로 추정한다. 인수 금액은 3,100억 원이었다. 10년 가까이 리튬 확보에 공을 들였던 포스코로서는 7전 8기 끝의 승리라고 할 만했다.

그러나 계약서에 사인한 것은 권오준이 아닌 후임 최정우 회장이었다. 이 계약을 2015년부터 추진해온 권오준은 계약을 마무리 짓지 못하고 계약 한 달 전에 회장 자리에서 퇴임했다. 권오준은 자신이 물러나고 난 다음에 후임자가 계속해서 절차를 밟아 염호 인수 계약을 체결한 것을 매우 다행스럽게 생각했다. 다만 한 가지는 만족스럽지 않다고 했다.

"속도죠. 제가 그만두는 바람에 늦어졌으니까요. 원래는 지금쯤 염수 리튬이 생산되고 있어야 합니다. 2018년에 구입했으니 환경 영향 평가를 받는 데 1년 정도 소요되고, 공장 건설하는 데는 길어도 3년이면 됩니다. 그러면 모두 4년이니까 2023년쯤에는 원활하게 돌아가고 있어야 해요. 제 욕심대로 하면 2021년 정도 되면 상업 생산에 들어갔어야 되는데 말이지요."

고산병

잇따른 염호 확보 실패는 쓰라린 경험이었다. 그러나 그 시행착오의 결과로 포스코는 값진 선물을 얻게 되었다. 하나는 현금이었다. 포수엘로스 염호의 경우 광물 개발권 획득에는 실패했지만 위약금으로 200억 원이 들어왔다. 그 돈은 포스코가 2016년 광양에 2,500톤 규모의 리튬 데모 플랜트를 짓는 데 종잣돈이 되었다.

실패가 남긴 더욱 크고 의미 있는 선물은 경험, 그리고 기술이었다. 포스코는 여러 염호를 확보하려고 협상하는 한편, 리튬 추출 기술을 계속 고도화하고 대량생산 준비를 단계별로 진행하고 있었다. 포스코는 볼리비아 우유니 염호에서 공수한 염수를 실험하는 과정에서 포항산업과학연구원에 2톤 규모의 소규모 파일럿 공장을 만들었다. 보통 파일럿 공장은 한 번만 가동해보고 바로 양산하는 것이 일반적이다. 그러나 포스코는 그 뒤 여러 차례 공장 규모를 키워가며 시험을 계속했다.

권오준은 다음과 같이 말했다.

"실험실 기술을 대규모로 경제성 있게 생산하는 데까지는 그만큼 엔지니어링 과정이 난해합니다. 포스코의 철강 만드는 기술도 마찬가지고요. 이 공정 기술은 복잡한 게 하도 많아 생각지도 않은 데서 문제가 터지는 일이 다반사이기 때문에 시간이 상당히 오래 걸립니다. 2톤 해서 문제가 없으면 20톤을 해보고, 다시 문제가 없으면 200톤 해보고, 그러다가 2,500톤을 생산하는 식으로 하기 때문이지요."

2017년 2월, 광양 데모 플랜트에서 국내 최초로 리튬 상업 생산에 성공했다는 뉴스가 전해졌다. 일차적으로 폐이차전지에서 추출한 재료로 배터리용 리튬을 생산하기 시작한 것이다. 그리고 이듬해 포스코는 앞서 살펴본 것처럼 아르헨티나의 옴브레 무에르토 염호를 확보했다. 다시 4년이 지난 2022년 3월, 최정우 포스코 회장이 이 염호가 있는 아르헨티나 살타의 4,000m 고지대 모래벌판에서 삽을 들었다. 염수를 배터리용 리튬으로 가공하는 공장 착공식이었다. 2009년 볼리비아의 우유니 염호를 시작으로 수많은 시행착오와 실패 끝에 13년 만에 염호 프로젝트가 실체로 드러나는 순간이었다. 2024년 이 공장이 준공되면 연간 2만 5,000톤의 수산화리튬을 생산하게 된다. 전기차 60만 대에 사용할 수 있는 물량이다.

최정우 회장은 기념사에서 이렇게 밝혔다.

"오늘은 아르헨티나와 대한민국, 그리고 포스코그룹에 매우 역사적인 날입니다. 포스코그룹이 지난 수년간 준비해온 리튬 사업이 오늘로서 그 위대한 첫걸음을 내딛는 순간이기 때문이지요. 이번 염수 리튬 프로젝트는 포스코그룹 이차전지 소재 사업의 근간이 될 것입니다."

이날이 오기까지 수십 명의 포스코 직원이 4,000m 고지대에서 고산병과 씨름하며 인생에서 가장 힘든 시기를 보냈다. 지금은 포스코필바라리튬솔루션에서 경영 지원 업무를 담당하는 신홍식 부장도 그중 한 사람이다. 그는 외계 행성처럼 황량한 붉은 땅에서 2년간 일한 후유증으로 체중 12kg과 치아 몇 개를 잃었다.

"가장 힘들었던 것은 잠을 제대로 못 자는 것이었습니다. 산소가 70%밖에 안 되다 보니 잠을 잘 못 잤어요. 숨이 잘 쉬어지지 않았거든요."

당시 신홍식은 데모 플랜트 건설을 담당했다. 공장 설비를 발주할 때 구매 사양서를 써야 한다. 거기에 기압을 쓰는 난이 있는데 신홍식은 0.68기압이라고 써넣었다. 대기상의 평균 기압이 1기압이니 그만큼 산소가 적다는 의미다. 초기에는 4명이 근무했고 캠핑카와 컨테이너를 임시 숙소로 썼다. 식사는 각자 해결했다. 식자재가 없다 보니 아르헨티나에 풍부한 소고기와 와인이 주식이었다. 그때 하도 많이 먹었던 탓에 지금도 고기를 잘 안 먹게 된다고 한다. 지하에서 뽑아 올린 염수는 지천이지만 마시고 씻을 물은 귀했다. 빗물을 큰 물탱크에 받아 트럭으로 실어 날랐다.

당시에는 고산 지역에서 9일, 산 아래 살타 시내에서 5일 교대 근무를 했다. 산에서 내려가면 부족했던 잠과 식사를 보충하다 보니 살이 쪘고, 산으로 올라가면 금세 살이 빠졌다. 지금은 자체 경비행기를 운항해 30분이면 올라가지만, 그때만 해도 대부분 비포장도로라 버스로 올라가는 데 8시간이 걸렸다.

기후도 척박하다. 태양은 훨씬 가깝게 느껴지고, 아무것도 거치지 않고 있는 그대로의 빛을 내뿜는다. 6월부터 10월 초순까지 혹한기에는 기온이 영하 15~20℃를 오가며, 최대 시속 70km의 모래바람이 밤낮을 가리지 않고 불어댄다. 바람이 강할 때 제자리에서 점프를 하면 몇 발자국 뒤에 착지한다.[20]

게다가 코로나 바이러스는 이곳 근무를 더욱 어렵게 했다. 단체 생활의 특성상 한 사람이라도 감염되어서는 안 되는 상황이었다. 고지대 현장으로 올라가기 전날 신속 항원 검사를 받고 음성 판정을 받은 뒤에야 올라갔다. 고지대에 도착하고 나서 다시 신속 항원 검사를 받는데, 20분 후 판정이 난 뒤에야 방에서 나올 수 있었다.

"산 위에서도 일하고, 산 아래에서도 일했습니다. 낮에도 일하고 밤에도 일했습니다."

작업량도 많았다. 데모 플랜트를 완공한 후 시운전 기간에는 24시간 공장을 가동했기에 새벽에도 일이 있으면 바로 나가야 했다. 당시 신홍식은 공사를 담당했는데 공사 자재를 부에노스아이레스에서 수송하는 데만 3박 4일이 걸렸다. 나중에는 칠레에서 안데스산맥을 넘어오는 것으로 바꿨더니 1박 2일로 줄어들었다.

힘든 고산 생활에 한 가지 위안은 밤하늘이었다.

"하루 일과를 마치고 숙소로 돌아가는 길이 300m 정도 됐는데 하늘을 보면 별이 가득했습니다. 별이 이렇게나 많은지 몰랐습니다. 그걸 보면 하루의 피로가 풀리곤 했죠."

비가 적당히 내려 폰드라 불리는 인공연못에 물이 알맞게 차면 또 다른 절경을 볼 수 있었다. 구름과 하늘이 물에 거울처럼 비쳐 데칼코마니가 되었다.

지금은 여건이 많이 좋아졌다. 71개 객실을 갖춘 제대로 된 숙소가 있고, 한국인 교민을 포함한 협력사 직원 여러 명이 식사를 챙겨준다. 식재료는 약 400km 떨어진 살타 시내에서 최대한 구하고, 도저히 구할 수 없는 것은 1,700km 거리의 부에노스아이레스에서 공수한다. 특히 귀한 것이 배추인데, 부에노스아이레스에서 한 번에 많은 양을 구해 오면 해발 4,000m에서 김장을 한다. 면 요리가 나오는 경우는 많지 않다. 기압이 낮아 면이 잘 익지 않기 때문이다. 단, 가공을 거친 라면은 문제가 없다. 여기에 인터넷이 설치되었고 노래방, 당구대, 족구장, 체력 단련실도 생겼다.[21]

자연 자원이 없는 한국의 기업이 13년 전 리튬 소유권을 손에 쥐려고 했던 것은 너무 빠른 시도였을 수도, 무모한 시도였을 수도 있다. 그때는 자원 중개 사업을 하는 국내 종합상사들도 리튬이나 니켈을 비롯한 이차전지 원료에 별 관심이 없었다. 테슬라가 전기차 바람을 일으키긴 했지만 한때의 유행일 뿐 '진짜 전기차 시대가 올까?'라는 의심이 더 큰 시기였다. 종합상사들이 이차전지 원료 사업에 관심을 기울인 것은 2016년 이후부터다.[22] 중국 정부의 파격적인 지원에 힘입어 중국 전기차 시장이 급속하게 커질 때였다. 그러니 13년 전에 종합상사도 아닌 철강 회사가 리튬을 확보하겠다고 생각한 것은 시대를 앞서간 생각임에 틀림없다.

2023년 GM이 미국 네바다에서 리튬 광산 개발을 추진하는 업체에 6억 5,000만 달러를 투자해 10% 지분을 사들였다는 소식이 전해졌다. 배터리 업체가 아닌 전기차 업체들도 이 소식을 심각하게 받아들인 이유는 그만큼 리튬이 희소한 금속이기 때문이다. 이런 측면은 반도체 산업과는 완전히 다르다. 반도체를 만드는 데는 실리콘이란 물질이 쓰이지만 반도체 회사가 광산에 투자했다는 소식은 들리지 않는다. 실리콘은 흔한 자원 중 하나이기 때문이다.

다시 옴브레 무에르토 염호 이야기로 돌아가자. 염호라고 표현했지만 사실 리튬을 함유한 염수는 지하에 들어 있다. 지상은 비가 내리지 않으면 물이 거의 없는 메마른 땅과 다르지 않아 소금 사막이라 부르는 것이 더 정확하다.[23] 여기에 땅 깊숙이 파이프를 박고 250m 지하에서 염수를 끌어 올린다. 음식물 쓰레기를 거르는 망과 비슷하지만 구멍이 훨씬 작은 '스테인리스 메시'를 통해 지하 염수의 부유물을 거른 뒤 다단계 펌프로 끌어 올린다.

지하에서 끌어 올린 염수 1L에 평균 0.85g의 리튬이 함유되어 있다. 끌어 올린 염수를 넓이 5ha의 인공 연못 12개에 가두어 3개월 이상 햇볕에 졸인다. 이 폰드에서 저 폰드로 네 차례 염수를 옮

겨 리튬 농도를 높이는데, 마지막에는 1L당 리튬이 4g 정도 함유된 농축액이 된다.[24]

"단계에 따라 폰드 색깔이 바뀌는 게 신기합니다. 처음에는 그냥 물과 똑같은 색깔인데, 나중에는 오묘한 비취색으로 변하거든요."[25]

현지 리튬 공장에서는 폰드에서 졸인 농축액에서 불순물을 제거하는 정제 공정을 거쳐 중간 재료인 인산리튬을 생산한다. 데모 플랜트 내부를 가득 메운 파이프를 거쳐 쏟아져 나오는 인산리튬 가루의 촉감은 밀가루 같기도 하고, 눈 같기도 하다.[26] 인산리튬은 염호에서 좀 떨어진 산 아래 저지대의 살타 공장이나 한국의 광양 공장으로 옮겨 배터리용 소재인 수산화리튬으로 만든다.

인산리튬이라는 중간 단계를 거쳐 배터리용 리튬, 즉 수산화리튬을 생산하는 것은 포스코가 개발하고 특허를 보유한 포스코만의 고유 공정이다. 포스코가 자랑하는 '포스코형 리튬 추출 공정 기술'의 핵심이기도 하다. 포스코가 소유한 옴브레 무에르토 염호의 리튬 함량은 상대적으로 높은 편이지만, 경쟁사인 앨버말과 SQM이 리튬을 생산하는 칠레의 아타카마 염호에 비해서는 절반 수준밖에 안 된다.[27] 포스코는 이 같은 불리함을 포스코형 리튬 추출 공정 기술을 통해 극복할 수 있다고 이야기한다. 이 기술을 개발한 과정은 당시 참여한 연구자들에게는 자랑스러운 기억이자 아픈 기억이기도 하다.

유레카
모먼트

2016년 12월 어느 날 늦은 저녁. 포항산업과학연구원 리튬 연구단 소속 연구원들이 회상하는 '유레카'를 외치던 순간이다. 이 순간에는 도저히 풀리지 않던 수수께끼가 막다른 골목에서 갑자기 매끄럽게 일사천리로 처리된다. 당시 10명의 연구원은 큰 위기에 봉착해 있었다. 그들은 염수를 인산리튬이라는 중간물질을 거쳐 배터리용 리튬으로 가공하는 공정을 개발했다. 그리고 그 공정에 기반해 파일럿 테스트가 끝나고, 규모를 키운 데모 플랜트가 광양에 지어진 뒤였다. 그런데 연구실과 파일럿 공장에선 잘 돌아가던 공정이 데모 플랜트에서는 제대로 되지 않았다.

포항산업과학연구원은 포항공대 캠퍼스에 있다. 박태준 전 회장은 1986년과 1987년에 포항공대와 이 연구소를 각각 지어 포스코와 함께 산·학·연 연구 개발의 3대 축을 구축했다. 박광석 연구위원은 2016년 당시를 회상하며 말했다.

"리튬이 100이 나와야 하는데 60 정도밖에 나오지 않았습니다. 아무리 해도 안 되는 거예요. 설비까지 다 지어놓았으니 큰일이었지요."

당시 상황을 이해하기 위해 몇 가지만 알아두고 넘어가자. 우선 염호에서 끌어 올린 염수에서 리튬을 생산하는 과정에 대한 대략적인 이해가 필요하다. 염수에는 미량의 리튬이 녹아 있다. 눈에 보이지 않는 리튬을 눈에 보이는 고체 형태로 뽑아내려면, 다른 물질을 넣어 화학반응을 통해 제3의 화합물 형태로 끄집어내야 한다. 그것이 '중간물질'이다. 그 중간물질 단계를 거쳐야 비로소 전기차 배터리에 쓰는 리튬인 수산화리튬으로 가공할 수 있다.

경쟁사들이 사용하던 기존 방식은 염수 속 리튬을 탄산리튬 형태로 뽑아내는 것이었다. 다시 말해 탄산리튬이 중간물질이었다.[28] 하지만 포스코는 중간물질로 탄산리튬이 아닌 인산리튬을 정했다. 그동안 다른 업체들이 시도하지 않던 포스코만의 방식이었다.

그 이유는 다음과 같았다. 염수에서 탄산리튬을 안정적으로 생산하기 위해서는 염수 속 리튬 농도를 적어도 1L에 12g(1만 2,000ppm) 이상으로 끌어올려야 한다.[29] 그렇게 하기 위해서는 오랜 시간을 들여 염수를 자연 증발시켜야 한다. 염전의 물을 오랜 기간 햇빛에 졸여야 물속 소금 농도가 높아지는 것처럼 말이다. 그런데 포스코가 확보한 옴브레 무에르토 염호의 염수 농도는 1L당 0.85g

정도밖에 되지 않는다. 이를 1L당 12g으로 끌어올리려면 많은 시간과 비용이 필요하다. 또 아르헨티나는 칠레와 달리 간혹 비가 오기에 실컷 졸여놓았던 염수가 빗물에 다시 희석되기도 한다.

포스코는 낮은 농도에서도 안정적으로, 높은 수율로 리튬을 뽑아낼 방법을 궁리했다. 그래야 경제성을 확보할 수 있기 때문이다. 바로 이런 이유에서 포스코가 찾아낸 중간물질이 인산리튬이다. 인산리튬은 1L에 4g까지만 농축시켜도 안정적으로 추출할 수 있다는 것이 장점이다. 박광석은 "지구상에 존재하는 리튬 화합물 중 리튬을 뽑아낼 수 있는 수율이 가장 좋은 물질이 인산리튬"이라고 설명했다.

염수에서 인산리튬을 뽑아내기까지 과정은 어렵지 않았다. 2017년에 포항산업과학연구원 리튬 연구단을 좌절하게 만든 것은 인산리튬을 뽑고 난 뒤의 공정과 관련되어 있다. 앞서 말했듯 인산리튬은 중간물질일 뿐, 최종 목표는 배터리용 리튬인 수산화리튬을 만드는 것이다. 이를 위해서는 또 다른 화학반응이 필요하다. 특히 인산리튬은 구조적으로 안정적인 물질이다. 따라서 그 구조를 깰 수 있는 파격적인 화학반응이 필요하다.

리튬 연구단의 첫 시도는 인산리튬을 소석회라는 물질과 반응시켜 최종 목적물인 수산화리튬을 얻는 것이었다. 이 방식은 실험실에서 효과가 있었고 데모 플랜트에서도 마찬가지였다. 그래서 데모 플랜트를 지어 본격 양산 테스트를 했는데, 갑자기 문제가 생겼다. 수율이 너무 낮았다. 100이 나와야 할 것이 60밖에 나오지 않았다.

이래서는 경제성이 없었고, 상용화할 수 없었다. 연구원들이나 경영진이나 모두 철석같이 믿고 있었던 일인데 갑자기 생각하지 못한 문제가 터졌으니 당황스럽기 짝이 없었다. 포스코가 야심 차게 시작한 이차전지 소재 산업이 좌초할 수도 있는 위기였다. 그러나 연구원들이 이 같은 돌발 상황을 전혀 예상하지 못한 것은 아니었다. 그들은 플랜 B도 생각하고 있었다.

"연구소에서는 문제없었지만 규모를 키웠을 때, 파일럿이나 데모 플랜트로 갔을 때도 잘될 것인가? 잘 안 될 수도 있다고 생각했습니다. 그럴 경우 어떻게 극복할 것인가도 생각했습니다."

특히 인산리튬을 소석회와 반응시킬 때 둘 다 고체 상태인 것을 서로 반응시킨 게 문제일 수 있다고 생각했다. 두 고체를 '어트리션 밀attrition mill'이라는 거대한 분쇄기에 넣어 미세하게 간다. 일부 연구원들은 물을 매개로 반응시키기는 하지만, 두 물질 다 물에 잘 녹지 않는 것들이어서 기계적으로 반응시켜도 한계가 있다는 점을 지적했다. 그래서 플랜 B로 생각한 방안은 인산리튬을 소석회 대신 염산이나 황산에 녹여 고체가 아닌 액체 상태로 만드는 것이었다.

한편 김주영 연구원은 공정에서 나오는 부산물을 재활용하는 방안을 연구하고 있었다. 인산리튬을 소석회와 반응시켜 목적 물질인 수산화리튬을 얻은 뒤 남은 부산물에 들어 있는 인산과 리튬 잔류물을 회수해 재활용한다면 원료비를 절약할 수 있다. 리튬 못지않게 인산도 고가의 물질이다. 이는 당시 프로젝트의 성패를 좌우할 정도로 중요한 일이었다. 그런데 이 역시 잘 풀리지 않았다.

계산상으로는 부산물을 황산으로 처리하면 한편에서는 석고가 고체 상태로 남고, 다른 한편에서는 인산과 리튬이 섞인 액체가 나와야 했다. 그래야 원료인 인산리튬으로 재활용해 비용을 절감할 수 있었다. 그런데 액체 속에 리튬이 없었다. 김주영은 이 문제를 가지고 6개월간 씨름했다. 처음에는 뭔가 잘못하지 않았나 생각했다. 그렇게 안 되는 원인을 찾는 과정에서 한 가지 사실을 발견했다. 부산물을 높은 농도의 황산으로 처리하면 리튬이 액체 상태가 아니라 석고와 함께 고체 상태로 섞여 나온다는 것이다. 분석해보니 그 고체는 또 다른 리튬의 화합물인 황산리튬이었다. 그동안 누구도 몰랐던 인산리튬의 특성을 우연히 발견하게 된 것이다.

이 같은 특성은 포스코에 매우 중요한 것이었다. 당시 포항산업과학연구원이 개발 중이던 또 하나의 핵심 공정이 전기 투석법이라는 전기화학적 전환 공정이고, 거기에 필요한 물질이 바로 황산리튬이었기 때문이다. 전기 투석법이란 특정 물질을 선택적으로 통과시키는 막을 층층이 쌓은 뒤, 전기를 걸고 리튬이 섞인 액체를 흘려보내 순도 높은 배터리용 리튬을 제조하는 방법이다. 포항산업과학연구원에서는 이때 사용하는 액체로 황산리튬 수용액을 쓰기로 결정한 상태였다. 그런데 김주영이 발견한 특성은 그 황산리튬을 쉽게 얻고 공정을 단순화하는 방법이 될 수 있었다.

다시 늦은 밤 회의가 열린 2016년 12월, 포항산업과학연구원의 회의실로 돌아가보자. 분위기는 무거웠다. 기존 공정이 수율이 떨어지는 상황에서 부산물을 재활용하는 방안 역시 벽에 부딪혔기 때문이다. 이제 그 공정으로는 상용화가 불가능한 것 아니냐는 우려를 서로 나눴다. 그러던 중에 김주영이 부산물을 재활용하는 것이 불가능하다는 문제를 이야기하며, 우연히 황산리튬이 고체 상태로 나온 것을 언급했다. 김주영은 머릿속에 갖고 있던 생각을 꺼냈다.

"이 특성을 활용해보면 어떨까요? 같은 원리로 인산리튬을 애초에 소석회와 반응시킬 것이 아니라 높은 농도의 황산과 반응시킨다면 황산리튬을 바로 얻을 수 있지 않을까요?"

말하자면 A라는 화학반응에서 힌트를 얻어 B라는 화학반응을 생각해낸 것이었다. 곧바로 열띤 토론이 벌어졌다.

"그럴 수 있겠는데요."

"그렇게 해서 황산리튬을 얻을 수 있다면, 그것을 다시 물에 녹인 뒤 전기 투석법을 통해 수산화리튬을 뽑아내는 건 어렵지 않을 겁니다."

"만일 그렇다면, 전기 투석 공정을 단순화하는 데 크게 도움이 될 것 같습니다."

김주영의 아이디어는 동료들의 지지로 힘을 얻었다. 생각대로 된다면 일거양득이 될 것이었다. 전기 투석법에 사용할 황산리튬을 고체 상태로 쉽게 얻음과 동시에, 인산은 물에 녹은 상태로 분리된다. 인산은 황산에 비해 10배 비싼 고가의 물질이어서 재활용이 중요하다. 그런데 인산을 별도로 처리할 필요 없이 곧바로 재활용할 수 있는 길이 생기는 것이다. 원래대로였다면 인산을 분리하는 추가 공정이 필요할 것이었다.

그날의 야간 회의에서는 집단 지성을 통해 새로운 공정의 큰 틀이 짜였다. 그 뒤 일주일 동안 인산리튬을 황산과 반응시켜 황산리튬이 실제로 고체 상태로 추출되는지 정밀 분석에 들어갔고, 그 결과는 사실로 밝혀졌다. 일주일 사이에 새로운 공정의 설계 윤곽까지 잡을 수 있었다.

정리해보면 당시 연구원들은 두 가지 큰 문제로 고민하고 있었다. 새로운 공정을 개발하는 것과 기존 공정의 경제성을 높이는 것이다. 그런데 두 번째 문제를 해결하는 과정에서의 우연한 발견이 첫 번째 큰 문제, 즉 새로운 공정 개발의 열쇠가 된 셈이다. 김주영은 당시의 흥분이 가라앉지 않는 듯 말했다.

"새 공정의 아이디어가 같이 고민하고 걱정하던 그날 저녁에 거의 다 나왔습니다. 그 뒤 검증하는 데 시간이 필요했지만, 그 공정을 개발하는 데는 사실 그날 회의를 한 몇 시간밖에 걸리지 않았던 거지요."

더 쉽고 단순화된 공정,
'제철 보국'에서 '소재 보국'으로

이제 공정을 전혀 새로운 것으로 바꿔야 했고 추가 설비 투자가 필요했다. 팀장이었던 박광석은 유성 당시 포스코 신사업실장과 이제는 포스코 회장이 된 장인화 기술투자본부장에게 보고했다.

"빨리 파일럿 테스트를 통해 새 공정을 검증하겠습니다. 그러려면 기존 연구비 45억 원에 33억 원이 추가로 필요합니다."

장인화는 이를 승인했고, 파일럿 라인을 만들기까지 한 달 만에 일사천리로 진행되었다. 이 공정은 포스코형 리튬 추출 기술의 핵심 공정이 되어 2024년과 2025년에 각각 아르헨티나와 광양에 준공될 염수 리튬 공장에 적용할 예정이다.

김주영은 이렇게 말했다.

"그렇게 엄청난 속도로 개발한 적은 단 한 번도 없었습니다. 많은 분의 노력도 있었지만, 굉장한 운이 따랐다고 생각할 수밖에 없습니다."

참고로 인산리튬을 중간물질로 쓴 것은 포스코가 처음이 아니었다. 박광석은 이에 대해 다음과 같이 설명했다.

"미국 리튬 기업 앨버말이 1940년대에 네바다 염호에서 인산리튬을 만들었다는 기록이 있습니다. 그러나 상용화하지는 못했습니다. 그 인산리튬으로 탄산리튬이나 수산화리튬을 만들지는 못한 것이죠. 아마도 저희가 일차적으로 시도했던, 인산리튬을 (황산 대신) 소석회와 반응시킨 것이 아니었나 생각합니다."

포스코형 리튬 추출 공정의 또 다른 큰 축은 앞서 설명한 전기 투석법이다. 자연 증발법을 쓰는 경쟁사는 증발 기간이 12~24개월인 반면, 포스코형 기술은 인산리튬을 중간물질로 쓰기에 자연 증발 기간을 3개월로 줄일 수 있다. 또 그 상태에서 바로 전기 투석법을 통해 배터리용 리튬을 추출하므로 제품 생산 기간이 짧아진다. 다만 전기 투석법은 전기 요금이 많이 든다는 단점이 있다. 포스코 관계자는 이런 점들을 종합적으로 고려하면, 포스코의 염호 기반 리튬 생산 운영 비용은 앨버말이나 SQM과 큰 차이가 없을 것이라고 말했다. 다소 비싸더라도 그 차이는 10% 이내라는 것이다.

전기 투석이라는 기술 자체는 오픈되어 있다. 유기산 분리 같은 다른 분야에 응용되기도 했다. 그러나 이 기술을 리튬 생산 같은 대규모 공정에 적용한 것은 포스코가 처음이다.

"전기 투석 기술을 작은 규모로는 많이 활용했지만, 리튬 생산처럼 엄청나게 큰 규모로 적용할 때 과연 안정적으로 돌아갈지에 대한 의구심이 컸습니다. 우리가 그런 의구심을 하나씩 풀어나간 거지요."

포스코가 짓고 있는 아르헨티나와 광양의 리튬 공장에서는 전기를 건 상태에서 염수가 넓이 $0.5m^2$의 얇은 막(이온 분리막) 1만 4,080장을 통과하게 된다. 그 막의 두께는 100마이크로미터가 안될 정도로 얇다. 박광석에 따르면, 그처럼 많은 막을 어떻게 관리할 것이며 수명은 어느 정도인가에 대한 의구심이 컸다. 그 막은 일본과 독일에서만 생산했는데 2023년 포스코와 더블유스코프코리아라는 한국의 중견기업이 공동으로 국산화에 성공했다.

포항산업과학연구원이 포스코형 리튬 추출이라는 신기술 개발에 성공할 수 있었던 것은, 실패에 대비해 플랜 B를 미리 생각하고 있었기 때문이기도 하다. 그래서 기술 임원 회의에서 "다른 방법이 없겠느냐"는 말에 "대비한 게 있습니다"라고 대답할 수 있었다. 플랜 B까지 생각한 이유에 대해 박광석은 이렇게 말했다.

"리튬 사업만큼은 반드시 성공시켜야 한다는 생각이 있었습니다. 포스코가 제철 보국에서 소재 보국으로 나아가는 첫 단추가 리튬 사업이었으니까요. 한 치의 실수도 있어선 안 되고, 일이 잘못될 경우 바로 대비책이 있어야 한다는 것이 최고 경영진과 연구원들의 생각이었습니다."

플랜 A와 B를 동시에 가동하는 것은 연구 개발 조직이 선의의 경쟁을 유도하기 위해 쓰는 방법이다. 포스코는 리튬 생산 라인에도 듀얼dual 시스템을 도입했다. 포스코가 자체 개발한 기술을 적용한 생산 라인을 절반만 깔고, 나머지 절반은 경쟁사들이 많이 쓰는 기존 상용 기술을 적용한 라인으로 구성한다.[30] 기술의 자체 경쟁 시스템인 셈이다. 이를 통해 각 기술의 경쟁력과 강·약점을 비교해 개선된 제3의 기술 개발을 유도한다는 구상이다.

박광석은 2020년 아르헨티나로 발령받아 옴브레 무에르토 염호에서 1년 6개월 동안 근무했다. 인산리튬을 생산하는 데모 플랜트를 검증하는 일이 차질 없이 이뤄졌고, 그 공로로 상무보에 이어 상무로 고속 승진했다. 그는 "거대한 자연을 상대로 내가 혼자 할 수 있는 일은 하나도 없다는 것을 깨달았다"고 말했다. 또 모든 설비가 원하는 대로 잘 돌아가야 하는데, 모두 사전 준비를 철저히 했기에 가능한 일이었다고 했다.

한편 포스코는 호주 광산에서 확보한 광석을 배터리용 수산화리튬으로 가공하는 공장을 전남 광양에 짓기 시작해 그 1단계 공장이 2023년 11월 준공되었다. 2024년 4월 19일. 이 공장에서 생산한 제품 28톤을 고객사에 처음 공급했다는 소식이 전해졌다. '국내 최초로 상업 생산에 성공한 광석 리튬 기반의 수산화리튬'이라는 설명이 붙었다. 포스코홀딩스는 2030년까지 광석 리튬으로 15만 톤, 염수 리튬으로 12만 톤, 폐배터리 재활용으로 3만 톤을 더해 리튬 생산을 연간 30만 톤으로 늘린다는 계획이다.

2024년 3월 이경섭 당시 포스코홀딩스 전무(현 포스코필바라리튬솔루션 대표)를 만났을 때 그는 앞으로 생산될 리튬을 사들일 고객과 곧 장기 계약을 맺을 예정이라고 말했다. 포스코의 리튬은 중국 중심의 원재료 공급망에서 벗어나려고 하는 이차전지 업체들의 높은 관심을 받고 있다. 포스코는 계열사 포스코퓨처엠 등 한국 업체는 물론, 일본과 유럽의 수요 업체와 협의가 거의 끝났으며 10년 장기 계약을 목표로 하고 있었다.

2023년 들어 전기차 수요가 예상보다 부진해지면서 배터리 수요가 줄고 배터리에 들어가는 광물 가격이 폭락했다. 이런 시기에는 움츠러들게 마련이지만 포스코는 오히려 추가적인 광원 확보의 적기라 보고 몇 가지 새 프로젝트에 시동을 걸었다. 그중 하나가 예전에 포스코에 아픔을 준 칠레 염호 사업이다. 이경섭은 2024년 2월 칠레로 건너가 칠레 광업부 차관과 칠레동공사와 칠레광물공사 등 여러 광업 관련 공사 고위 관계자를 만났다. 칠레에는 염호가 45개 있는데, 그중 아타카마 염호에서만 리튬이 생산되고 있다. 생산자는 미국 앨버말과 칠레 SQM뿐이다. 그런데 칠레는 마리쿤가 염호(한국이 예전에 추진했다가 철수한 바로 그 염호다)를 포함해 6~7개 염호를 추가 개발하기 위해 경쟁입찰을 벌일 예정이다. 칠레 정부는 그 입찰에는 앨버말과 SQM 등 기존 업체는 배제하려는 것으로 알려졌다.

포스코는 이 입찰 참여를 추진 중이다. 칠레 정부는 포스코가 아르헨티나의 옴브레 무에르토 염호에서 곧 리튬 양산을 개시한다는 점과 독자적인 리튬 추출 기술을 보유했다는 점을 높이 사고 적극적인 참여를 요청하고 있다고 이경섭은 말했다. 포스코는 경쟁사인 앨버말과 SQM과 차별화되는 기술 경쟁력을 특히 강조했다. 리튬 회수율이 높아 아타카마에 비해 같은 양의 리튬을 추출하는 데 필요한 염수의 양을 50% 줄일 수 있고, 공정에 필요한 물(담수)과 폐기물도 절반으로 줄일 수 있다는 발표에 칠레 관계자들은 큰 관심을 보였다고 한다.

또 이경섭에 따르면, 칠레 관계자들은 염호 리튬 생산에서 이웃나라 아르헨티나와의 경쟁을 상당히 의식한다. 칠레가 리튬 종주국을 자부해왔는데 아르헨티나에서 리튬을 공격적으로 증산하자 경계심을 느낀다는 것이다. 이경섭이 "지금 생산 계획대로라면 몇 년 안에 아르헨티나의 리튬 생산량이 칠레를 추월할 것"이라고 말하자 칠레 측 고위 관계자는 "그럴 일 없을 것"이라고 대꾸한 적도 있다.

포스코에 리튬과의 인연이 갖는 또 다른 큰 의미는 배터리 소재 사업에 대한 눈을 틔워줬다는 점이다. 배터리를 만드는 데는 여러 광물이 필요하다. 그런데 광물이야말로 포스코와 가장 친한 것 아닌가. 제철 회사이니 철은 당연히 쓰는 것이고, 배터리의 주요 소재인 니켈, 코발트, 망간도 합금 재료로 많이 쓰는 물질들이었다. 예를 들어 스테인리스강을 만들기 위해서는 철과 함께 8% 정도 들어가는 니켈이 필요하다. 당연히 포스코는 안정적인 니켈 공급망을 확보했고, 니켈 정련 기술도 갖추고 있었다. 망간은 철강의 강도와 인성, 내식성을 높이기 위해 반드시 들어간다. 또 코발트는 고급강을 만들 때 사용한다. 포스코로서는 누구보다 친근한 물질이었다.

이제 들어갈 사업을 골라야 했다. 앞에서 살펴본 것처럼 배터리의 구성 요소는 양극재, 음극재, 분리막, 전해질 등 네 가지다. 포스코는 이중에서 잘할 수 있는 게 무엇인지 검토했다. 그중 양극재와 음극재가 물망에 올랐다. 지금도 그렇지만 당시에도 양극재의 주류는 크게 NCM계와 LFP계였다. LFP는 너무 싸구려라 할 수 없다는 결론이 일찍 내려졌다.[31] 그렇다면 용량과 성능이 우수한 NCM계인데 이것은 니켈·코발트·망간으로 만든다. 그런데 앞에서 살펴본 것처럼 세 물질 모두 포스코와 친한 물질이었다. 당첨.

이번에는 음극재다. 음극재는 흑연으로 만들며 이 또한 포스코와 친한 물질이다. 폐철에서 철강을 만드는 전기로 공장에서는 전극봉이란 것이 폐철을 용해하게 되는데, 그 전극봉을 만드는 데 천연 흑연이 들어간다. 또 철을 만들 때 부산물이 인조 흑연이 된다. 이래저래 포스코와 가까울 수밖에 없는 물질이다. 역시 당첨.

포스코는 이렇게 양극재와 음극재 사업에 진출하게 된다. 시작은 음극재가 먼저였다. 2010년 포스코의 계열사이며 용광로 제조에 쓰이는 내화물을 만들던 포스코켐텍이 음극재 제조 사업에 진출했다. LS엠트론의 음극재 사업부(카보닉스)를 인수해 기반을 쌓았다. 이어 포스코는 2012년 보광그룹 계열의 휘닉스소재와 합작으로 포스코ESM을 세워 양극재 사업에도 진출했다. 훗날 포스코켐텍과 포스코ESM은 합병했고 회사 이름이 포스코케미칼, 포스코퓨처엠으로 거듭 바뀌었다. 한국에서 음극재와 양극재를 모두 생산하는 기업은 이 회사뿐이다.

초기 포스코의 양극재나 음극재 사업은 '정준양 회장이 찔러보기 식으로 시작했다'고 볼 수 있었다.[32] 초기에는 회사의 관심과 지원이 부족했다. 그러나 2010년대 후반 전기차 시대가 개막되면서 사업성이 날로 높아지고 회사의 지원도 커졌다. 의미 있는 결실은 2020년에 찾아왔다. 포스코케미칼이 LG화학에 3년간 2조 원 상당의 양극재를 공급하기로 계약을 체결한 것이다. 당시 포스코케미칼의 주된 사업이 생석회였고 그 매출이 연 5,000억 원 정도였는데, 이를 능가하는 사업이 탄생한 것이다.

그러나 한편으로 포스코가 양극재 사업에 진출한 것은 이 사업에 일찌감치 진출한 중견기업에는 매우 불편한 일이었다. 이봉원 엘앤에프 사장은 포스코 본사를 찾아가 한 임원에게 따졌다.

"우리 같은 회사가 악전고투 끝에 이제 시장을 좀 만들어놓았는데, 포스코 같은 대기업이 뒤늦게 숟가락을 얹어서 되겠습니까? 막대한 투자가 필요한 리튬이나 니켈 같은 원재료 쪽에 포스코가 투자하는 것은 바람직합니다. 하지만 양극재 같은 제품은 엘앤에프나 에코프로 같은 기업이 얼마든지 잘 만들 수 있습니다. 정준양 회장을 좀 말려보세요."

주인 없는
회사

"차라리 포스코 회장 임기가 대통령 임기와 같았으면 좋겠다."

포스코 임직원들이 흔히 하는 이야기다. 포스코 회장 임기가 대통령 임기와 1~2년 정도 차이 나다 보니 새 대통령이 들어서고 나면, 전임 대통령 시절 임명된 포스코 회장의 거취가 늘 문제가 되곤 했기 때문이다. 결국 정권이 바뀔 때마다 정치적 외풍에 의해 회장이 임기를 채우지 못하고 교체되는 치욕의 역사를 겪었다. 또 새로 선임된 회장은 포스코 내부에서 유력 후보로 꼽히던 인물이 아닌 경우가 많았다. 포스코는 2000년 산업은행이 지분을 매각한 이래, 정부가 주식을 한 주도 갖고 있지 않은 순수 민간 기업이다. 그러나 포스코 경영진 인사는 결코 민영화되지 않았다.

2013년 박근혜 정부 당시 포스코 전 임원들이 회의를 하고 있는

데 갑자기 국세청 조사관들이 들이닥쳤다. 그들은 임원들 자리로 가서 PC 하드를 통째로 가져갔다. 박근혜 정부에서 전 정권이 임명한 정준양 회장에게 퇴진하라는 사인을 보냈는데 그가 버텼다는 이야기가 나돌았다. 정준양은 결국 임기 1년 4개월을 앞두고 자진 사퇴했다.

그러나 수난은 끝나지 않았다. 정준양은 비리 의혹으로 8개월간 다섯 차례 검찰에 소환되어 수사를 받았고 3년에 걸쳐 소송을 진행해야 했다. 부실 회사를 인수해 포스코에 손해를 끼치고, 협력 업체에서 납품 청탁을 받고 인척을 취업시킨 것 등의 혐의(배임 등)로 기소됐으나 대법원에서 무죄판결을 받았다. 또 이상득 의원에게 포스코 사업과 관련해 청탁을 하고 이상득 의원 측근에게 사업 편의를 제공한 혐의(뇌물 공여)로 기소됐으나 1, 2심에서 모두 무죄판결을 받고 검찰이 상고하지 않아 무죄가 확정되었다.

익명을 요구한 포스코의 전직 임원은 이렇게 말했다.

"물론 정준양 회장이 많은 M&A를 했고 그중에 잘못된 것도 있었어요. 하지만 그건 경영상 판단이었지 누구를 좋게 봐주려고 한 것은 아니었어요. 그럼에도 검찰에 불려 다니고 3년 동안 소송에 휘말린 겁니다. 정 회장 외에도 몇십 명의 전현직 임원들이 불려 다녔어요. 일단 소송에 걸리면 직을 내놓아야 하고 변호사 비용도 스스로 대야 합니다. 패소하면 집 한 채는 그냥 날아가니 이런 것들이 주는 트라우마가 굉장히 컸어요."

정준양은 검찰 수사를 받고 법원을 일주일에 몇 번씩 들락거리면서 인생을 다르게 보게 되었다고 말했다. 기술자라고 해서 기술만 파고드는 것이 아니라 인생을 폭넓게 봐야 하고, 사회생활을 어떻게 해야 하는지 깨달았다고 했다. 그는 또 변호사에게만 의존해선 안 되고 생활 법률 같은 과목을 만들어 학교에서 법률에 대한 기본 교육을 시켜야 한다고도 말했다.

한편 자원 개발에 대해서는 이런 시각을 가져야 한다고 말했다.

"자원 개발은 단기간에 성공하기가 쉽지 않아요. 그런데 정권이라는 게 5년입니다. 다음에 같은 철학을 지닌 정권이 이어가면 모르는데 생각이 다른 정권이 들어서면 애써 추진해온 일이 허무하게 끝나버리는 것 아닙니까. 설사 실패하더라도 중요한 것은 그 실패에서 배우는 것인데, 우리는 실패하면 3대 조상까지 탈탈 털어 감옥에 집어넣으니 똑같은 시행착오를 반복하게 만듭니다."

정준양이 물러나고 권오준이 뒤를 이었다. 권오준은 2018년 중도 은퇴를 선언했다. 최정우는 권오준의 잔여 임기를 채운 뒤 연임되었고, 윤석열 정부로 정권이 교체된 이후에도 3년 임기를 모두 채웠다는 점에서 이례적이었다. 최정우는 이차전지 사업 관점에서 평가하자면 굉장히 좋은 타이밍에 회장이 되었다. 그가 취임한 2018년을 전후해 글로벌 자동차 시장에 전기차가 출시되었고 배터리 수요가 급증했다. 그는 이 기회를 십분 활용해 전임 회장들이 개척한 이차전지 소재 산업을 공격적으로 키웠다.

포스코홀딩스는 2023년 7월 '이차전지 소재 사업 밸류데이'라는 IR 행사를 통해 의욕적인 이차전지 사업 비전과 전략을 발표했다. 2030년이 되면 이차전지 소재 사업에서만 15조 원의 이익을 거둬들이겠다고 밝혔다. 전년에 제시한 11조 원에 비해서도 4조 원 상향된 것이었다. 2021년 포스코그룹 계열사 약 180개가 벌어들인 이익은 9조 2,000억 원이었다. 창사 이래 최대 이익이다. 그런데 2030년이 되면 이보다 60% 이상 많은 돈을 이차전지 사업에서만 벌어들인다는 목표를 제시한 것이다.

돈을 벌려면 투자를 해야 한다. IR 행사에서 포스코는 2025년까지 3년간 52조 원을 이차전지 분야에 투입하겠다고 밝혔다. 이는 포스코그룹 전체 투자비의 46%에 이르는 금액이다. 최정우 회장은 이차전지 사업에 필요한 인력이 있다면 그룹 계열사 어디에서든 데려가라는 식으로 인력도 적극적으로 지원했다.

사실 과거 포스코 회장 잔혹사는 포스코 경영진의 권력 지향적 풍토가 자초한 측면이 있다. 새 정권이 들어서면 회장 자리에 앉아 보려는 사람들이 너도나도 새로운 실세들에게 접근했고, 그때마다 핵심 권력이 회장을 사실상 지명하곤 했다.[33] 익명을 요구한 포스코 전직 고위 임원은 이렇게 말했다.

"가장 아쉬운 것은 나쁜 전례가 생겼다는 것이지요. 가만 보니 정치권과 손잡으면 나도 회장이 될 수 있을 것이라는 생각을 하게 된 겁니다. 그런데 정치적 싸움을 하더라도 건드리지 않아야 할 게 있는데 그중 하나가 자원에 대한 투자입니다. 자원은 유한하고 시간이 지나면 부족해지게 마련이니 정치적으로 해석하는 일은 하지 않으면 좋겠다는 바람이 있습니다."

과거 LG인터내셔널에서 이차전지 원료 중개 사업을 담당했던 장인원 에코프로 상무는 이렇게 말한다.

"자원 개발은 한국 기업 문화와는 잘 맞지 않는 것 같습니다. 한국 기업이나 정부는 자원 가격이 높을 때만 관심을 가집니다. 그럴 때 원가가 높고 조건이 안 좋은 광산을 비싸게 삽니다. 그래서 나중에 시황이 나빠지면 팔아버리는 일이 반복됩니다. 반대로 자원 가격이 쌀 때는 관심이 없습니다. '싸고 흔한데 왜 사?'라고 생각하는 겁니다."

그는 '한국 기업에 자원 개발은 디저트나 액세서리 같은 것'이라고도 했다.

"물론 제조가 메인 요리입니다. 자원 개발은 돈이 안 된다면 바로 접어버립니다. '자원이야 사 오면 되지 뭐' 하는 식으로 생각하는 사람들이 많거든요."

'철강 이후'를 고민하다

포스코의 흑역사를 짚어보면, 회장이 여러 번 교체되는 와중에도 이차전지 소재 사업을 포기하지 않고 계속 추진했다는 것이 오히려 신기할 정도다. 권오준이 회장이 됐을 때 포스코 경영 상태는 악화일로였다. 정준양 시절 이루어진 수많은 신사업 진출과 기업 인수합병의 후유증으로 그 많았던 현금을 다 날리고 그대로 두면 자본 잠식 가능성까지 있었다. 권오준에게는 정준양이 펼쳐놓은 일을 정리하는 역할이 주어졌다. 그럼에도 권오준은 리튬을 비롯한 이차전지 소재 사업을 놓지 않았다. 유성은 당시 상황에 대해 이렇게 이야기했다.

"정준양 회장님이 많은 유산을 남겨줬지만 그중 80~90%를 정리해야 했어요. 그런 고통을 겪고 여러 곳에서 공격을 받는 어려운 환경에서도, 곳간에 쌀이 별로 안 남았는데도 우리의 미래가 담긴 이차전지 소재 사업에는 투자를 계속했습니다."

권오준의 책에는 이런 대목이 있다. '장래가 유망한 이차전지 소재 사업을 회사의 핵심 신사업으로 키워나갈 수 있었던 것은 10여 년 동안 3대 회장에 걸쳐 일관된 목표 아래 지속적인 투자와 기술 개발로 신성장 사업을 추진한 덕분으로 생각된다.'

'주인 없는 회사' 포스코는 정권이 바뀔 때마다 수장이 비자발적으로 교체되었다. 그런 회사에서 어떻게 이차전지 소재라는 과제를 일관되게 추진할 수 있었을까? 이 질문에 대해 권오준은 이런 대답을 했다.

"어떻게 보면 포스코의 전통이라고 볼 수 있어요. 포스코는 철강 기업이고 철강만으로 먹고살았어요. 그랬는데 전임 박태준 회장부터 신사업을 찾아야 한다는 것을 계속 강조하셨어요. 그래서 포항공대도 만들고 포항산업과학연구원도 만들었지요. 철강이 아니면서 철강만큼 회사를 먹여 살릴 수 있는 사업을 빨리 찾아내라는 겁니다. 그래서 포스코 CEO들은 나름대로 사명 의식을 지니고 있었습니다."

이런 초조함의 배경에는 철강 사업을 둘러싼 미래 환경에 대한 비관론이 자리 잡고 있었다. 친환경, 이산화탄소 저감이라는 도도한 시대적 흐름에 철강 사업이 가장 큰 타격을 받을 수 있다는 우려였다. 그것은 포스코만의 문제가 아니라 철강 사업의 '원죄'라고도 할 수 있었다. 정준양의 설명을 들어보자.

"1년에 한국이 내뿜는 이산화탄소가 7억~8억 톤 정도 될 겁니다. 그중 10%를 포스코가 내뿜습니다. 왜 그러냐면, 신이 지구 곳곳에 여러 소재를 보물로 묻어두셨는데 좀 심술궂어서 그 소재를 그냥 묻어두는 게 아니라 꼭 산소하고 결합해 묻어뒀어요. 철광석도 마찬가지예요. 그래서 산소를 빼내야 하는데 그 방법으로 인류가 찾아낸, 가장 대량으로 값싸게 할 수 있는 방법이 탄소를 쓰는 겁니다. 철광석으로 코크스를 만들어 고로에 집어넣으면 코크스의 탄소가 산소와 결합해서 이산화탄소로 날아가게 되죠. 그게 바로 제철소가 이산화탄소를 내뿜는 주원인입니다. 결국 철강 사업은 이산화탄소를 내뿜을 수밖에 없는 숙명을 지니고 있는 것이지요. 신이 주신 원죄라고 할 수 있습니다."

그 원죄를 가장 많이 짊어진 회사 중 하나가 포스코다. 포스코는 세계적인 철강 전문 분석 기관인 WSD(World Steel Dynamics)에서 2023년까지 14년 연속 '세계에서 가장 경쟁력 있는 철강 회사'로 선정되는 영예를 안았다.[34] 그러나 한편으로 포스코는 한국에서 이산화탄소를 가장 많이 배출하는 기업이기도 하다. 우리나라 전체 이산화탄소 배출량의 10% 이상을 포스코가 배출한다. 전 세계에서 가장 큰 제철소인 광양제철소와 포항제철소가 모두 한국에 있기에 벌어지는 일이다.

기후변화에 관심이 높아지고 세계적 차원에서 이산화탄소 배출 규제 움직임이 가속되면서, 포스코는 위협을 느낄 수밖에 없었고 새로운 돌파구를 찾아야 했다. 그중 하나가 이차전지 소재였던 것이다. 이경섭은 다음과 같이 말했다.

"(탄소를 많이 배출하는) 고로를 더 지을 수도 없고 탄소를 줄이는 기술로 대체해야 하는데 거기에는 어마어마한 돈이 들뿐만 아니라 수익성도 불확실해집니다. 이런 상태에서 이차전지라는 새로운 수익원이 없으면 회사가 장기적으로 매우 어려운 상황에 처할 수 있습니다."

'철강 이후'의 해답으로 찾아낸 포스코의 이차전지 소재 비전은 정준양-권오준-최정우에 이어 장인화 시대에도 변함없이 이어질 것 같다. 2024년 3월, 포스코그룹 10대 회장으로 취임한 장인화는 이차전지 소재 사업을 계속 추진하겠다는 의지를 보였다. 그는 취임 직후 기자 간담회에서 다음과 같이 밝혔다.

"철강 사업은 포스코의 기본이고 이차전지 소재 사업은 그룹의 쌍두마차입니다. 그래서 이차전지 소재 사업을 무조건 성공시켜야 한다는 굳은 마음을 가지고 있습니다. 이차전지와 전기차는 '지구의 운명'이며 어차피 갈 길이기도 합니다. 그 속도가 늦거나 빨라지는 부침은 있겠지만 지금이야말로 공급망을 안정시키고 강화할 아주 좋은 기회이기도 합니다. … (중략) … 이차전지 소재 사업은 그룹이 10년 넘게 공을 들인 만큼 반드시 열매를 맺어 확실한 성장 엔진으로 만들겠습니다."

토요타 회장의
특강

'가위·바위·보 이론'이란 게 있다. 기업의 다각화 순서에 대한 일종의 공식 같은 것이다. 이 공식은 바위→보→가위 순으로 이뤄진다. 먼저 바위는 기업이 한 가지 분야, 핵심 사업에 자원과 열정을 집중 투입하는 것을 말한다. 이를 통해 이익을 내고 성장한다. 보는 바위를 통해 벌어놓은 돈으로 제품의 종류를 늘리고 여러 사업으로 다각화하는 단계를 말한다. 마지막으로 가위는 채산성이 나쁜 제품이나 사업을 잘라내는 것을 말한다.

　이 이론은 포스코의 행보를 설명하는 데 유효한 듯 보인다. 포스코는 철강이라는 한 우물을 깊게 팠다. 바위에 해당한다. 그리고 철강 사업이 성숙 단계에 접어들자 사업을 다각화하기 시작한다. 보에 해당한다. 정준양은 보를 지나치다 싶을 정도로 적극적으로 벌인 경영인이다. 그리고 가위를 대는 악역을 권오준이 맡았다. 정준양은 이렇게 말했다.

"제가 너무 여기저기 투자를 많이 해서 권오준 회장이 그 뒤치다꺼리한다고 힘들었지요. 게다가 당시는 철강 사업이 굉장히 어려웠던 때였거든요. 제 죄입니다."

정준양의 '보' 전략 구상에 힘을 실어준 사건이 있었다. 정준양이 회장이 되기 한 해 전인 2008년, 그가 회원으로 있는 공학한림원에서 토요타의 조 후지오張富士夫 회장을 초청해 특강을 들었다. 강연이 끝나고 어떤 교수가 이런 질문을 했다.

"자동차의 발전 방향을 보면 처음이 휘발유 차, 두 번째는 토요타가 자랑하는 하이브리드 카, 세 번째가 전기차, 네 번째 수소 연료전지차 순서입니다. 이 네 가지가 앞으로 가는 방향인데, 그러면 토요타는 어디로 가는 건가요?"

그러자 조 후지오 회장이 잘 모르겠다고 대답했다. 정준양은 '세계 최고의 자동차 제조사 회장이 어떻게 저렇게 답변을 하나'라고 생각했다. 그런데 그다음에 조 후지오 회장이 하는 말이 이랬다.

"토요타는 어디로 갈 줄 몰라서 네 가지를 다 합니다. 지금 하이브리드 카가 잘되고 돈을 잘 버니 거기에 집중합니다. 그러다가 전기차가 뜬다고 할 때 아무것도 하지 않고 있으면 늦어서 못 쫓아가니까, 그 전까지는 남이 가는 수준으로 같이 갑니다."

이 발언은 16년이 지난 지금 토요타가 펼치는 전략을 설명하는 데도 충분히 유효한 듯하다. 조 후지오의 답변을 들은 정준양은 다른 차원의 영감을 받았다. '그래, 이거야. 우리 포스코도 어떤 경우에든 살아남을 수 있는 것을 해야겠다. 미래가 어디로 갈지 모르니까'라고 생각했다. 정준양은 이를 '리얼 타임 매니지먼트'라고 이름 붙이고 회장이 된 다음에 계속 강조했다. 그는 연구비를 매출액의 1.5% 수준에서 2%까지 늘리고, 포스코 기술연구소와 포항산업과학연구원에도 지원을 늘려 새로운 먹거리 연구를 재촉했다. 그렇게 해서 시작한 여러 가지 일 중 하나가 리튬이고 배터리 소재였던 것이다.

당시 포스코는 리튬이나 니켈 등 원재료로부터 양극재, 음극재, 분리막, 전해질 등 배터리 소재, 나아가 배터리 셀 제조에 이르기까지 이차전지 산업의 모든 밸류 체인에 참여하는 것을 검토했다. 심지어 전기차 사업 진출도 검토했다. 당시 M&A를 담당했던 이경섭 포스코필바라리튬솔루션 사장은 정준양 회장의 지시로 전기차 회사 인수를 검토했으나 마땅한 대상 기업이 없어 포기했다. 또 전기차 시장이 열리기도 전인데 배터리 소재와 배터리 셀 사업을 동시에 하기에는 투자비가 너무 많이 든다는 판단하에, 배터리 셀은 포기하고 배터리 소재에 집중하는 것으로 정리되었다.

포스코가 리튬 쪽으로 벌인 일 중 하나는 해수, 즉 바닷물에서 리튬을 뽑아내는 사업이었다. 리튬을 확보하는 데는 여러 방법이 있다. 염호, 광산의 광석, 폐배터리 재활용으로 확보할 수 있고 포스코는 이 방법을 모두 사용하고 있다. 마지막 단계는 바닷물에 극미량 녹아 있는 리튬을 추출하는 것인데 포스코는 한때 이 방법도 추진했다.

당시 일본에서 이런 이야기가 나돌았다. 휴대전화에만 리튬 이온 배터리를 쓴다면 앞으로도 한참 동안 염호나 광산만 가지고도 리튬을 충당할 수 있다. 그런데 전기차에 배터리를 쓰는 시점부터 1,000배 이상의 리튬이 필요하다. 그렇게 되면 리튬이 한참 모자란다. 결국 바닷물에 극미량 녹아 있는 리튬을 추출해서 써야 한다. 이런 논리로 일본에서 관련 기술을 연구한다는 것이었다.

정준양이 출근길에 펼친 신문에서 기사 하나가 눈길을 끌었다. 한국지질자원연구원에서 해수에서 리튬을 추출하는 기술을 개발했는데 일본보다 효율이 높다는 것이었다. 정준양은 바로 직원을 보내 상용 기술로 같이 개발해보자고 제안했다. 한국지질자원연구원에서는 아주 큰 조건을 붙였다. 2,000억 원을 내라는 것이었다. 정준양은 이들을 설득하는 데 석 달이 걸렸다고 했다. '그간의 노고는 인정하지만 실험실 차원에서 성공한 것과 상업적으로 대량생산하는 것은 큰 차이가 있다. 파일럿 공장, 데모 공장을 거쳐야 하니 산 넘어 산이다'라는 논리로 설득해서 최종 합의한 금액이 43억 원이었다.

2011년 7월 15일, 강릉시 옥계면에서 정준양 회장과 권도엽 국토해양부 장관, 장호완 한국지질자원연구원장이 참여한 가운데 바닷물에서 리튬을 뽑아내는 연구 시설 준공식이 개최되었다. 옥계IC에서 자동차로 20분 거리 옥계 해변 모래사장 바로 옆에 지은 시설 중 절반은 한국지질자원연구원이 쓰고 나머지 절반은 포항

과학산업연구원이 쓰기로 조율했다.

한국지질연구원이 개발해 포스코와 함께 상용화하려는 기술은 쉽게 말해 이런 것이었다. 커다란 그물을 만들어 구멍을 뺑뺑 뚫는다. 그런데 그 구멍의 크기를 엄청나게 작게 해서 리튬보다 큰 물질은 들어오지 못하고 리튬만 들어올 수 있게 한다. 이 그물을 바닷속에 담그고 바닷물이 흘러가면서 리튬만 들어오게 한다. 그걸 연구소로 가져와 수산화리튬이나 탄산리튬으로 가공하는 식이다.

당시 보도 자료를 보면 국토해양부와 포스코가 각각 150억 원씩 총 300억 원의 연구비를 투입해 해수 리튬 추출 상용화 기술을 공동 연구하며, 2012년까지 탄산리튬 대량생산에 필요한 상용화 핵심 공정을 개발하고 2014년까지 연 3톤 규모의 탄산리튬 공장을 짓겠다는 계획이 담겨 있다. 그러나 몇 년 뒤 포스코는 이 프로젝트에서 손을 뗐다. 어떻게 해도 상업 생산하기에는 힘들다는 결론을 내린 것이다. 염수를 햇볕으로 증발시켜 얻은 농축 염수에서 리튬을 빼내는 데도 엄청난 시간과 돈이 들어간다. 그런데 그보다 훨씬 적은 양의 리튬이 들어 있는 해수에서 리튬을 추출하는 것은, 획기적인 신기술이 개발되지 않는 한 경제성을 확보하기 힘들 수밖에 없다.

바닷물에서 리튬을 뽑아낸다는 발상은 포스코가 리튬에 그만큼 절실하다는 점을 보여준 것일 뿐 아니라 정준양 회장의 지적 욕구의 넓은 스펙트럼, 그리고 때로 꿈과 현실의 괴리를 간과하는 몽상가 기질을 보여주는 사례이기도 했다. 정준양은 무척 아쉬워하며 말했다.

"이런 과제는 국책 과제로 하는 게 맞아요. 리튬이란 소재는 앞으로 계속 필요할 것이고 결국에는 리튬이 부족해 해수에서 끄집어내는 수밖에 없을 겁니다. 그러니 장기적인 국가 과제로 추진해야 합니다."

| SPECIAL INTERVIEW |

"지금은
긴 안목이 필요한 시점"

정준양
전 포스코그룹 회장

● **자원 개발 사업에서 주의할 점은?**

"포스코는 광산 개발업자가 아니기 때문에 아주 신중하게 생각하고 소액 투자에서부터 시작해 주도적인 투자로, 단계적으로 추진해야 한다는 것을 배웠다. 또 환경문제를 유발해서는 안 되고, 지역 주민이나 정부와의 관계를 잘 조정하고 해결할 수 있는 파트너를 찾아야 한다. 가장 중요한 것은 실패로부터 배우는 것이다. 실패하면 '실패 백서'를 만들어야 한다. 재임 중 잘한 일 중 하나가 실패상을 만든 것이라고 생각한다(당시 상의 명칭은 '의미 있는 실패상'이었다)."

● 포스코가 이차전지 소재 분야 선도 기업이 되기 위해 무엇을 해야 하나. 후배들에게 조언한다면?

"첫째, 폐배터리 처리 기술, 바닷물 속에 극미량 녹아 있는 리튬을 포함해 장기적 자원 확보에 신경을 써야 한다. 두 번째는 자연 자원에 한계가 있으니 자꾸 비싸지고 대체 소재를 찾게 된다. 나트륨을 포함한 그런 대체 소재를, 조 후지오 회장이 이야기한 리얼 타임 매니지먼트 차원에서 봐야 한다. 멀리 내다보고 기회를 포착해야 한다. 중국이 희토류를 무기로 쓰니 일본은 희토류를 쓰지 않는 기술을 개발한다. 세상만사는 항상 그런 것이다. 리튬이나 니켈이 가장 경쟁력이 있는 소재는 틀림없지만 절대적인 소재는 아니다."

● 기업이 신성장 동력을 찾고 성공시키려면 어떤 마인드와 전략이 중요한가?

"경제는 모방, 추격, 선도의 3단계를 거쳐 성장한다. 한국 경제의 경우 박정희 대통령 때부터 그랬고 포스코도 그랬다. 지금 우리는 마지막 선도 단계에 있다. 비유하자면 지리산 종주를 할 때 화엄사에서부터 올라간다. 울창한 숲이고 어디가 어디인지 모르니까 무조건 길만 따라 위로 올라간다. 이게 모방 경제다. 4시간쯤 올라가면 노고단이 나오고 저쪽에 천왕봉이 보인다. 이게 추격 경제다. 목표가 보이니까 그렇다.

지금 우리나라는 장터목 산장에서 마지막 밤을 보내고 새벽

4시에 일출 보러 올라가는 단계다. 일출을 보고 나서 어떻게 할 건가? 내려갈 건가? 또 다른 데로 갈 건가? 남이 가지 않은 길을 가는 것은 지루하고 험난하다. 단기간에 성공하기 쉽지 않다. 그럼에도 긴 안목을 가져야 한다. 예를 들어 자원 개발은 단기간에 성공하기가 쉽지 않다. 그런데 정권이 유지되는 기간이 5년이다."

● **철강 산업과 이차전지 소재 사업의 다른 점은?**

"철강은 누가 독점하지 않았다. 그런데 이차전지 분야의 자원은 중국이 거의 독점하고 있다. 중국의 자원 독점을 우리가 어떻게 깨고 살아남을 수 있을까 고민해야 한다. 또 기술이 너무 급변하고 있다. 이차전지는 수소나 인공석유하고도 싸워야 하기 때문에 대비해야 할 게 너무 많다. 한편 배터리 셀 업체가 소재를 내재화하겠다고 나서고 있다. 소재 업체가 배터리 셀 업체와 어떻게 서로 협력하면서 경쟁력을 확보할 건가? 경쟁력이 있으면 소재 산업이 그대로 버틸 수 있으나 그러지 못하면 배터리 셀 업체에 흡수당할 가능성이 크다."

`SPECIAL INTERVIEW`

"치열해진 경쟁 구도, 관건은 핵심 기술 특허"

권오준
전 포스코그룹 회장

● **이차전지 시장이 과거 예측과 달라진 점은?**

"중국이 이렇게 큰 역할을 할 줄은 생각도 하지 못했다. 중국 정부가 전기차에 엄청나게 투자하고 보조금을 주고 있다. 또 공산당이 소재 업체와 원료 업체를 분류해서 역할을 분담시키고 전 세계에서 자원을 확보했다. 여기에 시장이 뜨거워지니 기술 자체도 변화가 많다. 지금 리튬 이온 전지 시장이 성숙되지도 않았는데 벌써 전고체 이야기가 나오고 있다. 급박하게 개발하지 않으면 안 된다는 심리적인 부담감을 느낄 정도다. 게다가 리튬이 부족하다 보니 원소주기율표에서 리튬 근처에 있는 것들, 예를 들어 소듐, 마그네슘, 칼륨 같은 것에 대한 관심이 커지고 있다."

● **K-배터리의 경쟁력을 평가하자면?**

"우리나라 업체들이 제조 기술 측면에서 앞선다는 것은 확실한 것 같다. 손재주나 관리 능력 또한 유럽이나 미국에 앞선다. 그런데 핵심 기술 측면에서 특허로 방어할 수 있는 배터리가 있는지는 의문이다."

● **CEO의 성과 차이를 가져오는 가장 큰 요인은 자원 배분이다. 재임 당시 자원 배분 원칙은?**

"지금부터 10년 전이어서 신사업을 뭘 해야 하는지 확실치 않았다. 사실 그럴 때는 과감하게 투자하기 힘들다. 당시에는 회사 전체 투자액의 20~30% 정도였다. 그런데 지금은 '이차전지 소재밖에 없는' 단계라고 본다. 내가 물러날 때쯤 '이 사업에 목을 걸어야겠다'는 생각을 하게 되었다. 후임자에게 이런 이야기를 한 적이 없지만, 전체 투자의 50% 정도는 배터리에 해야 한다고 생각한다."

전쟁의 시간

"SK이노베이션은 두 번째를 택했습니다.
그런데 미국 소송에서 두 번째 전략으로 가는 것은
극히 드물고 변호사들도 선호하지 않습니다.
부인할 거라면 완전히 부인해야 하는데,
정황상 그런 문서가 하나도 없을 수는 없거든요."

정유 회사에서
배터리 기업으로

대전광역시 유성구 원촌동 SK이노베이션 환경과학기술연구원. 길이 막히지 않으면 대전역에서 자동차로 20분 이내에 도착한다. 이존하 SK온 연구위원이 제네시스 GV70 전기차를 몰고 정문에 도착해 안내했다. 연구원 면적이 약 561,983m^2(17만 평)에 이르기에 차로 움직이는 게 편하다. 이곳에는 SK그룹의 4개 중간 지주회사 중 하나인 SK이노베이션의 8개 자회사 연구 개발 부문이 모여 있다. 대한석유공사(이하 유공)를 모태로 하는 SK그룹은 이제 정유 회사가 아닌 '그린 에너지 및 소재 기업'을 지향한다. 8개 자회사 중 '그린 소재'를 대표하는 회사가 배터리 셀 업체인 SK온이다.

　연구소에는 마치 대학 캠퍼스 연구동 같은 건물 50여 동이 빽빽이 들어차 있다. 연구소 사람들은 정유와 석유화학 등 기존 사업을

'카본carbon 쪽'이라고 부른다. 배터리는 '비카본 쪽'에 해당한다. 배터리 분야 사업이 커지면서 이 연구소에는 가시적으로도 몇 가지 변화가 있었다. 원래 이 연구소에는 축구장이 3개 있었다. 그중 히딩크 감독 재임 시절 축구 국가대표 팀이 연습할 정도로 국제 규격을 갖춘 축구장 하나가 사라졌다. 배터리 분야 건물이 잇달아 지어졌기 때문이다.

건물 이름에도 변화가 있었다. 연구소 건물 이름은 S1, S2, S3 식으로 알파벳 S와 숫자의 조합으로 이루어져 있다. 그렇게 S30까지 갔다가 비카본 쪽, 즉 배터리 사업이 커지면서 "언제까지 S로 갈 거냐" 해서 S 대신 K를 쓰기 시작했다. K1, K2, K3 식으로 알파벳 K를 쓰는 건물이 잇달아 들어서 지금은 K19까지 들어서 있다. 이제 SK그룹의 S와 K가 거의 균형을 이루게 된 것이다.

SK 연구원은 해발 178.8m의 '우성이산'이라는 야트막한 산기슭에 있다. 산 건너편에는 LG화학기술연구원이 있다. 두 연구소 모두 대덕연구개발특구, 보통은 대덕연구단지라고 불리는 정부가 조성한 거대 연구 개발 지구의 일원이다. 이존하 연구위원은 LG를 가리켜 '옆집, 그러나 먼 집'이라고 표현했다. 사실 두 연구소는 후문 쪽으로는 2차선 도로를 마주 보고 있을 정도로 가깝다. 태평양을 건너 미국으로 확산된 세기의 특허 전쟁 두 당사자가 이렇게 지척에 위치한다.

2023년 12월, 대덕 SK온 연구원의 셀 개발 연구동에 들어서자마자 왼쪽에 '워 룸War Room'이라 쓰인 팻말이 눈에 띄었다. 워 룸은

SK온이 운영하는 태스크포스 팀을 말한다. 단기간 특별한 목적으로 구성되는 임시 조직이다. 구성원들이 회의할 때만 모였다가 소속 부서로 흩어지는 방식이 아니라 목적을 달성할 때까지 한데 모여 일한다. 해당 부서장들에게 양해를 구하고 태스크포스의 일에만 전념하게 한다. 일단 워 룸에 들어가면 원래 팀으로 복귀하기 전까지 뭔가 결과물을 내야 하기 때문에 상당한 스트레스를 받을 수 있다. 하지만 워 룸 멤버로 선발되었다는 것은 그만큼 회사에서 인정받았다는 의미이기에 자부심을 느끼게 한다.

보통은 2~3주 정도 운영되는 반면, 내가 방문할 당시 운영된 워 룸의 기한은 3개월이라고 했다. 이례적으로 긴 기간이다. 이번에 워 룸 멤버들이 풀어야 할 과제는 바로 '원통형 배터리' 개발이었다. 그로부터 얼마 뒤 최재원 SK그룹 수석부회장이 라스베이거스에서 열린 CES 2024 현장에서 기자들과 만나 원통형 배터리 개발을 공식화했다.

"원통형 배터리 개발은 이미 많이 진행되었습니다. 고객마다 요구하는 사양이 다르기 때문에 이에 대응하기 위해 세 가지 배터리 폼팩터(파우치형·각형·원통형)를 다 개발하고 있습니다. 각형 개발은 마쳤고 원통형도 상당 수준까지 개발한 상황입니다. 양산 시점은 고객이 원하는 시기에 맞출 겁니다."

포스트 석유 시대를 준비하다

SK그룹과 배터리의 인연은 유공 시절로 거슬러 올라간다. 1982년 최종현 SK 회장은 주력 계열사이자 정유 회사인 유공 간부 간담회에서 다음과 같이 말했다.

"1970년대 오일쇼크 이후 세계 각국이 대체에너지 개발에 나서고 있습니다. 이런 상황 변화에 대처하기 위해서는 유공을 정유 회사로만 운영할 것이 아니라 종합 에너지 회사로 방향을 바꿔야 합니다. 종합 에너지에는 정유뿐만 아니라 석탄, 가스, 전기, 태양에너지, 원자력, ESS도 포함됩니다. 우리는 장기적으로 이러한 모든 사업을 해야 합니다."

SK는 최종현 전 회장의 이 발언이 배터리 사업의 출발점이라고 이야기한다. 구체적인 행동은 몇 년 뒤에야 이루어지지만, 정유 사업을 발판으로 성장한 SK가 포스트 석유 시대에 대해 일찌감치 위기의식을 느꼈다는 점을 알 수 있다.

유공은 연구소를 설립해 정부 과제인 '전기차용 첨단 축전지 개발'에 참여했고, 1993년에는 자체 개발한 배터리를 장착한 시험용 전기차로 최고 속도 시속 130km를 달리는 데 성공하기도 했다. SK그룹이 배터리 사업에 본격적으로 뛰어든 것은 1996년이다. 비디오테이프를 만들던 계열사 SKC에 팀을 구성해 리튬 이온 배터리 개발에 나섰다. 'LB Lithium Battery 프로젝트 팀'이란 이름의 20여 명 정도 되는 조직으로 절반은 SKC의 기존 직원, 절반은 외부에서 스카우트한 배터리 분야 경험자로 구성되었다.

비디오테이프를 만들던 회사가 웬 배터리냐 하겠지만, 사실 두 제품의 제조 공정에는 겹치는 부분이 있다. 코팅 기술이 그것이다.[1] 배터리 중간재인 양극재와 음극재는 고체의 가루지만 물과 섞어 끈적끈적한 액체 상태(슬러리)로 만든다. 미숫가루에 물을 조금 넣은 상태를 생각하면 된다. 그 슬러리를 코터기라는 기계를 이용해 얇은 구리나 알루미늄 테이프(업계에선 포일, 혹은 박이라 부른다)에 바른다. 이를 코팅 공정이라 한다. 이때 균일하게, 그리고 제조자가 원하는 방식으로 물질이 분포되도록 바르는 것이 핵심 기술이다.

그런데 비디오테이프 역시 표면에 무언가 물질을 코팅해야 하므로 배터리의 코팅 공정과 비슷하다. 또 원통형 배터리의 경우 코팅된 테이프를 권취기라는 기계를 이용해 감는데, 그 공정 역시 비디오테이프와 배터리가 공유하는 부분이다.

그러나 SK그룹은 노트북이나 휴대전화를 생산하는 삼성전자나 LG전자 같은 계열사가 없었다. 다시 말해 매출이 보장되는 캡티브 마켓이 없었다. SK텔레콤 자회사인 SK텔레텍이 만드는 휴대전화인 스카이폰이 있긴 했지만, 배터리 사업을 뒷받침하기에는 규모가 작았다.

SK의 배터리 부문이 의미 있는 사업으로 자리 잡은 것은 전기차 시대의 서광이 비치면서부터다. SK는 소형 전지 쪽에서는 사업성을 내기 힘들겠다고 판단하고, 2005년에 전기차용 중·대형 전지에 집중하기로 결정했다. 같은 해 SK그룹의 모태이자 SK이노베이션의 전신인 SK(주)가 SKC로부터 이차전지 사업 부문을 인수했다. SK는 이듬해 3월 하이브리드 자동차용 배터리를 자체 개발하고 3개월간 미국에서 실제 차량에 탑재해 시험 가동했다.

2009년 10월, SK는 독일 다임러그룹의 하이브리드 자동차인 미쓰비시 후소와 하이브리드 트럭용 배터리 공급 계약을 체결했다. LG화학이 GM 볼트의 공급 계약을 따낸 때로부터 불과 9개월 뒤였다. 한국 기업의 기술 추격은 혀를 내두를 정도로 신속하다. 특히 재벌 간의 경쟁일 경우에는 더욱 그러하다.

SK는 얼마 뒤 현대차가 국내 최초로 양산하는 순수 전기차 '블루온'의 배터리 공급 업체로 선정되어 2010년부터 배터리를 공급했다. 청와대에서 열린 블루온 공개 행사에서 이명박 대통령이 이 차를 시승하기도 했다. 급성장하는 배터리 사업에 고무된 최태원 회장은 이듬해 대덕 SK이노베이션 연구원을 방문했다. 그는 '모든 자동차가 SK-배터리로 달리는 그날까지 배터리 사업은 계속 달린다. 나도 같이 달리겠다'라고 친필 메모를 남겼다. 그 메모는 이곳 배터리 연구 팀원들의 명함을 모아 만든 기념 패널 위에 쓰였고, 지금은 서산 공장 전지동에 걸려 있다.

SK이노베이션은 대형 수주를 바탕으로 첫 배터리 양산 공장을 지었다. 2012년에 준공한 서산 공장이 그것이다. 그전까지 대덕에 공장이 있긴 했지만 소규모 파일럿 라인에 불과했다. 1999년과 2000년에 각각 양산을 시작한 LG화학과 삼성SDI에 비해 10년 이상 늦은 출발이었다. 하지만 IT용 소형 전지 생산을 건너뛰고 전기차용으로 지은 공장이라는 점이 달랐다. SK는 이 공장에서 생산한 배터리를 블루온에 이어 메르세데스-벤츠의 전기 스포츠카 SLS AMG E-CELL에 공급했다.

SK이노베이션에 앞서 LG화학과 삼성SDI도 전기차 시장에 본격적으로 뛰어들었다. 소형 전지 시장의 선도 업체로 부상한 두 회사는 전기차용 중·대형 전지에 화력을 퍼부었다. 2009년 GM의 배터리 공급 계약을 따낸 LG화학은 2011년 충북 오창에 전기차용 배터리 공장을 준공했다. 그리고 GM 볼트에 이어 현대·기아의 쏘나타와 K5 하이브리드 카에 배터리를 공급하기 시작했다. 삼성SDI와 보쉬의 합작회사인 SB리모티브는 울산에 전기차용 배터리 공장을 세워 BMW의 전기차에 공급했다.

바로 이즈음 LG화학과 SK이노베이션의 10년에 걸친 특허 분쟁이 시작되었다.

분쟁의 시작

2011년 12월 20일, LG화학은 SK이노베이션을 상대로 특허권 침해 금지 및 손해배상청구 소송을 제기했다.[2] SK이노베이션의 리튬이온 분리막 기술이 2007년 11월 LG화학이 특허등록한 SRS 기술 특허권을 침해했다는 것이다. 지금은 연세대 교수가 된 이상영이 LG화학 기술연구원으로 재직하던 시절, 문익점처럼 독일에서 가져온 물질로 배터리의 안전성 문제 해결에 크게 기여한 그 기술 말이다.

소송을 제기하기 3년 전, LG화학의 김명환 당시 배터리연구소장은 미국에서 열린 콘퍼런스에서 이 기술을 처음으로 소개했다. 해당 기술의 특허등록을 마쳤기에 발표할 수 있었는데 질의응답 시간에 콘퍼런스에 참석한 SK의 어느 간부가 질문했다.

"지금도 충분히 안전한데 그런 기술을 왜 씁니까? 배터리 제조 원가만 높아지지 않습니까?"

김명환은 대답했다.

"저는 안전하다고 생각하지 않습니다. 실제 현장에서, 특히 자동차용으로 배터리를 쓰려면 조금이라도 문제가 있으면 안 됩니다. 이 기술로 제조 원가가 높아지는 건 맞지만, 사고가 줄어들기 때문에 사실상 전체 원가 측면에서 보면 이게 훨씬 저렴하다고 생각합니다."

몇 년 뒤 김명환은 자신에게 질문을 던졌던 SK의 간부가 여러 학회나 콘퍼런스에서 LG의 세라믹 코팅 기술이 SK의 기술이라고 말하고 다닌다는 이야기를 들었다.

"황당한 일이었습니다. 그래서 SK의 배터리를 살펴봤죠. 그랬더니 아니나 다를까 우리 것을 베낀 것이었어요."

LG화학이 이 소송을 제기한 이유였다. 그런데 불과 몇 주 뒤 SK이노베이션이 맞불을 놓았다. 특허심판원에 LG화학의 특허 무효 심판을 제기한 것이다. SK이노베이션이 베꼈다고 LG화학이 주장하는 그 기술 자체가 원천적으로 특허의 요건을 갖추지 못했다는 것이다.

"특허를 침해했다고 소송을 걸었는데 특허 자체가 무효라고 반박하니 기가 막히는 거지요. 더구나 그 특허는 이미 일본 업체에서도 구매한 기술이었는데 말입니다."

1차전은 SK이노베이션의 승리였다. 2012년 9월 특허심판원은

SK이노베이션의 주장을 받아들여 LG화학의 특허를 무효로 결정했다. LG화학의 이차전지 분리막 특허가 선행 기술에 의해 이른바 '신규성'이 부정되어 무효라는 것이다.[3] 쉽게 말해 LG화학의 특허 기술에는 과거 기술이 포함돼 있어 완전히 새로운 것으로 볼 수 없다는 것이었다.

다만 당시 특허심판원은 "LG화학의 특허를 특허 청구 범위를 기준으로 선행 기술의 분리막과 대비해본 결과 일부 구성이 동일해 그 신규성이 부정된 것일 뿐, LG화학이 현재 생산·판매하고 있는 SRS 분리막이 선행 기술의 분리막과 동일하다고 판단한 것은 아니다"라고 단서를 달았다.[4] LG화학은 특허심판원의 결정에 불복해 특허 법원에 특허 무효 결정 취소 소송을 제기했다.[5] 그러나 특허 법원은 2013년 4월, 이 청구도 기각했다.

SRS 분리막 기술 개발의 주역 중 한 사람인 이상영은 LG화학에서 퇴사하고 연세대 교수로 재직 중이었는데, 이런 뉴스를 접하고 화가 치밀었다. 'LG가 왜 이렇게 멍청하게 대응하나'라는 생각도 들었다. "특허란 게 법률 싸움으로 가면 기술과 법은 다른 이야기더라고요. 명백하게 창의적인 건데 법률적인 단어를 몇 개 집어넣으면서 '기존 것을 수정했다'는 식으로 몰고 가는 거예요. 제가 봤을 때는 말도 안 되는 소린데 그게 먹혔어요."

3년에 걸친 양사의 소송

LG화학은 거기서 멈추지 않고, 한 달 뒤 특허심판원에 특허 범위 중 일부 내용을 정정하고 삭제하는 취지의 특허 정정 심판을 청구했다. 앞서 특허 무효 결정 당시, 특허심판원에서 LG화학의 특허 청구 범위가 너무 광범위하게 작성되어 과거 기술을 포함하고 있다고 판단한 점을 고려해 특허 내용을 바꾸려 한 것이다. 이번에는 LG화학의 주장이 받아들여졌다. SK이노베이션이 정정 무효 심판을 청구했지만 특허심판원은 기각했다. 2013년 11월, 대법원은 특허 내용이 바뀌었다는 점을 들어 예전에 LG화학의 특허를 무효로 결정한 특허 법원의 판결을 파기환송했다.[6] 이번에는 LG화학의 승리였다.

그런데 특허심판원에서의 결정과 별도로 LG화학이 애초에 서울중앙지방법원에 낸 특허 침해 소송은 진행되고 있었다. 2014년 2월 서울중앙지방법원이 LG화학의 청구를 전부 기각한다는 내용의 판결을 내렸다. SK이노베이션의 승리였다. LG화학은 이 판결에 대해서도 항소했다가 두 달 뒤 취하했다.

그리고 2014년 11월, 두 회사가 전격 합의했다는 소식이 뉴스를 탔다. 합의서에 따르면 두 회사는 "각 사의 장기적 성장과 발전을 위해 2011년부터 계속된 세라믹 코팅 분리막 특허와 관련된 모든 소송과 분쟁을 종결하기로 했다"고 밝혔다. 두 회사는 또 향후 10년간 국내외에서 해당 특허와 관련한 특허 침해 금지나 손해배상 청구 또는 특허 무효를 주장하는 쟁송을 하지 않기로 합의했다.

당시 LG화학 배터리연구소장이었던 김명환은 "불필요한 소송보다 각 사가 사업에 전념하는 것이 좋겠다는 데 의견이 일치했다"고 말했고, SK이노베이션의 김홍대 NBD 총괄은 "이번 합의서 체결로 국내 대표 전기차 배터리 업체 간 소모적인 특허 분쟁이 종식되었다"고 말했다. 그러나 합의의 배경에는 정부의 강력한 중재가 있었던 것으로 알려졌다. 김명환은 당시 합의 내용을 다음과 같은 말로 요약했다.

"SK가 주장한 LG의 특허 무효는 없었던 일로 하는 대신, 우리 기술을 SK이노베이션이 쓰도록 허락해준 겁니다."

결국 SK이노베이션이 LG화학의 기술을 베꼈는지 여부에 대한 본질적 판단은 내려지지 않았다. LG화학이 처음에는 특허 범위를 너무 넓게 잡았다가 좁게 수정했고 그것이 받아들여졌는데, 그 좁게 정의된 기술에 대한 특허 침해 여부는 가려지지 않았다. 그것을 가리지 않은 채 양사가 합의했기 때문이다.

그러나 실익 관점에서 보면, 당시의 소송은 큰 의미가 없는 것이었다. 특허 소송은 타이밍이 중요하다. 결정적인 순간에 소송을 걸어 큰돈을 받아내거나 경쟁 상대를 궁지에 빠뜨려야 한다. 그런데 당시는 이차전지 시장이 본격적으로 커지기 전이었다. 그리고 진짜 큰 판은 몇 년 뒤 찾아왔다.

미국으로 옮겨 간
세기의 소송

인재 전쟁

끝난 줄 알았던 두 회사의 법정 다툼은 몇 년 뒤 무대를 미국으로 옮겨 더욱 뜨겁게 펼쳐졌다. 발단은 LG화학에서 SK이노베이션으로의 인력 엑소더스였다.

2017년 여름, LG화학이 발칵 뒤집혔다. 연구 개발부터 생산, 품질관리, 구매, 영업 등 여러 부서의 직원 20여 명이 SK이노베이션으로 이직한 것이다. 몇 년 뒤에는 100명 이상으로 늘어날 인력 대이동의 시작이었다. LG화학은 그해 폴란드에 큰 공장을 준공해 일손이 부족했다. 게다가 한창 일을 많이 할 과장·차장급 직원의 이직이 많았기에 공백이 더 아프게 느껴졌다.

발끈한 LG화학은 SK이노베이션에 인력 스카우트 자제 공문을 발송했다.[7] 그러나 그 이후로도 인력 이동이 계속되자 3개월 뒤 LG화학은 SK이노베이션에 이직한 핵심 인력 5명에 대해 전직 금지 가처분 소송을 제기했다. 이직한 직원들을 통해 영업 비밀이 유출되었다는 것이 LG화학의 주장이었다. 이에 대해 SK이노베이션은 연봉이 높고 근무 환경이 좋으니 옮겨 오는 것이 당연하고, LG화학의 인력은 SK만이 아닌 유럽과 중국의 배터리 업체와 완성차 업체로도 빠져나갔다고 반박했다. 또 배터리 기술은 모든 게 연결돼 있기에 LG화학의 기술을 쓰려면 전 공정이 바뀌어야 하는데 그런 일은 없었다고 반박했다.[8]

이런 와중에 LG화학을 더욱 자극하는 일이 벌어졌다. 2018년 11월, LG화학과 SK이노베이션이 폭스바겐 전기차의 미국 배터리 공급권을 놓고 치열하게 경쟁한 끝에 SK이노베이션이 계약을 따냈다. SK이노베이션은 이어 미국 조지아주에 배터리 공장을 지었다. 수십억 달러 규모인 이 계약을 SK이노베이션에 내준 LG화학의 충격은 컸다. 폭스바겐은 전용 전기차 플랫폼을 개발한 뒤 2025년까지 전기차 50종, 하이브리드 차 30종을 출시하겠다는 거대 프로젝트에 시동을 걸었고 배터리 공급 계약은 그 일환이었다. 그 때문에 더욱 절실한 계약이었다. LG화학은 이미 폭스바겐 전기차의 유럽 배터리 공급 업체로 선정돼 있었지만, 미국 시장은 규모가 훨씬 컸다. LG화학은 인력 이동으로 영업 비밀이 유출돼 급기야 고객까지 뺏겼다는 생각을 하게 됐다.

LG화학이 한국에서 SK이노베이션을 상대로 제기한 전직 금지 소송은 1년을 훌쩍 넘긴 2019년 1월, 대법원이 '전직 금지' 결정을 내림으로써 LG화학의 최종 승소로 마무리되었다. 대법원의 판결문에는 '영업 비밀 유출 우려'와 '기술 역량 격차'를 언급한 부분이 포함되었다. 그러나 이 판결 이후에도 인력 이동은 계속되었다. 2019년 4월 LG화학은 SK이노베이션에 '전지 핵심 인력 채용 관련 협조 요청의 건' 공문을 다시 보내 자제를 요청했다.

이즈음 LG화학의 CEO가 교체되었다. LG화학이 SK이노베이션에 폭스바겐 계약을 내준 바로 그달에 LG그룹은 LG화학의 새 CEO로 신학철을 내정했다. 신학철은 1984년 3M 한국 지사에 평사원으로 입사해 한국인 최초로 미국 본사 수석부회장에 오르기까지 34년간 근무했다. 이 인사는 여러모로 화제를 모았다. LG화학이 CEO를 외부에서 영입한 것은 1947년 창립 이후 처음이었다. 또 이 인사는 구본무 회장이 별세하고 그해 6월 구광모 회장이 취임하고 나서 단행된 첫 번째 부회장급 교체 인사이기도 했다.

LG화학은 왜 미국에서 소송을 제기했을까

2019년 4월 29일, 사령탑이 바뀐 LG화학은 미국 국제무역위원회ITC와 델라웨어주 지방법원에 SK이노베이션을 영업 비밀 침해로 제소했다. 델라웨어는 SK이노베이션의 배터리 사업 미국 법인

이 있는 곳이다. LG화학에서 오래 근무한 홍영준 포스코홀딩스 부사장은 당시를 이렇게 회고한다.

"LG화학이 한국이 아니라 미국에서 소송을 제기한 것은 신의 한 수였습니다."

미국 땅에서 벌어진 양사의 소송전을 정확히 이해하기 위해 먼저 알아야 할 점이 있다. 당시 언론 보도를 보면, LG화학이 한국이 아닌 미국에서 소송을 제기한 이유로 "미국 ITC와 연방 법원은 소송 과정에서 강력한 '증거 개시discovery 절차'를 두고 있어 증거 은폐가 어렵고, 이를 위반할 경우 소송 결과에도 영향을 주는 제재로 이어지기 때문"이라고 나온다.[9] 이 보도는 소송의 앞길을 정확히 예측한 것이었다.

증거 개시란 소송 당사자가 상대방으로부터 소송과 관련된 정보와 증거 자료를 요청해 얻을 수 있게 한 제도를 말한다. '소송 제기 전 증거 수집 제도'라고도 한다. 소송 당사자는 주로 변호사를 통해 상대방에게 문서로 질문하거나, 소송에 관련된 자료를 제출하라고 요구하거나, 당사자 또는 정보를 가지고 있는 사람을 불러 질문을 할 수 있다. 상대방은 이에 응할 법적 의무가 있으며 이를 통해 소송 대리인들은 상대방의 증거 자료에 접근할 수 있다.

영화 〈나는 부정한다Denial〉를 보면, 증거 개시 제도가 어떻게 진행되는지 알 수 있다. 홀로코스트 연구로 유명한 역사학자가 홀로코스트의 존재 자체를 부인하는 다른 학자에게 명예훼손 혐의로 영국 법원에 고소당한다. 그는 법정에서 홀로코스트가 실제로 존재했다는 사실을 증명해야 한다. 그런데 피고가 된 역사학자의 변호인들이 원고인 홀로코스트 부인론자를 찾아가 질문하고 자료를 요청하는 장면이 나온다.

이때 소송 당사자들은 증거로 사용될 수 있는 모든 자료를 유지해야 할 증거 보존의 의무도 지닌다. 증거 보존이나 증거 개시 의무를 이행하지 않을 경우 의도적으로 증거를 숨긴다는 혐의를 받아 패소 판결을 받을 수도 있다. 증거 개시는 영미법계 국가의 민사소송 절차 중 하나로 미국과 영국, 독일 등 주요 선진국에서 시행되고 있다. 증거 개시 제도는 전자 증거 개시 제도 E-Discovery로 발전했다. 보존할 자료의 대상을 종이 문서로 제한했던 것을 확대해 이메일이나 문자메시지, 컴퓨터 파일 등 전자 정보를 포함한다. 요즘 소송에선 대부분이 전자 증거다.

세계에서 특허 소송을 가장 많이 벌이는 회사 중 하나인 3M 출신 신학철 부회장을 비롯한 LG화학 경영진은 증거 개시를 포함한 미국 사법제도의 특징을 잘 알고 있었다. 반면 SK이노베이션은 증거 개시 제도를 잘 모르거나 충분히 주의를 기울이지 않았던 것으로 보인다. 그 차이가 소송의 승패를 갈랐다. 김명환은 당시를 회고하며 이렇게 말했다.

"미국은 제소되는 순간 갑자기 피고에게 연락이 와요. 지금 이 순간부터 컴퓨터를 건드리지도, 기록을 지우지도 말라고 하지요. 그런데 SK이노베이션은 계속 지웠던 거예요. 하지만 지우다가 미처 다 못 지운 게 있었고 나중에 포렌식을 하다 보니 지운 것도 나왔지요. 우리 자료를 통째로 가져간 게 나왔습니다."

SK이노베이션 관계자들은 LG화학이 미국에서 소송을 제기할 것이란 사실 자체를 몰랐다고 말했다.[10] 당시 SK이노베이션 홍보팀에 있던 김우경 부장(현 SK수펙스추구협의회 PR 담당 임원)은 한국 시각 4월 30일 오전 7시경 한 기자의 전화를 통해 처음 알았다.[11] 기자가 LG화학이 소송을 제기했다는 사실을 듣고 확인하기 위해 전화한 것이었다. LG화학이 미국 시각 4월 29일에 소송을 제기한 직후였다. 김우경은 LG화학이 소송 제기 사실을 보도 자료로 배포했다는 사실을 알고 더욱 놀랐다. 한국을 대표하는 재벌들 사이에 소송이 벌어지는 일 자체도 드물지만, 법정 공방이 벌어졌다고 해서 이를 적극적으로 알리는 경우는 더욱 드물다. LG화학의 보도자료 배포는 SK이노베이션에 대한 선전포고로 받아들여졌다.

LG화학이 소송의 무대로 법원과 함께 ITC를 선택한 것도 특이했다. 왜 ITC였을까? ITC는 미 행정부 소속의 준사법적 행정기관으로 불공정 무역 행위에 대해 미국 내 수입 금지와 판매 금지 등 강력한 제재를 내릴 수 있다. 만약 제재를 받게 되면 거대한 미국 시장을 포기해야 할 수도 있다. 중요한 것은 불공정 무역 행위에 지식재산권 침해도 포함되어 있다는 사실이다. 또 ITC는 매우 신속한 결정과 조치를 내린다. 조사 개시부터 최종 판정 확정까지 보통 1년 6개월이면 끝난다. 판결이 확정되면 바로 미국에 대한 수입 금지 등 행정 조치 명령을 내린다.[12]

LG화학은 이전에도 ITC에서 소송해본 경험이 있었다. 이 사건이 일어나기 1년 전쯤 CATL의 모기업인 ATL을 ITC에 제소한 것이다. ITC의 결정이 나오기 직전 ATL은 꼬리를 내렸고, LG화학에 거액의 로열티를 지불하기로 합의했다. 이처럼 외국 기업들이 한국 기업을 ITC에 제소하는 경우는 왕왕 있었다. 그러나 한국 기업이 소송을 제기하는 경우는 드물었다.

LG화학에서 ATL에 이어 SK이노베이션과의 소송을 담당한 이는 민경화 당시 특허센터장(현 LG화학 전무)이었다. 민경화는 기술고시로 특허청에 입사한 뒤 다시 사법 고시를 거쳐 판사로 변신해 특허 사건을 주로 다룬 이색적인 경력이 있다. 미국 변호사 자격증도 보유한 그는 2013년 LG화학에 스카우트되면서 판사복을 벗었다. 민경화와 함께 소송 실무를 맡은 이는 이한선 현 LG에너지솔루션 상무였고, 그와 태스크포스 팀원 8명은 사내에서 '이한선과 아이들'이라는 별명으로 불렸다.

LG가 미국에 제기한 소송이 한국에서 벌인 소송과 다른 또 하나는 특허 침해가 아니라 영업 비밀 침해를 다룬 소송이었다는 점이다. 특허는 20년 동안 배타적 권리를 부여받지만 해당 발명을 공개해야 한다. 반면 영업 비밀은 공개되지 않는다. 또 비밀 유지 조건을 충족하는 한 무기한 보호된다. 특별한 등록 절차가 필요하지 않으며 비밀 유지 조치를 취하는 것만으로 보호되는 것이다. 영업 비밀에는 기술적 정보뿐 아니라 제조 공정, 비즈니스 전략, 고객 정보 등 비공개로 유지해야 할 모든 정보가 포함된다.[13]

소송의 발단으로 돌아가보자. ITC에 소송을 제기한 LG화학은

SK이노베이션이 2017년부터 핵심 인력 76명을 빼 갔고, LG화학의 영업 비밀을 이용해 자동차용 배터리 개발에 필요한 시간과 비용을 절약했다고 주장했다. 사실 LG그룹에서는 이 소송을 시작하기 전까지 한 달 동안 지주회사인 (주)LG와 LG화학 수뇌부들이 갑론을박을 벌였다. "왜 한국에서 안 하고 미국에서 하느냐?"라든가 "소송 비용이 너무 크지 않나?"라는 질문이 있었다. "확보된 증거가 있느냐"는 질문에 "지금은 없지만 증거 개시 제도를 통해 찾으려 한다"고 대답하면 "그게 가능하겠나?"라는 질문이 돌아왔다.

그러던 차에 ITC 제소 일정을 앞당긴 '미확인' 정보가 입수되었다. SK이노베이션에서 추가로 LG화학 직원들을 채용할 예정이며 그 인사 발령일이 5월 1일이라는 것이었다. 만일 그 뒤에 소송을 시작하면 전직하려던 직원들은 오도 가도 못하는 상태가 될 수 있었다. LG화학은 일정을 최대한 앞당겨 4월 말에 소송을 제기했다.

'증거 개시'를 똑똑하게 활용한 LG화학

'이한선과 아이들'은 이 소송을 치밀하게 준비했다. 그들은 소송을 제기하면서 몇 가지 구체적 물증을 제시했다. SK이노베이션으로 이직한 직원들이 LG화학에서 사용했던 PC와 인터넷을 포렌식해 확보한 자료였다.[14] 그중 하나가 SK이노베이션으로 이직한 직원의 입사 지원 서류였는데, 여기에는 지원자가 LG화학에서 수행한 업무 내역을 기술하는 항목이 있었다. 거기에는 그 직원이 예전에 참여한 전극 제조 공정 개선 프로젝트의 배경과 목적, 개선 방안, 성과가 기재되어 있었다. LG화학은 또 SK이노베이션으로 옮겨 간 직원들이 이직 전 회사 시스템에서 개인당 400~1,900여 건의 핵심 기술 관련 문서를 다운로드한 것으로 확인했다고 밝혔다.

  포렌식은 김앤장법률사무소의 전문가를 통해 진행되었다. 대형 로펌에는 포렌식을 전담하는 팀이 있다. PC를 초기화하거나 포맷하는 정도로는 정보가 결코 지워지지 않는다. '하드디스크를 통째로 한강에 들고 들어가지 않는 한' 기록은 남게 마련이다.[15] 직원들의 사내 메신저 내용도 남는다. 전직자 A씨는 사내 메신저를 통해 동료에게 "나랑 (SK이노베이션의) 선행 개발에 가서 여기(LG화학)에 적용된 걸 소개해주면서 2~3년 꿀 빨다가"라는 말로 동반 이직을 권유했다. 또 재직자들끼리 나눈 대화 내용에는 전직자 A가 "(SK이노베이션이) LG화학에서 하는 거 다 따라 하려고 하는데"라는 부분이 있었다.

  ITC에 소송을 제기한 뒤 신학철 부회장은 "현재 세계 최고 수준인 LG화학의 이차전지 사업은 1990년대 초반부터 30년에 가까운 시간 동안 과감한 투자와 집념으로 이뤄낸 결실이다. 이번 소송은 경쟁사의 부당행위에 엄정 대처해 핵심 기술과 지식재산권 보호를 위해 불가피한 조치이며, 정당한 경쟁을 통한 건전한 산업 생태계 발전을 위한 것"이라고 밝혔다. 이에 대해 SK이노베이션은 "투명한 공개 채용 방식을 통해 국내외로부터 경력 직원을 채용했다.

LG화학의 법적 조치는 기업의 정당한 영업 활동에 대한 불필요한 문제 제기"라고 반박했다.

LG화학은 ITC에 제소하기 3주 전, SK이노베이션에 내용증명 공문을 보냈다. 앞서 언급한 대로 '전지 핵심 인력 채용 관련 협조 요청의 건'이란 이름의 공문이었다. 여기에는 '귀사(SK) 및 귀사에서 채용한 핵심 인력에 대해 가능한 모든 법적 조치를 고려할 예정'이라는 문구가 포함돼 있었다. 미국 소송에서 증거 보존 의무는 상대방의 소송 제기를 합리적으로 예상할 수 있을 때부터 발생한다. 따라서 SK이노베이션으로서는 이날부터 증거를 보존해야 할 의무가 생긴다. 그러나 SK이노베이션은 증거를 보존하지 않고 오히려 삭제하려는 시도를 여러 차례 했고 이것이 치명적 결과를 부르게 된다.

LG화학이 나중에 증거 개시 절차를 통해 확보한 핵심 증거 중 하나는 LG화학이 SK이노베이션을 ITC에 제소한 다음 날 SK 내부에서 오간 이메일이었다. '(긴급) LG화학 소송 건과 관련'이란 제목의 메일에는 '각자 PC, 보관 메일함, 팀룸에 경쟁사 관련 자료는 모두 삭제 바랍니다. ASAP. 특히 SKBA는 더욱 세심히 봐주세요. PC 검열 및 압류 들어올 수도 있으니 본 메일도 조치 후 삭제 바랍니다'라는 내용이 담겨 있었다. 'ASAP'는 가급적 빨리, 'SKBA'는 SK이노베이션 배터리 사업 미국 법인을, '팀룸'은 사내 협업 소프트웨어의 팀별 파일 저장 공간을 일컫는 것이었다.

증거 개시는 한국에 없는 제도이다 보니 분쟁이 발생하면 불리한 자료를 숨기거나 없애기에 급급하다. 이 이메일은 SK이노베이션에서 그런 일이 벌어졌음을 보여주었다. 특히 'SKBA'라는 언급은 이 소송의 관할권이 미국에 있음을 확실하게 해주었다.

증거 개시가 원활하게 진행된 것은 결코 아니었다. 증거 개시는 원고와 피고 측 협의에 의해 진행되며 법원이 관여하는 것은 매우 제한적이다. 변호사들이 협의해 문서 제출 범위를 정하게 된다. 한쪽에서 상대방에게 "이런 이런 문서를 제출하시오"라고 하면, 상대는 "범위가 너무 방대하니 줄여야 한다"든지 해서 주거니 받거니 협의가 이뤄진다. 그런데 처음에 SK이노베이션은 제출할 문서가 없다고 버텼다. 민경화는 이에 대해 다음과 같이 설명했다.

"증거 개시에 대해 피고 측이 대응하는 방법은 두 가지입니다. 첫 번째는 솔직하게 내놓는 겁니다. 숨기면 나중에 발각됐을 때 후폭풍이 너무 크거든요. 그래서 솔직하게 공개하되 최대한 줄여보려는 거지요. 두 번째는 아예 부인하는 전략입니다. SK이노베이션은 두 번째를 택했습니다. 그런데 미국 소송에서 두 번째 전략으로 가는 것은 극히 드물고 변호사들도 선호하지 않습니다. 부인할 거라면 완전히 부인해야 하는데, 정황상 그런 문서가 하나도 없을 수는 없거든요. 그리고 한번 그렇게 부인하기로 기조를 정하면 끝까지 유지해야 합니다. 입장을 바꾸면 거짓말한 것이 되니까요. 미국 법원에서는 거짓말한 게 발각되는 순간 소송에서 진다고 봐도 됩니다. 증거 개시 제도가 강력한 이유가 거짓말을 했을 때 뒷수습이 거의 불가능하다는 겁니다."[16]

SK이노베이션은 '우리 핵심 기술은 LG에서 전직한 사원들과 관계없으니 당당하게 나가자'는 입장이었던 것으로 알려졌다. SK이노베이션이 아무 문서도 제출하지 않고 한 달 반이 흘렀다. LG화학은 판사에게 달려가 상대방이 증거 개시에 협조하지 않으니 명령을 내려달라고 요청했다. 판사는 SK이노베이션에 증거를 제출하라는 명령을 내렸다.

증거를 찾는 데 가장 많이 쓰이는 방법은 사람들이 인터넷 검색하는 것과 비슷하다. 원고인 LG화학에서 검색어를 정해 넘겨주면 SK이노베이션이 사내망과 직원 PC에서 해당 검색어와 관련된 문서를 찾아 보내주는 것이다. 그때부터 SK이노베이션에서 수십 만 건에 달하는 문서가 쏟아졌다. 그 방대한 문서를 열람해 증거를 찾아내는 일은 로펌의 몫이다. LG화학은 국내에서는 김앤장과 태평양을, 미국에서는 래텀&왓킨스Latham&Watkins, 덴턴스Dentons, 호건로벨스Hogan Lovells Internationa, AMS 등 네 곳의 로펌을 대리인으로 지정해두고 있었다.

당초 민경화는 미국 로펌 두 곳으로 소송을 시작했다. 그러나 당시 LG그룹 지주회사 (주)LG의 권영수 부회장이 "이 두 곳이 우리가 고용할 수 있는 가장 좋은 로펌인가요? 더 찾아보세요"라고 했고, 덕분에 미국에서도 정상급 로펌인 래텀&왓킨스를 쓸 수 있었다. '돈 걱정하지 않고' 말이다. 호건로벨스는 규모가 작은 부티크 로펌이었지만 ITC 판사 경력이 10년인 변호사가 있기에 선임했다. 반면 SK이노베이션은 국내에서는 법무법인 화우를, 미국에서는 코빙턴&벌링Covington&Burling을 대리인으로 선임했다. 코빙턴&벌링은 미국에서는 10위권 밖에 있는 로펌이었다. 화력 면에서 LG화학이 우세했다.

증거 번호 6125
엑셀 파일

2019년 8월 말, 수십만 건의 문서와 씨름하던 LG화학 측 변호사들이 결정적인 증거를 확보했다. LG화학에서 SK이노베이션으로 전직한 어느 직원 노트북 PC의 휴지통 폴더에 있던 엑셀 파일이었다. 2년여 뒤 ITC는 최종 판결 이유서에서 이 엑셀 파일이 없었다면 'SK의 증거 훼손은 LG나 ITC에 의해 적발되지 않았을 수도 있다'고 했다.[17] 도대체 이 파일에 무엇이 담겨 있었던 걸까.

결정적 증거

증거 번호 'SK00066125', 줄여서 '6125 스프레드시트'라 불린이 엑셀 파일에는 980개의 문서와 이메일 제목이 리스트로 정리되어 있었다.[18] 그리고 980개 제목 중 'LG'가 언급된 것이 매우 많았다. 예를 들어 'LG 셀 성능', 'L사 전극 라인 장비', 'LG화학 경력 증명' 같은 제목이 그것이다. 이 발견을 통해 SK이노베이션이 하나도 없다고 했던 LG화학 관련 자료가 다수 존재하고, 그것은 증거로 제출되지 않았으며, 직원이 그것을 삭제해 PC의 휴지통에 들어갔다는 사실이 드러났다.

이 엑셀 파일은 LG화학이 SK이노베이션에 인력 스카우트 자제 공문을 내용증명으로 보낸 날, 그러니까 증거 보존 의무가 발생한 날로부터 나흘 뒤인 2019년 4월 12일 작성되었다. SK이노베이션 정보 보안 팀 직원이 이 파일을 작성해 메일에 첨부해 보냈다. 메일을 받은 직원은 그 파일을 검토한 뒤 휴지통 폴더로 보냈다.[19]

왜 그 목록에 LG화학과 관련된 제목이 많았을까? 결론부터 말하자면, LG화학과의 소송에 대비해 삭제를 검토할 문서를 '예시'로 든 것이기 때문이다. 나중에야 밝혀진 사실이지만, 6125 파일은 빙산의 일각에 불과했다. 그런 파일은 6125 파일 외에도 74개가 더 작성되었고 다양한 배터리 관련 부서에 보내졌다. 그 나흘 전 SK이노베이션 정보 보안 팀은 배터리 부문을 포함한 사내 전 부문 팀장들에게 문서 보안에 대한 정기 점검을 실시한다는 내용의 이메일을 보냈다. 그 메일은 보안 점검 대상으로, 필요 없는 문서나 개인정보 자료와 함께 '불필요한 오해를 유발할 수 있는 문서'를 꼽았다. 그리고 '자발적인 청소clean up 기간'으로 일주일을 부여했다.

문제의 6125 엑셀 파일은 그 나흘 뒤 발송되었다. 그것을 보낸 정보 보안 팀 직원은 나중에 증인 조사에서 그 파일을 보낸 이유가 "보안 점검 안내의 후속 조치로 추가 조사가 필요할 수 있는 문서를 식별하는 데 도움을 주기 위해서"였다고 말했다. 그리고 목록화된 문서들은 사내 공용 파일 저장 공간에서 'LG', 'L사', '경쟁자', '액션플랜' 등을 검색어로 관련 파일을 일괄적으로 검색한 결과라고 말했다.

당시 오간 메일 중 하나는 '(문서 보안 점검) 자가 점검 요청'이란 제목과 함께 문서 보안의 업무 절차를 안내했다. '1. 경쟁사 정보가 데이터에 반영된 경우 삭제하라. 2. 경쟁사 정보나 보안 문제가 없는 데이터는 보안에 위반되지 않도록 파일 이름을 변경해 저장하는 것을 잊지 마라'라고 되어 있다. 이른바 '문서 보안'이 사실은 '삭제'를 의미하는 것임이 뚜렷했다. 자체 보안 검색이라면 SK의 기밀이 타사로 유출되는 것을 방지하는 데 목적이 있을 것이었다. 그런데 왜 'LG'를 검색했단 말인가? 또 자사 기밀 유출을 밝혀내는 것이 목적이었다면 문서를 삭제하기보다 더 찾아내고 보존하려고 노력해야 하는데 왜 반대로 삭제하려 했단 말인가? SK이노베이션은 이런 질문에 대해 설득력 있는 답변을 하지 못했다.

이 엑셀 파일은 소송의 전환점이 되었다. SK이노베이션에서는 LG화학의 기술에 관련된 자료가 없다고 했는데 사실은 있었으며, 그것을 고의로 지우려고 한 사실이 확인되었다. 이는 앞서 언급한 문서 삭제를 지시한 이메일과 함께 가장 결정적인 증거가 되었다.

LG화학은 어떻게 이 증거를 확보했을까. 피고인 SK이노베이션은 상대방이 요청한다고 해서 모든 문서를 제출할 필요는 없다. 기밀문서 같은 것은 제출하지 않아도 된다. 피고는 문서를 제출하기 전에 스스로 살펴본다. SK이노베이션은 해당 엑셀 파일의 내용을 알고도 제출했을까, 아니면 키워드 검색을 통해 자료를 기계적으로 모으다 보니 휴지통 폴더에 있던 엑셀 파일까지 섞여 들어간 것을 모르고 제출했을까. 진실은 물론 SK이노베이션의 관련 당사자들만 알고 있을 것이다.

결정적 증거를 확보한 LG화학은 판사에게 달려가 포렌식 조사를 요청했다. SK이노베이션이 자료를 제대로 제출하지 않았으니 가서 확인해야 하는데 어떤 문서들을 제출하지 않았는지, 어떤 문서가 삭제됐는지 등의 증거를 확보하도록 법원이 도와달라는 것이었다. LG화학은 재판부에 6125 파일을 비롯한 여러 엑셀 파일에서 나온 이메일과 문서를 증거로 제시했다. '여기에 경쟁자의 생산 현황이 있다', 'LG화학과 SK이노베이션의 셀 제조 프로세스', 'LG화학 전극 핵심 장비 명세', 'L사 분석', '경쟁사 비용 비교' 같은 것이었다.

판사는 LG화학의 요청을 받아들여 포렌식 명령을 내렸다. 열흘이라는 기한이 주어졌다. LG화학과 SK이노베이션은 각기 미국에서 한 명씩 포렌식 전문가를 초청했고 포렌식이 진행되었다. 포렌식 전문가들이 처음 한 일은 SK이노베이션 관련 직원들 인터뷰였고, 인터뷰 대상 중에는 문제의 6125 엑셀 파일을 작성한 직원도 있었다.

"보안 점검을 실시했다면 한 팀에만 보냈을 리 없다. 다른 팀에도 별도의 엑셀 파일을 보내지 않았는가?"

집요한 질문 공세를 받은 그 직원은 엑셀 파일이 더 있다는 사실을 자백했고, 다음 날 SK이노베이션은 엑셀 파일이 58개 더 있다는 사실을 공개했다. 며칠 뒤 SK이노베이션은 엑셀 파일이 더 있다고 밝혔다. 이제 이른바 정보 보안 절차의 일환으로 작성해 여러 배터리 관련 부서에 전달한 엑셀 파일이 모두 75개임이 드러났다. 소송이 제기되고 5개월이 지난 뒤에야 이 사실을 공개한 것은 SK이노베이션에 대한 재판부의 신뢰를 크게 떨어뜨렸다.

SK이노베이션이 핵심 증거가 될 수도 있는 파일을 보존하려고 노력하지 않고 파기를 방치한 것도 마찬가지였다. SK이노베이션의 사내 인터넷 문서 저장 공간인 '팀룸' 휴지통 폴더에 들어간 파일은 30일이 지나면 자동 삭제되게 되어 있다. 그럼에도 문제의 엑셀 파일을 보낸 정보 보안 팀은 30일 이전에 해당 엑셀 파일을 정리하라는 기존 요구를 철회하거나, 그 파일을 보존해야 한다고 알리려는 노력을 하지 않았다.

그 30일 중 LG화학은 SK이노베이션을 ITC에 제소했고, 그다음 날 SK이노베이션의 법무 팀은 전 직원에게 증거를 보존하라는 이메일을 보냈다. 그럼에도 문제의 엑셀 파일을 작성해 배포한 정보 보안 팀은 증거 보존 노력을 하지 않고 증거 파기를 방치했다. 이에 대해 재판부는 판결 이유서에서 변명의 여지가 없다고 했다. 또 SK

이노베이션은 75개 엑셀 파일 중 이미 발견된 1개 파일에 대해서만 포렌식하고, 나머지 파일에 대해서는 시간 부족 등을 이유로 포렌식을 하지 않았다.

LG화학은 SK이노베이션이 탈취한 영업 비밀을 조직적으로 관련 부서에 전파했다고 주장했다. 그러면서 SK이노베이션의 LG화학 경력 사원 면접 평가 자료에 '타사의 믹싱 기술에 관한 많은 정보를 얻을 수 있고, 전극 공정 노하우를 단시간에 흡수 가능'이라는 내용이 적혀 있다는 점을 근거 중 하나로 들었다. 또 사내에 공유한 이메일에 'LG화학 연구소 경력 사원 인터뷰 내용을 분석하고 요약한 정보에 따른 것'이라는 내용과 함께 LG화학의 전극 개발 및 생산 관련 상세 영업 비밀 자료가 첨부돼 있었다고 밝혔다. ITC는 홈페이지에 LG화학이 제출한 67페이지 분량의 증거 개시 요청서와 94개 증거 목록을 공개했다.

김명환은 당시를 회고하며 말했다.

"SK이노베이션이 코카콜라 레시피 같은 것을 가져간 거예요. 예를 들어 전해액이나 전극을 만들 때 어떤 재료를 얼마큼 넣느냐도 중요하지만 어떤 조건으로, 어떤 순서로, 어떻게 관리한다 같은 것이 다 중요한데 그걸 통째로 가져간 겁니다."

조기 패소와 SK이노베이션의 대응

포렌식 조사가 시작되고 한 달 뒤 LG화학은 ITC에 SK이노베이션에 대한 조기 패소defalut 판결을 내릴 것을 요청했다. 이는 피고가 소송 절차에 응하지 않거나 소송 일정 혹은 규칙을 따르지 않을 경우 더 이상의 증거 조사를 하지 않고 패소 판정을 내리는 것을 말한다. 증거 훼손이나 법정 모독 행위가 요건에 해당함은 물론이다. LG화학은 SK이노베이션이 여러 방식으로 증거인멸을 지시한 것이 증거 훼손에 해당하고, 삭제한 정보를 복구하라는 ITC의 포렌식 명령을 제대로 이행하지 않은 것이 법정 모독에 해당한다고 주장했다.

LG화학의 조기 패소 판결 요청 후 ITC 산하 조사 기구인 불공정수입조사국이 증거인멸 행위가 있었는지 조사했고 열흘 후 ITC에 의견서를 제출했다. 'SK이노베이션이 증거를 훼손했다고 보는 게 타당하며, ITC의 포렌식 명령을 지키지 않았고, 이런 행위 중 일부는 고의성이 인정된다'는 내용이었다.

2020년 2월, ITC는 SK이노베이션에 조기 패소 판정을 내렸다. ITC는 SK이노베이션이 조직적 차원에서 LG화학의 영업 비밀을 확보하기 위해 노력했고, 소송이 제기된 후 증거 보존 의무가 있음을 인지하고도 적극적으로 문서를 삭제하거나 삭제되도록 방관했다고 판단했다. 또 포렌식 명령은 증거인멸에도 여전히 남아 있을 만한 문서를 모두 복구하기 위해서였는데, SK이노베이션이 고용한 포렌식 전문가는 판사의 명령과 달리 조사 범위를 1개의 엑셀 시트로 제한했고, 이는 부당한 법정 모독 행위에 해당한다고 지적했다.

이처럼 ITC는 여러 증거를 바탕으로 'SK 측의 문서 훼손 행위는 영업 비밀 탈취 증거를 숨기기 위한 범행 의도를 갖고 행해진 것이 명백하다'라고 판단했다. 또 '영업 비밀 침해 소송은 증거인멸 행위에 아주 민감하고 영향을 받기 쉽다. 이런 상황에서 증거인멸 행위에 적합한 법적 제재는 오직 조기 패소 판결뿐'이라고 밝혔다. 또 ITC는 SK 측의 제소 절차 위반 때문에 'LG화학이 제대로 소송을 진행할 수 없었고 판사도 공정하고 효율적으로 재판을 진행할 수 없었다'면서 '이번 조기 패소 결정이 SK이노베이션을 처벌하기 위한 것일 뿐만 아니라 다른 사건에서 발생할 수 있는 유사한 위반 행위를 예방하기 위한 것'이라고 했다.

그런데 당시 LG화학이 ITC에 조기 패소 판결을 요청한 것은 그 상황에서 취할 수 있는 가장 강한 선택지였다. 조기 패소 판정이 나면 소송이나 변론을 할 필요도 없다. 그보다 수위가 낮은 선택지로는 LG가 요청한 증거 자료를 SK가 제출하지 않고 훼손했으니 그 부분과 관련된 LG의 주장을 맞는 것으로 인정받는 절차도 있었다. 당시 ITC의 담당 판사는 변호사들과의 미팅에서 두 번째 선택지에 무게를 실어 이야기했다.

민경화는 미국 로펌들과 논의했다. 격론이 벌어졌는데 로펌 중 덴턴스는 강경론이었다. "지금까지 많은 소송을 해왔지만, 이렇게까지 증거 개시에 악의적으로 대응하는 경우는 없었다"는 것이었다. 반면 래텀&왓킨스는 달랐다. "담당 판사가 그렇게 이야기했으니 따라야 한다. 그러지 않고 판사에게 더 많은 것을 요구하면 역효과가 날 수 있다"는 것이었다. 캐스팅보트 역할을 한 것은 ITC 판사 출신이며 호건로벨스에 몸담고 있던 테오도어 에식스 변호사였다. 그는 "이런 사례는 본 적이 없고 조기 패소 신청이 옳은 전략"이라고 말했다.

LG화학은 결국 조기 패소 판결을 요청했다. 그로부터 약 3개월 뒤 조기 패소 판정이 나왔다. 2020년 2월, 코로나 바이러스가 전 세계로 확산되어 세계 각국에서 마스크 착용이 의무화되기 시작하던 때였다. 만일 조기 패소 판결이 아니라 통상적인 변론 절차가 진행되었다면 증인들의 출석 문제로 재판이 여러 차례 지연되고 장기화될 수 있었다.

조기 패소 판결이 나면서 소송의 저울추는 일찌감치 LG화학으로 기울었다. 절차상 ITC 위원회의 최종 결정이 남긴 했지만, 조기 패소 판정이 최종 결정에서 뒤집힌 사례는 거의 없었다. 추가적인 사실 심리나 증거 조사도 없다. 이제 SK이노베이션이 만드는 배터리 제품의 미국 수출과 판매가 금지될 가능성이 높아졌다.

그러나 SK이노베이션은 미국을 포기할 생각이 없는 듯 보였다. 조기 패소 판결이 나고 몇 달 뒤 SK이노베이션은 조지아주 공장 증설에 8,900억 원을 투자한다고 발표했다. LG화학과 경합 끝에 수주한 폭스바겐의 미국 판매용 전기차에 공급할 배터리를 생산하기 위한 공장이었다. 또 SK이노베이션은 포드와 전기차 배터리 공급 계약을 체결했고, 조지아주 2공장을 착공했다. ITC는 최종 결정을 세 차례 연기했는데 그동안 SK이노베이션이 조지아주 2공장에 1조 원을 추가 투입하겠다고 발표했다.

미국에 돈을 쏟아붓겠다고 말하는 것은 SK이노베이션으로서는 거의 유일한 생존 방안이기도 했다. ITC는 결정을 내릴 때 자국 산업 보호와 공공의 이익을 감안한다. 만일 SK이노베이션이 패소해 조지아주 공장 건설을 포기한다면 지역 경제와 미국 자동차 산업에 큰 영향을 줄 수 있고, 이는 공공의 이익에 반할 수 있다.

그러나 이변은 없었다. 2021년 2월 10일 ITC는 최종 결정에서 LG의 손을 들어주었다. ITC는 SK이노베이션에 10년간 전기차 배터리의 미국 수출과 미국 내 생산, 미국 내 판매를 모두 금지하는 조치를 내렸다. 왜 '10년'이었을까? 판결 이유서에 따르면 'SK이노베이션이 LG로부터 유용한 22개의 영업 비밀이 없었다면 현재의 배터리 기술력을 갖추는 데 최소 10년이 소요될 것'이기 때문이었다. 다만 이미 배터리 공급 계약을 맺은 포드와 폭스바겐은 각각 4년과 2년의 유예기간을 두어 SK이노베이션의 배터리를 계속 공급받을 수 있게 했다.

미국 시장을 잃는 것은 SK이노베이션의 배터리 사업 존폐를 좌우할 수 있었다. 배터리 사업은 전기차 시장에 크게 의존하고 있으며, 중국을 제외하고 가장 큰 전기차 시장은 미국이 될 것이기 때문이다. 배터리 사업을 계속하려면 미국을 포기할 수 없었다. 이제

SK이노베이션이 살아남을 시나리오는 둘밖에 남지 않았다. 하나는 미국 대통령의 거부권 행사였다. ITC의 최종 결정에 대해 미국 대통령은 60일간 검토한 뒤 거부권을 행사할 수 있다. 다른 하나는 LG와의 합의였다.

SK이노베이션은 기민하게 움직였다. 로비스트를 고용하고 우호적 여론을 조성했다. 10년 가까이 ITC 위원장을 역임한 샤라 애러노프를 고용한 로비 회사에 일감을 맡겼고, 오바마 정부 당시 법무부 차관을 지냈으며 조지아주 태생인 샐리 예이츠 변호사를 변호인단에 영입했다.[20] 한미 FTA 체결 당시 한국 측 수석 대표였고 SK이노베이션 사외이사였던 김종훈 전 통상교섭본부장은 김준 SK이노베이션 총괄사장과 함께 미국으로 건너갔다.

조지아주 주지사는 당시 대통령인 도널드 트럼프에게 거부권 행사를 요청하는 탄원서를 세 번 보냈다. SK이노베이션은 조지아주에 대규모 전기차 배터리 공장을 건설 중이었고, SK이노베이션의 예정된 투자 규모는 조지아주 역대 해외 자본 유치 사례 중 가장 컸다. 여기에 포드와 폭스바겐은 SK이노베이션이 패소하더라도 배터리를 공급받게 해달라는 탄원서를 제출했다.

바이든 딜레마

ITC의 최종 판정이 세 차례에 걸쳐 연기되면서 그 사이 미국 대통령은 트럼프에서 바이든으로 바뀌었고, 거부권 행사 여부도 바이든의 손으로 넘어갔다. 바이든으로서는 골칫거리를 넘겨받은 셈이었다. 선거에서 자신을 선택한 조지아주를 위해서는 거부권을 행사해야 하지만 문제가 그리 간단치 않았다. 바이든 행정부는 트럼프 행정부와 마찬가지로 중국의 기술 추격과 지식재산권 도용에 강경했다. 거부권을 행사한다면 나쁜 선례를 남길 수 있었다.

미국 대통령이 지난 10년간 거부권을 행사한 사례도 단 한 건뿐이었다. 애플과 삼성전자의 분쟁이었는데, ITC가 삼성전자의 손을 들어주자 오바마 대통령이 자국 기업인 애플을 보호하기 위해 거부권을 행사한 것이다. 한편 SK이노베이션의 잇따른 투자 계획 발표에 맞서 LG에너지솔루션*도 2025년까지 미국에서 두 곳 이상의 배터리 공장을 추가로 지어 5조 원 이상을 투자할 계획이라고 발표했다. 그러다 보니 바이든 행정부는 LG에너지솔루션도 의식해야 했다. 거부권 문제가 '바이든 딜레마'로 불리게 된 이유다.

바이든 딜레마는 대통령 거부권 행사 시한을 하루 앞둔 2021년 4월 10일 극적으로 해결되었다. 한국에서와 마찬가지로 '합의'를 통해서였다. 이번 합의는 거액의 돈을 매개로 한 것이었다. 김종현 LG에너지솔루션 대표이사와 미국에 있던 김준 SK이노베이션 총괄사장은 태평양을 건너 줌 화상회의를 통해 소송 종료에 합의했

---

* LG화학에서 배터리 사업을 담당했던 전지사업본부는 2020년 12월, LG에너지솔루션으로 분사했다. 이에 따라 2020년 12월 이후에는 소송 당사자를 LG에너지솔루션으로 표기한다.

다. 합의서에 따르면 SK이노베이션은 LG에너지솔루션에 총 2조 원을 지급하는 대신, 양사는 국내외 쟁송을 모두 취하하고 향후 10년간 추가 쟁송도 하지 않기로 했다. 2조 원 중 1조 원은 현금으로, 나머지 1조 원은 로열티 형태로 지급하기로 했다. 합의금 2조 원은 국내 기업 간 해외 분쟁 합의금으로 사상 최대 규모였다. SK이노베이션이 미국에서 배터리 사업을 접지 않는 대가라고 생각해야 비로소 이해할 수 있는 금액이었다.

합의는 백악관의 개입으로 이뤄졌다. 백악관은 한 회사를 선택하는 대신 두 회사를 협상 테이블에 앉혀 합의를 보게 하는 안전한 길을 택했다. 미국 정부는 SK이노베이션에는 '대통령이 거부권을 행사하지 않을 것'이라는 메시지를, LG에너지솔루션에는 '합의가 없으면 미국 전기차 산업에 큰 부담이 된다'는 점을 거론하며 양측 모두를 압박했다.[21] 물밑으로 합의에 대한 이야기가 오갔고 액수가 쟁점이 되기도 했다. SK이노베이션은 LG에너지솔루션에 현금 대신 계열사 주식을 주는 방안을 제시했으나 LG에너지솔루션이 거절했다. SK이노베이션은 미국 정부로부터 "얼마에 사인할래? 빨리 해"라는 식의 압력을 받았을 것이다.

총대를 멘 것은 대통령 거부권 행사 여부에 대해 판단하는 미국 무역대표부USTR의 캐서린 타이Katherine Chi Tai 대표였다. 두 회사가 합의하는 과정에 밝은 한 고위 인사는 "바이든 행정부의 거부권 행사 시한을 앞두고 무역대표부 중심으로 강한 중재가 있었다"고 말했다.[22] LG와 SK 두 회사 모두 갓 출범한 바이든 정부의 합의 제안을 뿌리치기는 쉽지 않았다. 향후 배터리 사업은 급격히 성장할 미국 전기차 시장에 크게 의존하고, 그 시장은 바이든 정부의 정책에 크게 좌우될 것이기 때문이다.

합의 발표 후 바이든 대통령은 "이번 합의는 미국 노동자들과 미국 자동차 산업의 승리"라고 말했다. 그는 또 "긍정적인 합의를 촉진하고 분쟁을 해결하고자 지치지 않고 일해준 캐서린 타이 미 무역대표부 대표에게 감사한다"고 말했다. 타이는 성명을 통해 "기술 혁신에 대한 존중을 유지하면서 바이든 정부의 인프라 투자 계획에 포함된 청정에너지 기술의 혁신과 성장을 주도할 수 있게 되었다"며 합의를 반겼다.

그럼에도 SK이노베이션은 ITC에서 패소한 것이 특허나 영업 비밀을 침해해서라고 인정하지 않는다. 증거인멸 등 윤리적 문제 때문에 졌다고 해석한다. 두 회사 간 미국 소송 공방의 핵심은 후발 주자인 SK이노베이션이 폭스바겐의 대형 계약을 따낼 수 있도록 한 기술이 이 회사의 부단한 투자와 노력의 산물이었는지, 아니면 경쟁사에서 옮겨 온 핵심 인력에게서 얻은 영업 비밀 때문이었는지에 있었다. SK이노베이션은 당시 ITC의 판정이 이 부분에 대한 결론을 내린 것은 결코 아니었다고 주장했고, 지금도 그렇게 주장한다.

그러나 ITC가 최종 판결 이유서에서 지적한 것처럼, 만일 SK이노베이션이 LG에너지솔루션의 영업 비밀을 이용하지 않고 독자적으로 기술을 개발했다면, 그것을 증명할 수 있는 핵심 자료가

SK이노베이션의 증거 삭제 또는 그것의 소극적 방치를 통해 사라졌다는 사실은 부인할 수 없다.

ITC에서 패소하고 한 달 뒤 SK이노베이션 이사회는 배터리 소송에 관해 회사 측 보고를 받고 입장을 정리했다. SK이노베이션은 보도 자료를 통해 '이사회가 글로벌 분쟁 경험 부족으로 미국 사법체계 대응이 미숙했다는 점을 회사 측에 강하게 질책했다'고 밝혔다. 이사회는 또 '소송의 본질인 영업 비밀 침해 여부에 대한 방어의 기회도 갖지 못한 채 미국 사법절차 대응 미흡으로 수입 금지 조치가 내려진 것은 안타깝다'고도 했다. 이에 대해 LG에너지솔루션은 입장문을 내고 SK이노베이션 이사회가 영업 비밀 침해 혐의를 인정하지 않은 것이 유감이라고 밝혔다.[23]

이존하 위원은 당시를 회상하며 이렇게 말했다.

"LG는 기술로 소송을 건 게 아니라 우리 도덕성을 문제 삼은 겁니다. 당시 증거를 그대로 보존하라고 했는데 몇몇 직원이 충성심으로 일부 문서를 삭제한 것 같아요. 그 내용은 아주 사소한 것인데 말입니다. LG 사람들이 많이 옮겨 온 것도 사실입니다. 그런 부분은 우리에게 도덕적인 책임이 있습니다. 하지만 우리에게도 나름의 역사가 있고 축적된 노하우가 있는데 LG에서 온 사람들이 그걸 전부 만들었다고 하니 얼마나 억울합니까. LG 사람들은 2018년 초부터 많이 이직해 왔습니다. 우리가 폭스바겐 배터리 공급 계약을 수주한 건 석 달 뒤고요. LG 사람들이 그 석 달 안에 무엇을 만들 수 있나요? 이건 무덤에 들어갈 때까지 정말 억울한 일이라고 생각합니다. 하지만 어쨌든 우리는 졌습니다. LG가 작전을 아주 잘 쓴 거지요."

한편 LG와 SK의 소송전이 가열되자 LG화학 퇴직자들은 '기술 유출자'로 낙인찍히는 데 분노하기도 했다. LG가 SK를 ITC에 제소하고 얼마 뒤 청와대 국민청원 게시판에는 LG화학 퇴직자로 보이는 민원인의 글이 올라왔다. '****의 퇴직자들에 대한 잘못된 처신에 대해 호소합니다'란 제목의 글이다. 게시판 운영 정책에 따라 기업 이름은 익명 처리되었지만, LG화학임을 쉽게 유추할 수 있었다. LG화학에 있다가 다른 업체로 이직했다는 이 민원인은 '(LG화학이) 이직자들을 산업 스파이로 묘사하는 부분은 정말 모욕감을 넘어선 수치심을 느끼게 한다. 수년간 동고동락하며 같이 울고 웃던 식구까지 이렇게 매도해도 되는 것인가. 배신감보다는 허무함이 앞선다'고 토로했다.

선의의 이직자들에게는 분노할 이유가 충분했다. 외부 관찰자들이 보기에 '한국의 취업 시장은 소수의 고용주가 장악했고, 그 기업들은 뒤끝이 있기로 악명이 높다.'[24] LG화학의 처사는 그 같은 관찰이 사실임을 입증하는 증거로 해석될 수 있었다. 또 당시 이직이 많았던 주요 이유 중 하나는 SK이노베이션이 지불하는 급여가 LG화학에 비해 상당히 높았기 때문이다. 각 사 사업 보고서에 따르면 2018년 LG화학 1인 평균 급여액은 8,800만 원(전지 부문은 7,150만 원), SK이노베이션은 1억 2,800만 원이다. 성과급 차이도 컸다. 당시 LG화학 전지 부문은 기본급의 100~200%, 많을 경우 500% 수준이었으나, SK이노베이션은 2019년 초 기본급의 850%, 그 전해에는 1,000%를 지급했다.[25] 급여 차이가 컸던 것은 SK이노베이션은 급여 수준이 높은 정유업이 모태인 반면, LG화학은 상대적으로 급여 수준이 낮은 화학이 모태인 기업이라는 차이가 있었다.

익명으로 회사 정보를 공유하는 플랫폼 '블라인드'에는 LG화학 직원들이 회사를 비판하는 게시글과 댓글이 적지 않게 올라왔다. '오창 공장 엔지니어 100명 중 70~80명은 SK 이직을 생각 중', '돈이 다가 아니다. 엔지니어 대우도 그렇고 기업 문화 차이가 어마어마하다', '제소 전에 임직원 대우를 어떻게 했기에 대량으로 이직하는지 반성을 먼저 하는 게 순서 아닌가'라는 내용도 있었다. LG화학의 한 직원은《비즈한국》과의 인터뷰에서 "LG화학이 업계 1위라고는 하나 연봉이나 복지 등에서 SK이노베이션이 더 낫다는 건 모두가 아는 사실"이라며 "업무 강도는 높으면서 처우가 낮으니 이직을 생각하는 직원들이 많다"고 하기도 했다.

민경화는 LG와 SK의 소송이 갖는 의미를 이렇게 설명했다.

"왜 LG화학이 한국이 아닌 미국에서 소송을 했는지 생각해봐야 합니다. 결국 법 제도의 문제입니다. 한국에서 이 소송을 했다면 제대로 판단받을 수 없었다고 생각합니다. 한국에서 소송을 하게 되면 증거가 나오지 않은 상태에서 양쪽 주장만 듣고 판사가 판단합니다. 소송에 가장 필요한 증거는 확보할 수 있는 길이 사실상 없고요. 그런데 미국에서는 증거 개시 제도에 의해 증거가 다 나오니 어느 순간 결론이 나버려요. 도망갈 수도 없고요."

세기의 소송은 무엇을 남겼을까

LG와 SK, 두 재벌이 남긴 세기의 소송은 생각할 거리를 여럿 남겼다. 우선 이 소송은 배터리 사업에 걸린 '판돈'이 어마어마하다는 사실을 알려주었다. 또 K-배터리 산업이 미국 시장, 나아가 미국의 정책과 정치권의 지대한 영향을 받는 종속변수임을 보여줬다. 이 소송은 지식재산권이 기업의 생사를 좌우할 수 있는 문제라는 점을, 이 문제에 비교적 관대하던 한국 산업계에 널리 인식시켰다. 또 전기차 배터리가 통념과 달리 일상재commodity화되지 않았다는 점을 보여주었다. 단 몇 퍼센트에 불과한 미세한 기술적 개선이 대규모 공급 계약을 좌우할 수 있는 것이다.[26]

이 소송은 정부의 역할에 대해서도 생각하게 만든다. 지금 세계 경제 질서는 시장에만 맡기는 식이 아니다. 미국이 TSMC나 삼성전자에 파격적인 지원을 하는 데서 보듯 각국 정부가 자국 산업을 보호하고 육성한다. 정부의 역할과 책임이 커진 것이다. 한국 기업이 외국 기업, 혹은 다른 한국 기업과 다툴 때 정부는 그저 민간 기업의 문제라고만 하고 방치할 것인가.

LG에너지솔루션 입장에서 이 소송에서 얻은 큰 성과 중 하나는 SK이노베이션으로의 직원 이동을 더 이상 걱정할 일이 없어졌다는 점이다. 사실 그 뒤로 국내 배터리 업체 간 인력 이동은 거의 사라졌다. K-배터리 3사 직원들이 이직한다면 그 대상은 CATL를 비롯한 중국 배터리 업체거나, 현대차를 비롯한 완성차 업체다(완성차 업체는 배터리 업체에게 '슈퍼 갑'이기 때문에 이직해도 문제가 되는 경우가 거의 없었다).

선택과 포기

SK는 LG가 자사를 짝퉁 제품으로 성공한 벼락부자 취급을 하는 것에 분노한다. 그러면서 나름의 역사와 축적된 노하우를 지니고 있다고 강조한다. SK온만의 노하우가 적용된 기술 중 하나가 'Z폴딩'이라 불리는 파우치형 배터리 조립 공정이다. 앞서 고체 가루인 양극재와 음극재를 슬러리 상태로 만든 뒤 구리나 알루미늄 테이프에 바르면 각각 양극과 음극이 된다고 언급한 바 있다. 양극과 음극, 그리고 분리막을 일정한 크기(예를 들어 담뱃갑 크기)의 낱장으로 자른 뒤 양극, 분리막, 음극 순서로 쌓는 것이 일반적인 공정이다.

양극과 음극이 맞닿으면 합선되므로 둘이 맞닿지 않게 하는 데 SK의 특별한 노하우가 발휘된다. 일반적인 방식과 마찬가지로 양극과 음극은 자르지만, 분리막은 자르지 않고 길게 뽑아낸다. 그리고 그 분리막으로 양극과 음극을 연속적으로 감싼다. 쉽게 설명하자면, 두루마리 휴지(분리막)를 끊지 않고 길게 뽑은 뒤 그 위에 빨간 색종이(양극)를 얹고 색종이를 감싸는 형태로 휴지를 오른쪽에서 왼쪽으로 덮는다. 그런 다음에는 위에 파란 색종이(음극)를 얹고 이번에는 왼쪽에서 오른쪽으로 다시 감싼다. 이런 과정을 지그재그(Z 모양)로 반복하는 공정 기술을 적용하는 것이다. 이렇게 하면 분리막이 양극과 음극 사이를 지그재그로 오가며 완전히 포개는 형태로 감싸게 되어 양극과 음극이 완벽하게 분리된다. 물론 화재 위험도 크게 줄어든다.

Z폴딩 공정을 동영상으로 보면 '어떻게 이런 방식을 생각했지?' 하고 감탄하게 된다. 문제는 이 방식이 그냥 쌓는 방식에 비해 공정이 복잡해 생산 속도가 느리다는 점이었다. 공개된 기술이었지만 이 방식을 활용하는 배터리 업체가 없었던 이유다.

2011년, 배터리 공급선을 다변화하기 위해 SK온과 접촉 중이던 폭스바겐의 엔지니어가 SK온 공장을 방문했다. 아직 서산 공장이 준공되기 전이라 대덕연구소에서 시험 가동하던 Z폴딩 조립라인을 살펴본 엔지니어는 "이런 속도로 어떻게 생산성을 높일 수 있겠는가. 다른 방식으로 바꾸지 않으면 더 이상 협상하지 않겠다"고 했다. 결국 폭스바겐 수주는 없던 일이 되었다.

하지만 SK는 안전성을 확보하기 위해 Z폴딩을 포기하지 않고 속도를 높이는 모든 방법을 강구하기로 했다. 이를 위해 몇 년에 걸쳐 연구를 진행했고 조립 속도를 2.5배 높이는 획기적인 공정과 그에 맞는 설비를 개발했다. 2018년, 앞서 방문한 폭스바겐 엔지니어가 서산 공장을 다시 찾아 새로운 배터리 조립라인을 둘러봤다. 이존하가 "그때 안 된다고 했던 게 지금 잘되고 있지 않느냐"고 자랑했고 그 엔지니어는 "대단하다. 나는 안 될 줄 알았다"고 대답했다. 이존하는 이것이 2018년 폭스바겐 계약을 따낸 결정적인 계기가 되지 않았을까 생각한다고 말했다. SK온은 이 기술을 꾸준히 업그레이드해서 3세대까지 개발했고 2년 후쯤이면 4세대가 나올 것으로 본다.

SK이노베이션이 자랑하는 또 하나의 기술은 분리막 기술이다. 리튬 이온 전지에서 분리막은 머리카락 굵기의 25분의 1밖에 안 되는 얇은 고분자 필름으로 만들어진다. 이 얇은 막 하나가 리튬 이온 전지의 안정성을 좌우한다.

분리막 사업은 2000년대 중반까지 일본이 독점했다. 아사히카세이와 도레이가 원천 기술을 보유하고 세계시장을 양분했다. SK이노베이션은 2003년부터 분리막 독자 개발에 나서 2004년 말 개발에 성공하고 2005년부터 상업 생산을 시작했다. SK가 이렇게 할 수 있었던 것은 화학 사업과 폴리머 사업을 동시에 하고 있었는데 그 기술이 분리막 기술과 비슷했기 때문이다. 분리막 사업은 2019년 SK이노베이션에서 떨어져나와 SKIET라는 회사로 재탄생했고 국내 1위 및 세계 3위가 되어 일본 업체들과 치열한 경쟁을 벌이고 있다. SKIET의 분리막 기술은 SK온의 배터리 사업에 든든한 버팀목이 되었고, K-배터리의 소재 국산화에도 크게 기여하고 있다.

이존하는 SK온의 전략 중 경쟁사와 다른 독특한 부분이 무엇이냐는 질문에 '선택과 포기'라고 답했다. 경쟁사에 비해 인력과 자원이 부족했기에 이것저것 다 할 수는 없고, 하나에 집중했다는 것이다. 고가·고용량 제품군인 '하이니켈 NCM'에 집중한다는 전략도 그중 하나다.

SK온은 하이니켈 중·대형 배터리를 자동차에 처음 적용했다는 것을 내세운다. 2018년 기아의 첫 SUV형 전기차 니로 EV에 SK온이 에코프로와 함께 개발한, 니켈 함량이 80%인 배터리(NCM 811)를 채용한 것이다. 그 전에 테슬라 전기차에 하이니켈 배터리가 들어가긴 했지만 그것은 IT용 소형 전지를 전용한 것이었다. 자동차용 중·대형 전지를 사용한 사례는 처음이었다.

현재 SK온의 배터리는 모두 하이니켈 제품으로만 구성되어 있다. 현대차와 폭스바겐에 주로 쓰는 NCM 811은 매출의 70% 정도를 차지한다. 또 니켈 함량이 90%인, 이른바 NCM 구반반을 포드에 공급하고 있는데 매출의 30% 정도를 차지한다. 이존하는 "니켈 비중이 94%에 달하는 배터리를 2025년까지 개발할 계획이고, 나아가 니켈 비중이 98%에 달하는 초하이니켈 배터리도 개발 중"이라고 말했다.

SK온은 급속 충전 기술에도 강점을 지니고 있다. 18분 만에 충전 가능한 배터리를 세계 최초로 상용화해 2021년 현대 아이오닉5에 장착했다. 급속 충전 시간을 단축하는 핵심 기술은 음극의 저항을 낮추는 것인데, SK는 음극의 저항을 크게 낮출 수 있는 코팅 기술을 개발했다.

삼성은 왜 배터리 사업에 신중할까

 "어렵다고 위축되지 말고 담대하게 투자해야 합니다. 단기 실적에 일희일비하지 맙시다."

 2024년 1월, 이재용 삼성전자 회장이 새해 첫 해외 출장지로 선택한 삼성SDI의 말레이시아 스름반 공장에서 한 말이다. 그는 "과감한 도전으로 변화를 주도하자"며 "새로운 가치를 만들고 확고한 경쟁력을 확보하자"라고도 했다. 이 공장은 2012년부터 배터리를 생산했고, 2공장이 2025년 완공될 예정이다.

 "담대하게 투자하자"는 이 회장의 발언은 삼성그룹이 그간 배터리 사업에 보여온 신중한 분위기에 변화가 있는 것 아닌가 하는 관측을 낳았다. LG와 삼성은 2000년을 전후한 비슷한 시기에 배터리 사업을 시작했다. 하지만 사업에 접근하는 전략은 차이가 있었다. LG는 배터리를 주력 사업으로 선정한 뒤 공격적이고 집중적으로 지원한 반면, 삼성은 반도체 등 다른 사업과 비교해 신중한 태도를 유지해왔고 지금도 그렇다는 것이 중론이다.

2016년 갤럭시노트7의 잇따른 배터리 발화 사고는 삼성의 신중함에 지대한 영향을 미쳤다. 삼성전자는 판매분과 재고를 포함해 250만 대 전량을 다른 기종으로 교환이나 환불해주었다. 그리고 출시 54일 만에 갤럭시노트7 단종을 선언했다. 삼성의 자존심은 큰 상처를 입었다. 원인 제공자인 삼성SDI는 심리적으로 위축될 수밖에 없었다.

당시 전문가들 사이에서는 계열사에 대한 높은 의존도가 삼성SDI의 발목을 잡았다는 이야기가 나왔다. 2014년의 경우 삼성SDI의 매출 중 절반이 삼성전자와 삼성디스플레이 등 계열사에서 나왔다. LG화학이나 ATL 같은 경쟁사는 일찌감치 배터리 주력 제품을 탈착 불가능하고 일체형인 파우치형으로 바꿨지만, 삼성SDI는 최대 고객인 삼성전자가 탈착 가능한 분리형 스마트폰을 고집해 각형 배터리를 계속 만들었다. 뒤늦게 삼성전자의 주문으로 갤럭시노트7에 쓸 대용량 파우치형 배터리 제조에 나섰지만, 삼성전자가 요구하는 사양을 구현하기에는 제약이 많았고 이를 단기간에 극복하려는 과정에서 문제가 발생했다는 것이다.[27]

과거 이차전지의 주된 전장戰場이 소형 전지이던 시절, 1위 자리는 삼성SDI의 차지였다. 그러나 소형 이차전지가 레드오션 시장으로 접어들고 전기차용 배터리 시장이 새로운 시장으로 떠오르면서 전세가 바뀌었다. 전기차용 배터리 시장에서는 LG화학이 먼저 치고 나가 맹공을 펼치며 주요 고객들을 선제적으로 확보했다. LG화학은 GM의 시보레 볼트에 배터리를 공급한 것을 시작으로 세계 7개 자동차 제조사를 일찌감치 고객으로 만들었다. 안방에서는 현대·기아차를 고객으로 확보했다.[28]

삼성SDI의 신중 모드는 2018년 폭스바겐에 대한 배터리 공급을 포기한 데서도 드러났다. 삼성SDI는 폭스바겐의 배터리 계약을 수주했지만 저가라서 수익성이 확보되지 않는다는 이유로 포기했다. 이 계약은 당시 SK이노베이션이 차지했다. 삼성은 2020년부터 SK에도 규모에서 밀리기 시작했다. SK는 빠르게 생산능력을 키워가는 동시에 현대·기아차, 포드, 폭스바겐, 다임러, 베이징기차 등 글로벌 전기차 제조사의 프로젝트를 속속 따내면서 급성장했다.

삼성은 배터리 사업에 신중한 이유에 대해 밝힌 적이 없다. 스스로 신중하다고 인정한 적도 없다. 이를 두고 시장에서는 여러 해석이 나온다. 그중 하나는 배터리 사업의 비교적 낮은 투자수익률이다. 삼성 입장에서는 똑같은 1달러를 투자했을 때 수익이 반도체에서 더 많이 나올까, 배터리에서 더 많이 나올까 고민할 수밖에 없을 것이다. 일각에서는 "이재용 회장이 배터리에 대해 관심이 없다"라거나, 이재용 회장이 "배터리 사업의 영업이익률이 반도체에 비교해 너무 낮다"고 말했다는 풍문도 있었다. 이처럼 삼성이 배터리 시장을 특별히 나쁘게 전망한다기보다는 상대적 우선순위를 고려했을 수 있다.

그간 삼성의 배터리 사업 행보는 성장성보다 수익성에 방점이 찍혀 있었다는 점에서 일본의 파나소닉과 비슷하다는 평가도 있다. 반면 LG와 SK는 중국의 CATL과 정면 대결을 불사하는 공격적인 성장 전략을 추진해왔다. 이는 상당한 외형 차이를 낳았다. 2023년 중국을 포함한 세계 배터리 시장 점유율을 보면 LG에너지솔루션이 13.6%로 삼성SDI(4.6%)와 상당한 격차를 보인다. 삼성SDI는 SK온(4.9%)에 조금 뒤진다. 2023년 매출을 보면, LG에너지솔루션이 약 34조 원인 데 비해 삼성SDI는 약 23조 원으로 삼성이 LG의 3분의 2 수준이다. 영업이익도 각각 2조 1,632억 원과 1조 6,334억 원으로 차이가 난다.

삼성SDI와 LG에너지솔루션의 전략 차이는 북미 투자 규모에서도 드러난다. 국내 배터리 3사는 글로벌 자동차 업체들과 손잡고 북미에서 생산능력을 크게 확대하고 있는데 LG에너지솔루션이 가장 공격적이다. LG에너지솔루션은 GM, 현대차, 혼다, 스텔란티스와 합작해 다수의 생산 기지를 건설 중이며, 계획대로 투자가 완료되면 300GWh 이상의 연간 생산능력을 갖추게 된다.[29] 한편 SK온은 2023년 말에 비해 6배 이상 커져 150GWh 규모에 이르게 된다. 삼성SDI 역시 스텔란티스, GM과 합작 공장을 건설 중이지만 완공될 경우 생산능력은 87GWh로 LG의 3분의 1, SK온의 3분의 2 수준이다.

삼성이 공격하고 LG가 수비하던 것이 한국 산업사의 특징 중 하나였는데, LG가 공격하고 삼성이 방어하는 모양새는 짐짓 낯설기도 하다. 좋게 말하면 삼성은 수익성 중심으로 경영했다고 볼 수 있다. 2023년 삼성SDI의 영업이익률은 7.3%로 LG에너지솔루션의 6.4%에 비해 1%포인트 가까이 앞섰다. 이에 비해 LG는 배터리 사업을 삼성과는 다르게 본다. 그룹 전체 포트폴리오에서 배터리 사업이 내는 수익률 정도면 꽤 괜찮다고 보고 있다. 완성차 업체에 제품을 대는 핵심 공급 업체의 수익률은 7~10% 정도다. 매우 높은 것은 아니지만, 안정적이라는 장점이 있다. 한번 완성차 업계와 관계를 맺으면 레퍼런스와 안정성 때문에 오래간다는 것이다.

홍영준 포스코홀딩스 부사장은 삼성이 배터리 사업에 신중한 이유로 '중국에 대한 공포'를 들었다. 삼성은 디스플레이에서 중국에 크게 당한 경험이 있다. 저가 LCD 시장을 중국 업체에 내주며 2위 그룹으로 밀려났는데 고가의 OLED 시장에서도 입지가 좁아지고 있다.

삼성이 배터리 사업에 있어 신중한 이유에 대한 또 다른 분석도 있다. 삼성이 사이클이 더딘 화학 사업에 익숙하지 않다는 것이다. 삼성은 사이클이 굉장히 빠른 전기 전자 사업이나 반도체 사업에 숙달된 조직이다. 따라서 새로운 재료 하나 개발하는 데 몇 년을 쏟아붓고, 투자해서 결실을 볼 때까지 다시 몇 년을 기다리는 일을 견디지 못한다는 것이다. 삼성이 과거에 삼성종합화학이나 삼성토탈 같은 화학 계열사를 매각한 이유도 여기에 있다는 분석이다.

LG 고위 관계자들은 의외로 삼성이 배터리 사업에 보다 적극적으로 뛰어들길 바라고 있었다. 권영수 전 부회장은 "삼성이 배터리 사업에 지금보다 더 힘을 실어주었으면 좋겠다"고 말했다.

"LG와 삼성이 계속 선의의 경쟁을 하며 열심히 노력한다면 디스플레이처럼 쉽게 중국에 패하지는 않을 겁니다."

"삼성까지 공격적으로 투자한다면 공급과잉이 되지 않을까요?"

"그래도 중국이 투자하는 것보다는 낫지 않습니까."

그는 또 어떻게 보면 LG와 삼성은 경쟁하면서도 간접적으로는 협력했다고도 볼 수 있다고도 말했다. LG 엔지니어가 삼성에 가기도 하고, 삼성 엔지니어가 LG에 오기도 하면서 서로에게 배웠다는 것이다. 배터리 회사들은 보안에 극도로 민감하다. 외부인이 취재차 방문하면 공항에서와 같은 검색대를 통과해야 하고 휴대폰 카메라를 테이프로 붙여야 한다. 같은 그룹이라도 계열사는 물론이고 연구소와 공장 간에도 기술 노출을 꺼릴 정도다. 그러나 이차전지 사업의 앞날이 불투명하던 2000년대 중반에는 직원들이 퇴사하고 상대방 회사로 이직하면서 섞이기 시작했다.[30]

김명환은 오늘의 K-배터리가 있기까지 중요한 전기 중 하나로 '삼성과 LG가 벌인 선의의 경쟁'도 언급해달라고 말했다. 이 책을 쓰기 위해 삼성SDI에 핵심 관계자들의 인터뷰를 여러 차례 공식 요청했으나 삼성SDI는 응하지 않았다.

5장

자연의 법칙에 도전하다

"6개월에 120회 정도 실험을 했어요.

요즘 기업들의 근무 환경 정도라면

최소 1년 6개월에서 2년은 걸렸을 겁니다."

"교수님, 이렇게 하면 됩니다"

"교수님, 이게 정말 생각대로 될까요?"

2003년, 선양국 한양대 에너지공학과 교수는 '자연을 거스르는' 방법을 연구하고 있었다. 배터리 성능에 가장 큰 영향을 미치는 부품이 양극재다. 요즘 가장 많이 쓰는 양극재는 니켈과 코발트, 망간, 알루미늄을 섞어 만든다. 앞서 언급한 것처럼 양극재의 성능을 결정적으로 좌우하는 것이 니켈 함량이다. 니켈을 많이 쓰면 배터리에 많은 에너지를 담을 수 있다. 쉽게 말해 한 번 충전할 때 전기차의 주행거리가 늘어난다.

그런데 단점도 있다. 첫째, 화재 위험성이 크다. 양극재에 니켈을 3분의 1 넣으면 발화점이 306℃인 반면, 니켈을 100% 넣으면 발화점이 181℃로 떨어진다. 니켈을 많이 넣으면 넣을수록 불이 날

확률이 높아진다는 의미다. 둘째, 배터리를 오래 쓰지 못한다. 충전과 방전을 거듭할수록 수명이 줄어든다.

"자연의 법칙이라는 것이, 좋은 게 있으면 나쁜 게 있게 마련입니다. 트레이드오프 trade-off(상충 관계)지요. 다행히 배터리에도 그런 문제가 있다는 것을 남보다 먼저 깨우쳤어요. 그렇다면 어떻게 해야 이 문제를 극복할 수 있을까? 배터리의 성능도 높이면서 불이 나지 않고 오래 쓸 방법은 없을까? 이걸 계속 생각했습니다. 밥 먹고 강의하고 자는 시간 외에는 이 생각만 했어요."

2023년 9월, 선양국을 한양대 연구실에서 만났을 때 그는 인생의 정점에 올라 있었다. 자연의 법칙을 살짝 '우회'하는 데 성공했기 때문이다. 한 해 전 그는 국내 과학계 최고 영예로 꼽히는 '대한민국 최고과학기술인상'을 받았다. 당시 시상자인 과학기술정보통신부와 한국과학기술단체총연합회는 "리튬 이차전지의 성능을 결정하는 핵심 요소인 양극 소재(양극재) 원천 기술 개발을 완성해, 차세대 전기차 개발을 한 단계 도약시키는 데 크게 기여했다"고 밝혔다.

20년 전 선양국이 떠올린 아이디어는 양극재 안쪽에는 니켈을 많이 넣고, 바깥쪽에는 니켈을 적게 넣는 것이었다. 대한민국 최고과학기술인상에 선정된 이유를 보면 '높은 용량을 발현하는 원료(니켈)를 내부에 밀집시키고, 안정성이 우수한 원료(코발트·망간)로 외부를 감싼다'는 아이디어라고 되어 있다. 안쪽 core과 바깥 껍질 shell 부분의 농도가 다르다는 의미에서 영어로는 '코어 셸 core shell' 구조라고 불린다.

연구 성과는 아이디어로만 이뤄지지 않는다. 실험을 통해 아이디어를 입증해야 한다. 그런데 실험을 하려면 양극재, 그리고 그 전 단계인 전구체를 만들어야 했다. 당시 국내 업체 중에는 전구체를 직접 만드는 곳이 없었다. 국내 배터리 업체들은 일본 다나카화학의 제품을 수입해서 썼다. 삼성종합기술원에서 9년간 일하고 한양대로 옮긴 선양국이 처음 한 일은 전구체를 만드는 것이었다. 그래야 그걸 개선해 더 좋은 양극재를 만들 수 있기 때문이다. 그는 첫 제자, 그리고 두 번째 제자와 전구체 만드는 방법을 연구했고, 2년에 걸친 시행착오 끝에 실험실 규모에서나마 전구체를 만들어내는 데 성공했다. 한국에서는 어떤 기업도 하지 못한 일이었다. 에코프로에서 전구체를 만든 것은 이로부터 몇 년 뒤의 일이다.

양극재가 자녀라면 전구체는 부모다. 니켈, 코발트, 망간 등을 녹인 금속 용액에 화학반응을 일으킨 뒤 침전시키는 방식으로 만드는 전구체는 검은색 모래처럼 생겼다. 전구체에 리튬 분말을 혼합한 뒤 가마에 넣고 구우면 양극재가 만들어진다. 전구체를 만드는 데 성공한 뒤 선양국이 떠올린 아이디어가 앞서 언급한 것처럼 '안쪽에는 니켈을 많이, 바깥쪽에는 니켈을 적게'였다. 전구체를 그런 방식으로 만들어보라고 말했더니 두 번째 학생이 그렇게는 만들 수 없다며 손을 들어버렸다.

"제가 '이런 아이디어가 있는데, 이런 문제가 따른다. 이걸 해결할 수 있지 않을까? 한번 해보자'라고 하니까 '교수님, 그건 안 됩니다. 저는 못하겠습니다' 하더라고요. 못하겠다는 학생을 데리고 뭘 하겠습니까? 당시에는 제 생각이나 제가 구상한 전구체 디자인을 학생도 못 믿었던 거지요. '왜 굳이 그런 일을 합니까? 그렇게 하면 결과가 더 안 좋아질 것 같습니다'라고 말하는 학생들도 있었고요."

이 아이디어를 실현한 것은 랩에 새로 들어온 세 번째 제자 김명훈이었다. 그는 해보겠다면서 달려들었고 우여곡절 끝에 '안쪽에는 니켈을 많이, 바깥쪽에는 니켈을 적게' 전구체를 처음 만들어냈다. 김명훈이 컴퓨터 카메라를 분석해서 얻은 데이터를 들고 오면서 말했다.

"교수님, 되는데요!"

2003년 9월의 일이었다.

"전구체를 잘라서 현미경으로 보니 실제로 제가 디자인한 것처럼 이런 이상한 구조(코어 셸 구조)가 나온 겁니다. 기분이 아주 좋았어요. 안 될 줄 알았거든요."

선양국이 코어 셸 전구체 구조를 연구실 모니터에 띄워 보여주며 말했다. 이론적으로는 어렵지 않은 일이었다. 처음에는 니켈을 많이 함유한 용액, 예를 들어 니켈이 90% 들어 있고 코발트와 망간이 나머지 10%를 차지하는 용액을 만든 뒤 그 용액을 반응기에 흘려서 화학반응을 거쳐 침전시킨다.* 그리고 일정한 시간이 지난 뒤

---

* 모래 형태의 고체로 만들어내는 것이 침전이다.

이번에는 니켈을 적게 함유한 용액, 예를 들어 니켈이 50% 들어 있는 용액을 반응기에 흘려서 침전시킨다. 그렇게 하면 안쪽은 니켈이 많고 바깥쪽은 니켈이 적은 구조의 전구체가 완성된다.

문제는 이것이 화학반응이다 보니 반응이 시작되면 바로 나타나는 것이 아니라, 반응이 완료되기까지 일정한 시차가 존재한다는 것이었다. 처음에 실험했을 때는 첫 번째 용액의 반응 시간이 종료되기도 전에 두 번째 용액으로 바꾸었다. 즉 니켈이 많이 들어 있는 용액이 반응기에서 화학반응을 충분히 거치기도 전에 니켈이 적게 들어 있는 용액을 흘려보냈다. 그러다 보니 앞서 중심부에서 진행되는 반응과 뒤에 껍질 부분에 진행되는 반응이 섞이면서 원하는 구조가 나오지 않았다.

관건은 화학반응이 종료되는 시점이 언제인지 정확히 파악하고, 용액을 교체하는 시간을 정확히 정의하는 것이었다. 김명훈은 이를 파악하기 위해 꽤 오랜 시간을 연구실에서 보냈다. 온도와 수소이온 농도라든지, 반응물의 색깔과 크기라든지 여러 변수를 복합적으로 고려해야 했다. 이런 고군분투를 거쳐 세계 최초의 코어셀 구조 전구체가 완성된 것이다.

몇 년간 고생한 끝에 얻은 결실이었지만 연구소에서 기쁨의 환호성이 울려 퍼진 것은 아니었다.

"너무 바쁘고 일이 많아 마냥 좋아할 상황이 아니었습니다. 다만 아이디어가 구현되었다는 생각에 기분이 무척 좋았고, 앞으로 더 좋은 디자인을 만들어봐야겠다는 생각이 들었지요."

새롭게 만든 양극재가 과연 의도했던 대로 기존 양극재보다 우수한 성능을 낼 수 있을까? 배터리 성능도 높이면서 불이 나지 않고 오래 쓰게 할 수 있을까? 연구소에서 실험이 거듭됐고, 성능이 향상됐다는 결과를 얻은 것은 한 달 후, 안정성이 확인된 것은 1년 후였다. 김명훈은 졸업 후 SK이노베이션에 입사했고 배터리연구소 셀 개발 팀 수석연구원이 되었다.

선 교수의 연구는 그 뒤로 2세대, 3세대로 이어졌고 2015년에는 4세대 기술로 발전했다. 그의 양극재 기술은 2018년 기아차의 전기차 니로에 쓰인 것을 시작으로 2022년에는 포드의 픽업트럭인 F-150 라이트닝에도 쓰이는 등 지금도 활용되고 있다.

니켈 문제를 해결한 농도 구배 기술

한 가지 문제가 해결되면 또 다른 문제가 떠오르기 마련이다. 선양국이 코어 셸 양극재를 개발한 뒤 눈앞에 부상한 문제는, 양극재 안쪽과 바깥쪽의 물리적 특성 차이가 커서 껍질이 쉽게 깨진다는 것이었다. 앞서 예를 든 것처럼 중심부에는 니켈이 90% 들어 있었다면, 바깥쪽은 니켈이 50%밖에 들어 있지 않았으니 차이가 너무 컸다.

이 문제를 해결하기 위한 첫 번째 시도는 껍질을 두 번 싸는 것이었다. 예를 들어 가장 중심부가 니켈 90%라면, 첫 번째 껍질 부분은 니켈 65%로 싸고, 두 번째 껍질은 니켈 50%가 되는 식으로 떨어지게 한 것이다. 이렇게 하려면 니켈 함유량이 다른 용액을 둘이 아닌 셋을 만들어 순차적으로 반응기에 집어넣으면 되니 어려울 것도 없다. 문제는 그렇게 만든 양극재 역시 깨지는 현상이 나타났다는 점이다.

그렇다면 니켈 농도를 한꺼번에 급격히 변화시키지 않고, 시간을 두고 서서히 변화시키는 방법은 없을까? 선양국이 떠올린 또 하나의 아이디어, '농도 구배형concentration gradient' 양극재라 불리는 기술의 시작이었다. '구배勾配'란 경사, 기울기를 의미한다. '농도 구배'란 농도가 서서히 변한다는 뜻이다.

제자들은 선양국이 당시 목욕탕을 비유로 들며 아이디어를 설명했다고 회고한다. 대중목욕탕에 가면 바닥 타일이 옥으로 이루어진 경우가 있다. 녹색 옥을 잘라서 타일로 만든 것인데, 그 타일의 색을 보면 농도가 일정하지 않고 서서히 변하는 것을 볼 수 있다. 학생들과 회식하는 자리에서 선 교수는 어떻게 하면 양극재도 그처럼 농도를 서서히 변하게 할 수 있을지 물었다.

"사실 아이디어 자체는 심플하고 떠올리기 어렵지 않습니다. 문제는 그런 방식을 써서 어떻게 실제 양극재를 만드느냐였지요."

선양국은 대학원생 박병천에게 일을 맡겼다.

"농도 구배는 만들었는데 농도 차이를 서서히 주기가 굉장히 어렵네. 좋은 아이디어 없을까?"

"생각해보겠습니다."

불과 일주일 뒤 박병천은 스승에게 답을 가지고 왔다. 니켈을 두 군데로 나누어 순차적으로 펌프질해서 넣는 방법이었다. 니켈을 비롯한 여러 금속 용액을 담은 용기가 둘이 있다고 하자. A 용기에는 니켈이 50% 들어 있고, B 용기에는 니켈이 90% 들어 있다. 이제 A 용기에 담긴 용액을 펌프질해서 B 용기로 보낸다. B 용기의 니켈 농도는 원래 90%지만, 니켈이 50%밖에 섞이지 않은 재료가 계속 들어오니 시간이 갈수록 농도가 떨어진다. B 용기는 반응기에 연결되어 있고, 반응기는 시간이 지날수록 니켈 농도가 떨어지는 용액을 받아서 화학반응을 거쳐 침전시키게 된다. 그러면 목욕탕 옥 타일의 색이 서서히 변하는 것처럼 전구체의 니켈 농도가 서서히 변한다.

"한쪽을 펌프질하면서 동시에 다른 쪽도 펌프질하는 셈이지요. 그러면 처음에는 니켈 농도가 90%에 가까워졌다가 시간이 갈수록 서서히 떨어집니다."

박병천은 자신이 아이디어를 가져왔던 당시, 반신반의하던 스승을 떠올리며 이렇게 회고했다.

"교수님은 '이게 진짜 구현되는 건가? 분석을 조금 더 잘해봤으면 좋겠다'라고 말씀하셨던 것으로 기억합니다."

그러나 선 교수는 "사실은 깜짝 놀랐다"고 털어놓았다. 앞서 단순한 이중구조의 코어 셸 양극재를 만드는 데 2~3년을 쏟았는데, 박병천이 불과 일주일 만에 진일보한 양극재를 구현해냈기 때문이다. 물론 그렇게 만든 양극재 시제품이 실제로 성능을 개선할 수 있는지 검증해야겠지만, 시제품을 구현한 것만 해도 생각지 못한 속도였다.

선양국의 연구실에는 수십 년째 매주 토요일에 주간 보고를 하는 루틴이 있다. 모든 석·박사 학생이 모여 지난 한 주 동안 연구와 실험 결과를 보고하는 회의다. 그런데 박병천이 양극재 시제품을 갖고 온 뒤부터 선양국은 매일 저녁 박병천에게 전화해 경과를 물어보았다. 그만큼 관심이 컸던 것이다.

모든 발명은 나중에 보면 별것 아닌 것처럼 느껴진다. 박병천의 아이디어도 나중에 들으면 누구나 생각할 수 있는 것처럼 여겨지지만, 당시로서는 획기적인 아이디어였다.

"사실은 리튬 이온 배터리 자체에 농도 구배 현상이 있습니다. 배터리는 기본적으로 리튬 이온이 (양극재와 음극재 사이를) 왔다 갔다 하는 시스템이잖아요. 리튬이 물 흐르듯 흐르니까, 리튬이 한쪽으로 쏠렸다가 반대쪽으로 갈 때는 다른 쪽으로 많이 몰리게 됩니다. 리튬 농도가 순차적으로 움직이는 농도 구배가 생기는 거죠. 이건 전기화학 수업을 들을 때 첫 부분에 나오는 내용이거든요. '그렇다면 양극재 안에서 니켈도 비슷하지 않을까? 우리가 만드는 양극재 내부에서 니켈을 가지고 리튬 이온 배터리와 비슷한 시스템을 구현하는 게 어떨까?' 하는 아이디어를 내게 된 거예요."

박병천은 이 아이디어를 연구실에서 밤늦게까지 동기들과 이야기하는 과정에서 떠올렸다. 『생각의 탄생』을 쓴 로버트 루트번스타인은 유사성을 인식하는 능력이야말로 지성을 시험하는 탁월한 시금석이라고 했다.[1] 선양국 교수가 사우나의 옥 타일에서 니켈 농도가 서서히 변하는 농도 구배 아이디어를 떠올린 것도, 박병천이 이차전지 속 리튬의 움직임에서 양극재 속 니켈의 움직임에 대한 아이디어를 떠올린 것도 그 주장을 뒷받침하는 새로운 사례라고 할 수 있을 것이다. 선양국 교수는 이렇게 말했다.

"제가 외국에 가서 발표할 때마다 참석자들이 늘 하는 질문이 '니켈 농도를 순차적으로 변화시키는 방식으로 어떻게 양극재를 만드느냐'예요. 저는 단순하다고 설명하죠."

하지만 사실 단순한 것만은 아니었다. 아이디어를 눈에 보이는 물질로 바꾸기 위해서는 여러 문제를 해결해야 했다. 박병천은 "니켈 농도가 서서히 변하는 것을 구현하기 위해서는 시간당 농도 변화를 얼마만큼 주는 것이 가장 좋은가를 나타내는 계산식을 만들어야 했습니다"라고 말했다.

계산식을 만드는 게 왜 복잡할까? 시간이 정해져 있고, 니켈 농도가 변해야 하니 1분에 얼마씩 흘려보내야 한다는 계산을 만드는 것은 그리 어렵지 않아 보이기도 한다. 이 질문에 박병천은 다음과 같이 대답했다.

"니켈만이 아닌 코발트, 망간 등 세 가지의 함량이 동시에 변해야 하고, 원하는 시간에 원하는 양만큼 변해야 하죠. 예를 들어 무언가의 농도를 80%에서 10%로 낮추는 건 무조건 가능한 게 아닙니다. 그래서 그 부분에 한계를 정확히 정의하고, '반응 시간을 몇 시간 보낼 테니까 그 시간 동안 니켈 농도를 30% 떨어뜨리려면 니켈·코발트·망간의 함량 비율을 어떻게 조절하는 게 맞아'라는 산식을 엑셀로 만들었습니다. 그리고 그 산식은 지금도 여러 곳에서 쓰이는 걸로 알고 있습니다."

또 화학반응의 정확도를 높이기 위해 용액을 흘려보내는 장치에서 부피 변화만 측정하던 것을, 무게도 함께 측정하는 것으로 바꾸었다.

"원래 사용하던 장치는 펌프 방식이다 보니 정확도가 그리 높지 않았습니다. 지금도 양산 제품은 부피 변화만 측정하거든요. 그런데 그 밑에 저울을 추가로 달았습니다. 부피 변화와 무게 변화를 동시에 측정한 겁니다. 정확한 농도 변화가 이루어질 수 있도록 장치를 만든 거지요."

"부피 말고 무게도 재면 어떤 점이 좋아지나요?"

"용액 내에서 니켈이 움직인 정도가 정확히 나와야 해요. 예를 들어 시간당 300cc를 전달하겠다고 해도 실제로는 300cc가 정확히 전달되지 않거든요. 어떤 경우에는 290cc, 어떨 때는 310cc, 이런 식으로 편차가 발생하죠. 그렇게 되면 저희가 실제로 만든 화합물이 일관되게 농도가 변하는 게 아니라 어떨 때는 크게 변하고 어떨 때는 낮게 변할 수 있거든요. 그런 일이 없도록 교차 검증하기 위해 무게도 같이 측정하기로 한 겁니다."

이처럼 여러 고민과 궁리의 결과로 니켈 농도를 순차적으로 달리한 양극재가 탄생했고, 추후 실험 결과는 예상대로 기존 방식보다 품질이 우수한 것으로 나타났다. 한편 선양국을 도왔던 박병천은 졸업 후 LG에너지솔루션에 입사해 양극재 기술 담당 연구위원이 되었다.

청계천에서는
못 만드는 게 없다

 선양국 교수의 연구에서 주목해야 할 점은 순서대로 정공법을 택해 우직하게 걸어간 접근 방식이다. 좋은 소재를 개발하기 위해서는 소재의 근본적인 문제점을 파악하는 것이 우선이다. 그래야 기존 소재의 한계를 극복하기 위한 아이디어를 떠올릴 수 있다. 의사가 환자를 진단하고 난 뒤 치료하는 것과 마찬가지다.
 선양국은 리튬 이온 배터리 양극재의 문제점을 파악하는 일부터 시작했다. 양극재에 니켈을 많이 넣으면 배터리의 용량이 커져 성능이 좋아지지만, 화재 위험성이 커지고 수명이 단축된다는 것을 체계적으로 입증했다. 그리고 그 원인도 규명했다. 쉽게 말해 니켈 성분이 높아질수록 축구공처럼 생긴 양극재 안에 논두렁처럼 금이 가고, 그 사이에 전해질이 흘러 들어가 불순물 층이 생겨서 빚어지는 현상임을 발견한 것이다.[2] 니켈 함량을 여러 가지로 달리한 양극재를 만든 뒤 전지의 성능이 어떻게 달라지는지 실험한 결과를 담은 그의 논문은 이차전지 분야에서는 거의 교과서처럼 읽힌다.

양극재라는 물질을 직접 만들기도 한 결정도 주목할 만하다. 개선된 양극재를 실험하기 위해서는 양극재를 일단 만들 수 있어야 했다. 지금 한국은 에코프로비엠, LG화학, 포스코퓨처엠, 엘앤에프가 '양극재 4대 천왕'이라 불리며 세계시장을 선도하지만, 선 교수가 연구할 당시에는 양극재나 전구체를 직접 만드는 회사가 없었다. 선양국이 처음 시도한 후 몇 년이 지난 뒤에야 에코프로비엠이 양극재와 전구체를 만들기 시작했다. 기업도 하지 못하던 일을 일개 대학의 연구소에서 해낸 것이다.

일본이 알려줄 리도 없었을 텐데 기술을 어떻게 확보했을까. 박병천이 이에 대해 설명했다.

"특허를 분석해가며 스터디했죠. 지금 쓰는 리튬 이온 전지가 나오기 전에 많이 쓰던 전지가 니켈 수소$_{NiMH}$ 전지인데 거기에 사용된 양극재에도 전구체를 씁니다. 거기서 나온 기술들이 리튬 이온 전지로 파생된 것이거든요. 그래서 니켈 수소 전지 특허를 많이 참고했습니다."

그렇다면 장비는 어떻게 확보했을까. 박병천은 직접 만들었다고 대답했다. 침전 등 화학반응을 조절하는 반응기는 지금은 많이 규격화되어 어느 연구실에서나 비슷한 것을 볼 수 있지만, 당시에는 규격 제품이 없었고 만들어 써야 했다는 것이다.

"온도도 조절해야 하고, 수소이온 농도도 조절해야 하고, 반응액이 한 가지 물질만 들어가는 게 아니라 보조제와 침전제가 들어가는데 그것들의 유량도 전부 조절해야 하기 때문에 당시로서는 구성하기가 쉽지 않았습니다."

처음에는 연구원들이 직접 유리로 비커를 만들어 실험하다가, 나중에는 청계천 공구 상가에 가서 필요한 내용을 설명하고 만들어달라고 했다.

"저희 학교에서 청계천이 그리 멀지 않으니 일하다가 필요한 게 있다 싶으면 청계천에 갑니다. 청계천에서는 못 만드는 게 없다고 하잖아요. 거기 가면 유리 제품을 제조하는 분이 많은데 도면을 그려서 설명해드리면 그 자리에서 바로 만들어주셨어요. 그럼 그걸 들고 학교로 와서 실험하고, 다시 가서 새 장비를 만들었는데 즐거운 경험이었어요."

앞서 이야기한 것처럼 선양국 교수의 연구실에서 수십 년째 지켜오는 전통 중 하나가 토요일 오전 회의다. 일요일 하루만 쉬고 월요일부터는 매일 오전 8시에서 밤 11시까지 연구에 매진한다.

"합성도 하고, 양극재도 만들고, 분석도 하고 그렇게 시간을 쏟았습니다."

언제 쉬느냐는 불평이 나올 법도 한데 힘들지 않았을까. 박병천은 이렇게 답했다.

"학위 과정을 밟는 학생들이 하는 연구이기에 짧은 시간 동안 성과를 보여야 하잖아요. 그래서 단기간에 학생들이 빨리 실력을 갖추고 원하는 성과를 내기 위해 노력했습니다."

박병천은 그렇게 했기 때문에 농도가 서서히 변하는 양극재를 여러 방법으로 만들어보고 시험하고 검증하는 기간을 6개월로 줄일 수 있었다고 했다.

"6개월에 120회 정도 실험을 했어요. 요즘 기업들의 근무 환경 정도라면 최소 1년 6개월에서 2년은 걸렸을 겁니다."

선양국 교수 연구실의 또 하나의 루틴은 특허 분석이다. 매달 출원된 주요 특허를 검색한 뒤 그걸 인쇄하고 책으로 묶어 제자들과 함께 공부했다. 초기에는 기술이 앞섰던 일본 회사들의 특허가 대부분이었다.

"교수님과 함께 어떻게 합성하는 게 좋은지, 합성 조건은 어떻게 바꾸는 게 좋은지 등을 연구했습니다."

선양국의 연구실을 졸업한 제자들은 5월 스승의 날을 전후해 모임을 갖는다. 연말에는 재학 중인 대학원생과 현장에서 연구하는 졸업생 제자가 모두 모이는 전체 모임도 열린다. 전체 인원은 200명 가까이 되는데 많이 모일 때는 50명 이상이라고 한다. 제자들이 주요 배터리 업체와 양극재 업체, 완성차 업체에 두루 분포되어 있다 보니 이차전지 산업을 대표하는 모임이라고 할 수 있다.

모르고 지나친
기술

선양국 교수가 이룬 또 하나의 큰 성과는 이른바 '막대형' 양극재를 개발한 것이다. 양극재 내의 입자 형태를 다각형 구조에서 막대 모양으로 바꾸는 것이다. 양극재 구조를 보면, 작은 입자가 뭉쳐 있는데 충전하고 방전하는 과정에서 부피가 늘었다 줄었다 하기에 잘 깨진다. 도자기처럼 세라믹 재료라 깨지면 못 쓰게 된다. 선양국은 이걸 막대형으로 만들면 잘 깨지지 않는다는 걸 발견했다. 원리는 간단하다. 집 밖에 벽을 만들 때 돌담 쌓듯 하던 것을 길쭉한 장작더미를 올려 쌓는 방식으로 바꾼 것이다. 막대형 아이디어는 농도 구배형 기술을 개발하는 과정에서 얻은 덤과 같았다.

"나중에 안 사실이지만 농도 구배형 양극재를 만들면 반드시 막대형 모양으로 만들어져요. 그때는 이걸 보고도 그냥 넘겼는데 당시에는 막대형 모양이 이렇게 중요한 줄 몰랐기 때문이죠. 그때만 해도 분석 기술이 정확하지 않아 주의를 기울이지 못했어요. 또 제 관심은 온통 농도 구배형에만 쏠려 있었거든요."

그는 3세대 농도 구배형 논문을 쓸 때야 비로소 '막대형이 만들어지는데 이게 중요한 것이구나' 하는 것을 깨달았다고 말했다.

선양국의 호기심은 그다음 질문으로 넘어갔다.

'농도 구배형이 아닐 때 막대형을 만드는 방법은 없을까? 막대형 자체가 성능에 큰 영향을 주는 것은 아닐까?'

그가 시도한 방법은 '양념'을 바꾸는 것이었다. 음식에 고춧가루를 넣으면 맛이 달라진다. 마찬가지로 양극재도 니켈·코발트·망간 같은 기본 물질에 어떤 물질을 첨가하느냐에 따라 성질이 완전히 달라진다. 그렇다면 어떤 양념을 써야 좋을까.

"알루미늄이나 마그네슘은 굉장히 많이 쓰이는 양념이어서 저 말고도 많은 사람들이 연구하고 발표했어요. 그래서 역으로 알루미늄이나 마그네슘은 좋은 양념이 아니라고 생각했습니다. 그것들은 산화수가 oxidation states(산화·환원 반응에서 원소나 원자의 산화 상태를 나타내는 수)가 낮은 쪽이거든요. 그러면 개념을 바꾸어서 산화수가 높은 쪽으로 접근하는 게 어떻겠느냐는 생각이 들었어요. 탄탈룸이나 몰리브데넘 같은 것들이죠. 그렇게 하니까 되더라고요."

선양국은 모니터에 사진 하나를 띄웠다.

"일반 양극재보다는 막대가 잘 발달한 게 보이죠?"

막대형 양극재를 개발한 게 2018년이었고, 논문은 2020년에 나왔다. 당시 함께 연구를 진행한 연구원은 박사과정을 밟고 있던 학생 김운혁이었다. 토요일 오전 주간 보고 시간에 김운혁이 성공적인 결과를 발표했다. "참 대단한 일을 했다"라고 선 교수는 말했다. 현재 김운혁은 한양대 박사과정을 마친 후 미국 퍼시픽 노스웨스트 내셔널 랩PNNL에서 박사 후 과정을 밟고 있다.

특허
전쟁

 대한민국 최고과학기술인상 보도 자료에 따르면 선양국 교수는 농도 구배 양극재 원천 기술을 중심으로 333건의 특허를 출원하고 등록했다. 또 이를 바탕으로 기업에 총 25건의 기술을 이전했고, 양산화까지 성공해 여러 전기차에 장착되었다. 기술을 사들인 회사에는 에코프로와 포스코퓨처엠, LG화학이 포함되어 있다.
 "기업에서 오래 근무한 경험이 있다 보니 저는 새로운 기술을 개발하면 논문부터 쓰는 게 아니라 특허부터 씁니다."
 특허 로열티royalt 지급 방식은 크게 두 가지가 있다. 하나는 러닝running 로열티다. 매출액이나 이익에 연동돼 주기적으로 지급되는 것이다. 다른 하나는 고정 로열티로 한 번에 모두 지급되는 것이다. 선양국이 LG화학에 매각한 막대형 양극재 기술은 고정 로열티 방식이었다. 액수를 공개하지 않기로 했지만 200억~300억 원 정도로 알려졌다. 국내 대학에서 개발한 기술 중 가장 비싼 값에 팔렸다는 기록을 세웠다.

한편 그가 에코프로와 포스코퓨처엠 등에 매각한 농도 구배형 양극재 기술은 러닝 로열티 방식으로 1년에 한 번 지급된다. 기업의 연간 결산 실적이 이듬해 3월경에 나오기 때문에 보통 3월에 지급된다. 니켈 농도가 서서히 변하는 농도 구배형 기술을 선양국과 공동 개발한 박병천에게도 매년 일정액의 로열티가 들어온다. 가끔은 월급보다 많을 때도 있다.

LG에너지솔루션은 선양국의 막대형 기술을 거액을 주고 사들였지만, 해당 기술을 활용한 배터리는 아직 만들지 않고 있다. 금고에 기술을 고이 보관해둔 셈이다. 뛰어난 기술을 활용한 좋은 양극재를 써야 좋은 전지가 나오겠지만, 그만큼 원가 부담이 커진다는 문제가 있다. 그리고 제품군에 따라서는 반드시 최신 기술을 활용한 고성능 전지가 필요 없을 수도 있다.

"그런 기술을 아예 안 쓴다기보다 지금은 쓰지 않고 있다고 표현하는 게 맞을 겁니다."

앞으로 나올 고성능, 고가 제품에는 쓸 수 있다는 박병천의 설명이다. 특허가 지닌 더 중요한 의미는 경쟁자의 방어 수단이라는 점이다. 여러 이차전지 업체를 취재해보니, 특허는 그 기술을 당장 쓰기보다는 경쟁자를 방어하고 나아가 제압하는 기술적 해자로서의 의미가 더 큰 것 같았다. LG에너지솔루션이 자사 전지 성능을 향상시키는 목적으로만 수백억 원을 지불하고 막대형 기술 특허를 사들였다고 보기는 힘들다. 경쟁사를 견제하려는 의도가 깔려 있을 가능성이 크다.

K-배터리 3사가 보유한 특허는 2023년 말 기준 총 5만 3,136건에 이른다. LG에너지솔루션이 가장 많은 3만 653건을 갖고 있으며 삼성SDI가 2만 991건, SK온이 1,492건이다.[3] 적어도 특허에 관해서는 K-배터리는 가장 강력한 경쟁자인 중국의 CATL(9,987건)을 크게 앞지른다(그러나 CATL은 최근 특허 출원 속도를 높이고 있어 출원 중인 특허가 1만 9,500건이다. LG에너지솔루션은 출원 중인 특허가 2만 5,141건이다). LG에너지솔루션의 특허가 많은 것은, 이 회사가 특허를 묶음으로 출원하는 것과도 관계가 있다. 특허를 출원할 때 관련 특허를 여러 개 묶어서 함께 출원하는 것이다. 이 전략은 다수의 특허를 통해 기술을 다양한 각도에서 보호하고, 경쟁 업체가 유사한 기술을 개발하거나 상용화하는 것을 저지하는 데 효과적이다.

그런데 중국 업체의 특허 건수는 주의 깊게 해석해야 한다. 특허 건수가 많다 해도 중국 내에서의 특허가 대부분이며, 해외에 특허를 출원할 경우 채택되지 않고 거절되는 경우가 많다는 것이다. 한국이나 일본 업체가 관련된 해외 특허를 거의 확보하고 있기 때문이다.

2023년 11월에 만난 김명환 전 LG에너지솔루션 사장은 "특허를 많이 보유하고 있다고 해서 무조건 공격하는 게 아니라 타이밍을 보고 있다"고 말했다. 예를 들어 CATL이 우리 기업의 특허를 도용했는데 그 기술로 중국에서만 배터리를 판매한다면 특허 침해 소송의 실익이 적다. 그러나 CATL이 해외시장에 진출한다면, 그것도 대규모로 판매한다면 내버려둘 수 없다는 이야기다.

김명환을 만나고 두 달 뒤 LG가 실제로 칼을 빼 들었다. 2024년 1월 산업통상자원부는 무역위원회를 열고 중국산 NCM 811 양극재의 특허권 침해 여부를 조사하기로 했다고 밝혔다. 이는 LG화학이 중국에서 양극재를 제조해 국내에 공급하는 중국 기업 세 곳을 대상으로 자사 특허 기술 침해 의혹을 제기하며 정부에 조사를 신청한 데 따른 것이다. 무역위원회의 조사는 보통 6~10개월가량 소요되고 특허권 침해가 인정되면 수출·수입·판매·제조 행위 중지와 해당 물품 반입 배제, 폐기 처분 조치까지 이뤄질 수 있다. 이와 별도로 최근 3년간 거래 금액의 최대 30%의 과징금이 부과될 수 있다.

세계 배터리 시장에서 경쟁이 가열되면서 특허 분쟁 역시 크게 확대될 조짐이다. 이한선 LG에너지솔루션 특허센터장은 이렇게 설명했다.

"지금까지는 회사가 사업을 확장하고 글로벌 시장에 진출하느라 여념이 없어 특허를 책장에 꽂아두기만 했습니다. 이제는 후발주자가 우후죽순 나왔고 유럽이나 미국 시장으로 진출하고 있기 때문에 특허 기술에 대해 공정한 대가를 받아야 할 때입니다."

조재필 UNIST 교수 역시 "우리 기업들이 특허라는 무기를 쓰려면 아끼지 말고 신속하게 써야 합니다"라고 말한다. 중국 업체들의 기술 추격이 생각보다 빨라지고 있어 선제적으로 대응해야 한다는 것이다.

LG에너지솔루션은 2024년 4월 '특허 무임승차에 강력 대응 나선다'라는 제목의 보도 자료를 내고 "후발 기업들의 무분별한 특허 침해 사례가 급증해 소송 등 강경 대응하기로 했다"고 경고했다. 이 회사는 자사가 보유한 특허 중 경쟁사가 침해하거나 침해할 것으로 예상되는 '전략 특허'가 1,000여 개이고, 이중 경쟁사가 침해한 것으로 확인된 특허만 해도 580건에 이른다고 밝혔다.

기술은 여러 경로로 다른 기업에 전해지기 마련이다. 직원들이 경쟁사로 이동할 수 있는 데다 장비 회사를 통해 기술의 개요를 간접적으로 얻을 수도 있다. 그렇지만 특허로 보호된 기술이라면 이야기가 달라진다. 아무리 곁눈질로 기술을 확보하더라도 특허료를 내지 않는다면 그 기술을 쓸 수 없기 때문이다. 선양국 교수는 이차전지 분야에서 중국의 위협을 물리치는 가장 효과적인 수단이 특허라고 했다.

"게임 체인저game changer 특허가 있어야 해요. 그래야 중국을 잡을 수 있습니다."

K-배터리는 수적으로 많은 특허에도 게임 체인저에 해당하는 특허는 많지 않다. LMO나 NCM, LFP처럼 새로운 소재나 조성을 개발하는 원천급 특허보다 그 같은 기술을 개선하는 특허가 대부분이다. 그러나 새로운 소재를 개발해 돈을 벌려면 회사가 3개 필요하다는 우스갯소리가 있다. 첫 번째 회사는 개발하다 돈을 다 써

버리고 두 번째도 마찬가지인데, 세 번째 회사가 비로소 그 특허를 사들여 돈을 번다는 것이다.[4]

기업가가 된 교수

"많은 공대 교수님들이 착각하곤 합니다. 연구실에서 새로운 기술을 개발하고 《네이처》, 《사이언스》 같은 저명한 저널에 논문이 실리면 큰돈을 벌 수 있다고 말입니다."

그러나 연구실에서 기술을 개발하는 것과 그 기술로 실제 대량 생산을 하는 것은 하늘과 땅 차이다. 교수가 그 기술로 직접 창업해 성공하는 경우는 더욱 드물다. 그런 드문 경우조차 바이오 쪽에 몰려 있고, 굴뚝산업 쪽은 거의 없다.

이처럼 아주 희박한 가능성을 뚫은 사람 중 한 명이 조재필 UNIST 교수다. 그는 에스엠랩SMLAB이라는 배터리 양극재 회사를 창업해 실제로 제품을 생산한다. 기술력을 인정받아 1,300억 원에 이르는 투자를 유치했고 주식 상장을 준비 중이다. 흔히 한국의 배터리 분야 톱 연구자 4명을 그들의 성을 따서 '조선최강'이라 부르는데 '조'는 조재필 교수를 일컫는다. '선'은 앞서 등장한 선양국 교수다.[5]

조재필의 인생을 바꾼 기술은 이른바 '단결정' 기술이다. 양극재를 단결정으로 만드는 것을 가리킨다. 기존 양극재는 대부분 다결정 구조로, 큰 입자와 작은 입자가 섞여 포도송이처럼 뭉쳐 있다. 큰 입자는 머리카락 굵기인 10마이크로미터, 작은 입자는 2~3마이크로미터 정도다. 반면 단결정은 4~5마이크로미터 정도 되는 중간 크기 입자들이 규칙적으로 배열된 구조다.

단결정 양극재에는 여러 장점이 있다. 배터리로 만들었을 때 리튬 이온이 이동하기 쉬워 많은 에너지를 담을 수 있고, 결정구조에 결함이 적어 충전과 방전을 많이 해도 수명이 길며, 충전과 방전 과정에서 발생하는 가스가 적어 안정성이 높다.

조재필을 창업자로 변신시킨 기술은 몇 가지 기술이 합쳐진 것이다. 첫째, 단결정 양극재를 업계에서 요구하는 5마이크로미터 이상의 크기로 만들어낸 것이다. 입자가 클수록 성능이 높은데, 기존에는 크게 만들지 못했다. 둘째, 그 기술을 니켈 함량 80% 이상의 조건에서 구현해낸 것이다. 셋째, 하이니켈 양극재를 만드는 과정에서 발생한 리튬 불순물을 처리하는 새로운 방법을 만들어냈다. 물로 씻어내는 기존의 습식 공정 대신 건식 공정으로 대체한 것이다.

그는 이 세 가지 모두 업계에서 만들어달라고 요구했던 기술이라고 했다.

"삼성 SDI나 LG화학 개발진을 만나면 '교수님, 단결정 한번 개발해보십시오. 국내에서는 아직 아무도 연구하지 않고 있습니다'라고 말하곤 했어요. 저는 그대로 했을 뿐입니다."

세 가지 기술 다 중요하지만 조재필은 세 번째, 즉 건식으로 불순물을 처리하는 공정에 가장 무게를 두었다. 양극재는 고온에서 열처리하면 항상 리튬 불순물이 남는다. 이 리튬 불순물은 나중에 전지 내에 들어가면 모두 가스로 변한다. 전지는 밀폐된 공간인데 거기서 계속 가스가 나오면 어느 순간 터지게 된다. 리튬 불순물 처리가 중요한 이유다. 앞서 최문호 에코프로비엠 대표도 리튬 불순물 제거 공정을 핵심 기술로 꼽지 않았던가.

그런데 리튬 불순물을 물로 씻어낼 경우(습식 공정) 불순물만 씻겨나가는 것이 아니라 양극재 성분도 같이 씻겨나간다. 양극재 성분(예를 들어 니켈·코발트·망간 등)은 설탕처럼 물에 빨리 녹기 때문이다. 그러니 양극재 성분은 최대한 물에 녹지 않게 하면서 리튬 불순물만 씻어내는 것이 중요하다.

조재필에 따르면 기존 배터리 업체의 경우 이런 기술을 확보했지만 한계가 있다. 니켈 함량 90% 정도까지는 가능한데, 93~94% 이상으로 높아지면 제어하기 쉽지 않다는 것이다. 니켈 함량이 높아질수록 물에 녹는 속도가 엄청나게 빨라지기 때문이다. 이것이 다결정 습식 공정의 한계다. 반면 조재필의 단결정 건식 공정 기술은 물을 쓰지 않고 리튬 불순물을 없애는 기술이기에 양극재의 니켈 함량을 98%까지 높일 수 있다. 이외에도 건식 공정의 이점은 더 있다. 습식 공정의 경우 물로 씻어내는 과정에서 중금속 폐수가 발생해 그것을 처리하는 데 큰 비용이 들어가는 반면, 건식 공정은 물로 씻어내는 공정이 없으니 폐수가 발생하지 않는다.

"다결정 수세 공정을 채택한다면 폐수 처리에 필요한 설비투자와 운영 비용이 엄청납니다. 저희 같은 신설 회사는 감당할 수 없습니다."

조재필은 자신의 기술이 이른바 '특허 괴물'의 횡포를 피할 수 있다는 데도 의미를 부여했다.

"기존의 다결정 양극재 제조 과정에서 리튬 불순물을 처리하는 기술은 특허 괴물이 갖고 있고 특허료를 내야 합니다. 국내 어떤 업체도 피해 갈 수 없습니다. 그러나 단결정이라면 그 특허를 피해 갈 수 있습니다. 물로 씻지 않고도 리튬 불순물을 최소화할 수 있는 기술이니까요."

조재필은 이 기술을 2017년에 특허등록한 뒤 2018년 에스엠랩을 창업했다. 그리고 2021년 니켈 97% 함량의 하이니켈 단결정 양극재 양산에 성공했다. 일생에서 가장 기쁜 순간이었다.

"연구실에서 구현해냈다고 해서 양산에 성공한다는 보장은 전혀 없습니다. 저희도 4년 동안 수많은 시행착오를 겪었죠."

양산 검증 당시 무엇이 가장 큰 장애물이었느냐는 질문에 그는 다음과 같이 답했다.

"열처리 조건이 핵심입니다. 거기에 들어가는 첨가제 기술도 중요하고요. 어떤 첨가제가 들어가느냐에 따라서 단결정 입자 성장 속도가 많이 달라집니다. 어차피 고온에서 구우면 입자가 커집니다. 그런데 어떤 첨가제를 넣어서 어떻게 더 빨리 키울 것인가가 중요합니다."

앞서 여러 차례 언급했지만 연구실에서의 생산과 대량생산에는 큰 차이가 난다. 사용하는 전기로의 크기부터 다르다. 양극재에 들어가는 물질을 혼합해 도가니에 넣고 900℃ 이상의 고온에서 구워 낸다. 도가니들이 컨베이어 벨트처럼 움직이며 구워지는데 조 교수가 실험실에서 쓰던 전기로는 길이가 1m 정도밖에 안 됐다. 높이도 그 정도였다. 조금 규모를 키워 준양산 테스트를 할 때는 길이가 6m였다. 그런데 양산 검증을 할 때는 전기로의 길이가 50m, 높이가 4m에 달했다.

조재필에게 창업 후 매 순간은 연구실의 연구 결과를 실제 양산으로 증명하는 과정이었다. 창업 후 첫 목표는 니켈 함량 82%의 단결정 양극재를 만드는 것이었는데, 이를 위해 학교 실험실 내부에 준양산 라인을 설치해 검증했다. 검증에 성공하고 나서야 2018년 말 첫 투자금 70억 원을 유치할 수 있었다.

그러나 준양산이 된다고 해서 양산이 실현된다는 보장은 없다. 그는 제품을 양산 가능하다는 점을 다시 입증해야 했다. 당시 벤처캐피털 모두가 단결정은 장비부터 새로 개발해야 한다는 등의 이유로 양산은 절대 불가능하다고 보았기 때문이다. 이를 증명하고서야 약 520억 원 규모의 추가 투자를 유치할 수 있었다.

이어 울산역에서 통도사 가는 길에 50톤을 생산하는 공장을 짓고 나니 더 큰 자금을 유치할 수 있었다. 2021년 450억 원에 이어 2023년에 1,300억 원의 거액이 들어왔다. 부산에 뿌리를 둔 기업 금양이 그중 1,050억 원을 대면서 에스엠랩의 지분 20%를 확보해 최대 주주가 되었다. 금양은 원래 스펀지 제품 제조에 필요한 발포제라는 물질을 만드는 회사인데, LG와 삼성, SK 같은 재벌이 각축하는 배터리 셀 사업에 진출해 화제가 됐다. 금양의 류광지 회장은 2023년 여름 뙤약볕이 내리쬐는 폭염에 에스엠랩의 공장을 2시간 돌아본 뒤 1,050억 원 출자를 최종 확정했다고 한다.

금양은 에스엠랩의 가장 큰 고객이기도 하다. 2023년 말 현재 금양은 2170 원통형 배터리를 100만 셀 규모로 생산하고 있는데 이를 2024년에 700만 셀로 늘릴 계획이며, 이에 필요한 양극재 생산을 에스엠랩에 맡겼다.

조재필 교수가 굳이 창업을 한 이유는 무엇일까? 선양국 교수처럼 학교 명의로 특허를 등록한 뒤 기술을 원하는 기업에서 이전료를 받을 수도 있는데 말이다. 그 대답은 한마디로 '인센티브가 부족하기 때문'이다. 많은 대학이 기술 이전에 주력한다. 기술 이전 금액이 대학 평가에 반영되기 때문이다. 문제는 100억 원 가치를 지닌 기술을 이전할 경우 연구자 손에 실제로 돌아가는 금액이 20억 원도 안 된다는 점이다. 학교는 기술 이전비가 들어오면 간접비를 떼고 나머지를 발명자별로 나눈다.

반면 교수가 교내 창업할 경우 자기 지분만큼 권리를 갖고, 주가가 오르면 이득을 얻으니 훨씬 큰 보상을 받을 수 있다. 금양의 주식 매수 가격으로 따지면 에스엠랩의 시장가치는 5,250억 원이 되는 셈이다. 조재필의 지분이 17.2%이니 평가 금액이 903억 원에 이른다. 학교에는 기업 가치의 1.5%를 주면 된다. 조재필은 1대 주주 자리를 내놓는 대가로 한동안 돈 걱정 없이 회사를 꾸려나갈 수 있게 되었다.

이차전지 소재 공장은 돈 먹는 하마다. 조재필은 기술 개발보다 '하마 먹이'를 구하는 것이 더 힘들다고 말한다. 에스엠랩은 하이테크밸리에 1, 2 공장을 가동 중인데, 생산량 연 1만 톤 정도 규모다. 2024년 초부터 그 옆에 연산 3만 2,000톤 규모의 3공장을 짓기 시작했다. 여기에 2,700억 원이 들어간다. 1,300억 원의 유상증자로 부족해 나머지는 은행 대출을 받을 계획이라고 했다.

이렇게 규모를 키워야 하는 이유는, 주요 배터리 회사에 공급하려면 적어도 연 생산량이 4만 톤은 돼야 하기 때문이다. 전기차 1대에 양극재가 100kg 정도 들어가니 전기차 40만 대에 공급할 만한 라인은 갖추어야 한다는 의미다.

조재필은 아이오와주립대에서 박사 학위를 받은 뒤 조지아공대에서 박사 후 과정을 밟을 때 중국인 지도 교수의 권유로 이차전지 소재를 연구했다. 그리고 삼성SDI에 입사해 양극재를 연구하다 교수가 되었다. 그가 창업을 결심한 데는 정무영 전 UNIST 총장의 한마디가 큰 역할을 했다.

"조 교수, 논문만 쓰면 뭐 해? 떨어진 낙엽처럼 썩혀버리면 너무 아깝잖아. 연구실에만 갇혀 있지 말고 실질적으로 나라에 보탬이 될 일을 해보게."

돈 외에 조재필을 힘들게 하는 것은 인재 확보다.

"지방에서 사람을 뽑는 게 정말 힘들어요. 스타트업인 데다 굴뚝 산업이니 더 그렇죠. 바이오 벤처 업체들은 서울 근교로, 그게 아니면 적어도 동탄 이북으로 옮겨 갔습니다. UNIST 졸업생이라고 해서 우리 회사에 올까요? 아닙니다. 확률은 0.1%도 안 됩니다. 전부 대기업에 가지요. 우리나라 대학생들은 실리콘밸리의 스탠퍼드대나 버클리대 학생들처럼 도전적이지 않습니다."

2023년 12월, 조재필을 만났을 때 그는 인생에서 또 한 번 선택의 기로에 서 있었다. 휴직해야 할지, 교수를 그만둬야 할지 선택해야 하는 상황이었다. UNIST 같은 특성화 대학은 교원 창업 기간을 최대 5년간 부여한다. 조 교수에게 5년이 끝나는 것은 2024년 7월이다. 교수로 남기 위해서는 회사를 그만둬야 하는 것이다. 다른 선택지는 휴직하는 것이다. 하지만 휴직도 2년까지밖에 인정되지 않는다. 결국 그는 당장 교수를 그만둘지, 아니면 2년 뒤 그만둘지 결정해야 한다.

한국
몽夢

한국 상장을 꿈꾸는 론바이

2023년 8월 18일. 중부고속도로 일죽IC에서 자동차로 40분 정도 가니 잘 구획된 도로와 땅, 그리 높지 않은 공장 건물이 곳곳에 보였다. 충주메가폴리스산업단지 외국인 투자 지구다. 내비게이션에 '재세능원'이라고 입력하고 목적지에 도착하니 공장 건물이 몇 개 있었다. 그 앞에 놓인 안내 팻말이 눈에 띄었는데 양극재 제2공장 기공식 장소를 안내하는 것이었다. 200m 정도 더 가니 행사장이 있었다. 허허벌판에 큰 천막이 뜨거운 태양을 가리고, 수백 개의 간이 의자가 줄 서 있었다.

재세능원은 출하량 기준으로 세계 최대 양극재 회사인 중국 론바이Ronbay, 溶百의 한국 자회사다. 론바이는 1년 전 1공장을 준공했는데 이날 2공장에 이어 2025년까지 3공장을 증설해 충주에서만 연간 10만 톤 이상의 양극재를 생산할 계획이라고 했다. 또 론바이는 전북 새만금국가산업단지에 양극재 원료인 전구체 공장도 짓겠다고 밝혔다.

바이호우샨白厚善 회장이 행사장에 입장했다. 큰 키에 진회색 정장, 흰 와이셔츠, 노타이 차림을 한 그는 이 공장이 한국의 고용에 기여한다는 점을 강조하면서도 이 공장의 전략적 의미를 감추지 않았다. 그는 "이 공장을 통해 생산된 제품이 한국과 FTA를 체결한 미국으로 바로 들어갈 수 있다"고 말했다.

앞서 살펴보았듯 미국 IRA 법안에 따르면, 미국 혹은 미국과 FTA를 체결한 나라에서 가공한 광물(양극재가 여기에 포함된다)을 써서 만든 전기차만이 미국 시장에서 보조금 혜택을 받을 수 있다. 론바이의 중국 공장에서 생산한 양극재를 써서 배터리를 만든다면, 전기차 보조금 지급 대상에서 제외될 것이기에 전기차 업체들은 그 배터리를 당연히 구매하지 않을 것이고 배터리 업체 역시 그런 양극재를 쓰지 않을 것이다. 결국 론바이의 한국 공장은 IRA 법안을 우회해 미국에 진출하는 수단인 셈이다.

바이호우샨은 이 공장이 지니는 또 다른 의미를 설명했다. 한국이 우위에 있는 삼원계, 즉 NCM 양극재 라인과 중국이 강점을 지닌 LFP 양극재 라인을 함께 짓는다는 것이었다. 이 말은 LFP 시장이 생각보다 커져 위기감을 느끼던 한국 업체에 다소 충격을 줄 수 있는 것이었다. LFP 배터리는 장점과 단점이 뚜렷하다. 값이 싸고 화재 위험이 적은 반면 용량과 성능이 떨어진다. 특히 겨울의 저온 환경에서 성능이 크게 저하될 수 있다. 이 같은 단점은 삼원계 배터리의 나라인 한국의 투자자와 K-배터리 애호가가 중국 기술을 공격하는 주된 포인트였다.

바이호우샨은 론바이가 충주에서 생산하려는 배터리는 기존 LFP 배터리의 단점을 보완하는 새로운 기술을 적용했다고 말했다. 즉 LFP에 망간을 추가한 LFMP라는 제품이기에 용량이 높고, 저온에서도 성능이 좋다는 것이다. 이어 황현구 충청북도 정무특별보좌관이 축사를 할 차례였다. 그는 이번 기공식이 론바이가 글로벌 기업으로 거듭나는 발판이 됨과 동시에 '충주 지역의 경제 발전과 고용 창출에도 큰 견인차 역할을 해줄 것'이라고 말했다.

론바이는 다음 날 서울의 한 호텔에서 투자자 설명회를 열었다. 론바이는 중국 증시에 상장되었지만 그 주가는 바이호우샨 회장의 성에 차지 않는 것 같았다.

"똑같은 양극재 사업을 하는 한국 기업 에코프로의 시장가치가 론바이의 12배인 이유를 모르겠습니다."

그는 "중국 증시에서 신에너지 회사들의 붐이 꺼졌다"면서, 한국 증시에서 배터리 소재 기업의 시장가치가 배터리 업체를 능가한 것을 주목하고 있다고 말했다. 에코프로 그룹의 시가총액이 삼성SDI나 SK이노베이션의 그것을 초과하는 현상을 가리킨 것이었다.

그는 한국에 자회사 상장을 추진하겠다고 밝혔는데 그렇게 하면 중국과 달리 주식이 제값을 받을 수 있다는 계산임이 뚜렷했다. 론바이는 전구체 생산에서 출발한 회사다. 그리고 중국과 한국 양쪽에 양극재 공장과 함께 전구체 공장도 보유하고 있다. 론바이는 양국에 있는 전구체 공장을 합쳐 코스닥 상장을 추진하겠다고 했다. 또 잘되면 이것을 참고해 한국의 양극재 자회사 재세능원의 상장도 추진하겠다고 밝혔다.

한국에 공을 들이는 건 론바이만이 아니다. 2023년 들어 많은 중국 배터리 소재·광물 업체가 한국에 합작 공장을 건설한다고 발표했다. 중국을 배제하려는 의도를 지닌 미국 IRA 법안을 우회하기 위해서다. 가장 가까운 나라면서 이차전지 생태계가 중국 못지않게 발달하고, 미국과 FTA를 체결한 한국을 택한 것은 자연스러운 일이었다. 한국에서 생산한다면 IRA의 세액공제 혜택을 받으면서 미국으로 진출하는 것이 가능하다고 본 것이다.

한국무역협회에 따르면 2023년 말까지 발표된 한국과 중국의 합작 투자 추진 사례는 8건이고, 계획된 투자 규모는 7조 8,000억 원에 이른다. 여기에는 중국 CNGR이 포스코홀딩스와 합작해 포항에 짓기로 한 니켈 정제 및 전구체 공장과 중국 화유코발트가 LG화학과 합작해 새만금에 짓기로 한 전구체 공장이 포함되어 있다. 그러나 한국에서 상장을 통해 자본을 확보하려는 전략은 론바이 특유의 아이디어였다.

이날 행사에는 론바이의 핵심 경영진이 대거 참석했다. 10명의 경영진이 청중을 마주 보고 앞줄에 일렬로 앉아 질의응답 시간을 가졌다. 나이는 평균 30~40대로 젊어 보였고, 그중 절반 이상이 짧게 자른 스포츠형 머리를 하고 있었다. 이날 바이호우산 회장을 비롯한 중국 경영진의 발표는 통역으로 진행됐으나, 론바이의 한국 자회사인 재세능원의 대표 유상열의 발표는 한국어로 진행됐다(그렇다. 엘앤에프 창업에 큰 역할을 한 바로 그 유상열이다). 유 대표는 수십 페이지의 발표 자료를 화면에 띄워가며 론바이의 글로벌 전략을 발표했다.

그의 발표 내용 중 론바이와 에코프로비엠을 여러 항목에 걸쳐 비교한 부분이 눈길을 끌었다. 그는 생산능력 면에서는 론바이가 월등히 우세하다고 말했다. 양극재 기준으로 론바이는 연 25만 톤 생산 가능량 중 9만 톤을 판매하는 반면, 에코프로비엠은 12만 5,000톤 생산 가능량 중 8만 7,000톤을 판매한다고 했다.

제품의 다양성 역시 론바이가 앞선다고 강조했다. '중국 배터리' 하면 값싼 LFP를 떠올리는 사람이 많지만 론바이는 여느 업체와 달리 처음부터 한국처럼 삼원계 배터리, 그중에서도 니켈 함량이 많은 하이니켈 삼원계를 주력 제품으로 삼아 성장했다는 점이 독특하다. 나중에는 CATL의 주문으로 LFP와 LFMP도 생산했고, 최근에는 미래의 전지 중 하나로 꼽히는 나트륨 전지도 개발해 양산하기 시작했다.

유상열은 "고객의 다양성은 두 회사가 무승부"라고 말했다. 론바이는 CATL이 가장 큰 고객이며 전체 물량의 70%를 납품하지만,

파나소닉과 테슬라에도 공급하고 있어 에코프로 못지않게 고객 구성이 다양하다.

양극재의 전 단계 물질인 전구체 생산 역량 역시 무승부라고 했다. 한국은 전구체를 거의 중국에 의존하고 있지만, 에코프로는 전구체로 성장한 회사이고 삼성SDI에 2010년부터 지금까지 계속 공급하고 있다. 에코프로그룹의 전구체 사업이 에코프로머티리얼즈로 분사해 2023년 한국 증시에 상장한 것은 앞에서 살펴본 바 있다.

그럼 에코프로가 앞서가는 분야는 무엇일까? 유상열은 리사이클링 분야를 꼽았다. 에코프로는 앞서 살펴본 것처럼 클로즈드 루프 시스템을 구성했고, 리사이클링 업체인 에코프로씨엔지가 중요한 축을 담당하고 있다. 반면 론바이는 리사이클링 사업을 하는 자회사를 가지고 있긴 하지만, 아직 연구 단계에 머물고 있다는 것이다. 이런 여러 요소를 종합적으로 고려해보면 결론적으로 론바이가 에코프로비엠에 비해 비슷하거나 약간 앞서 있다는 것이 발표의 요지였다. K-배터리 관계자나 투자자 입장에서는 수긍하기 힘든 내용도 있지만, 중국 업체가 발표하는 것이니 감안해서 들으면 될 내용이었다. 유상열은 한국에서 큰 논쟁거리가 된 삼원계 배터리와 LFP 배터리의 패권 경쟁에 대해서도 언급했다.

"배터리 시장이 워낙 크기 때문에 어느 하나가 다 지배하는 게 아닙니다. 용도에 맞게 싼 식재료는 그에 맞는 음식에 쓰고, 고급 식재료는 고급 음식에 쓰면 됩니다."

굳이 어느 한쪽이 우세해질 것이라고 말해 논란을 일으킬 필요는 없는 일이었고, 또 그 말에 진실이 담겨 있기도 했다. 그는 LFP와 LFMP는 중저가 차량이나 ESS용으로, 삼원계 배터리의 대표 주자인 NCM은 중고가 차량용으로 쓰일 것이라고 말했다. 또 론바이가 막 생산을 시작한 나트륨 전지는 ESS용으로 시작하겠지만 점차 전기 이륜차로 확대될 것이라고 내다봤다.

바이호우샨과 유상열이 공통적으로 강조한 것은 한국과의 특별한 인연이었다. 바이호우샨은 "론바이는 태생부터 중국 기업이 아니라 한국 기업"이라며 "한국과의 인연이 IRA로 인해 더 의미 있어졌다"고 말했다. 태생부터 한국 기업이라니, 무슨 말일까? 그 배경에는 이차전지 소재 산업을 둘러싼 한국과 중국의 애증愛憎과도 같은 관계, 그리고 바이호우샨과 유상열, 두 사람의 파란 많은 인생과 인연이 깔려 있다.

바이호우샨과 유상열의 만남

에코프로의 이동채가 한국 하이니켈 양극재의 개척자라면, 중국에서는 바이호우샨이 그렇다. 앞서 살펴본 것처럼 그는 저가형 LFP가 주류인 중국에서 하이엔드 제품인 하이니켈 삼원계 양극재를 개척해 양극재 세계 선두 자리에 올랐다. 바이호우샨은 1964년, 중국에서 가장 가난한 지역 중 하나로 꼽히는 허베이성에서 태어났다.[6] '대학과 대학원에서 금속공학을 전공한 그는 베이징의 광업 관련 연구소에 입사해 승진 가도를 달렸다. 연구소 부설 전자 세라믹 첨가제 연구 부문의 리더가 됐고, 2001년 이 부문이 분사해 창립한 '당성Dangsheng 기술 유한공사'라는 회사의 사장으로 임명되면서 경영자로 데뷔했다.

배터리 산업의 잠재력을 일찌감치 내다본 바이호우샨은 회사의 기존 사업을 대대적으로 정리하고, 리튬 이온 배터리 양극재 사업에 집중했다. 당성 기술 유한공사는 2010년 중국 양극재 시장 점유율 1위를 차지하고 그해 선전 증시의 성장기업시장GEM에 상장되었다. 8.4%의 주식 지분을 가진 바이호우샨은 억만장자 반열에 올랐다.

파티는 금세 끝났다. 2012년 당성 기술 유한공사는 신기술 연구 개발에 막대한 돈을 쏟아부었지만 실적은 적자로 돌아섰다. 이듬해 이사회는 바이호우샨을 사장 자리에서 내쫓았다. 졸지에 실업자가 된 그는 론바이투자홀딩스라는 투자회사를 세우고 기회를 물색했다. 머지않아 그는 저장성 닝보에 위치한, 경영난에 빠진 한 배터리 제조 업체에 주목했다. 그는 이 회사에 적지 않은 돈을 투입해 경영권을 확보했고, 이를 기반으로 닝보 론바이 리튬 배터리 재료 유한공사라는 긴 이름의 회사를 2014년에 창립했다. 오늘의 론바이(정식 명칭은 닝보 론바이 신에너지 기술 유한공사)의 출발이었다.

바이호우샨이 유상열을 만난 것은 이즈음이었다. 유상열 역시 한국에서 배터리에 대한 꿈을 키워가고 있었다. 1958년생인 그는 한양대 물리학과를 나와 삼성SDI에서 18년간 일하다 엘앤에프로 전직했고, 엘앤에프가 2005년 양극재 사업을 하는 엘앤에프신소재를 창립할 때 참여했다.[7] 그리고 2010년 그는 월급쟁이 생활을 청산하고 창업했다. 양극재의 전 단계인 전구체를 만드는 회사 EMT였다.

"당시 한국에 양극재를 만드는 회사가 유미코아와 엘앤에프 두 곳이 생겼어요.[8] 문제는 전구체를 만드는 곳이 한국에 없다는 거예요. 니켈·코발트·망간을 적절히 섞어 양극재 업체가 요구하는 모양과 품질을 구현해내는 곳은 일본의 다나카화학뿐이었어요. 한국에도 하나 만들어보자 생각해서 전구체 만드는 회사를 창립한 겁니다."

다나카화학은 앞부분에서 언급한 에코프로의 운명에도 영향을 미친 바 있다. 전구체 생산을 갓 시작한 에코프로가 LG화학의 주문을 받을 수 있었던 것은 LG화학이 다나카화학의 전구체에 전적으로 의존했기 때문이다. 다나카의 독점 체제가 한국 업체를 자극하고 분발시키는 일종의 메기 역할을 했던 셈이다.

그러나 에코프로가 그랬던 것처럼 유상열이 창업한 EMT도 전구체 시장이 생각보다 커지지 않아 고전했다. 그 와중에 전구체 시장에 먹구름이 몰려왔다. 중국 전구체 업체들이 가격으로 치고 들어온 것이다.

"중국은 원료가 싸지 않습니까? 니켈이니 코발트니 하는 것들을 가져와서 제련하는 공장은 거의 중국에 있어요. 중국 업체들이 그런 데서 원료를 사서 전구체를 만드는데 기술 수준은 굉장히 떨어졌어요. 일본 수준은 당연히 못 따라가고, 저희 회사 EMT가 만든 것도 못 따라와요. 그 대신 무척 쌌어요."

중국의 저가 공세에 그나마 바람막이가 되어준 것이 수입관세였다. 중국에서 전구체를 수입할 경우 5%의 수입관세가 붙었다. 그 덕에 국내에서 생산해도 중국 제품과 어느 정도 경쟁이 가능했다. EMT는 유미코아에 전구체를 공급할 수 있었다.

그런데 어느 날 수입관세가 사라졌다. 배터리 업체들이 중국에서 전구체를 수입해야 하는데 관세가 있어 힘들다고 하소연하니 정부가 관세를 폐지한 것이다. 뒤에 살펴보겠지만 2010년 정부가 내놓은 이차전지 경쟁력 강화 방안에 '해외 수급이 불가피한 이차전지 원재료의 관세 인하 검토'라는 부분이 포함됐고 그 후속 조치였다. 그때 0%가 된 전구체 관세는 지금도 0%다. 배터리 업체들은 관세가 사라져 값이 싸진 중국 전구체로 발길을 돌렸다. EMT는 고객을 잃고 경영난에 빠졌다.

"양극재는 한국에서 만드는 생태계가 만들어졌는데, 전구체는 전부 중국에서 사 오게 된 거예요. EMT가 아주 어려워졌죠."

이 같은 상황에서 앞서 살펴본 에코프로는 전구체 사업을 접고 양극재로 뛰어들었지만, EMT는 그만한 자본력이 없었다. 이런 사면초가 상황에서 유상열은 당성 기술 유한공사에서 쫓겨나 제2의 창업을 엿보던 바이호우샨을 만나게 된다. 바이호우샨은 한국에 큰 관심을 갖고 있었는데 이차전지의 무게중심이 일본에서 한국으로 옮겨 가는 것을 주목했다. 삼성SDI와 LG화학이 무서운 기세로 치고 올라가고, 그와 함께 소재 업체들도 몸집을 불려가고 있었다. 한국에 배터리 기술이 모여 있다. 그리고 중국보다 앞서 있다. 시장도 한국에 있다. 중국 시장이 커지겠지만 시간이 걸릴 것이다. 배터리 시장을 이렇게 판단한 바이호우샨은 한국에서 먼저 기회를 찾으면 좋겠다고 생각해 유상열과 손잡았다. 유상열만큼 배터리 소재 사업을 초기부터 오랫동안, 그리고 밑바닥부터 깊이 경험한 사람을 찾기 힘들 것이었다.

바이호우샨이 론바이투자홀딩스란 이름의 투자회사를 창립한 뒤 가장 먼저 한 일은 한국에 재세능원載世能源이란 회사를 만든 것이었다. 능원能源은 에너지energy를 한자로 번역한 것이다. 결국 재세능원이란 '세상을 싣는 에너지'로 번역할 수 있다. 이 회사는 앞으로 한국에서의 배터리 소재 사업을 총괄할 지주회사 격인 회사였고 그 대표는 유상열이었다. 바이호우샨이 닝바오의 배터리 업체를 인수해 지금의 론바이를 창업한 것은 그로부터 1년 반 뒤였다.[9]

재세능원은 2015년 유상열이 창업한 EMT 주식을 50% 사들여 최대 주주가 되면서 그 회사를 자회사로 편입했다. 론바이는 유상열이 합작으로 창립한, 폐배터리에서 니켈·코발트·망간 등을 뽑아내는 배터리 재활용 기업 타운마이닝리소스TMR의 지분도 인수했다. 론바이는 결국 몇 년 사이에 한국에 3개의 자회사(재세능원·EMT·TMR)를 두게 되었다. 몇 년 뒤에는 유상열과 함께 삼성SDI에서 일했던 이

종희가 재세능원의 CTO로 참여했다.

한국을 통해 배터리 기술과 전략을 테스트해보던 바이호우샨은 중국 정부가 전기차와 배터리 산업을 집중 육성하는 것과 발맞춰 무섭게 중국 내 영토를 확장했다. 그리고 유상열은 중국으로 가서 론바이의 확장에 큰 역할을 하게 된다. 특히 론바이가 다른 중국 기업과 달리 LFP 배터리가 아닌 삼원계 배터리를 주력 사업으로 키우는 데 결정적인 역할을 한다.

"론바이는 태생부터 중국 기업이 아니라 한국 기업"이라는 훗날 바이호우샨의 말은, 론바이가 양극재 회사로 자리 잡는 데 유상열과 EMT의 경험과 지식이 결정적이었음을 보여준다. 론바이의 홈페이지 첫 화면에서는 바이호우샨 회장과 함께 유상열 대표를 창업자로 소개하고 있다. 중국의 저가 공세로 사업을 접게 된 유상열이 중국 기업가와 손잡고 한국과 치열하게 경쟁을 벌일 회사를 키우는 데 결정적인 역할을 하게 된 것이다.

유상열은 중국 자본을 대리하는 경영자가 됐지만, 자신의 운명을 그런 길로 이끈 정부의 관세 정책과 이 때문에 중국으로 넘어간 배터리 생태계의 업스트림(제품 제조의 전 단계)에 대해 매우 아쉬워했다. 현재 세계 전구체 시장은 90% 이상 중국의 독무대가 되어버렸다. 유상열은 관세 정책, 나아가 산업 정책에 대응의 논리가 있어야 한다고 주장한다. 중국 정부는 전기차를 육성하면서 전기차 업체와 배터리 업체에 막대한 보조금을 퍼부었다. 그러나 한국 업체가 만드는 전기차와 배터리는 보조금 대상에서 제외됐다. 삼성SDI

와 LG화학이 중국 공장에서 생산한 배터리도 보조금을 한 푼도 받지 못했다.

"그렇다면 한국 정부에서도 중국에서 전구체 같은 걸 수입할 때 관세를 매겨야 하죠. 경제도 이렇게 대응 논리가 있어야 되는 거예요. 가격만 중요한 게 아닙니다. 보호해야 될 건 보호해야 된다고 생각해요. 기술도 보호해야 되지만 공급 사슬도 보호해야 됩니다. 미국은 그렇게 하고 있지 않습니까? 그런데 우리나라는 공급 사슬을 보호하지 않습니다."

보호막에서 벗어난 전구체가 중국의 독무대가 된 것은 K-배터리에 심각한 위협 요소가 될 수 있다. 유상열뿐 아니라 선양국, 이상영, 조재필, 김명환 등 배터리 최고 전문가들이 한결같이 하는 말이다. 전구체는 양극재의 부모 격이기 때문이다. 좋은 전구체가 있어야 좋은 양극재가 나온다. 하이엔드 제품인 하이니켈 양극재를 만들려면 전구체 단계에서부터 잘 만들어야 한다. 그만큼 전구체 기술이 중요하다.

"한국이 하이니켈 같은 고급 전구체 기술을 보유하고 있는 게 아니라 중국이 다 가지고 있어요. 문제는 국내 업체들이 중국에 전구체 기술을 줘서 개발시켰다는 겁니다. 싸게 사서 쓰려고요. 지금 LG에너지솔루션이나 삼성SDI, 엘앤에프, 에코프로 모두 중국 전구체를 사다 썼어요. 중국 업체들 입장에서는 전구체가 있으니 양극재 만드는 건 쉬운 거예요. 앞쪽 기술을 확보하고 있으니까요. 이건 다 한국이 육성한 환경이에요."

유상열은 전구체 기술 없이 양극재만 가지고 있으면 경쟁자가 쉽게 따라올 수 있다고 했다. 중국과 격차를 벌리려면 자체 기술로 전구체를 직접 생산해야 한다는 것이다. 그는 배터리 시대가 본격 개막되면 이른바 다운스트림(제품 제조 이후의 단계)보다 업스트림에서 부가가치가 더 많이 창출될 것으로 생각했다. 즉 배터리를 만드는 회사보다 그 회사에 소재를 공급하는 회사의 가치가 더 높아질 수 있다고 생각했고, 가장 중요한 배터리 소재인 양극재 수요가 늘어나면 그 전 단계인 전구체 수요가 늘어날 것으로 생각했다. 또 배터리에 들어가는 광물이 부족해지면 폐배터리를 재활용하는 사업이 부상할 것으로 생각했다.

유상열의 생각은 시대를 너무 앞서갔는지도 모른다. 그러나 그는 자신의 꿈이 에코프로라는 다른 회사에서 실현되는 것을 볼 수 있어 기쁘다고 말했다. 에코프로는 배터리 소재 사업을 키워 배터리 업체 이상의 시장가치를 만들어냈다. 또 전구체, 양극재, 리사이클링을 묶어 클로즈드 루프 시스템을 만들어냈다. 10년 전 그가 TMR이라는 재활용 회사를 만들 때부터 생각한 아이디어였다.

"제가 한 건 아니지만 제 생각대로 되니 기분이 굉장히 좋았습니다. 예전에 제 이야기를 들었던 사람들이 놀라요. 바이호우샨 회장이 깜짝 놀라면서 제가 생각했던 대로 배터리 소재 업체의 기업 가치가 배터리 회사의 가치를 초월했다고 말하더라고요."

그건 그렇고, 바이호우샨이 일찌감치 꾸었던 한국 몽夢은 오늘의 그를 만들어준 예지력 있는 꿈이었음에 틀림없다.

| SPECIAL INTERVIEW |

"싼 가격만 찾는 행태가 중국을 키운다"

선양국
한양대학교 에너지공학과 교수

● 일본의 양극재 기술 수준은 어떤가?

"일본이 지금은 시장점유율이 낮아졌지만 배터리에 관련해서는 여전히 세계 최고 기술을 갖추고 있는데 특히 소재 쪽이 그렇다. 무협지를 보면 실력을 키우기 위해 소림사에 들어가서 몇십 년간 단련한다. 일본이 그렇다. 일본에서는 한 분야에 10년은 기본이고 20년 정도 몰두해야 '너 좀 했구나' 하는 말을 들을 정도다. 전문가로 불리려면 30년은 해야 한다. 한국은 뭐든 빨리 하는데 그건 좋지만 소재 개발은 잘 안 되고 있는 것 같다."

● 그토록 어려운 일인데 어떻게 새로운 기술을 개발할 수 있었나.

"오랫동안 양극재 하나만 집중적으로 생각하고 연구했다. 당시에는 양극재가 지금처럼 중요하지 않았다. 하지만 앞으로 중요해질 것이고, 특히 하이니켈 쪽 전망이 좋을 것이라 생각했다. 많이 하다 보니 나름대로 하이니켈의 문제점이 보였다. 왜 문제인지 고민하고, 그것을 극복할 방법을 늘 생각했다. 황농문 교수가 쓴 『몰입』이란 책이 있는데, 그분 말씀에 십분 공감한다. 계속 몰입해 생각하다 보니 방법을 찾을 수 있었다."

● 기술 관점에서 볼 때 한국 배터리 산업에서 가장 획기적 사건을 꼽는다면?

"LG화학이 GM 전기차에 배터리를 납품하게 된 게 가장 큰 변곡점이었다. 당시 LFP 배터리를 만드는 미국 기업 A123 시스템스와 경쟁했는데 LG화학 제품의 성능이 더 좋았다. 분리막에 세라믹을 코팅해 열 안전성을 크게 높였기 때문이다. 이는 LG화학이 파나소닉 같은 세계적인 회사들과 경쟁할 수 있는 발판이 되었다. 재료 관점에서 보면 삼성SDI가 양극재에 코팅하는 기술을 개발해 배터리 용량을 크게 높인 일도 있다. 일본에서도 못하던 기술이었다."

● 배터리의 밸류 체인을 보면 재료 가공, 소재, 배터리 셀 등의 단계가 있다. 그중 기술 장벽이 가장 높은 분야는 무엇인가.

"양극재가 가장 어렵다. 음극재는 대부분 그라파이트가 쓰인다. 이 재료가 워낙 좋기에 음극재는 몇만 번 충전과 방전을 해도 끄떡없다. 그런데 양극재는 갈수록 수명이 줄어든다. 양극재를 만드는 데 있어 전구체가 중요하다. 결국 전구체를 어떻게 만드느냐에 따라 양극재 특성이 달라지는데 전구체 기술이 쉽지 않다."

● **전구체 기술을 한국이 확보하고 있나?**

"한국 기술이 중국으로 흘러갔다. 그러면서 한국 업체들은 가격경쟁력을 잃었고 전구체를 생산하지 않게 되었다. 중국 전구체가 품질이 좀 떨어지더라도 가격이 싸니까 쓴다. 중국 업체들은 계속해서 만들다 보니 기술이 바뀌고 축적된다. 그래서 지금은 거의 중국의 독무대다. 그런데 만일 중국이 한국 기업에는 나쁜 전구체를 주고, 중국 기업에는 좋은 전구체를 준다고 해보자. 한국이 중국을 이길 수 있을까? 지금부터 보호해야 할 기술은 보호해야 한다. 가격이 좀 비싸지더라도 핵심 기술은 지켜야 한다."

● **에코프로는 계속 자체적으로 전구체를 생산했는데.**

"코어 셸이나 농도 구배형 같은 전구체 기술(선양국 교수로부터 사들인 기술)을 중국에 주기 싫어서였다. 우리나라 기술을 지키고 싶어 한 것이었다. 다른 회사와 달리 에코프로비엠은 전구체를 만드는 데서 출발했다. 태생이 다르다."

● 중국을 경계하면서 신라와 당나라의 전쟁을 언급한 기사를 봤다. 개인적으로 중국과 특별한 인연이 있나.

"사실 나는 한국에서보다 중국에서 더 유명하다. 그런데 중국의 방식은 문제가 있다고 생각한다. 문 걸어 잠가놓고 자기 나라 물건만 쓰라고 하면서 한국 것은 못 쓰게 한다. 그런 엉뚱한 플레이가 어디 있는가. 게임을 공정하게 해야 한다."

● 전고체 전지 등 차세대 전지의 가능성을 어떻게 보나.

"전고체 배터리를 만들어내긴 하겠지만 문제는 가격이다. 리튬 이온 배터리의 10배 가격이라고 하면 누가 사겠는가. 대량생산은 상당히 어려울 것이고, 극소수 사람들만 그런 제품을 살 것이다. 이렇게 되면 진정한 의미의 상업화라고 보기 힘들다. 납축전지는 1890년대에 나왔는데 가격이 저렴해서 아직도 쓰이고 있다. 리튬 이온 전지가 나온 지 30년 조금 넘었지만 활용되는 기간은 전고체보다 더 길 것 같다. 앞으로 20~50년 정도 예상한다. 리튬 이온 전지가 워낙 좋아서 대체할 만한 게 나오기 쉽지 않다."

● 가장 존경하는 연구자는 누구인가.

2019년 노벨 화학상을 수상한 존 B. 구디너프 John B. Goodenough 교수다. 지금 우리가 모빌리티 세상을 향유할 수 있는 건 리튬 이온 배터리 덕택인데 그걸 가능하게 한 분이다. 양극재는 구디너프 교수가 다 만들었다. 미국 오스틴에 있는 텍사스대학교를 방문해 그를 만난 적이 있다. 99세까지 자기 연구실에서 연구하다가 100세 되던 해(2023년) 다른 연구자에게 연구실을 물려주고 나서 돌아가셨다. 그의 아내가 요양원에서 따로 살았는데, 오전에 아내의 장례식을 치르고 오후에 연구실에 와서 연구를 했다고 한다. 이렇게 한 분야에만 몰두했기에 노벨상을 받을 수 있었을 것이다. 우리나라도 그런 연구자가 나와야 한다. '65세니까 은퇴해라'가 아니라, 연구하고 싶은 사람은 계속할 수 있는 분위기를 만들어주는 게 좋지 않을까."

차이나 포비아

'왜 이렇게 이차전지에 관심이 많은 거지?
LG화학에서 뭘 보려는 거지?'
완강이 단순한 관광객이 아닐 것이라는 점은 확실했다.

중국과의
기술 격차는 2년?

이 책을 쓰기 위해 만난 배터리 업계 전문가들에게 공통적으로 던진 질문이 있었다. 바로 다음 두 질문이었다.

"K-배터리에서 초격차라 부를 수 있는 기술은 무엇이며 그것은 지속 가능한가?"

"중국과의 기술 격차는 몇 년 정도인가?"

그들의 대답을 요약하면 "기술 격차가 있긴 하지만 그것을 초격차 기술이라고 부를 수 있을지는 의문"이고 "중국과의 기술 격차는 2년 정도"라는 것이 중론이었다. 사람마다 발언에 차이가 있긴 하지만 대체적인 의견이 그랬다.

최문호 에코프로비엠 대표는 중국과의 기술 격차가 2~3년 정도라고 답했다. 그는 중국을 앞서는 기술로 하이니켈 양극재 기술을 꼽았다. 미드니켈과 달리 하이니켈은 공정 난도가 높다. 특히 소성 후 잔류 리튬을 제거하는 것과 같은 금속 이물질 제거와 양산품 제어 능력이 필요한데 여기에 2~3년의 격차가 있다는 것이다.

조재필 UNIST 교수 역시 니켈 함량 90% 이상인 울트라 하이니켈 기술을 초격차 기술로 꼽았다. 중국에서도 하이니켈을 만든다고는 하지만 아직 품질이 제대로 나오지 않는다는 것이다. 또 그는 실리콘 음극재 기술도 중국에 앞선 기술로 꼽았다. 그에 따르면 중국도 실리콘으로 음극재를 만들 수는 있지만, 실리콘의 수축과 팽창을 최소화하기 위해 2나노 정도의 작은 사이즈로 만드는 제어 기술은 한국에 못 미친다. 그는 이 같은 분야에서 중국과의 기술 격차를 2년 정도라고 평가했다.

홍영준 포스코홀딩스 부사장은 "중국과의 기술 격차는 2년"이라는 데 동의하면서도 그 격차는 별로 의미가 없다고 덧붙였다. 방심하면 금방 따라잡힐 격차라는 것이다.

"디스플레이의 경우 2000년대 초반만 해도 한국과 중국의 기술에 10년 정도 격차가 있었어요. 그런데 중국이 돈을 쏟아부으며 그걸 따라왔지 않습니까? 그에 비하면 지금의 배터리는 격차가 거의 없는 겁니다. K-배터리가 잘나간다고들 하지만, 중국과 2년 이상의 기술 격차를 계속 유지하지 못한다면 순식간에 디스플레이 꼴이 날 수 있습니다. 기업 입장에서는 중국이 정말 무섭습니다."

고위 경영자의 입에서 "무섭다"라는 표현이 나오는 경우는 많지 않다. 홍영준은 한국의 초격차 기술이 무엇이냐는 질문에 경험 효과와 조립 기술을 들었다. 그는 "유기화학에 비해 무기화학은 아직 이론이 완벽하게 정립되어 있지 않고 경험치가 매우 중요하다"고 말했다. 도자기 기술이 장인의 손끝에 녹아 있듯 경험에서 우러나는 암묵지暗默知*가 유기화학에 비해 중요하고, 이 부분은 아직 중국이 따라오지 못한 부분일 수 있다는 것이다. 특허로 막을 수 있는 기술이 아니라 회사 내부에서 오랫동안 시행착오를 거쳐서 얻은 노하우와 경험, 군대 용어로는 '짬밥'이라고 표현할 수 있는 것이다.

홍영준은 또 끈끈한 슬러리 형태의 화학물질을 매우 얇은 막에 1분에 100m 속도로, 마이크로미터 단위로 균일한 두께로 코팅한다든지 하는 조립 기술도 한국이 앞서간다고 말했다. 그러나 그는 중국처럼 막대한 돈을 투자하고, 많은 연구 인력이 많은 실험을 할 수 있다면 그런 암묵지도 따라올 수 있다고 단서를 달았다.

한편 김명환 전 LG에너지솔루션 사장은 이렇게 말했다.

"이제는 격차라고 부를 수 있는 단계는 아닌 것 같습니다. 5년 전만 해도 '3년은 우리가 앞서 있다'고 말했을 텐데 지금은 그렇게 말할 수 없어요. 삼원계 배터리의 경우 중국보다 어느 정도 앞서 있지만 그래도 그 차이는 1~2년 정도밖에 되지 않을 겁니다."

그러면서도 그는 해외에서 대규모 공장을 경험한 것은 중국이

---

* 경험이나 직관, 감정 등에 의해 쌓인 비공식적이고 형식화되지 않은 지식으로, 쉽게 전달하거나 문서화할 수 없고 사람 사이의 의사소통을 통해 전달된다.

갖고 있지 않은 한국의 강점이라고 덧붙였다.

홍정기 전 LG경영연구원 수석연구위원은 배터리는 손끝에서 나오는 경험 산업이고 고려청자처럼 은은한 색깔을 내기 힘든 것 아니냐는 질문에 "이제 그런 시대는 지난 것 같다"고 말했다.

"지난 10년간 중국의 전지나 소재 업체 기술 수준이 상당히 높아졌습니다. 벤츠나 BMW, 테슬라, 토요타 같은 회사들이 중국 배터리나 소재를 쓰는 것이, 처음에는 중국 시장이 중요하고 중국 정부 눈치를 보기 때문이라고 생각했어요. 그런데 지금은 생각이 많이 바뀌고 있어요. 이제는 중국산 배터리가 가격도 싸고 성능도 괜찮으니까, 다시 말해 가성비가 좋으니까 쓴다는 거죠."

이경섭 포스코필바라리튬솔루션 대표의 생각은 어떨까. 그는 포스코가 앞선 리튬 추출 기술을 갖추고 있긴 하지만, 중국 덴치리튬Dentchi Lithium 같은 회사가 방식은 다르면서도 수준 높은 기술을 확보해 "거의 유사한 수준"이라고 말했다.

"우리가 처음에 기술을 개발했을 때는 신세계가 열리는 것 같았고 천하를 제패할 줄 알았어요. 그런데 나중에 보니 중국도 빠른 속도로 따라왔습니다."

이상영 연세대 교수는 이렇게 분석한다.

"한국이 길게 보면 5년, 짧게 보면 3년 안에 초격차에 해당하는 기술을 확보하지 못하면 중국에 따라잡혀 디스플레이와 같은 길을 갈 겁니다. 우리나라가 운이 좋은 게 미국의 IRA 법안 때문에 몇 년을 벌었어요." 순수하게 기술적 격차로 볼 수 있는 부분은 크지 않다는 뜻이다.

"왜 한국 디스플레이 산업이 중국에 먹혔는지 알 것 같아요. 어마어마하게 많은 인력이 덤벼들고, 정부가 밀어주고, 때로는 반칙을 하잖아요."

이상영은 중국을 자주 오가는 편이다. 베이징대, 상하이대, 칭화대에 가보면 학생들 눈빛이 살아 있고 의욕에 차 있어 놀란다고 한다. 중국 교수들 말로는 중국 대학에는 주말이 없다고 한다. 무엇보다 중국의 이과 인재들은 한국처럼 의대를 선호하지 않는다. 중국은 민간 병원이 없고 국영 병원 체제이기 때문이다.

현재 중국 대학에서 최고 인기 학과는 인공지능 분야이고, IT 및 반도체와 함께 이차전지도 인기가 가장 높은 분야다. 그러다 보니 K-배터리 업체들이 인재난을 호소하는 것과 달리 중국에서는 그럴 일이 없다. 배터리 관련 학과를 졸업하는 학사 인력은 2022년 기준 한국이 연간 7만 명인 반면 중국은 167만 명에 이른다. 중국에서는 학사와 석·박사 간 연봉 차이가 3~4배씩 나다 보니 석·박사 학위를 따려는 경향이 강하다. 중국 당국은 2020년부터 정책적으로 배터리 전담 학과 설립을 유도해 현재 30여 개 대학이 운영 중이다. 정부에서는 배터리 전담 학과를 개설한 대학에 모집 정원을 늘려주는 인센티브를 줬다.[1]

그뿐만 아니라 세계 이차전지 학계는 중국계가 장악하고 있다고 해도 과언이 아니라고 이상영 교수는 전했다. 허접한 논문, 엉터리 데이터를 쓴 논문도 여전히 많지만 매우 수준 높은 논문도 많다는 것이다. 미국의 저명한 이차전지 학자도 70~80%는 중국계다.

물론 이상영 역시 이차전지의 핵심 기술이 어느 정도 장인의 손끝에 달려 있기도 하다는 사실을 인정한다. 김치찌개 식당이 수백 개가 있어도 그중 어느 한 집만 맛집으로 불리는 것처럼, 양념 노하우, 불 조절 노하우 같은 것이 있다. 그런데 이런 격차도 날로 줄어들고 있다.

"우리나라 이차전지 업체들이 중국의 이차전지 소재를 써보니 싸긴 한데 뭔가 조금씩 부족하다고 느낍니다. 그러면 중국 업체들에 '이것 조금 고쳐서 와'라면서 노하우를 가르쳐줍니다. 맛있는 양념이 무엇인지 가르쳐주는 겁니다. 그러면 중국 업체들이 우리에게 딱 맞게 고쳐서 가져와요. 그런데 중국 업체들이 한국에만 파는 게 아니잖아요. CATL이나 BYD에도 팝니다. 결국 이게 부메랑이 되어 중국 배터리 업체를 키워주는 격이죠."

홍정기 연구위원은 한국의 배터리 기술 중 독보적이라고 할 수 있는 기술이 뭐냐는 질문에 "사실상 없다"라고 말했다.

"예를 들면 NCM 배터리라는 게 활용된 지 벌써 20년이 넘었거든요. 기술 자체는 이미 다 알려진 거죠. 문제는 이걸 누가 얼마나 싸게, 그리고 안정적인 품질로 생산할 수 있느냐 하는 생산 기술에 대한 겁니다. 그런데 그 생산 기술은 한국이 그랬듯이 중국도 시행착오를 거치면서 극복할 수 있어요. 사람을 스카우트할 수 있고, 설비 업체를 통해 기술을 확보할 수도 있습니다. 이건 사실 조립 가공 산업에서는 굉장히 일반적인 경우예요. 우리나라도 그렇게 성장했고 지금 중국도 그렇게 하고 있어요. 그래서 지금은 차이가 상당히 많이 좁아졌어요."

그는 '중국의 가장 큰 강점은 레거시legacy(과거 체계의 영향력)가 없다는 점'이라고 말했다. 중국은 내연차 부문에 경쟁력을 갖추지 못한 상태에서 전기차로 바로 넘어가면서 새로운 실험을 굉장히 많이 했고, 다양한 시행착오를 거치면서 상당히 높은 수준에 이르렀다는 것이다.

"최근 배터리 산업의 혁신은 중국 기업들이 주도하는 부분이 많습니다. 나트륨 전지처럼 재료난에서 자유롭고 값싼 전지나, 셀투팩 혹은 셀투섀시 같은 배터리 패킹 기술을 개발한 주체가 모두 중국 업체입니다. 또 전기차 소프트웨어나 자율주행 기술 같은 것들도 외부에 알려진 것보다 실제로는 훨씬 높은 수준이라는 평가도 있습니다."

강석훈 산업은행 회장은 2024년 9월 SNE리서치가 주최한 컨퍼런스 기조 연설에서 "현재 한국 배터리 산업이 직면한 상황은 2010년대 한국의 맹추격에 당황하던 일본의 배터리 산업과 유사하다"라고 말했다. 한국과 중국의 기술 격차가 좁혀진데다, 특히 중국의 LFP 배터리가 가격경쟁력과 기술력을 갖추고 세계시장에서 빠르게 확산 중이라는 것이다.

선양국 한양대 교수는 어떻게 볼까.

"흔히 중국 업체들이 LFP 배터리를 잘 만들지만 삼원계는 못 만든다 생각하는데 그렇지 않습니다. 삼원계도 잘 만들어요."

선 교수는 또한 양극재 전 단계인 전구체 시장을 중국이 거의 독점하고 있는 상황을 우려했다.

박태성 한국 배터리산업협회 상근부회장은 시장 진입 난도를 비교한다면, 반도체에 비해 배터리가 진입 장벽이 낮다고 말했다. 이는 연구 개발 투자 규모에서도 드러난다. 2023년 상반기에 반도체 대표 주자인 삼성전자와 SK하이닉스의 투자 규모가 15조 8,000억 원에 이른 반면, 배터리 3사는 1조 2,000억 원으로 반도체의 7.6%에 불과하다. 1조 원을 넘은 것도 이번이 처음이라고 한다. 그는 K-배터리의 생존 전략은 미국을 비롯한 서구 세계의 '차이나 포비아'를 활용하는 데 있다고 말했다.

"중국이 급성장하고 시장 지배력이 커지면서 차이나 포비아가 증폭될 수밖에 없습니다. 한국은 이 기회에 서구 세계의 탄소 중립과 에너지 전환에 신뢰할 수 있는 전략적 파트너임을 보여주어야 합니다."

골든
샘플

홍영준 전 포스코 부사장은 중국 업체와의 경쟁이 어렵다는 점을 설명하면서 '골든 샘플'이란 용어를 썼다.

"만일 한국과 중국의 배터리 업체가 A라는 자동차 제조사 공급을 놓고 경합한다고 합시다. A사가 1m를 요구한다면, 중국은 100m를 생산하고 그중에서 가장 잘된 부분 1m만 잘라내서 보냅니다. 그러니까 중국 제품의 공식 불량률은 제로죠."

그 1m가 바로 '골든 샘플'인 것이다. 그렇다면 나머지 99m는 어떻게 될까? 중국 업체는 그 99m를 상표를 떼어내고 내수용으로 판다. 그런 불량품이 팔리는 시장이 이른바 '화이트박스 시장'이다. 수출에서 불합격된 옷을 싸게 파는 보세 시장과 비슷하다고 보면 된다. 이런 시장이 디스플레이에도 있고, 배터리에도 있다. 월말이 되면 화이트박스 시장에 값싼 배터리가 대량으로 쏟아져 나온다. CATL이나 BYD 물건도 예외가 아니다. 한국 업체는 그렇게 못할까?

"우리나라 업체들은 1%라도 결점이 있거나 규격에 맞지 않으면 다 없애버립니다."

중국처럼 상표 떼고 팔면 안 되느냐는 질문에 브랜드 가치가 떨어지기 때문에 그렇게 못한다는 설명이었다. 그래서 한국 업체는 불량품 처리 비용이 조 단위다.

"어떻게 보면 중국이 장사를 잘하는 것일 수도 있죠. 싸게 팔아 만족시킬 수 있는 수요층이 있으니까요."

홍영준은 여러 나라에 제품을 팔아본 경험을 토대로 1인당 국민소득이 2만 달러 정도 돼야 비로소 그 나라 사람들이 불량에 대해 인식하는 것 같다고 말했다. 그가 중국 자동차 업계 사람들과의 미팅에서 "자동차가 폐차로 나와 배터리 리사이클을 하기까지 몇 년을 잡느냐"고 물어보니 "6년이나 7년"이라는 답이 나왔다. "자동차를 6~7년밖에 안 쓰느냐"고 하자 그들이 대답했다. "어떻게 보면 창피한 이야기지만 실제 중국에서 돌아다니는 전기차의 수명이 6~7년밖에 안 된다"는 것이었다.

"그런 자동차들이 나오는 곳이 중국입니다. 보도가 안 될 뿐이지 실제로 전기차 화재도 많습니다. 한국은 차를 사면 최소 10년은 쓸 수 있지요."

이런 점에서 중국과의 경쟁은 '매우 기울어진 운동장'인 셈이다.

부처님
손바닥

"포스코홀딩스, 국내 기업 최초로 이차전지용 니켈 해외에서 생산한다."

2023년 5월 3일, 포스코홀딩스가 보도 자료 하나를 배포했다. 증시에서 이차전지에 대한 관심이 높아지는 시기였기에 투자자들의 관심을 끌었다. 보도 자료에는 포스코홀딩스가 세계 1위의 니켈 보유·생산국인 인도네시아에 6,000억 원 가까이 투자해 니켈 제련 공장을 신설하기로 했고, 여기서 생산되는 니켈이 연간 전기차 100만 대를 만들 수 있는 양이라는 설명이 뒤따랐다.

그러나 정확한 사실을 알고 나면 좀 허탈해질 수 있다. 포스코가 공장을 짓는다는 표현보다 중국이 조성해서 분양한 공단의 한 귀퉁이에 입주했다는 표현이 더 적절하기 때문이다. 포스코홀딩스가 짓겠다고 한 니켈 제련 공장은 인도네시아 할마헤라섬에 있는 웨다 베이Weda Bay 산업 공단에 위치한다. 자카르타에서 비행기를 5시간 타고 맞은편 섬의 공항에 내린 뒤 배를 타고 건너가서 다시 자동차로 뾰족한 산을 넘어 4시간을 가야 닿는 오지다.

IWIPIndonesia Weda Bay Industrial Park라는 영어 약어로 더 많이 불리는 이 공단은 도로부터 전기, 인터넷, 항만, 공항에 이르기까지 거의 중국 자본과 인력에 의해 건설·운영되고 있다. 운영자는 세계 최대 니켈 생산 업체인 중국의 칭산Tsingshan 그룹이고, 돈을 댄 것은 중국의 대형 은행이며, 프로젝트의 종합 설계자이자 지휘자는 중국 공산당이다.

포스코 관계자가 포항제철소 단지보다 크다고 표현한 이 공단은 중국과 인도네시아가 합작해 조성한 인도네시아 속 중국이다. 칭산은 포스코 같은 제3의 기업에 입주권을 주는 대가로 새로 설립하는 공장의 지분을 받는다. 입주 기업들은 지분을 내주는 대신 잘 정비된 기반 시설과 수도나 전기를 이용할 수 있고, 현지 정부와의 복잡한 절차 없이 입주만 하면 되므로 무척 편리하다.[2] 남이 차려놓은 밥상에 숟가락만 얹으면 되는 셈이다.

이 공단에는 이와 똑같은 생산 라인이 50개 있다. 포스코 공장은 그중 4개 라인에 해당한다. 이 공장의 중국 측 지분은 51%이고, 나머지 49%가 포스코 것이다. 공장은 칭산이 짓고 있으며 공장이 지어지면 생산도 칭산이 하게 된다. 업계 관계자들은 인도네시아에서 칭산과 손잡는 것은 '선택권이 없는 선택'이라고 말한다.[3] 포스코홀딩스는 합작 법인에 CFO와 CMO 등 몇 명의 임원을 파견했다.

이 공장과 별도로 포스코홀딩스가 2023년 2월 중국의 닝보리친사와 합작으로 짓겠다고 발표한 공장은 술라웨시섬 모로왈리 산업 단지라는 또 다른 공단에 있다. IMIP Indonesia Morowali Industrial Park라는 영어 약어로 불리는 이 산업 단지 또한 칭산이 건설한 인도네시아 속 중국이다. 이 공단에 짓기로 한 합작 공장의 포스코 지분은 20%밖에 되지 않는다. 여의도 면적의 7배 가까운 IMIP 산업 단지의 조명은 밤새 켜져 있다. 노동자 4만 3,000명이 24시간 일하고, 이중 약 5,000명은 중국인이다. 불과 10년 전만 하더라도 이 지역은 전기도 들어오지 않고 도로도 몇 없으며, 안쪽으로는 거대한 우림이 펼쳐진 어촌이었다. 앞서 언급한 IWIP 공단은 먼저 조성된 이 IMIP 공단의 성공 경험을 복제한 것이라 할 수 있다.

한국을 대표하는 양극재 기업 에코프로는 이 단지 한 귀퉁이에 세 들었다. 에코프로는 2023년 3월 IMIP 단지에서 중국 GEM이 운영하는 니켈 제련소 지분을 인수했다고 발표했다. 그러나 그 지분은 9%에 지나지 않았다. 에코프로는 두 차례에 걸쳐 8,600만 달러를 투자했으며 그 대가로 연간 6,000톤의 니켈 중간재 공급을 확약받았다고 밝혔다. 에코프로는 이 계약이 '자원 자립을 위한 첫 행보'라고 밝혔고, 몇 달 뒤 첫 물량인 400톤이 포항항을 통해 반입된 것을 보도 자료로 알렸다.

IMIP와 IWIP로 불리는 두 거대 산업 단지가 존재하는 이유는 니켈이다. 이 지역에 다량 매장된 니켈을 채굴하고 제련하고 가공하는 것, 요즘 유행하는 말로 니켈의 종합 생태계를 만드는 것이다. 그리고 이 단지들을 조성하고 운영하는 것은 중국이다. 지금 인도네시아의 니켈 공급망은 중국 업체가 장악하고 있다고 해도 과언이 아니다. 한국 기업이 아무리 발버둥 쳐도 부처님 손바닥 안 손오공처럼 중국의 영향에서 벗어나기 힘들다는 것을 포스코와 에코프로의 사례가 잘 보여준다.

인도네시아, 니켈, 그리고 중국

"올해만 네 번째로 뵙게 되네요. 아세안 정상 가운데 가장 자주 만나는 것을 기쁘게 생각합니다."

2023년 9월 8일 인도네시아 자카르타의 대통령 궁. 조코위 인도네시아 대통령과의 정상회담에서 윤석열 대통령이 말했다. 2023년 한 해 동안 윤 대통령이 네 번 만난 외국 국가원수는 조 바이든 대통령과 조코위 대통령, 둘뿐이다.

당시 대통령 순방에 참석한 재벌 그룹 회장 중에는 정의선 현대차그룹 회장과 구광모 LG그룹 회장, 구자은 LS그룹 회장, 최윤범 고려아연 회장이 동행했다. 이들의 공통점이 무엇일까? 바로 전기차와 이차전지 분야에 깊숙이 발을 담그고 있다는 것이다. 그리고 이들에게 인도네시아는 날로 특별한 의미를 더해가고 있다.

인도네시아는 세계 최대의 니켈 생산국으로 '니켈의 사우디아라비아'로 불리기도 한다. 전 세계 니켈 수요의 거의 절반을 인도네시아가 충당한다. 니켈은 리튬과 함께 이차전지의 가장 중요한 원재료다. 고품질 배터리를 만들기 위해서는 니켈을 많이 넣어야 한다. 문제는 앞서 살펴본 '리튬 트라이앵글' 국가들이 리튬에 대해 그랬듯, 인도네시아가 니켈을 아무에게나 주지 않으려 하는 것이다.

인도네시아는 자원의 무기화에 성공한 대표적인 나라로 꼽힌다. 인도네시아는 2020년부터 니켈을 원광原鑛(가공하지 않은 광물) 상태로 수출하는 것을 금지했다. 니켈이 필요하다면 인도네시아에 공장을 지어 가공한 뒤 가져가라는 것이다. 사실 니켈은 아주 오래전부터 배터리 원료보다 스테인리스강 재료로 쓰여왔고, 지금도 니켈 수요의 70%가 스테인리스강 제조용이다. 그러나 2010년대 중반 이후 전기차 시장이 급성장하면서 배터리용 니켈 수요가 빠르게 증가했고 니켈은 귀한 몸이 되었다. 또 다른 니켈 대국 러시아가 우크라이나와 전쟁을 벌이면서 2022년에는 니켈 가격이 급등해 톤당 10만 달러를 돌파하기도 했다.

리튬도 그렇지만, 니켈도 여느 원자재와 마찬가지로 가격이 심하게 요동친다. 2022년에 톤당 10만 달러를 넘었던 니켈 가격이 2024년 초에는 1만 6,000달러 아래까지 곤두박질쳤다. 전기차 수요가 예상보다 부진했기 때문이다. 이창현 LX인터내셔널 전무는 이처럼 가격 변동은 심하지만 니켈 매장국이 몇 나라 되지 않고, 전기차용 니켈 수요가 늘어날 수밖에 없다는 점에서 장기적으로는 공급이 수요에 못 미치는 시장이 될 가능성이 크다고 말했다.

　최근 몇 년 사이에 한국 전기차 및 이차전지 기업들의 인도네시아 투자가 늘기 시작했다. 현대차그룹과 LG에너지솔루션이 합작해 2023년 인도네시아에 배터리 합작 공장을 지었다. 이곳은 시험 가동을 거쳐 2024년 양산에 들어갈 계획이다. LX인터내셔널은 2023년 11월 인도네시아의 니켈 광산인 AKP 광산의 지분 60%를 1,330억 원에 인수했다. 그러나 한국 기업들의 인도네시아 구애는 때늦은 감이 있다. 인도네시아 니켈 산업은 중국의 손아귀에 들어간 지 오래다. 왜 이렇게 되었을까.

이차전지 전체 공급망을 손에 쥔 칭산그룹

　인도네시아는 10여 년 전부터 자원 민족주의 전략에 시동을 걸었다. 수실로 밤방 유도요노 전 대통령은 광물을 자연 상태로 수출해서는 경제에 도움이 되지 않으며, 그 광물을 가공하고 그것으로 무언가 제품을 만드는 산업이 인도네시아에 존재해야만 한다고 생각했다. 그 생각은 2009년에 통과되어 2014년 발효된 광업 관련 법안에 반영됐다. 이 법은 상당히 과격했다. 제련하고 가공하지 않은 원광 상태의 광석 수출을 금지했다. 기존에 광업 면허를 보유한 기업들에는 5년의 유예기간이 주어졌다. 이 법의 여파로 리오 틴토Rio Tinto를 비롯한 세계적 광산 업체들이 인도네시아를 떠났다.

그러나 세계적인 스테인리스강 제조 업체인 칭산을 비롯한 중국 기업들은 오히려 인도네시아 진출을 본격화했다. 그들은 인도네시아 정부가 원하는 바대로 인도네시아에 공장을 지었고, 중국은 인도네시아에서 압도적인 비중을 갖는 투자국으로 부상했다. 이 같은 움직임을 더욱 재촉한 것은 중국 시진핑 정부의 출범과 일대일로 带路 정책의 추진이었다. 2013년 3월 주석으로 취임한 시진핑은 자신의 가장 중요한 외교 국정 과제 중 하나인 일대일로 정책 구상을 카자흐스탄에 이어 인도네시아 방문을 통해 공식적으로 표명했다. 이는 인도네시아가 갖는 전략적 중요성을 반영하는 것이었다. 인도네시아는 태평양과 인도양을 연결하며 세계무역량의 약 20%가 통과하는 말라카해협의 관문 역할을 한다. 또 거대 내수시장과 아직 개발되지 않은 방대한 천연자원을 확보하고 있다.

시진핑의 인도네시아 방문은 칭산그룹의 샹광다 회장에게도 일생일대의 전환점이었다. 칭산은 2009년 인도네시아에 니켈 제련소 투자를 위한 합작회사를 설립하고, 술라웨시섬 모로왈리의 니켈 광석 채굴 토지 47,040ha에 대한 채굴권을 부여받았다. 칭산은 나아가 모로왈리에 니켈 산업 단지를 건설하길 원했다. 샹광다 회장의 이 그랜드 플랜은 시진핑 주석이 인도네시아를 방문해 유도요노 대통령과 IMIP 개발에 대한 MOU에 서명함으로써 본격화됐다. 당시 중국 정부는 인도네시아와의 관계에 '기름칠'을 할 만한 대형 사업을 물색하던 중이었고, 칭산의 IMIP 설립은 딱 맞아떨어지는 사업이었다.

이어 칭산은 인도네시아의 광산 업체인 빈탕 델라판그룹과 합작회사를 설립해 산업 단지 건설에 나섰다. 이 합작회사는 중국을 비롯해 호주, 인도네시아, 일본, 한국의 자본을 끌어들이는 한편 철강, 스테인리스강, 니켈 중간재, 발전 등 각 분야를 영위할 많은 자회사를 세웠다.

IMIP를 추진한 가장 강력한 동력은 중국의 돈이었다. 중국의 국부 펀드인 중국-아세안 투자협력기금이 첫 자금을 댔고, 이어 중국의 국책은행 중국개발은행이 12억 2,000만 달러의 대출을 시작으로 최대 대출 기관이 되었다. 석탄화력발전소 건설에는 중국개발은행, 중국수출입은행, 중국은행, 중국공상은행이 함께 자금을 댔다. 칭산그룹은 IMIP의 최대 투자자로, 인프라와 광산을 비롯해 모든 사업 분야에 걸쳐 지배적 지분을 보유하고 있다.[4]

중국의 막대한 자금 지원에 힘입어 IMIP 단지에는 광석에서 니켈과 코발트를 추출하는 2개 공장을 비롯해 각종 니켈 중간재, 스테인리스강, 코크스, 이차전지 원료 등 10여 곳의 공장이 있다. 이 공단은 또 중국인 근로자 전용 주택단지, 호텔, 1,800m 활주로를 갖춘 공항, 중국 위성과 연결되는 자체 통신망을 보유하고 있다. 이곳에는 100개 이상의 기업이 입주해 있는데 전기차와 배터리 산업의 CATL과 BYD, 철강 산업의 드롱스틸과 허베이강철HBIS, 석유화학 산업의 롱쉥석유화학과 헝리석유화학, 건설 산업의 중국건축공정총공사CSCEC가 대표적이다.

"IMIP는 중국 업체들이 자원이 풍부한 외국에 진출하는 전형적인 경로를 보여줍니다."

윤춘성 LX인터내셔널 사장의 말이다. 중국은 어느 한 회사가 단독 진출하지 않고 여러 업체가 공동 진출한다. 광산 주변에 산업 단지를 만들고, 공급망에 필요한 여러 업체를 하나씩 끼워 넣는다. 그리고 정부는 자금을 지원한다.

인도네시아 속 중국을 건설한 칭산그룹 창업자 샹광다는 중국 저장성 원저우温州에서 태어났다. 유대 상인과 비교될 만큼 상술과 이재에 밝다는 원저우 상인의 후예다. 그가 창립한 칭산그룹의 이름은 고향의 산 이름青山을 그대로 딴 것이다. 그는 1988년 국영 자동차 기업에 문과 창문을 납품하는 것으로 사업을 시작했다. 그러나 독일 자동차 공장들을 방문한 그는 어느 회사도 자동차 문과 창문을 협력 업체에 맡기지 않고 스스로 생산한다는 것을 깨달았다. 그는 사업의 한계를 깨닫고 업을 접은 후 1993년에 새로운 회사를 창업했다. 스테인리스강을 생산하는 칭산이었다.[5]

2000년대 중반 중국과 인도의 높은 수요로 니켈 가격이 폭등하자 샹광다는 기회를 포착했다. 그는 니켈선철로 스테인리스강을 제조하는 방법을 찾아냈다. 니켈선철이란 인도네시아와 필리핀에 많이 매장된 니켈 광석으로 만든 니켈 합금을 말한다. 기존 니켈선철은 니켈 함유량이 최저 4%가 될 정도로 순도가 낮아 스테인리스강 제조에 쓰기 어려웠다. 그런데 샹광다의 칭산은 인도네시아에서 수입한 니켈 광석을 사용해 최대 30%까지 니켈을 함유한 니켈선철을 만들 수 있는 제련법을 개발했다. 이 정도 순도라면 스테인리스강을 만들기에 충분했다. 이 발명은 샹광다 회장에게 '연금술사'라는 별명을 붙여주었고, 칭산의 사업은 날개를 달았다.

샹광다 회장이 벌인 또 한 번의 그리고 일생일대의 베팅이 바로 인도네시아의 니켈이었다. 글로벌 금융 위기가 닥칠 무렵 세계 철강 업계는 니켈 부족 사태를 겪었다. 그는 생각했다. 스테인리스강의 60~70%는 니켈로 만든다. 그런데 니켈은 수시로 공급이 달린다. 니켈 문제를 해결하지 않는다면 스테인리스 사업의 미래는 없다. 샹광다는 니켈이 가장 많은 인도네시아로 가서 니켈 채굴에 투자하기로 결심했다. 나아가 그는 무거운 광석을 중국까지 운송하는 비용이 너무 크다고 생각하고 제련소 자체를 인도네시아로 옮기기로 결심했다. 그 뒤 과정은 앞에서 살펴본 대로다. 윤춘성은 칭산의 경쟁력을 이렇게 설명했다.

"포스코는 뉴칼레도니아에서 니켈 정광을 배로 실어 와 한국에서 제련합니다. 그런데 칭산은 인도네시아의 니켈 광산 100m 옆에 제련소가 있습니다. 어느 쪽이 더 저렴할까요?"

샹광다는 공식 석상에도 정장 차림보다 셔츠와 운동화 차림을 선호하는 소박한 스타일이지만 고급 자동차 수집은 예외다. 그는 실무와 디테일에 강해 다른 업체와 협상할 때도 본인이 직접 대답하고 질문하곤 한다. 한 애널리스트에 따르면 그는 항상 5년 후를 생각하는 사람이다.

하지만 그런 그도 정확히 헤아리지 못한 시장이 있었다. 바로 전기차 시장이다. 2019년 샹광다를 만난 윤춘성이 "LG에너지솔루션이 전기차용 배터리를 만드는데 그에 필요한 니켈 수요가 엄청 나다"고 말하면서 구체적인 수치를 이야기하니 샹광다는 믿지 못했다. 그는 "그 양을 믿을 수 없다. 그렇게까지 많을 수는 없다"고 말했다.

그러나 전기차 시대가 도래했고 니켈 수요가 급증하기 시작했다. 스테인리스강용 니켈만 생산하던 칭산은 배터리용 니켈을 생산했다. 배터리용 니켈은 스테인리스강용 니켈에 비해 순도가 더 높아야 한다. 2021년 3월 칭산의 하이니켈 매트(고순도 니켈을 만들기 위한 중간 생산물) 생산 라인이 시운전에 성공했다. 스테인리스강 생산에만 투입했던 니켈 제품을 배터리 제조에도 사용할 수 있게 된 것이다. 얼마 뒤 CATL이 칭산의 가장 큰 고객이 됐다. 아직 배터리용 니켈은 스테인리스강용 니켈에 비해 규모가 작다. 칭산은 2023년 발표한 자료에서 2022년 니켈 생산량 중 전기차 배터리용으로 공급된 것이 약 20%라고 밝혔으며, 또 다른 발표에서는 2025년까지 이를 25%로 높일 계획이라고 밝혔다.

그런데 칭산의 행보는 여기서 끝나지 않았다. 아예 배터리를 직접 만들기로 한 것이다. 칭산은 배터리 제조 자회사를 세우고 2023년 12월 홍콩 증시에 상장했다.[6] 칭산은 스테인리스강 사업에서 그랬던 것처럼 이차전지 사업에서도 공급망의 전 영역을 아우르게 되었다. 광산부터 제련소, 배터리 생산 라인까지 말이다. 중국 최대 전기차 제조사인 BYD조차 이 정도 수준의 수직 계열화를 이루지는 못했다.

중국 공산당의 강력한 후원과 중국 기업가의 잡초 같은 기질이 만나 이뤄낸 인도네시아의 거대 산업 단지들은 K-배터리가 중국과 경쟁한다는 것이 얼마나 험난한 일인지 잘 보여준다. 한국 대기업들도 역할 분담에 의한 중국식 산업 단지 건설을 추진하고 있지만 성사 가능성은 불투명하다. LG에너지솔루션은 LG화학, LX인터내셔널, 포스코, 중국 화유, 인도네시아 안탐과 함께 컨소시엄을 구성해 니켈 채굴부터 배터리 생산까지 이어지는 프로젝트를 2022년부터 추진하고 있다. 이에 대해 컨소시엄 회의에 참석한 한 업체 관계자는 "당사자가 많고 이해관계가 저마다 달라 마치 북핵 6자 회담을 하는 것 같았다"고 전했다.

노동 규제를 아웃소싱한 중국 기업들

중국과 경쟁한다는 것은 환경이나 노동 관련 규제의 강도 차이를 극복해야 한다는 의미도 지닌다. 인도네시아에 중국이 조성한 산업 단지들은 환경에 대한 고려가 부족하고, 작업 여건이 열악하다는 악명을 얻었다. IMIP나 IWIP 공단의 경쟁력은 값싼 니켈 원광 재료비와 함께 값싼 전기에 주로 기인한다. 그 전기는 석탄 화력 발전에 의해 얻는데, 이로 인해 선진국에서 제련하는 것에 비해 5배 많은 이산화탄소를 배출한다.

또 인도네시아에서 배터리 등급의 니켈을 생산할 때 고압산침

출법HAPL이란 기술이 점차 많이 쓰이고 있는데, 이 기술 역시 생산 과정에서 독성 폐기물이 발생한다는 점은 해결하지 못했다. IMIP는 폐기물을 처리하는 가장 일반적 방식, 즉 심해深海에 처분하는 것을 검토하기도 했으나, 환경 파괴 및 어업에 미치는 영향에 대한 사회적 압력 때문에 취소하고 육상 처분으로 선회했다.

니켈 제련소에서 일하는 것은 '극한 직업' 중 하나다. 제련소에서 타오르는 흰색 불꽃의 온도는 1,200℃가 넘는다. 2023년 12월 크리스마스이브에 IMIP에서 비극이 발생했다. 한 니켈 제련소에서 폭발 사고가 발생해 19명이 숨진 것이다. 사망자 중 11명은 인도네시아인이고 8명은 중국인이었다.

IMIP에 근무하는 인도네시아인들이 가장 많이 불평하는 것은 중국인과 인도네시아인의 차별 대우다. 그러나 중국인들 역시 가혹한 노동조건을 감내해야 하는 것은 마찬가지다. 미국의 비영리 기구인 중국노동감시China Labor Watch에 따르면, IMIP에 온 중국인 상당수는 합법 비자로 일할 수 있다는 거짓말에 속아 외국까지 나왔지만 도착해서야 관광 비자로 왔다는 사실을 알게 됐다. 강제 추방될 수 있기 때문에 관리자의 임금 체불이나 가혹 행위에 항의하기 어렵다.

중국은 인도네시아를 비롯한 해외 산업 단지로 생산 거점을 옮김으로써 자국 내 환경이나 노동 규제의 후진성에 대한 비판 역시 아웃소싱할 수 있게 됐다. 이 또한 중국 기업의 경쟁자들에게는 무서운 이야기다.

중국 전기차의
아버지

"한국에서 배울 것은 두 가지입니다. 반도체, 그리고 이차전지입니다. 한국이 너무 잘하고 있어요."

2015년 어느 날, 롯데호텔에서 완강萬鋼 중국 과학기술부 장관이 미래창조과학부의 최양희 장관과 최영해 국제협력관 일행에게 한 말이다. 반도체는 충분히 예상할 수 있는 단어였다. 그런데 이차전지라니? 최영해에게는 뜻밖이었다. 삼성SDI나 LG화학이 이차전지를 생산한다는 사실은 익히 알고 있었지만, 중국이 한국의 이차전지를 반도체에 비견되는 산업으로 평가한다는 것은 처음 알게 되었다.

당시 한중 관계는 유례없이 가까웠고 최양희와 완강은 양국을 오가며 자주 만났다. 둘의 잦은 만남은 '창조경제'를 외치던 박근혜 정부와 '대중大衆 창업 및 혁신'이란 슬로건하에 창업을 육성하던 시진핑 정부 모두 창업이 화두였던 데도 기인한다.

완강은 부드러운 눈빛과 젠틀한 매너의 소유자였다. 그는 이야기를 에둘러 하지 않고 솔직하게 말하는 편이었다. 그는 중국 정부가 왜 창업을 강조하는지 설명했다. 매년 중국에서 대학을 졸업하는 학생이 800만 명이다. 그리고 매년 해외에서 중국으로 돌아오는 유학생이 60만 명이다. 정부는 이 860만 명의 일자리를 찾아줘야 한다. 취업만으로는 해결할 수 없으니 창업을 지원할 수밖에 없다. 창업은 중국 정부에 체제 유지의 문제인 것이다.

그는 우수 인력 유치의 중요성에 대해 이야기하면서 중국 정부의 특별한 제도를 알려주기도 했다. 이른바 '천인계획千人計劃'이다. 1인당 100만 위안의 보조금과 주거, 세제 혜택을 걸고 해외의 과학기술 고급 인재 1,000명을 유치하는 프로젝트다. 중국 내에서 '해외 인력만 중요한가'라는 비판이 일자 국내 고급 인재 1만 명을 육성하자는 '만인계획'도 나왔다.

최양희가 덕담으로 중국 학자 투유유屠呦呦가 노벨 생리의학상을 받은 것을 축하하자 완강은 "정부가 연구 자금을 쏟아부어서 가능했던 것"이라며 "칭송받을 일만도 아니다"라고 말했다.

시간이 흘러 그해 10월, 리커창 중국 총리가 한국을 방문했다. 중국 정부는 리커창이 한국 기업을 방문하길 원했고, 최영해는 SK텔레콤 방문을 권했다. 그러나 중국 측은 SK텔레콤 대신 다른 기업 하나를 꼭 찍어 원했다. LG화학이었다. 최영해는 몇 달 전 완강과의 만남에서 뇌리에 새긴 이차전지라는 단어가 떠올랐다. 그러고 보니 이번에 한국을 방문하는 중국 인사 중에는 완강도 있었다.

'왜 이렇게 이차전지에 관심이 많은 거지? LG화학에서 뭘 보려는 거지?'

완강이 단순한 관광객이 아닐 것이라는 점은 확실했다. 의구심이 든 최영해는 몇 가지 이유를 들어 LG화학 방문이 어렵다고 중국 측에 통보했다. 결국 리커창과 완강 일행은 LG화학 대신 판교의 경기창조경제혁신센터를 방문해 그곳에 입주한 스타트업 기업 네 곳을 둘러봤다.

완강이 한국의 이차전지에 관심을 갖는 것은 당연했다. 그는 자동차에서 뒤처진 중국이 전기차로 자동차 선진국을 추월하자는 목표와 정책으로 중국을 전기차 강국으로 만드는 데 결정적인 역할을 했다. 전기차는 당연히 이차전지로 움직이는 것이다.

2000년부터 시작된 중국의 '자동차 굴기'

2007년부터 2018년까지 중국 과학기술부 장관으로 재직하면서 완강과 그의 동료들이 밀어붙인 정책은 그의 부드러운 외모나 매너와 달리 강력하고, 집요하고, 때로는 무자비했다. 블룸버그는 '세계 전기차의 진정한 선지자는 일론 머스크가 아니라 완강'이며 '완강은 중국 전기차 산업의 아버지'라고 평가하기도 했다.

중국의 자동차 굴기는 2000년 완강이 정부에 제출한 보고서에서부터 시작됐다. 독일에서 박사 학위를 받고 아우디에서 10년간 촉망받는 엔지니어로 일하던 그는 중국 정부의 요청으로 중국의 자동차 업계를 돌아보고 난 뒤「전기차 육성 계획」이란 보고서를 썼다. 그는 이 보고서에서 중국 자동차 업체들이 해외의 내연기관 자동차 기술에 의존하는 현재의 길을 계속 가서는 안 된다고 주장했다. 그러면서 대안으로 제안한 것이 전기차였다. 전기차는 모든 글로벌 플레이어가 비슷한 출발점에 서 있다. 그렇다면 내연기관 자동차 선도 업체를 추월할 수도 있다. 쉽게 말해 내연기관 자동차는 미국, 독일, 일본, 한국 등 강국이 즐비해 아무리 해도 따라잡기 힘드니 아예 전기차로 '월반'하자는 주장이었다.[7]

이 보고서는 중국 정부 고위 관계자들의 마음을 사로잡았고 당 지도부에 의해 채택됐다. 2001년 중국 정부는 첨단 기술 육성 프로그램인 '863 계획'에 전기차를 포함시켰다. 1986년 3월에 출범했다고 해서 붙인 이름으로, 국가가 전략 기술을 선정한 뒤 관련 기업과 연구소, 대학을 집중 지원하는 프로그램이다. 전기차는 우주항공, 고속철도, 5G 통신, 슈퍼컴퓨터와 함께 이 프로그램에 이름을 올렸다.

863 계획의 일환으로 전기차와 하이브리드 자동차를 개발하기 위한 기초 연구가 시작됐다. 배터리와 전기모터 기술 확보가 주된 목표였다. 중국 정부는 이 프로그램에 포함된 산업이라면 필요할 경우 외국 기업을 이유 없이 몰아냈다. 훗날 한국 이차전지 회사들

이 중국 시장에서 퇴출됐던 이유다.[8]

같은 해에 완강은 "아우디에서의 경험을 조국의 자동차 산업 육성에 쏟아달라"는 주룽지 당시 총리의 간곡한 요청으로 중국으로 돌아왔다. 그는 모교인 퉁지대학 교수가 되었고 동시에 '전기차 특별 전문가 그룹'의 책임자가 됐다. 그리고 몇 년 뒤 과학기술부 장관으로 취임해 중국, 나아가 세계 전기차 및 배터리 시장에 지대한 영향력을 행사하게 된다.

중국은 2008년 베이징 올림픽을 자국의 전기차 기술을 시험하는 무대로 삼았다. 베이징자동차그룹 계열사인 푸톤Foton이 만든 수소 버스와 하이브리드 버스가 올림픽 셔틀버스로 운용됐다. 그러나 그해 중국 내 전기차 판매량은 1,000대에도 미치지 못했다.

전기차와 이차전지는 2009년 중국 정부가 선정한 '전략적 신흥 산업SEI' 7개 산업에 포함되면서 중국 정부의 더욱 막강한 지원을 받게 된다. 이 프로그램은 정부 자금으로 기술 개발을 지원하던 예전 방식과 달리, '우호적인 시장 여건'을 조성하는 것이 목표였다. 점잖은 표현을 썼지만, 사실은 향후 중국 기업에 대한 거액의 보조금 지급과 해외 기업에 대한 이유가 확실하지 않은 보조금 배제 등 강압적인 방식으로 드러날 것이었다.

같은 해에 완강의 과학기술부 주도로 이른바 '십성천량十省千輛' 정책이 입안됐다. 2009년부터 3년간 매년 10개 도시를 시범 도시로 선정해 택시와 버스를 비롯한 대중교통에 최소 1,000대의 전기차를 도입한다는 계획이었다. 나중에는 시범 도시가 다른 도시로도 확대됐다. 도시들이 뜨겁게 경쟁을 벌였지만 실제 전기차 판매는 체면치레에 그쳤다. 하지만 이 정책으로 전기차가 대중에게 알려졌다는 점에서는 성공이었다. 비슷한 시기에 미국과 유럽에서 전기차는 일부 부유층과 상류층의 장난감 정도로 간주되었다.[9]

3년간의 정책 실험을 거친 중국 정부는 2012년 '에너지 절감 및 신에너지 자동차 산업 발전 계획'을 발표했다. 전기차와 이차전지 산업 육성을 위한 2020년까지의 로드맵이었다. 이 계획에서 눈길을 모은 것은 정부가 취할 구체적 조치였다. 그중에서 특히 '개인 소비자가 신에너지 자동차를 구입할 때 관련 지원을 제공하는 시범 사업', '재정·세금·금융 정책 지원을 강화해 산업 발전에 유리한 시장 환경을 조성' 같은 표현이 눈에 띄었다.[10] 앞으로 강력하게 펼쳐질 산업 정책을 예고하는 표현이었다. 나아가 충전 인프라와 배터리 회수 관리, 표준 체제 구축 같은 미래를 내다보는 내용도 포함되어 있었다.

2010년 완강은 '2020년의 중국 전기차 연간 생산량이 100만 대에 이를 것'이라고 예측했다. 허황된 꿈 같았던 그의 예측은 2019년에 102만 대로 1년 일찍 현실이 되었다. 2022년에는 한 해에 689만 대가 생산되기에 이른다. 그의 어린 시절만큼이나 극적인 변화였다.

완강의 어린 시절은 정치로 크게 얼룩졌다. 상하이에 살던 그는 문화대혁명 때 부모가 반혁명 분자로 몰리면서 지린성 옌지현으로 하방下放(도시의 청년들을 농촌으로 보내 농민들과 함께 지내게 한 정치 운동)되었다. 그는 6년간 배고픔을 참으며 밭을 갈고 농사를 지었다. 어린 나이에도 성실하고 똑똑했기 때문에 '생산 대장'으로 임명됐고 대학에도 진학했다. 출신 성분 문제로 대학 진학이 금지됐지만, 마을 사람들의 추천으로 둥베이임업대학 도로교량학과에 진학할 수 있었다.

졸업 후 고향 상하이로 돌아온 완강은 퉁지대학에서 열역학으로 석사 학위를 받은 뒤 독일 클라우스탈대학으로 유학을 떠났다. 박사 학위를 받은 그는 독일 아우디 자동차에 기술 개발부 엔지니어로 입사했다. 그가 박사 학위 논문에서 제안한 자동차 소음 감소 기술은 아우디의 실제 생산에 활용됐다. 그는 아우디에서 10년간 재직하며 5개 신차 연구 및 개발에 참여했는데 "아우디 차를 타면 자부심을 느낀다. 모든 자동차에 내 노력이 담겨 있기 때문"이라고 말하기도 했다.[11]

독일에서 최고 엔지니어 대접을 받던 그의 운명을 바꾼 것은 퉁지대학 시절 멘토였고 중국 교육부에서 일하던 선배의 독일 방문이었다. 그 선배는 완강에게 일시 귀국해서 미래 중국 자동차 산업이 나아갈 방향을 자문해줄 것을 요청했다. 완강은 고국의 낙후된 자동차 산업을 둘러보고 이대로는 안 된다는 생각을 굳혔고, 그것이 정부에 제출한 보고서의 핵심 내용이 됐다.

화이트
리스트

중국의 산업 정책은 날로 강력하고 정교해져갔다. 그 그랜드 플랜이 2015년 리커창 총리가 발표한 '중국 제조 2025' 계획이었다. 중국이 외국 기술에 크게 의존하지 않고, 세계적으로 경쟁력 있는 제조 강국으로 탈바꿈해 중진국 함정에서 벗어나기 위한 것이었다. 그러기 위해 제조업 기반을 육성하고 기술 혁신을 이루겠다는 계획이었다. 과거 한국의 경제개발 계획은 향후 5년을 대상으로 입안됐으나 이 계획은 향후 10년을 이야기했다.

'중국 제조 2025' 계획에는 중국이 향후 수십 년 동안 획기적인 발전을 이루고자 하는 10개의 핵심 산업이 정의돼 있었는데, 전기차 및 이차전지도 포함되어 있었다. 2020년까지 이차전지와 모터, 기타 핵심 부품 개발이 선진국 수준에 도달해 국내 시장점유율의

80%를 차지한다는 야심 찬 목표가 제시됐다. 나아가 2025년까지는 해외시장에 대규모로 수출할 수 있는 능력을 개발한다는 내용이 포함됐다.

'중국 제조 2025'에 명시된 규칙과 원칙에 따라 산업별 정책이 입안됐다. 이차전지의 경우 전기차 산업의 일부로 거론됐던 이전 단계와 달리 별도의 정책이 발표되었다. 2015년에 발표된 '자동차 전력 배터리 산업 사양 조건'도 그중 하나다. 오늘의 중국 이차전지 산업을 낳는 데 가장 결정적인 역할을 한 정책으로, 흔히 '배터리 화이트리스트'라 불리며 한국 이차전지 기업들을 궁지에 몰아넣은 정책이기도 하다.

이 정책은 문서에 명시된 조건을 충족하는 배터리를 장착한 차량만 '신에너지 자동차 보급 및 적용을 위한 권장 모델 목록'에 등재해 보조금을 받을 수 있도록 규정했다. 목록에 등재된 대상에 불이익을 주는 블랙리스트와 반대로, 목록에 등재된 대상만 혜택을 받을 수 있으므로 화이트리스트라 불린다. 문제는 화이트리스트가 처음 발표된 2016년 이후 외국 배터리 생산 업체는 단 한 곳도 포함되지 않았다는 점이다.

이 때문에 LG화학이나 삼성SDI가 생산한 배터리를 장착한 전기차는 보조금을 받을 수 없었다. 설사 그것이 중국에서 생산됐다 하더라도 마찬가지였다. 중국이라는 거대 시장의 접근권은 오로지 중국 이차전지 업체에만 주어졌다. 이 정책 이후 한국이나 일본 배터리 업체와 계약했던 많은 자동차 제조사가 중국 배터리 업체로 거래처를 옮겼다. 현대차도 아반떼HD 전기차용 배터리를 LG 화학 제품에서 중국 CATL의 배터리로 교체해야 했다. 중국 현지에 지었던 LG화학과 삼성SDI 공장은 가동률이 10% 이하로 떨어졌고, 중국 내수용으로는 전기차 배터리 사업을 아예 할 수 없는 상태로 내몰렸다.[12]

김명환은 당시를 이렇게 회고한다.

"난징 공장은 중국 정부가 합작 법인을 만들라고 해서 그렇게 했고, 공장을 다 짓고 난 후 중국 고객사도 많이 확보한 상태였습니다. 그런데 중국 정부가 갑자기 화이트리스트 규제를 들고 나온 거죠. 그래서 중국에서는 배터리를 하나도 못 팔았어요. 계약한 물량도 다 취소당했습니다. 결국 난징 공장 생산 물량은 현대차와 유럽 완성차 업체에 파는 수출로 돌렸습니다. 난징 공장에서 생산한 배터리는 지금도 중국에서는 못 팔아요."

이 정책은 배터리 소재, 부품, 장비 분야에서도 경쟁력 있는 중국 업체가 출현하는 데 결정적으로 기여했다.

한편 이 무렵부터 중국 정부에서 전기차와 배터리 산업의 주무 부서가 기술 정책을 담당하는 과학기술부에서 산업 정책을 담당하는 산업정보통신부로 넘어가고 있었다는 점도 특기할 만하다. 화이트리스트 역시 산업정보통신부의 작품이었다. 화이트리스트는 2019년에 폐지되었다(전기차 보조금 자체도 매년 줄어들다가 2023년부터 완전 폐지되었다). 그러나 이 4년은 중국의 야심 찬 사업가들이 정부의 강력한 보호를 받으면서 경쟁력을 키우기에 충분한 시간이었다. 중국 배터리 업체들은 경쟁이 유보된 시간 동안 연구 개발과 기술 투자를 통해 기술 격차를 크게 줄일 수 있었다. 2017년 CATL은 세계 1위 배터리 업체가 되었고, 중국의 배터리 업체 수도 급격히 증가했다. 여기에 배터리 소재와 부품 분야에서도 세계적 경쟁력을 갖춘 중국 업체들이 나타났다.

중국 정부가 공개한 자료에 따르면 2022년까지 중국이 전기차 업체에 쏟아부은 보조금은 총 1,600억 위안(약 30조 원)에 이른다. 1위 BYD는 70억 위안을 받았다. 중국 이차전지 기업 관계자와 정책 담당자, 학계 관계자 32명을 인터뷰한 2023년의 한 논문에 따르면, 거의 모든 인터뷰 참여자가 중국 이차전지 산업에서 가장 중요한 정책으로 화이트리스트를 꼽았다.[13]

ATL이 CATL이 된 사연

중국 전기차 업체이자 배터리 업체인 BYD의 이름이 'Build Your Dreams(꿈을 키우라)'의 약자임을 아는 이는 많을 것이다. 그러나 중국의 세계 최대 자동차용 배터리 기업 CATL의 이름이 무엇을 의미하는지 아는 사람은 많지 않다. 사실 CATL이란 이름은 스마트폰을 비롯한 소형 배터리 분야에서 세계 1위의 점유율을 차지한 기업 ATL에서 비롯됐다. CATL과 ATL의 창립 관계를 살펴보면 중국에서 기업가 정신과 정부의 산업 정책이 어떤 식으로 상호작용하는지, 또 어떤 식으로 기업 지배 구조와 소유권에 영향을 미치는지, 외국 기업이 중국에서 사업할 때 어떤 난관을 겪는지 알 수 있다.

CATL의 중국명은 '영덕시대신능원과기寧德時代新能源科技'다. '영덕寧德'은 중국어로는 '닝더'라고 부르는 푸젠성福建省 북부의 바닷가 도시다. 창업자 쩡위친曾毓群이 태어난 곳이자 CATL 본사가 있는 곳이기도 하다. 또 '시대時代'는 '최신'을, '신능원新能源'은 '신에너지'를, 마지막으로 '과기科技'은 '과학과 기술'을 의미한다.

한편 영문명 CATL은 'Contemporary Amperex Technology Co., Ltd'의 약자다. 그런데 CATL의 뜻은 중국어 이름과 그 의미가 정확하게 일치하지 않는다. 예를 들어 'contemporary'는 '시대'에 해당하지만 'amperex'는 사전에 나오는 단어는 아니다. 이에 대해 전류를 나타내는 단위 '암페어ampere'에서 따온 조어라는 설도 있다.

우선 CATL의 모태인 ATL의 탄생부터 살펴보자. 쩡위친이 태어난 푸젠성은 상인 정신으로 유명한 곳이다. "광둥廣東 사람은 혁명을 하고, 푸젠 사람은 돈을 내고, 후난湖南 사람은 군인이 되고, 저장浙江 사람은 관리가 된다"는 말이 있다. 또 "나이 스물에도 사장이 되지 못하면 용맹한 남자라고 할 수 없다"는 말이 있을 정도다. 푸젠성은 타이완해협을 사이에 두고 타이완과 마주 보고 있는 곳이기도 하다. 닝더는 푸젠성의 가난한 농촌 지역이고, 그중에서도 쩡위친이 태어난 곳은 빈민 지역에 속했다.

쩡위친은 상하이교통대학 선박공학과를 나온 뒤 첫 직장으로 국유 기업에 입사했지만 3개월 만에 그만두고 중국 남부의 둥관東莞 지역에 있는 일본계 기업 신커츠뎬창新科磁電廠으로 이직했다. 컴퓨터 하드디스크 부품을 만드는 이 회사는 원래 홍콩 자본으로 운영되었지만, 쩡위친이 입사하기 전 일본 기업 TDK에 인수되어

100% 자회사가 되었다.

1990년대 후반 휴대전화와 MP3 플레이어가 급속히 보급되면서 배터리 수요가 급증했다. 쩡위친은 이 기회를 놓치지 않기 위해 상사들과 함께 회사를 그만두고 1999년 소형 배터리 회사를 세웠다. ATL의 시작이었다. 홍콩에 본사를 두었지만 생산은 둥관에서 이루어졌다.

ATL은 필요한 기술을 사는 것부터 시작했다. 미국 벨 연구소로부터 배터리 제조 특허를 100만 달러에 사들여 생산에 착수했다. 당시 자본금의 40%에 해당하는 투자였다. 그러나 양산 과정에서 큰 장벽에 부딪혔다. 이 기술로 만든 배터리를 몇 차례 충전하고 방전하면 부풀어 오르는 문제가 발생했다. 벨 연구소에 연락했지만 해결할 수 없다는 답변만 돌아왔다. 알고 보니 이 특허를 구입한 전 세계의 20곳이 넘는 회사도 비슷한 문제를 겪고 있었다. 쩡위친을 비롯한 공동 창업자 3명은 100페이지가 넘는 전해액 책을 밤낮으로 뒤지며 해결책을 찾았고 배터리 팽창을 방지하는 기술을 개발했다. 해당 특허를 사 간 20여 개 기업 어디서도 발견하지 못한 원인을 찾아낸 순간이었다.[14]

ATL은 세계 최대 사모펀드 운용사 중 하나인 칼라일그룹Carlyle Group을 비롯한 여러 투자자로부터 수천만 달러의 자금을 조달했고, 2004년에는 애플의 아이팟 공급 업체 중 하나로 선정됐다. 그러나 성공은 오래가지 않았다. 경쟁사의 진입이 늘어나면서 경쟁이 치열해졌고, 기존 선도 배터리 업체에 비해 규모의 경제에서 밀려 경쟁력을 잃어갔다. 2005년 칼라일이 자금 회수를 결정했고 다른 투자자들도 뒤따랐다. 창업자들은 지분을 인수할 돈이 없었고 다른 투자자를 찾아야 했다. 결국 창업자들의 전 직장인 신커츠덴창의 모회사 TDK가 1억 달러에 지분을 샀다. 쩡위친을 포함한 창업자들은 경영권을 잃었다.

    TDK에 인수된 ATL은 다시 도약의 기회를 맞았다. 휴대전화 산업이 호황을 맞으면서 애플, 삼성, 오포, 화웨이 같은 스마트폰 제조 업체가 배터리를 대량으로 구매하기 시작했다. 둥관 지역에 있던 두 공장만으로는 공급 물량을 감당할 수 없었다. 쩡위친은 자신의 고향 닝더를 새 공장 부지로 낙점했다. 이사회와 일본 본사는 낙후되고 인프라가 열악한 닝더를 마음에 들어 하지 않았지만, 쩡위친은 직원들을 동원해 닝더에 공장을 짓지 않으면 단체 사직하겠다고 할 정도로 적극적으로 밀어붙였다. 그렇게 해서 ATL의 전액 출자 자회사인 '영덕신능원과기寧德新能源科技'를 세웠다. 낙후된 닝더를 천지개벽하게 하는 대형 프로젝트였다.

    그러던 중 쩡위친과 ATL의 운명을 바꿀, 또 하나의 거대한 물결이 중국 대륙을 휩쓸었다. 중국 정부의 전기차 보급 정책이었다. ATL은 2011년 기존에 운영하던 전기차 배터리 R&D 부서를 독립해 별도의 회사를 만들었다. 이것이 바로 '영덕시대신능원유한공사寧德時代新能源有限公司', 즉 CATL의 출발이었다. 다소 복잡해 보이지만 '신능원과기ATL → 영덕신능원과기 → 영덕시대신능원과기CATL'로 이어지는 이 출자 고리를 기억해두자.

CATL이 출범할 때 쩡위친의 나이 43세였다. 이제 고객을 잡아야 했다. 첫 타깃은 BMW였다. 2012년 BMW는 '즈뉴之諾'라는 전기차 출시를 준비하며 새로운 배터리 공급 업체를 찾고 있었다. BMW는 800페이지가 넘는 배터리 생산 매뉴얼을 제공하고, 엔지니어를 CATL에 파견해 배터리 공동 개발에 나섰다.

CATL, 화이트리스트로 날개를 달다

중국 정부의 전기차 육성 정책, 특히 앞서 언급한 화이트리스트는 CATL에 날개를 달아줬다. 한국의 무서운 경쟁자 삼성SDI와 LG화학은 받지 못하는 보조금을 받으면서 CATL은 위퉁宇通, Yu-tong, 지리吉利, Geely, 상치上汽, SAIC-GM, 진룽金龍, 창안長安 등 여러 자동차 업체의 대량 주문을 연이어 받아냈다. CATL의 배터리 출하량은 곧바로 삼성SDI와 LG화학을 넘어섰다.

정부가 국적을 중시하는 이런 산업에서는 외국 자본이라는 '출신 성분'이 장애가 될 수 있다. 이는 CATL의 지배 구조에도 반영되었다. CATL 창립 단계에 ATL의 자회사인 영덕신능원과기가 지분에 참여했지만, 지분율은 15%에 지나지 않았다. 그리고 화이트리스트 규정이 명확해진 2015년에 이 15%의 지분조차 중국 기업에 모두 양도되어 CATL은 100% 중국 회사가 되었다. 외국계인 ATL의 계열사로 남는다면 정부의 특혜를 받기 어려웠다. CATL이

ATL과 완전히 분리되어 100% 중국 자본의 기업이 된 이유가 여기에 있다.

중국에서 전기차가 급성장하던 2010년대 몇 년 동안, 중국 내에서 판매되는 전기차에는 100% 중국 기업이 생산한 배터리를 장착하는 것 외에는 사실상 선택의 여지가 없었다. 이는 창립 초기만 해도 전기차 배터리 분야에서 결코 세계 최고라고 할 수 없었던 CATL에 결정적인 '성장의 시간과 자금'을 제공했다.[15]

CATL은 다른 중국 업체와 달리 LFP 대신 삼원계 배터리로 출발했다는 점이 독특하다. 당시 중국의 대표 배터리 업체인 BYD는 저렴한 LFP 배터리 위주로 생산하고 있었다. 하지만 쩡위친은 생산원가가 비싸더라도 주행거리가 긴 삼원계 배터리를 선택했다. CATL이 BYD를 따돌릴 수 있는 결정적인 계기 역시 정부가 제공했다. 2017년 중국은 에너지밀도가 더 높고 주행거리가 더 긴 전기차 생산을 장려했다. 보조금 계산 공식에 에너지밀도 조정 계수를 도입해 에너지밀도가 높을수록 많은 보조금을 얻을 수 있었다. 이는 삼원계 배터리를 생산하는 CATL에 유리했다. 이렇게 해서 CATL은 세계 최대 자동차 배터리 공급 업체로 부상했다.

피부로 느낄 만한
정책이 없다

한국 정부도 배터리 산업 육성과 지원에 힘을 보탠 것이 사실이다. 하지만 그 지원은 연구 개발, 그것도 제한적인 규모의 지원에 국한됐다. 앞서 살펴본 중국의 사례와 같은 보조금, 정부 구매, 금융 지원 등을 통한 전방위적 지원은 없었다. "오늘의 K-배터리가 있기까지 정부가 어떤 기여를 했느냐"는 질문에 내가 만난 K-배터리 핵심 관계자들 대부분이 "특기할 만한 게 없다"고 대답하는 이유다.

정부 차원의 종합적인 이차전지 산업 전략은 2010년에 나온 '이차전지 경쟁력 강화 방안'이 처음이었다. 이명박 정부 시절 대통령 직속 녹색성장위원회에 관계 부처 합동 안건으로 보고되었다. 당시 LG와 삼성이 전기차용 배터리 공장을 건설하면서 다가올 전기차 시대의 장밋빛 청사진이 대중에게 전달되기 시작할 때였다. 이를 어떻게 지원할 것인가 하는 관점에서 정책이 수립되었다. 즉 소형 전지 산업은 시장에 맡기되 정부는 중·대형 전지 제조 및 소재 산업에 지원을 집중한다는 것이었다. 정책 목적은 한국에 배터리 생태계를 구축하는 것이었으며, 그 핵심 수단은 기술 개발 지원과 인력 양성, 인프라 구축이었다.

기술 개발과 관련해 가장 중요하고 의미 있었던 프로젝트는 WPMWorld Premium Materials이었다. 번역하면 '세계 프리미엄 이차전지 소재 개발 프로젝트'쯤 되겠다. 양극재, 음극재 등 이차전지 주요 소재를 당시 일본에서 대거 수입하던 때였는데, 이를 국산화하는 연구를 정부가 주도해 산학연 합동 체제로 끌고 가고 자금도 지원한다는 계획이었다. 연구 개발 자금 규모는 총 1,800억 원으로 이중 정부가 1,000억 원을 지원하기로 했다. 당시만 해도 정부의 연구 개발 자금 지원은 영세했던 터라 1,000억 원은 상당히 큰 규모였다. 박태성 한국 배터리협회 상근부회장은 이렇게 설명한다.

"이 프로젝트를 통해 에코프로나 엘앤에프 같은 기업이 기술을 개발했고, 이를 업그레이드하면서 오늘에 이르렀다고 볼 수 있어요. 이것이 아마 정부의 역할 중 가장 큰 부분이었을 겁니다."

당시 정부의 주요 경제 정책 과제 중 하나는 대일 무역수지 개선이었다. 이명박 정부 당시 한일 관계가 처음에는 좋았다가 뒤에 독도 문제로 크게 악화됐다. 이명박 정부는 일본에서 경제적으로 독립하겠다는 의지가 강했고, 이는 부품과 소재의 국산화, 자립화를 통해 가능하다는 인식이 강했다. 그래서 정부가 국책 사업으로 강력하게 소재 개발 사업을 추진했다. 분석해보니 부품은 한국이 어느 정도 일본을 따라잡았는데, 소재는 여전히 일본 의존도가 높다는 것이었다. 어떻게 하면 소재를 국산화해서 대일 무역수지를 개선할 것이냐에 초점이 맞춰졌다. 일본 의존도가 높은 소재 10개를 선정해 '10대 핵심 소재'라 이름 붙이고 국산화 정책을 폈다. 그중 하나로 이차전지 소재가 포함되었던 것이다.

박태성에 따르면 당시만 해도 이차전지에 대한 인식은 높지 않았고, 10대 핵심 소재에 거의 '말번'으로 이름을 올리게 됐다. 정부에 이차전지를 담당하는 부서도 따로 없었고 지금의 산업통상자원부에 해당하는 지식경제부의 반도체디스플레이과에서 사무관 단 한 명이 이차전지 산업을 담당하던 때였다.

"이차전지 산업으로서는 운이 굉장히 좋았던 것이, 당시 미국의 오바마 행정부가 기후변화, 환경, 전기차 등에 드라이브를 거는 때였어요. 한국에서도 녹색성장위원회가 조직되었고 대통령도 녹색성장을 거론했습니다. 미국과의 관계에서도 전기차와 배터리 산업에서의 협력이 관심 사항으로 부각하고 있었고요. LG화학이 GM에 배터리를 납품하고 미국 공장을 짓기로 했고 오바마 행정부가 관심을 갖기 시작하던 때였거든요."

하지만 업계가 아쉬워하는 것은 우리나라에는 중국의 화이트리스트나 미국의 IRA 법안처럼 산업 전체에 강력한 영향을 끼친다고 느낄 만한 정책이 없었다는 점이다. 물론 한국 정부가 중국이나 미국 같은 강력한 정책을 내놓을 수 없었던 것은, 한국의 시장 규모가 중국이나 미국에 비해 매우 작다는 태생적 한계에서 비롯되었다. 국제 통상에서 협상력을 좌우하는 힘은 시장의 크기에서 나온다. 중국의 화이트리스트가 강력한 힘을 발휘한 것은 중국 시장의 규모가 크기 때문이고, 미국의 IRA 법안이 강력할 수 있는 것도 미국 시장 규모가 크기 때문이다.

한국 정부가 한국 기업에 보조금을 주고 관세나 비관세 장벽을 통해 외국 기업의 진입을 막을 경우, 중국이나 미국 정부는 자국 시장에서 한국 기업을 막는 보복을 할 수 있다. 그리고 그 피해는 비대칭적이다. 중국이나 미국 시장의 규모가 훨씬 크기 때문이다.

2024년 환경부는 새로운 전기차 보조금 정책을 발표했다. 1회 충전 주행거리와 재활용 가치 등을 따져 전기차 보조금을 차등 지원하기로 한 것이다. 이 경우 에너지밀도가 낮아 1회 충전 주행거리가 상대적으로 짧고 재활용성이 낮은 LFP 배터리는 보조금이 줄어들 것으로 예상된다. LFP 배터리를 주로 중국이 생산하기에 중국산 전기차의 보조금이 깎이고 한국 매출에도 악영향을 줄 것이다.[16] 이는 진작부터 한국 배터리를 차별한 중국에 처음으로 맞대응한 정책이라 볼 수 있다. 그러나 이 정책은 CATL 같은 중국의 공룡 배터리 업체에 실질적인 타격을 주기보다는, 중국에 차별당해 온 K-배터리 업체의 울분을 풀어주는 효과가 더 클 것 같다.

태양광의
추억

 많은 전문가들이 중국과의 기술 격차가 2년 정도에 불과하다고 전망하는 지금, K-배터리가 취해야 할 전략은 무엇일까? 일찍이 중국과 치열한 경쟁 끝에 쇠락한 태양광 사업을 참고할 수 있을 것 같다. 사실 LCD나 태양광 사업을 경험한 경영자들은 이차전지 사업에 대해 대체로 비관적이다. 중국과 경쟁해서는 도저히 이길 수 없다고 생각하기 때문이다. 태양광발전용 잉곳과 웨이퍼를 생산했다가 경영난으로 폐업한 웅진에너지에서 사장을 지냈던 신광수 미래엔 대표는 "이차전지가 제2의 태양광이나 LCD가 될 가능성이 굉장히 높다고 본다"고 말했다.
 "태양광 치킨 게임의 최종 승자는 중국이었습니다. 중국이 태양광 시장의 90%를 차지했으니까요. 이차전지도 그렇게 될 가능성이 큽니다. 일단 중국 정부가 전기차를 밀어주잖아요. 국가가 밀어주니 수요처가 확실합니다. 생산 비용도 크게 들 일이 없어요. 지방정부에서 공단을 지어 땅을 장기 임대차로 빌려주고 건물까지 지어줍니다. 그러다 보니 머리 좋다는 이들이 모두 이 산업에 뛰어듭니다. 그럼 기술은 금방 따라가죠. 한국 기술자를 월급 7배를 주고 데려가기도 하고, 때로 기술을 훔치기도 하니까요."

웅진에너지는 2006년 웅진그룹과 미국 태양광 업체 선파워Sun-Power의 합작 투자로 창립한 회사다. 한때 태양광발전 부품인 단결정 실리콘 웨이퍼 시장에서 세계 3위까지 올랐다. 그러나 중국 기업의 공격적인 생산 시설 확충과 저가 공세는 순식간에 이 회사를 궁지에 몰아넣었다.

신광수가 웅진에너지 CEO로 취임한 2014년 당시 생산능력을 보면, 중국의 민영기업 융기LONGi실리콘자재가 3GW(기가와트), 중국의 국영기업 중환반도체Zhonghuan Semi가 2.5GW, 웅진에너지가 1GW 정도였다.[17] 그런데 얼마 뒤부터 중국 기업들이 '상상하지 못할 정도로' 증설을 하기 시작했다. 2018년 융기의 생산능력은 40GW, 중환은 25GW까지 급증했다. 웅진도 생산 시설을 확충하긴 했으나 2GW로 늘리는 데 그쳤다. 생산량이 급증하면서 가격이 급락해 웨이퍼 1장당 판매 가격이 80센트에서 35센트까지 떨어졌다.

"2000년대 중반에는 1장에 10달러 하던 것이었어요. 그게 90% 이상 하락한 80센트까지 형성된 상태였는데, 다시 단기간에 절반

이 떨어져 35센트까지 간 겁니다. 거의 한계까지 간 것이죠."

많은 한국 태양광 기업이 문을 닫았다. 삼성SDI와 SK실트론이 2012년과 2013년에 각각 태양전지와 태양광 웨이퍼 사업에서 손을 뗐다. SKC의 자회사인 SKC솔믹스와 GS그룹 자회사 E&R솔라는 2016년에 공장을 웅진에너지에 매각했다. 롯데정밀화학 자회사로 폴리실리콘을 만들던 에스엠피SMP는 파산했다. OCI 계열사인 넥솔론은 잉곳과 웨이퍼를 만들며 웅진에너지와 국내 1위 자리를 다투었으나 2014년 법정 관리에 들어갔다. 산업은행이 엄청난 자금을 쏟아부었지만 허사였고, 네 차례의 매각 시도에 인수 희망자가 한 곳도 나타나지 않아 2017년 결국 파산했다.

웅진에너지도 끝내 견디지 못했다. 2020년 기업 회생 절차(법정관리)에 들어갔으나 2022년 그마저도 포기하고 파산했다. 웅진은 태양광 사업으로 약 5,000억 원을 날렸다. 한국뿐 아니라 선진국 기업들도 나가떨어졌다. 미국 1위 업체 선에디슨SunEdison과 유럽 1위 업체 솔라월드SolarWorld가 도산했다.

"10년 전만 해도 전 세계에 잉곳과 웨이퍼를 생산하는 업체가 200개 정도 있었어요. 그런데 지금은 중국 기업 10개 정도 빼고는 다 문을 닫았어요."[18]

중국은 2022년까지 12년 연속 폴리실리콘 생산 세계 1위, 16년 연속 태양광 모듈 생산 세계 1위를 기록해 사실상 태양광 산업을 독점하고 있다.[19] 태양광 산업 가치 사슬의 단계마다 중국은 압도적인 점유율을 기록했다. FT에 따르면 2022년 기준으로 중국은 전 세계 폴리실리콘 생산능력의 88%, 웨이퍼의 97%, 셀(태양전지)의 86%, 모듈의 79%를 차지했다.

태양광 소재 산업에서 한국이 중국에 무릎을 꿇게 된 원인으로 중국과 벌인 규모의 경쟁 외에 하나가 더 있다. 바로 전기 요금이다. 특히 폴리실리콘과 잉곳을 만들 때 전기가 엄청나게 들어간다. 고열로 금속을 녹여 정련하는 전기로 공정이 있기 때문이다. 전체 생산원가에서 전기 요금이 차지하는 비중이 각각 45%와 35%에 이른다. 그런데 중국은 전기 요금이 파격적으로 싸다. 한국의 4분의 1에서 6분의 1 수준이다. 한국의 전기 요금이 1kw당 12센트라면, 중국은 지역마다 다르지만 전기 요금이 싼 지역은 1kw당 2~3센트에 불과하다. 전기 요금이 가장 싼 지역은 석탄발전소가 많은 신장위구르와 수력발전소가 있는 운남성, 사천성 지역이다. 그런 지역이 중국 태양광 업체들의 주된 생산 기지가 된 이유다.

극소수의 한국 업체가 중국과의 치킨 게임에서 살아남았다. 생존자 리스트에는 한화큐셀과 OCI 등이 있다. 그마저도 구원의 손길은 미국에서 왔다. 2012년 미국이 중국산 태양광 제품에 대해 고율의 관세를 부과한 것이다. 미국 상무부는 중국산 태양광 패널업체들이 미국에 덤핑 수출을 했다며 최저 18.32%에서 최고 249.96%의 반덤핑 관세를 부과했다. 또 중국 정부가 자국 관련 기업에 대해 보조금을 지급한 사실도 인정된다며 14.78~15.97%의 상계 관세도 적용하기로 했다.[20]

"중국 업체들의 덤핑 때문에 기존 업체들이 거의 문을 닫은 마당에, 미국이 관세 정책으로 기회를 열어주었습니다. 그러면서 중국 업체들마저 다 빠지게 되니 한화가 미국에 쏙 들어가서 독식하게 된 셈이지요."

미국 정부는 관세 외에 또 다른 선물을 주었다. IRA 법안이 그것이다. 전기차와 함께 태양광 전지도 미국에서 생산한다면 정부 보조금을 받게 될 것이다. 한화큐셀은 유일한 기회가 미국에 있다고 보고, 미국에 공장을 지어 직접 생산하는 전략을 펴기 시작했다. 한화는 2019년 조지아주 돌턴에 1.7GW 규모의 태양광 모듈 공장을 준공해 운영 중이며, 2024년에 조지아주 카터스빌 공장까지 준공되면 생산능력이 8.4GW로 늘어난다. 이는 미국 시장 전체 수요의 4분의 1에 해당한다. 한화는 모듈뿐 아니라 셀, 잉곳, 폴리실리콘까지 태양광 가치 사슬의 전 제품을 생산한다는 계획이다. 한화의 공장들이 있는 지역은 인근 애팔래치아산맥 옆에 수력발전소 단지가 있어 전기 요금이 싸다는 것도 장점이다.

OCI의 경우 태양광 가치 사슬의 다른 사업을 모두 접었으나, 폴리실리콘 사업 하나는 살렸다. 전기 요금이 싼 말레이시아로 생산 기지를 옮겨 기회를 보고 있던 차에 2021년부터 폴리실리콘 가격이 급등했다. OCI는 또 다른 미국 조치의 혜택도 받게 됐다. 2022년 미국이 중국 신장위구르 자치구에서 강제 노동으로 생산된 제품의 수입을 금지한 것이다. 대표적인 제품이 폴리실리콘이었다. 미국 등 서방 국가는 중국 정부가 위구르족 무슬림 약 100만 명을 수용소에 강제 감금하고 인권을 유린하고 있다고 주장했으며, 미국에서는 '위구르 강제 노동 방지법'이 제정됐다.

10년 사이에 격변을 겪은 태양광 업체 전현직 경영자들이 제안하는 K-배터리의 생존 전략은 두 가지다. 첫째, 기술 격차를 유지하는 것이다. 문제는 태양광 업체 전현직 경영자들이 생각하는 배터리의 한중 기술 격차는 배터리 업체 경영자들이 생각하는 것보다 적다는 점이다. 익명을 요구한 태양광 모듈 업체 전 CEO는 "배터리 산업에서 중국은 가격뿐 아니라 기술도 거의 따라왔다. 한국과 중국의 기술 차이는 유의미한 정도가 아니다"라고 말한 바 있다.

신광수 대표는 "이차전지 기술은 태양광 웨이퍼보다는 다소 고난도지만, 높은 수준의 정밀성을 요구하는 반도체 웨이퍼보다는 난도가 높다고 할 수 없다. 경쟁자가 따라오지 못할 초격차 기술인지 의문"이라고 했다. 그는 반도체 웨이퍼의 경우도 일본 신에쓰Shin-Etsu Chemical의 기술력이 뛰어나지만 중국의 중환반도체가 상당한 수준에 이르렀다고 덧붙였다.

이차전지의 경우 소성이나 불순물 제거 같은 기술에 암묵지가 녹아 있어 쉽게 따라 하기 힘들다고들 한다. 하지만 태양광 웨이퍼의 경우에도 그런 암묵지 기술이 없는 것이 아니었다. 폴리실리콘을 단결정 웨이퍼로 만드는 '단결정 초콜라스키' 공법이란 게 있다. 폴리실리콘을 고온에서 녹이고 거기에 단결정 씨앗seed을 넣은 뒤 천천히 위로 당겨 그 씨앗을 성장시키는 공정인데 며칠에서 몇 주까지 걸린다. 이런 공정이 이뤄지는 도가니를 '핫 존hot zone'이라고 하는데 그 설계가 매우 중요하다. 웅진에너지의 경우 이 핫 존 전체의 설계도를 볼 수 있는 사람은 사장과 CTO를 포함해 전 직원 중 5명 이하였다고 한다. 워낙 고급 기술이라 다른 직원들은 부분 설계만 알 뿐, 전체를 알 수 없게 했다. 문제는 이런 비밀 레시피가 존재함에도 중국 업체들이 결국 따라잡았다는 점이다.

"중국 기업들은 논문에 나온 기술은 모두 시험해봅니다. 장비가 고가여서 우리는 쓸 엄두를 못 내는데 그들은 대량생산을 염두에 두고 설치해요. 반면 한국이나 일본 기업은 확실한 것이 아니면 시도하지 않고요. 중국 방식은 짧은 시간에 경험치가 많이 쌓이니 더 빨리 뭔가 결과를 얻게 됩니다."

태양광 업체 전현직 경영자들이 제안하는 K-배터리의 두 번째 생존 전략은 미국 시장에 진출하고 미국의 보호막 아래 들어가는 것이다. 이들은 중국과 기술 격차를 유지하는 첫 번째 방법이 현실적으로 어렵기 때문에 두 번째 방식이 훨씬 중요하다고 강조한다.

"맞대결로는 중국을 이길 수 없습니다. 미국의 보호를 받는 게 유일한 답입니다. 한화도 OCI도 다 미국이 살려준 겁니다. 배터리도 마찬가지입니다."

미국처럼 보호막을 쳐주지 않는 유럽 시장에서 중국 배터리가 빠른 속도로 성장한 것은, 미국의 반중反中 규제가 K-배터리에 갖는 의미를 잘 보여준다. 유럽 전기차 배터리 시장에서 중국 업체의 점유율은 2020년 15%에서 2023년 41%로 상승한 반면, 한국 업체의 점유율은 68%에서 56%로 하락했다. 주목할 것은 유럽에 판매되는 중국 배터리 중 90%가 삼원계 배터리라는 점이다.[21]

한 가지 희망적인 소식은 유럽 역시 중국 전기차의 급속한 유입에 경계감을 느끼고 탈중국 대책을 마련하고 있다는 것이다. EU는 중국산 전기차가 중국 정부의 과도한 보조금을 받아 공정한 경쟁을 왜곡한다는 문제의식을 갖고 8개월간 조사를 벌였다. 그것이 사실임을 확인한 EU는 중국 전기차에 17.8~45.3%의 관세를 부과하기로 결정했다. 이는 유럽에서의 K-배터리 판매에도 우호적인 환경을 조성해줄 것으로 보인다.

떠오르는 LFP 배터리

여러 배터리 업체 핵심 관계자들에게 "세계 배터리 시장에서 몇 년 전에 생각했던 것과 가장 확연하게 달라진 점이 무엇이냐"고 질문했을 때 가장 많이 나온 답은 다음과 같았다.

"LFP 배터리가 차지하는 비중이 생각보다 매우 빠르게 확대되고 있습니다."

글로벌 승용 전기차용 배터리 시장에서 LFP가 차지하는 비중은 2019년 4.9%에서 2023년 46.4%로 급증했다. 같은 기간 삼원계 배터리의 비중은 94.4%에서 53.6%로 감소했다.[22] 홍정기 전 LG 경영연구원 수석연구위원은 "앞으로 5년 내에는 LFP가 주류로 올라설 것"이라고 예상했다.

한국 배터리 업체들은 LFP를 용량이나 성능 면에서 열등한 기술로 간주하고 NCM이나 NCA 같은 삼원계에 집중했다. K-배터리의 주된 고객인 미국과 유럽의 자동차 회사들 역시 LFP를 원하지 않았다. LFP로는 원하는 주행거리를 도저히 낼 수 없다고 본 것이다. LFP는 저온에서 주행거리가 크게 떨어지는 단점이 있다. 그럼에도 중국은 LFP를 중심으로 배터리가 발달되어왔다. 무엇보다 삼원계에 비해 기술적 난도가 낮고 원료가 싸다는 이점 때문이었다. 김명환은 이렇게 설명한다.

"기술이 없는 중국 입장에서는 LFP가 안전하거든요. NCM을 썼다가 바로 불이 나고 그 문제를 해결하기 위해 여러 시도를 하다가 잘 안 되니, 이것으로는 도저히 안 되겠다고 결론을 내린 거죠. 그래서 LFP를 선택한 겁니다."

중국산 싸구려 제품으로만 치부되던 LFP 배터리는 일론 머스크가 채용하면서 재조명받았다. 테슬라는 모델3에 처음 LFP 배터리를 장착하기 시작해 점점 대상 차종을 확대했다. 2020년 첫 출시 당시 LFP 비중은 6%에 불과했으나 2022년에는 전체 판매량의 37%까지 올랐다. 포드, 벤츠, 폭스바겐, 현대차 등 글로벌 자동차들도 LFP 배터리 전기차를 출시했거나 출시할 계획이다.

물론 어느 시장이나 고객층이 다른 세분 시장이 있다. 저가 제품인 LFP가 시장의 일정 부분을 차지하는 것은 전혀 이상할 것이 없다. 문제는 세분 시장의 규모다. 전체 시장에서 중국이 주력하는 저가의 세분 시장(LFP)이 급속도로 커진다면 한국이 주력하는 고가의 세분 시장(NCM 등 하이니켈 삼원계)이 타격을 받을 수밖에 없다.

배터리 시장에서 LFP의 약진은 경영학자 클레이튼 크리스텐슨이 말한 '파괴적 혁신 이론Disruptive Innovation'에 부합하는 사례 같기도 하다. 파괴적 혁신 이론은 초기에 저급한 기술로 치부되던 기술이 급격히 성장해 주류 기술을 밀어내는 현상을 설명한다. LFP가 파괴적 혁신과 비슷한 궤적을 그린다는 세간의 우려에 대해 LG에너지솔루션 고위 관계자는 다음과 같이 말했다.

"사실 우리도 그 고민을 하고 있습니다. 지금까지 배터리 시장에서 가장 중요한 것은 에너지밀도였어요. 한 번 충전해 얼마나 오래 탈 수 있느냐에 초점이 맞춰졌습니다. 그래서 가장 좋은 NCM 배터리를 쓴다면 한 번 충전 시 500~600km 정도 주행할 수 있게 하는 기술이 생겨났지요. 그런데 이제는 기술이 꽤 많이 안정화됐기 때문에 지금부터는 가격과 안정성 위주로 구매 패턴이 바뀔 것이라고 생각합니다. 보급형 차량으로 넘어가기 위해서는 주행거리가 비록 300km 정도밖에 나오지 않는다 하더라도 LFP 같은 중저가 기술에도 관심을 기울여야 할 겁니다." 그는 안전성 측면도 언급했다.

"NCM은 열 폭주라는 위험 부담이 있는 반면, LFP는 상대적으로 그 위험이 낮기 때문에 LFP 시장이 커질 것이라고 생각합니다. 이런 부분에 대해서는 우리도 준비를 하고 있고요."[23]

LFP 시장이 생각보다 커지자 국내 기업들도 연이어 LFP 시장에 뛰어들고 있다. LG에너지솔루션, 삼성SDI, SK온 모두 LFP 배터리 시장 진출을 선언했다. 세 회사 중 LFP 시장에 가장 먼저 깃발을 꽂은 회사는 LG에너지솔루션이다. 2024년 7월, LG에너지솔루션은 르노의 전기차 사업부 '암페어'에 전기차 약 60만 대분의 LFP 배터리를 5년간 공급하는 계약을 체결했다. 국내 배터리 기업이 LFP 배터리를 전기차에 공급하는 것은 처음이다. LG에너지솔루션은 "중국 배터리 기업들이 저렴한 가격을 무기로 유럽 시장 영향력을 확대하고 있는 가운데, 이번 공급 계약으로 기술과 품질 경쟁력은 물론 가격경쟁력도 입증했다"고 밝혔다.

K-배터리는 원가를 낮추는 다른 방법도 추진하고 있다. LG에너지솔루션 등이 양산을 추진 중인 '고전압 미드니켈' 기술이 여기에 해당한다. 미드니켈은 문자 그대로 니켈 함량이 중간 수준(40~60%)인 배터리를 말한다. 과거 기술이긴 하지만 LG에너지솔루션은 보급형 전기차에 대응할 수 있는 선택지로 판단한다. 전압을 높이면 좋다는 것을 과거에도 알았지만 안전성과 안정성 둘 다 문제가 될 수 있어 자제했는데, 그동안의 도핑과 코팅 등 기술 발달로 가능해졌다는 것이 이 회사의 설명이다.

배터리,
정말로 친환경인가

 사업을 할 때 갈수록 명분이 중요해지는 시대다. 그중에서도 이차전지 사업은 그 어느 사업보다 명분이 중요하다. 이차전지가 폭발적으로 성장할 수 있었던 것은 '지구의 탄소 배출을 줄인다'는 명분이 있었기 때문이다. 이차전지는 태양열을 비롯한 자연에너지를 저장하고 내연기관 자동차를 대체하는 전기차를 구동하는 데 없어서는 안 될 물건이다.
 석유와 석탄을 비롯한 화석연료는 탄소 배출을 통해 기후변화를 야기하는 주범이다. 인류가 이를 피해 에너지를 얻는 최적의 방법은 자연에너지(태양력·풍력 등)를 이용하는 것이다. 그런데 태양력이나 풍력은 자연의 변동성 때문에 전력 생산량이 일정하지 않다. 태양은 밤에는 빛을 제공하지 않는다. 구름이 많거나 비가 오는 날에도 발전량이 감소한다. 풍력도 바람이 강하지 않은 날에는 발전량이 줄어든다. 이러한 간헐성을 보완하기 위해서는 에너지를 저장했다가 나중에 쓸 수 있는 장치가 있어야 하는데, 여기에는 이차전지가 반드시 필요하다.

일론 머스크는 태양에너지는 잠재력이 크게 과소평가되고 있다고 말했다.[24] 지표면에 도달하는 태양에너지는 하루에 $1km^2$당 1GW로 발전소 하나가 생산하는 전력과 비슷하다. 머스크는 전기를 배터리에 저장하는 비용이 지난 5년 사이에 10분의 1로 떨어졌다는 사실을 들어 에너지원으로 '태양광과 배터리의 결합'을 강력하게 권장한다고 말했다.

배터리가 기후변화의 명분을 얻는 두 번째 경로는 전기차다. 도로 운송을 비롯한 운송은 현재 전 세계 이산화탄소 배출량의 25%를 차지한다. 이로 인해 화석연료를 통해 구동되는 내연기관 자동차를 그대로 둘 수 없다는 공감대가 형성됐다. 그 대안으로 인류가 선택한 것이 전기차이며, 이를 움직이기 위해 없어서는 안 될 요소가 이차전지다.

하지만 기후변화의 대안으로서 전기차는 에너지 저장 장치와 달리 다소 논란의 여지가 있다. 전기차는 운행 중에 배기가스를 배출하지 않고, 탄소 배출량 역시 제로라는 데는 이론의 여지가 없다. 그러나 배터리를 충전하는 전기를 무엇으로 얻느냐가 문제가 된다. 그 전기를 석탄발전을 통해 얻는다면 '탈탄소'라는 명분이 크게 떨어진다. 그런 경우에는 오히려 탄소 배출이 늘어날 것이라는 추정도 있다.[25] 따라서 전기차가 정말 친환경이 되려면 태양광, 풍력, 수력 등 재생 가능 에너지로 전기를 생산해야 한다.

다행히 2024년 4월, 주요 7개국은 2035년경부터 석탄 화력발전을 전면 금지하기로 합의했다. 7개국 기후·에너지·환경 장관 회의에서 도출된 이 합의는 전기차의 탈탄소 명분에 크게 무게를 실어줄 것이다.

전기차가 친환경이 되기 위한 또 하나의 조건은 배터리 생산과정이 친환경적이어야 한다는 점이다. 현재 생산과정에는 환경에 위해한 부분이 적지 않다. 리튬, 니켈, 코발트 등 원료를 채굴하고 제련, 정제하는 과정이 가장 문제가 된다. 그 과정에서 나오는 폐수와 화학물질이 수질과 대기를 오염시킬 수 있다. 또 광물을 분쇄하고 정련하고 주조하는 여러 과정에서 많은 에너지가 필요한데 현재는 이를 석탄발전에 의존하는 것이 대세다.[26]

전기차가 진짜 친환경적인지 분석하는 대표적인 방법론이 전 생애 주기 평가Life Cycle Assessment, LCA다. 원료 채굴이나 전기 생산을 비롯한 생산 단계부터 전기차 운행, 폐차 및 재활용에 이르기까지 전기차의 수명 주기 동안 발생하는 모든 환경적 영향을 고려하는 것이다. 이 방법론을 이용해 많은 연구가 이뤄졌지만, 결과는 연구 대상과 가정에 따라 다르며 일치하지 않는다.

미국 에너지부 산하의 국립 연구 기관인 아르곤 연구소Argonne National Laboratory의 연구 결과는 전기차를 지지한다. 2020년 소형 가솔린 SUV의 온실가스 배출량이 이산화탄소 환산량 기준으로

1마일당 429g인 반면, 같은 크기의 전기차는 48% 더 적은 것으로 추정된다는 것이다. 이 연구 결과는 미국 에너지부 홈페이지에 실려 있다.[27]

홍종호 서울대 환경대학원 교수는 "수송에서 재생에너지로 생산한 전기로 전기차를 구동하고, 배터리는 재활용해서 쓰는 것이 공통된 합의"라고 말했다. 전기차가 100% 정답은 아니지만, 정답에 가깝다고 본다는 것이다. 현재 지구는 이 합의에 입각해 움직이고 있다. 세계 주요 국가들은 2015년 파리기후협정을 이행하기 위해 2030~2035년쯤부터는 내연기관 차량 판매를 대폭 축소하거나 금지할 계획이다. 유럽연합은 2035년부터 내연기관 신차 판매를 금지하는 법안을 통과시켰고, 미국은 2032년까지 신차 중 절반 이상을 전기차로 판매하도록 한다는 목표를 세웠다. 중국과 영국은 2035년부터 내연기관 자동차 판매를 금지한다.

한편 미국 캘리포니아주와 유럽연합, 중국에서는 전기차를 적게 생산하는 회사가 전기차를 많이 생산하는 회사로부터 탄소배출권을 구매해야 한다. 폭스바겐, GM, 혼다 등은 2023년 한 해 동안 테슬라로부터 17억 9,000만 달러어치의 탄소배출권을 구매했다. 경쟁사들이 테슬라의 전기차를 만들어주는 셈이다.

2022년 G7 국가들의 기후·에너지·환경 담당 장관들은 전기차로의 전환 의지를 명시적으로 언급했다. 그들은 성명서에서 지구온난화 억제가 '전기화 기술(전기차를 의미)의 대규모 도입' 등을 통해 운송 부문의 온실가스 배출을 감축함으로써만 가능하다고 강조했다.

배터리 재활용은 전기차를 친환경으로 만드는 데 큰 역할을 한다. 지구에 한정된 자원을 아낄 수 있고, 원료를 채굴해서 가공하는 과정과 배터리를 폐기물로 처리하는 과정에서 발생하는 환경오염, 그리고 에너지 소모를 생략할 수 있다. 이는 원료를 값싸게 얻는 방법이기도 하다. 포스코, 에코프로, 엘앤에프를 비롯한 이차전지 소재 업체가 앞다퉈 배터리 재활용 사업에 뛰어드는 이유다. 현재 폐배터리 리사이클링이 차지하는 비중은 미미하지만, 2040년에는 전체 광물 공급에서 15~30%의 점유율을 차지하게 될 것이라는 전망이 나온다.[28]

K-배터리 업체들은 너나 할 것 없이 지속 가능성과 환경에 대한 사회적 책임을 강조한다. 이는 명분과 신뢰를 얻기 위한 것이기도 하지만, 생존을 위한 것이기도 하다. 2023년 유럽연합이 발효한 EU 배터리 규정에 따르면 몇 년 뒤부터 이 지역에 배터리를 수출하는 기업은 '탄소발자국' 신고가 의무화되며, 배터리 원재료의 일정 비율 이상을 재활용으로 써야 한다. 탄소발자국이란 제품 및 서비스의 원료 채취, 생산, 수송·유통, 사용 등 전 과정에서 발생하는 온실가스 발생량을 이산화탄소 배출량으로 환산한 것을 말한다.

7장

비전과 의지

"지속적인 시장 선도자는 운이 좋아 되는 것이 아니었다.
반대로 그들은 큰 장애물과 마주해왔다.
자신보다 더 좋은 조건을 갖춘 경쟁자들과 경쟁하면서,
수년 동안 커다란 장애물을 극복하며 참아왔던
끈기의 산물이 바로 시장 지배력이다."

① 비전:
보이지 않는 시장을 그리다

제러드 J. 텔리스Gerard J. Tellis와 피터 N. 골더Peter N. Golder는 그들의 저서 『마켓 리더의 조건』에서 시장을 지배하는 기업의 공통분모를 분석했다.[1] 결론은 두 가지, '비전'과 '의지'였다. 세계 배터리 시장을 선도하는 K-배터리 업체들을 취재하는 동안, 이들의 성공요인 역시 텔리스와 골더가 말한 비전과 의지에 있음을 확인할 수 있었다.

텔리스와 골더의 연구 초점은 '어떤 시장에 가장 먼저 뛰어든 기업(시장 개척자)이 그 시장의 리더가 된다'는 통념이 맞는지 확인하는 것이었다. 그들은 기저귀, 면도기, PC 운영 시스템 등 66개에 이르는 시장을 조사하면서 통념과 상반되는 결과를 얻었다. 시장 개척자가 리더로 존속하는 경우는 오히려 드물었던 것이다.

가장 먼저 뛰어든 사람이 승자가 아니라면 누가 승자란 말인가? 텔리스와 골더에 따르면 현재 시장의 리더는 시장 개척자에 비해 평균 19년 정도 늦게 시장에 진출했다. 마이크로소프트 윈도는 PC 운영 시스템 시장의 개척자보다 10년 늦게 시장에 진입했고, 코닥은 카메라 시장의 개척자보다 50년 늦게 시장에 등장했다.

그렇다면 개척자가 아니었음에도 지속적으로 시장 지배력을 갖추게 된 원인은 무엇이었을까? 저자들은 방대한 문헌 조사를 통해 비전vision, 끈기persistence, 부단한 혁신innovation, 금융 헌신commitment, 자산 레버리지asset leverage 등 다섯 가지 요인을 알아냈다. 여기서 비전을 제외한 나머지 네 가지는 결단력이나 의도와 관련이 깊었기에 저자들은 그 넷을 합쳐 '의지will'라고 불렀다. 이 책의 원제가 '의지와 비전Will & Vision'이 된 이유다.

여기서는 K-배터리 업체들의 성공 요인을 이 다섯 가지 렌즈를 통해 살펴보려고 한다. 물론 지금 '성공'이란 단어를 쓰는 것은 성급한 일일 수 있다. 하지만 지금까지 지나온 여정을 되짚어 보는 것도 충분히 의미 있는 일이 될 것이다.

대량 소비 시장에 대한 비전이 있었던 K-배터리 업체들

텔리스와 골더가 말하는 비전이란 '대량 소비 시장에 대한 비전'

이다. 그들은 비전을 '대량 소비 시장의 욕구를 찾아내 그에 부응하는 독특한 능력'이라고 정의했다. 여기서 비전의 본질은 '다른 사람은 보지 못한 것을 본다'는 데 있다. K-배터리가 이차전지 시장에서 일본을 젖히고 패권을 잡을 수 있었던 것은 전기차용 배터리라는 대량 소비 시장에 대한 비전을 갖추었기 때문이다. 이는 경쟁자인 일본 업체들이 보지 못한 부분이었다. 일본 업체들은 '위험한 리튬 이온 배터리를 전기 자동차에 어떻게 쓸 수 있어?'라는 생각에 매몰되어 이 비전을 갖추지 못했다.

  LG화학은 언젠가 전기차 시대가 올 것이라 예상하고 2000년부터 자동차용 전기 개발 프로젝트를 시작했다. 게다가 당시 화학 회사로서는 큰 금액인 1,500억 원 이상의 연구비를 투자했다.[2] LG화학을 배터리 명가로 만들어준 가장 결정적인 계기는 앞서 살펴본 것처럼 2009년 GM의 전기차 볼트의 배터리 공급 업체로 선정된 사건이다. 이는 LG화학의 지명도를 높이고 다른 완성차 업체들의 계약을 수주하는 데 큰 역할을 한다. 그러나 GM과의 계약은 수익 면에서는 큰돈을 벌어다주지 못했다. 볼트가 생각보다 많이 팔리지 않았고 GM이 당초 약속한 만큼 물건을 사지 않았기 때문이다.

  생산 라인은 확장해놓았으니 가동하지 않는 라인이 늘어날 수밖에 없다. 그 상황에서 구본무 회장이 공장을 방문했고 관계자들이 상황을 설명했다. 당시 구본무 회장은 그래도 투자를 계속하라고 독려했다.

  "지금 당장은 돈을 까먹지만 감가상각이 끝나면 뒤늦게 들어온 기업보다 가격경쟁력을 갖추게 됩니다. 나중에 뛰어든 기업은 그때부터 감가상각을 해야 할 테니 우리보다 불리해질 겁니다. 그러니 미래를 보고 투자를 게을리하지 말아요."

LG화학의 기술 리더들이 초기에 가졌던 비전 중 하나는 '전기차 배터리 사업은 무형자산으로서 높은 가치를 창출할 수 있다'는 것이었다. 이한선 LG에너지솔루션 특허센터장은 2004년 있었던 국제 콘퍼런스에서 여종기 LG화학 CTO가 발표한 내용을 기억하고 있다. 당시 발표 자료 제작을 거들었기 때문이다. 주된 내용은 이랬다.

"지금까지 우리가 해온 석유화학 사업은 유형의 제품을 통해 돈을 버는 구조지만 수익이 그리 좋지 않았다. 그러나 지금 시작하는 전기차용 배터리의 경우 강력한 연구 개발 투자를 통해 특허와 영업 비밀 같은 무형자산을 창출할 수 있으며, 이를 통해 기하급수적인 가치를 창출할 수 있다. 이를 위해서는 단순히 제품을 판매하는 것만으로는 안 되고 다양한 비즈니스 모델을 적용해 무형자산의 가치를 극대화해야 한다."

이한선은 20년 전 발표 내용이 지금 현실이 되고 있다고 말한다. 최근 몇 년 새 LG에너지솔루션은 GM, 현대차, 혼다, 스텔란티스를 비롯한 글로벌 자동차 제조사들과 여러 합작회사를 창립했다. 이는 단순한 제품 판매 이상의 의미를 지닌다. 새로 설립된 합작 공장은 LG에너지솔루션이 축적한 기술을 임대해 쓰면서 그에 상응한 로열티를 지불할 예정이다. 또 합작 공장에서 생산된 배터리를 합작 파트너인 자동차 업체들이 사 가고, 거기서 생기는 이익을 LG가 공유한다. 이 같은 방식은 접근하기 어려운 시장(예를 들어 보조금 혜택을 받으려면 미국에서 생산해야 할 경우)을 공략하거나, 거액의 투자비가 들어 혼자 감당하기 어려운 경우에는 아주 효과적인 비즈니스 모델인 것이다. 2024년 3월 기준 LG에너지솔루션은 주식시장에서 92조 원에 달하는 가치를 인정받고 있는데, 이한선은 그중 60% 정도가 무형자산의 가치일 것이라고 추정했다.

한편 삼성SDI는 원래 이차전지 업체가 아니라 디스플레이 업체였다. 이차전지는 좋게 말하면 신수종 사업이지만 어떻게 보면 곁가지 사업에 불과했다. 그러나 2009년 5월 창립 50주년 기념식에서 김순택 삼성SDI 사장은 회사의 운명을 바꿀 새로운 비전을 발표했다. 친환경·에너지 기업으로의 변신이었다.

당시 삼성SDI 매출에서 디스플레이 부문과 친환경 에너지(이차전지) 부문의 비중이 6대 4였다. 이를 2015년까지 1대 9 수준으로 바꾸겠다는 것이 새로운 비전의 요체였다. 다시 말해 가장 잘하는 업인 브라운관 사업을 그만두고 이차전지를 비롯한 친환경 에너지 기업으로 전환하겠다는 것이었다. 업의 개념 자체를 바꾼, 가히 혁명적인 변화였다. 이는 물론 당시 삼성그룹의 사업 구조 조정이 촉발한 측면이 있었다. 삼성SDI의 LCD 사업은 일찌감치 삼성전자에 이관되고, 2008년 모바일 디스플레이 사업도 삼성모바일디스플레이(지금의 삼성디스플레이)로 떨어져나갔기 때문이다.

그러나 삼성SDI가 이렇게 과감하게 변신할 수 있었던 것은, 당시로서는 뚜렷하지 않았지만 앞으로 떠오를 전기차 시장에 대한 비전이 있었기 때문이다. 삼성SDI가 세계 이차전지 시장에서 2위로 올라선 뒤인 2010년 발간한 『삼성SDI』 40년사를 보면 다음과 같은 대목이 있다.

'(이차전지 시장에서) 지금까지의 성장은 서막에 불과하다는 것이 지배적인 관측이다. 지금까지의 경쟁은 이차전지의 무한 확장성에 비해 아직 초기 단계에 불과한 소형 IT 부문에 국한되어 있었지만, 자동차용 전지 시장이 열리면 그 폭발적인 성장은 지금까지와는 비교가 되지 않을 것이기 때문이다. 자동차용 전지 수요로 이차전지 시장은 2015년 260억 달러에 이를 것으로 전망되는데, 이는 250억 달러 선에서 정체될 것으로 예상되는 D램 시장을 웃도는 규모다. 소형 IT 부문은 일본에 비해 연구 개발이 수십 년 늦었고 사업화도 큰 격차가 있었지만, 그동안 축적한 기술력을 기반으로 자동차용 전지 시장에서는 주도권을 잡아나갈 가능성이 크다.'

이번에는 포스코그룹의 경우를 살펴보자. 아직도 포스코를 철강 회사로만 알고 있는 사람이 많지만 포스코는 이차전지 소재 사업에 진출해 주요 플레이어로 부상했다. 특히 광물을 다루는 데 익숙하다는 특유의 강점을 발휘한 포스코는 리튬을 비롯한 이차전지 원료 확보와 가공에 집중해 차별적 위상을 구축했다.

포스코는 이른바 '주인이 없는 회사'로 정권이 바뀔 때마다 외풍에 의해 사령탑이 바뀌었지만 이차전지 소재 사업은 일관성 있게 추진되었다. 이는 회장이 여러 차례 교체되는 가운데서도 창업자 박태준 회장 시절부터 강조해온 '철강 이후'에 대한 비전을 계속 공유했기 때문이다. 포스코가 철강 이후를 고민한 계기는 역설적으로 1992년의 광양제철소 완공이었다. 첨단 기술이 총집약된 꿈의 제철소라 할 수 있었지만, 포스코는 '더 이상 철강에서는 올라갈 곳이 없다'는 의미로 해석하고 오히려 더 초조해졌다.

포스코 간부들이 자주 하는 말 중 하나가 "사양 산업은 있어도 사양 기업은 없다"라는 것이다. 당시 포스코 경영진과 고위 임원 사이에는 적어도 창립 50주년이 되는 2018년까지는 미래의 방향성을 반드시 제시해야 한다는 강박관념이 있었다. 이차전지 소재 사업은 그런 적극적인 탐색의 산물이었다. 그리고 2018년, 창립 50주년을 맞은 포스코는 'Unlimit the Limit: Steel and Beyond한계를 뛰어넘어, 철강 그 이상으로'라는 향후 50년의 비전을 담은 새로운 미션을 선포했다.

2021년 포스코그룹 180개 계열사가 벌어들인 영업이익은 9조 2,000억 원으로 창사 이래 최대를 기록했다. 예년 평균 수준의 2배 정도 되는 기록이었다. 그런데 2023년 포스코홀딩스는 이차전지 소재 분야 비전을 발표하면서 2030년 영업이익 목표로 15조 원을 제시했다. 만약 목표를 달성한다면 포스코가 과거 50년간 해온 철강 사업의 2배 정도 돈을 벌어다주는 먹거리가 새로 생기는 셈이다.

그간 포스코는 여러 신사업에서 쓰라린 패배를 맛보았다. 1992년 반도체 소재인 실리콘 웨이퍼 사업에 진출했다가 반도체 경기 변동에 따른 급격한 손익 변화를 견디지 못하고 철수했다. 이동통신 사업에 뛰어들어 '017' 번호로 가입자가 200만 명을 넘기도 했으나 SK텔레콤에 지분을 매각하고 철수한 적도 있었다.

그럼에도 포스코는 미래를 생각하고 새로운 성장 동력을 찾는 것을 포기하지 않았고, 그 결실이 이차전지 소재 사업이었다. 이차전지 소재는 대부분 포스코가 철강 사업을 하면서 합금 재료로 친숙했던 물질(니켈·코발트·망간·흑연)이기에 포스코의 핵심 역량과도 연결되었다.

이차전지 소재 산업에서 포스코그룹이 지닌 비전 중 하나는 2023년 IR 자료 중 '스마일 커브'라는 부분에서 잘 드러난다. 스마일 커브 이론은 제품 가치 사슬에서 단계별 부가가치를 나타내는 개념으로, 마치 웃는 입 모양처럼 가치 사슬의 앞부분과 뒷부분의 부가가치가 높다는 내용이 골자다.

포스코 리더들은 배터리 가치 사슬의 가장 앞부분인 원재료(리튬·니켈) 부문에 집중하는 것이 강점을 가장 잘 살릴 수 있을 뿐 아니라, 부가가치도 높고 국민 기업으로서 포스코가 맡아야 할 일이라고 생각했다. 포스코의 이 같은 생각은 배터리 원재료 공급망에서 중국 의존도를 낮추는 것이 화두가 된 요즘에 와서 미래를 한발 앞서 내다본 비전으로 재평가받는다. 그 비전은 또한 배터리 산업 생태계에서 독특하고 차별화된 위상을 가져다주었다.

글로벌 호텔 체인 힐턴Hilton의 전 CEO 크리스토퍼 나세타Christopher Nassetta는 "리더십이란 미래의 비전과 전략을 세우는 것, 그리고 사람들을 앞으로 나아가도록 동기부여하는 문화를 만드는 것이다"라고 말한 바 있다. 포스코의 수장들은 미래의 비전을 끊임없이 생각하고 그중 일부를 임직원들과 지속적으로 공유했다.

② 의지 :
빠른 판단과 전략적 대응

이번에는 K-배터리를 '의지'의 관점에서 살펴보자. 텔리스와 골더가 말하는 '의지'는 뒤에 설명할 끈기, 부단한 혁신, 금융 헌신, 자산 레버리지를 포괄하는 개념이다. 이 개념은 이차전지 기술을 처음 상용화한 일본이 시장 패권을 한국에 내준 이유를 설명하는 데 유효하다. 홍영준 전 포스코홀딩스 미래기술연구원 이차전지소재연구소장은 이렇게 설명한다.

"결국은 꼭대기에 있는 리더의 의지입니다. 적기에 투자를 얼마나 과감하게 하느냐가 중요한데, 누구도 해보지 않은 일이고 투자한 돈을 다 날릴 수도 있기에 쉬운 결정이 아닙니다. 일본 사람들은 대체로 돌다리도 두들기는 특성이 있기 때문에 너무 신중하게 재다가 투자 시기를 놓쳤다고 볼 수 있습니다."

휴대 기기용 배터리 시장에 이어 전기차용 배터리 시장도 초기에는 일본의 독무대였다. 2014년 전기차용 배터리 시장점유율을 보면 파나소닉이 39.1%로 압도적 1위였다. 테슬라가 전기차 배터리 단독 공급자로 파나소닉을 낙점했기 때문이다. 2위는 닛산의 자회사 AESC(23.6%), 5위는 미쓰비시에 배터리를 공급하는 GS유아사로 톱 5 회사 중 세 회사가 일본 업체였다. 한국의 LG화학(12.9%)이나 삼성SDI(4.6%)와는 큰 차이가 있었다. 2014년 한 일본 배터리 업체 임원은 "일본은 소형 전지 싸움에서 삼성이나 LG에 밀렸지만, 전기차 전지는 여전히 우리가 한 수 위라고 본다"고 말하기도 했다.[3]

일본 배터리 업체들은 왜 전기차 시장을 외면했을까

그러나 일본 왕국은 오래가지 않았다. 일본 배터리 업체들은 테슬라, 그리고 일본 자동차 업체라는 소수 고객에 의존했다. 이는 이들 회사로 하여금 신규 고객과 신규 시장 확보에 소극적으로 만들었다는 점에서 장기적으로 독이 되었다. 또 파나소닉이 테슬라에 공급한 배터리는 전기차용으로 개발된 것이 아니라 소형 IT기기에 들어가는 원통형 배터리를 그대로 썼기에, 전기차용 배터리 시장을 개척한 것이라고 보기는 힘들었다. 당시 스타트업이던 테슬라는 이미 대량 생산되고 있는 소형 배터리를 사용해 시간과 비용을 절감하려 했다.

위기는 파나소닉에서부터 찾아왔다. 파나소닉은 테슬라가 전기차 시대의 서막을 연 로드스타를 출시했을 때 배터리를 공급하면서 테슬라와 처음 인연을 맺었다. 테슬라와 장기 공급 계약을 맺어 안정적 판로도 확보했다. 그러나 테슬라가 파나소닉과의 독점 거래에서 벗어나 LG화학 및 CATL과 계약을 체결하면서 시장 판도에 급격한 변화가 생겼다. 파나소닉의 점유율이 하락한 반면, LG화학은 시장점유율을 2019년 10.5%에서 24.2%로 크게 높이며 전기차 배터리 시장 세계 1위로 떠올랐다.

파나소닉은 초기에 대규모 투자에 상응하는 수익이 나지 않아 고전한 뒤 후속 투자에는 소극적이었다. 테슬라의 전기차가 시장에 돌풍을 일으키자 일론 머스크는 파나소닉에 과감한 배터리 추가 투자를 요청했다. 파나소닉이 주저하자 테슬라는 대타를 찾았다. LG화학과 CATL이었다. 파나소닉은 배터리 외에도 가전, 자동차 부품, 산업용 시스템 등 다양한 사업 포트폴리오를 갖추고 있었고, 이는 배터리 사업에 요구되는 '적기에 집중투자'를 주저하게 만들었다. 한편 닛산의 자회사 AESC는 다른 자동차 업체에 납품하기가 쉽지 않다는 태생적 한계를 지니고 있었다.

반면 현대기아차 외에는 국내에 기댈 수요처가 없던 K-배터리 기업들은 글로벌 시장을 찾아다니며 많은 자동차 제조사를 고객으로 확보했다. 테슬라의 모델S가 전기차 대중화의 가능성을 보여주자 기존 완성차 업체들도 전기차 출시를 서둘렀고, K-배터리는 그동안 쌓은 기술력을 바탕으로 그들을 설득해 고객으로 만들었다.

LG화학은 GM 볼트에 계약한 실적을 바탕으로 폭스바겐, 포드, 르노, 아우디, 볼보, 현대기아차 등 글로벌 완성차 업체에 고루 납품하면서 안정적 수요를 확보했다. 다양한 고객층을 확보한 LG화학은 저마다 다른 고객사의 요구에 맞는 제품을 개발하기 위해 연구 개발에 박차를 가했다. 더 많이 투자하며 새로운 기술을 개발했고, 이는 다시 새로운 고객을 창출하는 선순환을 이루었다. LG화학은 대규모 수주 물량을 바탕으로 세계 3대 전기차 시장인 미국, 중국, 유럽 모두에 대규모 생산 기지를 갖추었다.[4]

삼성SDI도 BMW에 이어 포드, 크라이슬러 등과 잇따라 수주 계약을 맺었다. SK이노베이션은 글로벌 전기차 시장 20위권에도 들지 못했으나, 공격적 수주와 기술 캐치업으로 폭스바겐으로부터 대규모 계약을 수주하면서 10위권 안으로 진입하고 얼마 뒤 파나소닉을 따라잡았다.

'일본 최후의 보루 파나소닉, 한국에 완패.'

2022년 일본에서 출간된 『EV 갈라파고스』란 책에서 이차전지를 다룬 부분의 소제목이다. 여기서 '완패'란 표현이 나온 것은 파나소닉이 LG에너지솔루션에 이어 SK이노베이션에도 밀렸기 때문이다. 이 책은 SK이노베이션이 당시 전기차 1,000만 대 분량의 배터리 수주 물량을 확보했고, 2025년까지 세계 톱 3로 도약하겠

다는 계획을 갖고 있다고 서술했다.[5]

　당시 SK이노베이션은 전기차 시장의 성장 속도를 따라가지 못하면 한순간에 도태될 수 있겠다는 절박감을 느꼈다. 또 배터리 산업이 과거 반도체 산업과 유사하다는 판단을 빠르게 내렸다. 한발 앞선 기술을 먼저 도입해 대량생산 체제를 구축하지 않으면 도태된다는 것이다.[6]

　일본의 전기차 배터리 산업이 내리막길을 걸은 데는 일본 자동차 업체들이 전기차에 소극적이었던 데도 원인이 있다. 하이브리드 카로 엄청난 돈을 벌고 있었던 토요타가 순수 전기차에 소극적이다 보니, 일본 이차전지 업체들 입장에서는 배터리 생산을 늘릴 동기가 크지 않았다. 거기다 토요타는 리튬 이온 전지를 폄하했다. 2007년 GM이 리튬 이온 전지가 장착될 시보레 볼트 콘셉트 카를 발표한 뒤 토요타 경영진은 여러 인터뷰를 통해 이 전지에 대한 의구심을 부추겼다. 그들은 리튬 이온 전지가 무척 위험하고, 가격이 너무 비싸며, 리튬이 자동차 시장을 떠받쳐줄 정도로 많지 않다고 공공연하게 이야기했다.[7]

　참고로 하이브리드에도 배터리가 들어가지만 양이 매우 적다. 토요타의 하이브리드 프리우스에는 최대 1.3kWh 용량의 배터리가 장착되어 있다.[8] 그런데 한국에서 가장 많이 팔리는 전기차인 현대 아이오닉5에는 72.6kWh, 주행거리가 긴 기아 EV9에는 100kWh의 배터리가 들어간다. 하이브리드에 들어가는 배터리는 전기차에 들어가는 그것의 50분의 1도 안 되는 것이다.

일본 업체 중 그나마 전기차에 적극적인 것은 닛산이었다. 닛산은 GM이 볼트를 내놓은 것과 비슷한 시기에 1세대 전기차 리프를 내놓기도 했다. 문제는 닛산이 3위 업체이다 보니 시장 영향력이 크지 않다는 것이었다. 닛산은 일본 전기 회사 NEC와 합작해 AESC라는 배터리 회사를 창립했고 한때 세계 2위에 올랐으나 2017년 중국 투자 펀드에 회사를 매각했다. 지금도 20% 정도 지분을 보유하고 있지만 세계시장 순위는 10위권 밖으로 밀려났다.

이렇게 일본 배터리 업체들은 불과 몇 년 사이에 시장 선도자에서 밀려났다. 한국무역협회는 2020년에 내놓은 「한·중·일 배터리 삼국지와 우리의 과제」라는 보고서에서 이렇게 분석했다.

'일본은 전기차 배터리 원천 기술을 확보한 뒤에도 투자에서 확실성을 피하기 위해 안정적인 확장을 추구하다 대규모 투자 시기를 놓쳤고, 결국 한국과 중국이 기술력을 확보할 시간을 내줬다.'[9]

이런 일본의 사례는 "(지속적인 시장 선도자가 되지 못한 기업은) 자기만의 좁은 세계관에 빠져 있다 보니, 비전에 대해 설명해도 거기 담겨 있는 통찰력을 제대로 이해하지 못한다"는 텔리스와 골더의 설명에 맞아떨어진다.

③ 끈기와 혁신:
실패를 뛰어넘는 끝없는 도전

 "지속적인 시장 선도자는 운이 좋아 되는 것이 아니었다. 반대로 그들은 큰 마주해왔다. 자신보다 더 좋은 조건을 갖춘 경쟁자들과 경쟁하면서, 수년 동안 커다란 장애물을 극복하며 참아왔던 장애물과 끈기의 산물이 바로 시장 지배력이다."

 텔리스와 골더의 이 같은 설명은 K-배터리에 아주 잘 부합한다. 그들은 훨씬 더 좋은 조건을 갖춘 일본의 경쟁자들과 경쟁하며 장애물과 끊임없이 씨름했다. LG화학은 2005년 배터리 화재에 따른 리콜 사태로 공장 문을 두 달 동안 걸어 잠갔고, 삼성SDI는 2016년 갤럭시노트7 발화 사고 이후 전량 리콜을 실시하고 모델 자체를 단종하기도 했다. 이런 난관을 10년, 20년 동안 참아낸 끈기의 산물이 바로 시장 지배력이다.

구본무 회장은 이차전지 사업에서 대규모 적자가 누적되어 사업에서 철수하자는 경영진의 건의에도 "우리의 미래가 여기에 있으니 끈기 있게 해야 한다. 포기하면 안 된다. 연구 개발에 더 투자하라"고 독려했다.[10] LG화학에서는 휴대 기기용 소형 전지 사업은 살리되 자동차 전지 사업은 접는 것도 심각하게 검토했으나, 구 회장이 이 사업을 계속하도록 독려했다. LG화학이 전기차 배터리에서 의미 있는 흑자를 낸 것은 2020년이 되어서다. 배터리를 양산하기 시작한 해로부터 21년, 전기차 배터리를 양산한 해로부터는 9년이 지난 뒤였다.

리콜을 딛고 일어선 K-배터리

그러나 흑자를 내고 얼마 뒤 LG화학은 또 한 번 큰 시련을 맞는다. 2021년을 전후해 여러 고객사로부터 동시에 대규모 리콜을 당하게 된 것이다. GM의 순수 전기차 볼트, 현대차의 코나 전기차, 여러 지역의 ESS 등 리콜 비용이 4조 원 가까이 되었다.[11] 품질이 완전히 안정화되기 전에 많은 주문을 받아 대규모로 생산을 한 것이 문제가 되었다.

리콜 사태는 LG화학에 두 가지 측면에서 큰 위협이 되었다. 우선 당시 LG화학은 전기차용 배터리를 생산하던 전지사업본부를 물적분할해 새로운 자회사, 즉 지금의 LG에너지솔루션으로 상장하는 것을 추진하고 있었는데 이를 포기해야 하는 게 아닌가 하는 고민을 안겨줬다. 권영수 전 LG에너지솔루션 부회장은 "당시 내 마음은 반반이었다"고 말했다.[12] 다행히 LG에너지솔루션은 예정대로 상장을 추진해 큰 성공을 거두었다.

두 번째는 고객과의 관계, 특히 GM과의 관계였다. GM은 자사 최초의 전기차 모델에 LG의 배터리를 쓰기로 함으로써 오늘의 LG에너지솔루션을 만들어준 은인 같은 회사다. 그런데 리콜 문제가 발생하면서 신뢰 관계에 금이 간 것이다. 리콜을 하게 되면 책임 소재를 두고 논란이 벌어지게 마련이다. 전기차에 화재가 난다고 해서 모두 배터리의 책임이라고는 할 수 없다. 그런데 완성차 회사가 갑의 입장이다 보니 모든 문제를 배터리 때문이라고 몰아붙이기 쉽다. LG에너지솔루션은 큰 고민에 빠졌다. 아무리 그래도 고객인데 우리가 참고 물러서야 하나, 아니면 아무리 고객이지만 할 말은 해야 하나. 결론은 후자였다. 권영수는 당시를 이렇게 회고했다.

"다들 걱정을 많이 했죠. 이러다가 GM하고 완전히 끝나는 것 아니냐면서요. 그때 제가 그랬어요. '우리가 애플하고도 리콜 문제로 싸워봤는데 좋은 기업은 정정당당하게 맞서는 상대를 결국 존중하더라. 두려워하지 말고 정정당당하게 하자.' 그래서 강하게 나갔는데 물론 그 결정이 쉽지는 않았지요."

2022년 권영수는 메리 바라 GM 회장과 두 번의 담판을 지었다. 바라 회장이 전용기로 한국에 오후 5시에 도착해 저녁 식사를 같이 하고 다시 미팅을 한 뒤 4시간 만에 돌아간 적도 있었다. 그 정도로 긴박하고 다급한 순간이었다. LG는 이 담판으로 리콜 금액을 GM의 당초 주장보다 줄일 수 있었고 이후에도 GM과 좋은 관계를 계속 유지했다. LG의 여러 리콜 사례는 배터리 사업의 승자가 되기 위한 가장 중요한 조건 중 하나가 끈기라는 것을 잘 보여준다.

한편 일본 배터리의 쇠락 역시 끈기의 차이로 설명할 수 있다. K-배터리는 여러 번의 리콜을 딛고 일어섰지만 일본 배터리는 그러지 않았다. 소형 이차전지 사업에서 부동의 1위였던 소니가 이 사업을 접은 가장 큰 이유 중 하나는, 2006년 노트북 폭발 사고에 따른 대규모 리콜 사태였다. 당시 소니는 전 세계에서 800만 개가 넘는 배터리를 리콜했고 브랜드 신뢰도가 심각한 타격을 입었다. 이후 소니는 이차전지 사업을 무라타제작소에 넘겼다.

산요는 글로벌 금융 위기로 경영난에 빠지자 배터리 사업을 접고 파나소닉에 매각했다. 익명을 요구한 배터리 업계 고위 관계자는 "파나소닉에 비해 산요가 훨씬 까다로운 상대였다"며 "산요가 파나소닉을 인수했다면 훨씬 위협적이었을 것"이라고 말하기도 했다.

다시 K-배터리로 눈을 돌려보자. 에코프로는 2003년 제일모직의 권유로 이차전지 사업에 뛰어들었는데, 2014년이 되어서야 비로소 의미 있는 흑자를 냈다. 그 전까지는 기존의 환경 사업에서 번 돈으로 이차전지 사업에서 발생하는 적자를 메워야 했다. 포스코 역시 이차전지 핵심 원재료인 리튬 광권을 확보하고 독자적인 리튬 추출 기술을 확보하기까지, 볼리비아와 칠레, 아르헨티나에서 수많은 시행착오를 겪고 비싼 수업료를 물어야 했다.

문제는 K-배터리의 앞길에 더 큰 시련이 기다리고 있고, 더 큰 끈기가 요구된다는 점이다. 홍영준은 "2027년까지 배터리 업체와 배터리 소재 업체 중 절반은 망할 것이며, 그 시작은 중국일 것"이라고 말했다.

"디스플레이 때도 그랬지만 중국 정부가 전기차와 배터리 보조금을 중단했으니 도산하는 업체들이 수두룩할 겁니다. 많은 업체가 2년을 넘기지 못할 거예요. 중국 정부는 그러고도 살아남는 업체들을 흡수합병시킬 겁니다. 사실 중국 시장이 그렇게 정리되어야 질서가 잡히고 가격이 안정돼요. 한국 업체들은 그때까지 계속 투자하면서 버텨야 합니다. 버티지 못하고 규모나 연구 개발에서 뒤떨어지면 같이 나가떨어질 수도 있어요."

K-배터리 업체들이 이차전지 사업에 첫발을 디딜 당시, 일본 업체들은 이미 주요 기술을 개발해 특허를 선점하고 있었다. 그러나 LG화학은 2004년 12월에 개발에 성공한 SRS 기술을 기점으로 전기차 배터리 분야에서 블록버스터급 기술을 쏟아냈다. LG가 자랑하는 기술로는 앞서 언급한 SRS 외에도 파우치형 배터리 셀 안에 전극을 쌓아 올리는 방법과 관련된 라미네이션 앤드 스태킹 기술, 배터리를 전기차에 걸맞게 고용량으로 만드는 기술(NCM 523·NCM 622·NCM 811)이 있다. 각기 수백 건의 관련 특허가 이어진 시장 선도형 기술들이다.

LG는 이런 기술들을 기반으로 2009년 GM의 전기차에 배터리를 공급했고 다른 글로벌 자동차 메이커들과도 잇따라 인연을 맺었는데, 이것이 다시 기술 개발을 촉진하는 계기가 되었다. 다음은 이한선 LG에너지솔루션 특허센터장의 말이다.

"전기차용 배터리는 표준화된 것이 아니라 모델마다 설계가 다릅니다. 다양한 고객사를 확보하면서 그들의 요구에 맞는 제품을 내놓기 위해 연구 개발에 더 많이 투자하고, 새로운 기술을 내놓고 특허도 출원하게 되었죠. 그러면 이것이 발판이 되어 또다시 새로운 고객을 확보했고요. 이런 선순환 사이클을 그리면서 저희가 업계 트렌드를 이끄는 기술은 거의 선점했다고 자부합니다."

기업이 부단히 혁신하기 위해서는 일단 좋은 인재가 있어야 한다. 하지만 그것만으로는 충분하지 않다. 인재들에게 독립성과 자유, 재정 지원을 보장하는 환경이 필요하다. 그런 분위기를 조성하는 데 방해되는 것은 관료주의, 그리고 현재의 제품과 고객에만 매달리는 태도다.[13] LG화학이 자랑하는 SRS 기술 개발에 주도적 역할을 했던 이상영 연세대 교수는 그 기술을 개발할 수 있었던 데는 당시 LG화학의 R&D 조직 문화가 큰 역할을 했다고 설명한다.

"제가 2~3년간 시행착오를 하고 헤맸는데도 윗분들은 참고 기다려주셨습니다. 당시 기업 부설 연구소의 풍토는 항상 '일본 기술 있어?' 혹은 '미국 기술 있어?'라고 묻고, 있다고 해야 '그럼 한번 해봐'라고 하던 시절입니다. 그런 시절에 제가 세상에 없던 것을 만들어보겠다는데 믿고 맡겨준 것 아닙니까. 당시에는 당연하다고 생각했는데 지금 생각해보면 대단한 겁니다. 그 시간이 다 돈인데 말이지요. 그게 LG화학의 힘이었던 것 같습니다."

한편 포스코는 배터리의 주원료인 리튬을 확보하기 위한 수단으로 리튬 추출 기술을 개발했다. 전 세계적으로 자원 민족주의가 강화되기에 염호나 광산의 소유권을 얻기 위해서는 협상 카드로 리튬 기술이 필요했기 때문이다.

포스코는 '남들과 똑같은 기술로는 경쟁에서 이길 수 없다. 우리 고유의 기술을 개발해보자'는 생각으로 매달렸고, 그 결과 확보한 것이 앞에서 살펴본 포스코형 리튬 추출 기술이다. 권오준 전 포스코그룹 회장은 이 기술에 대해 "독자적인 것이고 어디서도 침범하지 못하는, 10년 정도는 앞선 기술"이라고 자부했다.[14]

면도기 시장에서 지속적인 마켓 리더로 자리 잡은 질레트는 10년 주기로 새로운 면도기와 면도날을 선보임으로써 오래된 자사 제품을 스스로 시장에서 몰아냈다. 이처럼 시장 지배자가 되려면 심지어 자사의 기존 제품을 '자기 잠식cannibalization'하는 혁신도 받아들일 수 있어야 한다.

토요타가 전고체 개발에 목숨 거는 이유

하지만 토요타는 달랐다. 토요타는 1997년 하이브리드 모델 프리우스를 출시하며 자동차 시장에 변화의 바람을 불러일으켰고, 2024년 현재도 폭스바겐그룹과 1, 2위를 다투며 세계에서 가장 많은 차를 판매한다. 그러다 보니 토요타는 순수 전기차를 출시해 하이브리드 자동차에서 자사가 거둔 거대한 성과를 자기 잠식할 의지가 없었다.

토요타는 뒤늦게 순수 전기차 시장에 뛰어들었으나 구색 맞추기에 불과했다. 토요타는 2023년 한 해 동안 1,100만 대가 넘는 자동차를 팔아 세계 신차 판매량 1위를 기록했으나 순수 전기차의 비중은 0.2%에 불과하다. 신차 판매량 세계 1위라는 타이틀이 무색하게 불과 2만 2,300대의 전기차를 고객에게 인도하는 데 그쳐 세계 전기차 판매 순위는 29위를 기록했다.

토요타는 자동차 세상을 하이브리드 세상으로 바꾸려는 꿈을 한 번도 버린 적이 없으며 지금도 그렇게 보인다. 2023년 4월, 토요타의 창업자 4세이며 14년간 재임한 토요다 아키오가 사장에서 물러나고 53세의 사토 고지가 취임했다. 그는 "EV(전기차) 퍼스트'라는 발상으로 사업의 방식을 크게 바꿀 필요가 있다"고 말하고, 2026년까지 신규 전기차 모델 10종을 출시해 연간 150만 대의 전기차를 판매하겠다고 밝혔다. 시장에선 토요타가 드디어 하이브리드와 '헤어질 결심'을 한 것 아니냐는 분석이 나오기도 했다.

그러나 CEO에서 물러나 회장이 된 토요다 아키오의 말을 들어보면 토요타의 진심은 변하지 않은 것 같다. 그는 2023년 10월 "세상은 마침내 실상을 깨닫고 있다"며 전기차의 한계를 지적했다. "전기차가 탄소 중립의 유일한 해결책이라고 보지 않는다. 하이브리드와 플러그인 하이브리드 차가 탄소 중립 달성을 위한 가장 현실적인 수단이라고 판단한다"고 말한 것이다.

여기에 2023년의 놀라운 실적은 토요타의 하이브리드 세상에 대한 애착을 더 강화할 수 있다. 토요타는 2024년 3월에 끝나는 2023년 회계연도 연결 순이익 전망치가 전년보다 80% 증가한 4조 9,000억 엔이라고 밝혔다. 전기차 성장세가 둔화되는 가운데 하이브리드 카가 대안으로 주목받으며 토요타의 하이브리드 카는 전년보다 31% 많은 342만 대가 팔렸다.

토요타의 전기차 전환 계획의 진정성은 의심받고 있다. 또 토요타가 진심이라 하더라도 순수 전기차 시장에서 다른 자동차 제조사들을 역전할 가능성은 매우 낮다는 분석이 지배적이다. 토요타가 차세대 배터리 기술로 꼽히는 전고체 전지 개발을 부르짖는 것은 이런 한계를 깨닫고 넥스트 라운드에 대비하기 위한 포석이거나 전고체를 꿈의 배터리라고 포장함으로써 기존 전기차 시장에서의 열세를 덮기 위한 정치적 포석이라는 분석이 있다.

홍정기 전 LG경영연구원 수석연구위원은 이렇게 말했다.

"지금 일본은 리튬 이온 전지의 경쟁은 끝났다고 보는 겁니다. 이제야 따라가서 역전하기는 힘들고, 설사 가능하다고 해도 수익성을 확보하기 어렵다는 거죠. 그 때문에 이들은 결국 넥스트 라운드에 대비해야 된다고 판단하고 있습니다. 결국은 차세대 전지가 되는 거죠. 토요타, 혼다, 닛산이 모두 전고체 전지 개발을 누구보다 열심히 하는 이유가 여기 있습니다."

전고체 전지는 화재 위험, 충전 시간, 에너지밀도 등 기존 전기차 배터리의 문제를 해결할 수 있는 게임 체인저로 주목받고 있다. 토요타는 전고체 전지 양산에 거의 도달했다고 밝힌 상태다. 한국에서는 삼성SDI가 이 전지 개발에 가장 힘을 기울이고 있다. 노벨 화학상을 수상한 M. 스탠리 위팅엄M. Stanley Whittingham 교수는 "차세대 배터리 혁신에서 확실히 주목받고 있는 영역은 안전"이라며 "차세대 배터리의 핵심은 전고체 기술"이라고 말했다.[15]

그러나 전고체 전지 양산은 50년이 지나도 힘들 것이라고 내다보는 전문가도 있다. 이상영 연세대 교수가 그렇다. 김명환 전 LG에너지솔루션 사장 역시 전고체 전지를 생산할 수는 있겠지만, 경제성을 확보하기 어려워 일부 고가 시장에만 쓰일 것으로 내다봤다. 전고체 전지는 고체 전해질을 써야 하는데 거기에는 값비싼 리튬이 많이 들어가야 한다는 것이다. 선양국 한양대 교수 역시 비슷한 의견을 내놨다.

"전고체 전지를 만들 수는 있겠지만 경제성 있게 대량생산하는 것은 어렵습니다. 시간도 오래 걸릴 거고요. 이런 면을 고려하면 현재의 리튬 이온 전지가 앞으로 20~50년은 더 사용될 겁니다."

그런데 토요타가 하이브리드에서 구축한 철옹성이 오히려 경쟁사들로 하여금 하이브리드를 건너뛰고 전기차로 뛰어들게 하는 계기가 되었다는 점도 역설적이다. 토요타가 하이브리드 기술을 꼭 쥐고 특허도 장악하고 있기 때문에 경쟁사로서는 하이브리드에서는 토요타를 도저히 이길 수 없다고 판단했다는 것이다.

또 하나 흥미로운 사실은, 토요타의 프리우스는 LG화학이 전기차용 배터리 사업에 진출할 당시 영감을 준 자동차였다는 점이다. 김명환은 "2000년에 전기차용 배터리 사업을 시작한 것은 꽤 이른 도전이었는데 하이브리드 카이긴 하지만 토요타의 프리우스가 잘 팔리는 것을 보고 용기를 얻었다"고 했다. 그는 "해외 출장을 갈 때면 길가에 하이브리드 카가 돌아다니는지 눈에 불을 켜고 살피곤 했다. 그러다 한 대라도 발견하면 그것을 위안 삼아 개발에 매진했다"고 말했다.[16]

④ 금융 헌신과 자산 레버리지 : 과감하고 적극적인 자원 투입

 텔리스와 골더는 "비전을 실현하기 위해 전 재산을 헌납하거나 외부에서 자금을 모은 회사만이 지속적인 시장 지배자가 될 수 있다"고 했다. 이 묘사는 에코프로에 아주 부합한다. 이동채 에코프로 회장이 공장 부지 구입 대금을 어떻게 마련했는지는 앞서 언급했다. 그는 지인 55명을 호텔에 불러 모은 뒤 사업의 청사진을 이야기하고 투자를 요청했다. 적게는 500만 원부터 많게는 5,000만 원까지 지인들이 십시일반 모아준 11억 5,000만 원을 자본금으로 공장을 세웠다.
 이차전지 양극재 사업에 진출하면서 더 많은 자금이 필요했다. 에코프로 직원들은 사업 초기의 이동채를 지금과는 다른 사람으로 회상한다. 하루 종일 사우나에 가서 어떻게 하면 몇억 원을 구할 수 있을까 고민하던 사람, 어떻게 하면 살아남을 수 있을까만 생각하는 전형적인 중소기업 사장의 모습이었다. 사업이 궤도에 오른 뒤 에코프로는 외부 자금을 적극적으로 끌어들임으로써 자금 수요를 해결했다. 그리고 에코프로와 에코프로비엠, 에코프로머티리얼즈를 차례로 상장하는 데 성공했다.

금융 헌신: '쩐의 전쟁'이 된 배터리 사업

동원할 수 있는 자금력은 금융 헌신에 큰 영향을 미친다. 홍영준에 따르면 자금 규모는 결정적이다.

"디스플레이 사업의 경우 일본이 잘하다가 한국에 주도권을 빼앗겼고, 나중에는 한국이 중국에 주도권을 내줬지요. 이는 결국 동원 가능한 자금 규모의 차이 때문입니다. 일본 기업은 한국 재벌한테 졌고, 한국 재벌은 중국 정부한테 졌다고 볼 수 있습니다. '게임이 안 된다'는 말이죠."

'쩐의 전쟁'은 한국이 일본으로부터 배터리 패권을 가져온 이유를 설명하는 데도 설득력이 있다. 한국 재벌들은 공격적이었다. 지금은 돈이 안 되더라도 앞을 내다보고 투자해놓고 수익성은 그다음에 생각하는 식이었다. 예를 들어 LG화학은 기존 석유화학에서 번 돈을 이차전지에 계속 쏟아부었다. LG화학은 또 다른 신사업인 생명과학 사업도 배터리와 비슷한 시기에 시작했기에 집안에 돈

먹는 하마가 두 마리 있는 셈이었다. 자금력에 한계를 느낀 LG화학은 결국 하마 한 마리를 내보내기로 결정한다. 2002년 생명과학 사업을 분사해 LG생명과학을 창립한 것이다. 만일 당시 생명과학을 분사하지 않고 여전히 LG화학 안에 두고 지원했다면 신약 한두 개는 더 나오고 LG생명과학 역시 사세가 지금보다 훨씬 성장했을지 모른다. 이차전지는 그만큼 LG그룹에서 특별 대우를 받았다. '회장님 사업'이었기 때문이다.

그러나 LG화학이 대규모 투자를 요하는 전기차 배터리 시장에 진출하면서는 그룹의 지원만으로 해결되지 않았다. 결국 LG화학은 배터리 사업 부분을 떼어내 LG에너지솔루션으로 물적 분할하고, 2022년 1월 증권시장에 상장해 12조 7,500억 원에 이르는 대규모 자본을 조달했다. 국내 기업공개 사상 최대 규모였다. LG는 이렇게 마련한 자금으로 미국, 유럽, 중국 등 주요 글로벌 시장에서 생산 기지를 확대하는 한편, 차세대 배터리 기술 개발에 박차를 가할 수 있었다. 홍정기 전 LG경영연구원 수석연구위원의 설명을 들어보자.

"'전기차 시대가 도래한다', '배터리가 유망하다'라고 하는 타이밍에 상장한 거예요. 이게 대박을 터뜨려서 대규모 자본을 조달할 수 있었어요. 물론 LG화학이 배터리 전문 기업이라는 정체성이 확립되었기에 가능했겠죠."

당시 LG에너지솔루션의 상장 시기가 6개월만 지연됐어도 LG그룹 전체가 휘청거릴 뻔했다는 이야기가 나왔다.

K-배터리 3사의 자본 투입은 2023년을 전후해 전례 없는 규모의 북미 투자로 최고조에 달했다. 국내 이차전지 및 소재 업체가 북미에 투자할 것으로 예정된 금액이 512억 달러(약 70조 원)에 이른다. 막대한 자금 확보는 국내 굴지의 재벌에게도 결코 쉽지 않은 일이었다.

2023년 11월 SK온의 서산3공장 공사가 돌연 중단되었다. 현대건설은 이날 SK온으로부터 공사 중지 공문을 받았다. SK온은 공사비가 많이 올라 이사회에서 승인받은 금액이 초과되었기 때문이라고 해명했다. 대기업이 조 단위 공사를 진행하면서 예산 문제를 이유로 공사를 중단한다는 것은 이례적인 일이었다. 6일 만에 공사가 재개되긴 했지만, 이 해프닝은 포커판의 '올인'을 연상시킬 만큼 대규모 투자를 벌이는 한국 배터리 기업들의 자금 사정이 얼마나 살얼음판을 걷는지 보여줬다.

2024년 5월, SK그룹이 SK온 지원을 위해 SKIET를 포함해 계열사 매각을 추진한다는 뉴스가 나왔다. SKIET는 SK-배터리 기술의 핵심 중 하나인 분리막을 생산하는 회사다. 한 달 뒤인 6월에는 SK온의 모회사인 SK이노베이션과 SK E&S의 합병을 추진한다는 뉴스가 나왔다. SK E&S는 천연가스 발전을 주업으로 하며 안정적인 이익을 내는 회사다. 두 거대 회사를 합병하기로 한 가장 큰 이유는 SK그룹의 캐시카우 역할을 하는 SK E&S를 통해 SK온 배터리 사업에 자금을 대주기 위한 것으로 보인다. 과거에 LG화학이 석유화학 사업에서 번 돈을 배터리 사업에 쏟아부은 것을 연상시킨다.

도대체 어느 정도 돈이 필요하기에 그런 걸까? SK온은 포드와 배터리 생산을 위한 합작 법인을 설립한 뒤 미국 켄터키주와 테네시주에 합작 공장을 짓고 있는데, 총 투자 금액이 15조 원에 이른다. SK온은 현대차그룹과도 조지아주에 7조 8,000억 원을 들여 공장을 짓고 있고, 중국 옌청 공장과 충남 서산 공장 증설에 5조 원이 넘는 돈이 들어간다. 게다가 SK온은 기존 파우치형 배터리 외에 원통형과 각형 배터리를 개발하고 있어 연구 개발 비용도 필요하다.[17] 이 회사는 2024년에만 7조 5,000억 원을 투자할 예정이다. 그런데 2023년 SK온의 영업 수지는 5,818억 원의 적자를 기록했고 2024년 상반기에도 7,000억 원의 적자가 예상되었다. 적자 상태에서 그 정도 규모의 자금을 쏟아붓는 것을 보면 '헌신'이란 표현이 딱 들어맞는다.

2023년 6월, SK온에 낭보가 날아들었다. SK온과 포드의 합작사인 블루오벌SK가 미국 에너지부에서 최대 92억 달러(약 11조 8,000억 원) 규모의 정책 자금 차입 조건부 승인을 획득한 것이다. 이 돈은 미국 켄터키 1, 2 공장과 테네시 등 총 3개 공장 건설에 쓰이게 된다. 그러나 이 돈은 2024년 하반기에나 집행될 예정으로 알려져 그 전까지는 자금 조달에 계속 신경 써야 할 형편이다. SK온은 미국 합작 파트너인 현대차그룹에서도 2조 원을 빌리기로 했다. 자금 조달은 2024년 SK온이 마주한 가장 큰 숙제 중 하나다.

사운을 걸었다고 해도 지나치지 않을 K-배터리 3사의 북미 투자 성공 여부를 지금 시점에서 판단하기는 이르다. 하지만 이렇게까지 공격적으로 나서는 배경을 이해할 필요가 있다. 홍정기의 설명이다.

"배터리 사업은 어떤 점에서 치킨 게임과 비슷해요. 중국의 CATL이나 BYD 같은 경쟁자들은 정말 미친 듯이 투자하거든요. 이런 사업은 규모가 뒷받침되지 않으면 우위를 점할 수 없고 계속 밀릴 수밖에 없어요. 이런 면에서 사실 북미 투자는 K-배터리 업체들이 모험한 측면이 있어요. 또 주요 수요자인 미국의 자동차 업체들이 투자해달라고 할 때 투자하지 않으면 경쟁자들이 투자해서 시장을 빼앗아 갈 수 있죠. 조금 힘들더라도 지금 그 시장을 잡아야 하고 그렇지 않으면 경쟁에서 도태될 수 있다는 위기감이 있었습니다."

배터리 사업의 승부는 어쩌면 이제 본격적으로 시작되었다고 볼 수 있다. 권영수는 이 상황을 이렇게 표현한다.

"배터리 사업은 마라톤 42.195km 코스에서 이제 4km 정도 뛴 셈입니다."[18]

과감하게 투입한 자산 레버리지

대기업이 신사업을 벌일 경우 기존 사업의 자산을 활용할 수 있다는 이점이 있다. 이미 확립된 브랜드와 인재, 제품, 유통망 등이 좋은 예다. 한국 재벌의 지배 구조에 대한 논란이 많지만, 최소한 자산 레버리지asset leverage*를 통해 시장 지배력을 확보하는 과정에는 큰 메리트를 부여한다. 해당 기업의 기존 사업, 혹은 계열사의 자금을 동원할 수 있다는 점에서 그렇고, 이차전지 산업처럼 장기간의 지속적 투자가 필요한 산업에서는 더더욱 그렇다. 또 삼성이나 LG 같은 그룹 브랜드가 소비자에게 신뢰감을 심어준다는 점도 큰 힘이 된다.

그러나 자산 레버리지는 결코 쉬운 결정은 아니다. 신제품 부문이 오래된 부문을 위협하는 것처럼 보이기 때문이다.[19] 애초에 럭키금속에서 시작된 이차전지 사업을 넘겨받은 LG화학에서 이 사업은 오랫동안 '애물단지' 혹은 '돈 먹는 하마' 취급을 받았다.

"LG화학에서는 기존 석유화학에서 번 돈으로 이차전지를 지원했습니다. 적자가 나도 계속 밀어줬지요. 그 때문에 부임하는 CEO들마다 '이렇게 적자가 심한 것을 왜 해야 하나'라면서 반대했지만 구본무 회장님이 계속 밀어주라고 하셨습니다."[20]

예전보다 훨씬 대규모 투자가 필요한 전기차 배터리 시장에 진출하면서부터는 그룹 내에서 반대가 더욱 심해졌다. 2005년에 이차전지 사업에서 2,000억 원 정도 적자가 나자, LG화학 CEO들은 구본무 회장에게 "배터리는 화학 회사가 할 사업이 아니다", "리튬

---

* 기업이 기존에 보유한 자산을 활용해 자본을 늘리거나 투자를 확대하는 전략.

이온 배터리는 사업성이 없다"라며 사업을 포기하길 건의했다. 그러나 LG는 새로운 부문에서 기반을 잡기 위해 현재 자산을 기꺼이 레버리지했다.

브랜드 자산을 레버리지하는 것 역시 쉬운 결정이 아니다. 배터리에서 발생한 잦은 화재와 리콜 사태는 브랜드라는 '신뢰의 자산'에 큰 영향을 줄 수 있다. 2003년 삼성SDI의 배터리가 장착된 HP 노트북과 애니콜 휴대전화에서 잇따라 안전사고가 발생하자 삼성 그룹이 발칵 뒤집혔다. 이제 막 시작한 사업, 수익도 못 내는 소규모 사업 하나가 삼성이 그간 글로벌 기업으로 쌓아온 명성에 먹칠을 하고 애니콜 신화를 만든 삼성 휴대전화 이미지를 훼손한다는 비난이 삼성SDI에 쏟아졌다. 삼성은 2016년 갤럭시노트7의 연쇄 폭발 사고와 생산 중단 결정으로 또 한 번 자부심에 큰 상처를 입었다.

한편 LG화학이 이차전지 사업 부문을 독립시켜 LG에너지솔루션으로 물적 분할하기로 한 결정에는 브랜드 자산에 대한 고려도 작용했다.

"만약 배터리에 화재 사고가 크게 터진다든지 해서 엄청난 클레임이 들어온다면 LG화학 자체가 흔들릴 수도 있다는 리스크도 고려했어요. 20년 이상 지원했는데 이제는 배터리 사업이 어느 정도 혼자 걸을 수 있으리라고 판단해 분사하도록 한 것이죠."[21]

에필로그

K-배터리가 지닌
맷집을 기대하며

K-배터리를 다룬 책을 쓴다고 하자 지인들이 입을 모아 하는 질문 중 하나는 "K-배터리가 어떻게 될 것 같은가?"였다. "주가가 다시 오를 가능성이 있는가?" 묻기도 했다. 솔직히 말하면 나는 그런 질문에 대답할 자신이 없다. 나는 배터리 전문가가 아니다. 또 이 책은 K-배터리에 대한 연구서나 분석 보고서가 아니라 K-배터리가 밟아온 자취를 조망한 책이다.

사실 K-배터리의 미래는 내가 만난 여러 배터리 업계 전현직 CEO나 이 분야의 정상급 연구자, 기술자, 산업 분석가도 알지 못할 것이다. 그만큼 미래는 예측하기 힘들거나 예측이 애당초 불가능한 여러 요인에 의존하기 때문이다.

아무리 뛰어난 리더라고 해도 중요한 의사 결정 앞에서 "확실한

가?"라는 질문을 받고 자신 있게 "예"라고 말할 수 있는 사람은 없다. 모든 정보를 100% 손에 넣은 뒤 결정한다면 그 결정은 의미 없을 것이다. 너무 뒤늦은 결정일 테니 말이다. 그럼에도 리더는 입수 가능한 정보를 바탕으로 세계가 나아가는 방향에 대해 최상급의 명확한 관점을 가져야 한다.[1]

K-배터리를 이끌어온 리더들이 갖고 있으며 나 역시 동의하는 세계관은, 녹색 전환이라는 이 거대한 트렌드가 결코 꺾이지 않을 것이라는 사실이다. 이차전지와 전기차는 그 메가 트렌드와 떼려야 뗄 수 없는 관계에 있으며 성장세가 가끔 둔화되는 일은 있어도 성장은 계속될 것이다.

기술 전환기에 사람들은 혼란에 빠지고 때로는 미래 기술을 평가절하하기 마련이다. 오늘날 내연기관 자동차와 전기차의 관계는 과거 마차의 시대에 자동차가 처음 등장한 때와 비슷하다. 사람들은 '마차와 말이 충분히 효율적인데 왜 새로운 이동 수단이 필요할까?'라고 생각했다. 자동차는 당시 기준으로는 신뢰성이 떨어지는 수단이었고 많은 이들은 일시적인 유행으로 여겼다. 또 자동차는 초기에는 고가인 데다 도로 환경과 인프라도 부족해 널리 보급되기에는 여러 제약이 있었다. 하지만 몇몇 혁신가와 기업가는 이 새로운 기술이 가져올 가능성을 보았다. 그들은 자동차가 사람들의 생활 방식을 근본적으로 변화시킬 수 있음을 깨달았다.

리튬 이온 전지 발명자 중 한 사람으로 노벨 화학상을 받은 요시노 아키라 박사는 IT 혁명 다음의 변혁은 환경과 에너지 분야에서 일어나고 있다면서 이를 'ET_{Energy Technology} 혁명'이라고 일컬었다. 그리고 ET 혁명과 함께 사라져갈 세 가지로 백열전등, 교류 전송, 마지막으로 내연기관 자동차를 꼽았다.[2]

그는 내연기관 자동차 불멸론을 주장하는 사람들을 보면 IT 혁명 시대의 필름 사진 불멸론이 연상된다고도 했다. 필름 사진을 의미 없게 만든 결정타는 스마트폰이었다. 요시노 박사는 인공지능 자율주행 차가 내연기관 자동차를 사라지게 하는 결정타가 될 것이며, 2030년 이전에 그 시기가 도래할 것이라고 내다봤다.

앞으로 자동차는 움직이는 컴퓨터, 다시 말해 스마트 카가 될 것이다. 현재의 자동차가 피처폰이라면 미래의 자동차는 스마트폰이다. 인공지능 자율주행 차는 고도의 컴퓨팅 파워가 필요하고, 이를 위해 대량의 전력을 안정적으로 공급해야 한다. 대용량 배터리를 장착한 전기차는 이에 적합하다. 내연기관 자동차의 자체 발전기로는 턱없이 부족하다. 다시 말해 컴퓨팅을 하려면 엔진이 아니라 배터리가 필요하다.

오늘날 배터리 산업에서는 주로 중국이 주도하는 치열한 가격 경쟁이 벌어지고 있다. 그것은 K-배터리를 옭아매는 족쇄가 되겠지만, '가성비' 경쟁에서 이기기 위한 분투는 결국 배터리 가격을 떨어뜨리고, 이는 전기차와 내연기관 자동차의 가격 등가_{parity}를 가져와 전기차의 대중 시장 진입을 재촉할 것으로 보인다.

불확실한 미래가 새로운 기회를 부른다

앞을 내다보기 위해서는 때로 뒤돌아봐야 한다. 불확실한 미래에 두려움을 느낄 때 인류는 역사를 파헤쳐 지금껏 어떻게 성공을 거두었는지 알아냈고, 거기서 얻은 핵심 교훈을 새로운 기회를 여는 데 활용했다. 이 책은 K-배터리 리더들이 몸소 체험한 교훈으로 가득하다. 그들은 배터리라는 미지의 바다에 기꺼이 뛰어들었다. 두려움을 느끼지 않았다면 거짓말일 것이다. 하지만 그들은 공포에 지배당하지 않았다. 담대한 결정을 내리고 폭풍우가 몰아치는 가운데서도 항로를 지켰다. 그들이 공포에 지배당하지 않을 수 있었던 것은 남들이 보지 못하는 것을 보았고, '숏을 하지 않으면 기회를 놓친다'는 것을 직감했기 때문이다. LG에너지솔루션과 삼성SDI, SK온의 사례는 이를 잘 보여준다.

뛰어난 리더는 큰 성취를 이루고 모든 것이 순조로울 때 오히려 위기를 느낀다. 편안한 처지에 있을 때 위험할 때의 일을 미리 생각하고 대비한다. 지금은 누구도 필요하다고 생각하지 않지만, 10년 후에는 꼭 필요할 만한 일을 반대를 무릅쓰고 벌인다. 포스코와 엘앤에프, 에코프로의 사례가 대표적이다.

고 이나모리 가즈오 교세라 회장은 "신이 손을 뻗어 도와주고 싶을 정도로 일에 전념하면 반드시 신이 손을 내밀 것"이라고 했다. 선양국, 이상영, 김주영 같은 연구자의 사례는 일에 몰두하고 마음이 간절하다면 생각지 않은 곳에서 돌파구가 열린다는 것이 성공적인 연구 개발의 '원형'에 가깝다는 것을 느끼게 한다.

K-배터리의 미래에서 전기차의 성장세 둔화보다 더욱 두려운 것은 중국과의 경쟁이다. 시장경제에서는 장기적으로 가격이 승부를 결정하기 마련이다. 낙차가 큰 물길을 되돌리기 어려운 것처럼, 가격 격차가 크다면 그것을 막기 힘들다. 미국이나 유럽이 중국 전기차와 배터리를 막기 위해 어떤 규제를 펴든 간에 가격이 싼 제품은 어떻게든 우회로를 찾기 마련이다.

그러나 나는 "배터리는 화재가 나는 위험한 물건이고, 바로 거기에 K-배터리의 기회가 있다"라는 권영수 전 LG에너지솔루션 부회장의 말에 공감한다. 사람들은 그렇게 위험한 물건을 단지 값이 싸다는 이유만으로 구매하지 않는다. K-배터리가 조금 비싸더라도 품질이 좋고 믿을 수 있다고 생각하면 살 것이다. 이런 이유로 K-배터리가 몇십 퍼센트의 영업 이익률을 기록하고 대박을 터뜨리기는 힘들겠지만, LCD나 태양광처럼 쉽게 무너지지는 않을 것이다.

존 F. 케네디는 "위기를 한자로 적으면 두 글자인데, 하나는 위험이고 다른 하나는 기회"라고 말했다. 전 세계적으로 환경 규제가 강화되는 상황은 사업하기 한층 까다롭게 만들겠지만, K-배터리에는 다시 없을 기회가 될 것으로 보인다. 중국 배터리가 저가 경쟁력을 갖출 수 있는 것은 환경이나 노동에 대한 규제나 고려가 부족한 데도 기인한다. K-배터리는 서구 세계의 탄소 중립과 에너지 전환에서 신뢰할 수 있는 전략적 파트너임을 보여주고 어필해야 한다.

K-배터리의 미래를 낙관하는 가장 큰 이유는 K-배터리 종사자들의 눈빛에 있다. 나는 그간 여러 기업에서 강연을 하면서 그 기업의 미래를 종사자들의 눈빛을 통해 어느 정도 예측할 수 있다고 생각해왔다. 이 책을 쓰면서 만난 K-배터리 리더와 종사자들의 눈빛은 형형하게 살아 있었다. 거기에는 어떤 일도 돌파할 수 있다는 자신감과 미지의 일에 위축되지 않고 기꺼이 도전해보려는 도전 정신이 담겨 있었다. 또 한번 물면 놓지 않겠다는 집요함과 철저함도 읽을 수 있었다. 현상을 임기응변으로 모면하려는 안이함은 조금도 찾아볼 수 없었다.

이러한 정신은 다름 아닌 그들의 경험에서 비롯되었다고 본다. K-배터리는 따라잡기로 출세한 벼락부자가 아니다. 그들은 연구실과 파일럿 공장에서 수많은 시행착오를 통해 새로운 기술을 개발했고, 까다롭기 짝이 없는 글로벌 자동차 제조사들을 고객으로 확보해 파트너 관계를 유지해왔다. 그 과정에서 그들이 갖게 된 '맷집'에 주목한다. 화재를 동반한다는 점 때문에 더욱 관심의 초점이 된 수많은 리콜 사태, 여기서 비롯된 수조 원의 리콜 비용, 해외 법정에서의 소송 등 회사의 존폐를 좌우할 수도 있는 카운터펀치를 맞으면서도 그들은 버티고 살아남았다.

복싱 경기에서는 보통 1분에 20~30회 펀치를 주고받는다. 아무리 훌륭한 선수라도 상대의 모든 펀치를 피할 수는 없다. 경기에 승리하기 위해서는 공격당하더라도 쓰러지지 않고 버티는 맷집이 가장 중요하다. 맷집에서는 한국이 중국에 비해 우위에 있다고 본다. 중국 배터리는 오늘이 있기까지 정부의 보호막이 큰 역할을 했지만, K-배터리는 맨몸으로 싸워왔다.

K-배터리가 전례 없는 어려움에 빠져있음에도 불구하고 이 책을 쓴 것은, K-배터리가 오늘에 이르기까지의 과정이 잊히지 않기를 바라기 때문이다. 뭔가 새로운 것을 시작하려는 사람들이 이 책을 읽고 "그래, 나도 한번 해보자"라는 생각을 갖게 된다면 더 바랄 나위가 없겠다.

마지막으로 이 책을 쓰는 동안 느꼈던 소회를 덧붙이고 싶다. 이 책을 쓰는 모든 순간이 행복했다고 말할 수는 없다. 좌절감을 느끼거나 고통스러웠던 순간도 적지 않았다. 암호문 같은 배터리 기술 용어가 출구 없는 미로처럼 느껴질 때나 꼭 만나고 싶은 인터뷰 대상이 갖은 노력에도 섭외되지 않는 경우가 그랬다. 팩트를 확인하기 어려운 경우나, 채집한 팩트가 고장 난 레고 블록처럼 잘 들어맞지 않는 경우도 그랬다.

그러나 이 책이 없었다면 내가 보낸 시간은 더 힘들었을 것이다. 내가 삶에 대한 원초적 질문으로 어두운 숲속을 헤맬 때 이 책이 내 두 손을 잡고 힘을 북돋아 주었듯, 누군가에게도 이 책이 그랬으면 좋겠다.

감사의 말

이 책은 많은 분들의 도움이 없었다면 결코 완성될 수 없었다. 몇몇 지인이 물었다. 이 책에 등장하는 인터뷰 대상자들에게 대가를 지급하느냐고 말이다. 대답은 "아니요"다. 어느 한 사람에게도 대가를 지급한 적이 없다. 그분들이 인터뷰 요청에 응한 것은 100% 자발적이었다. 'K-배터리의 역사를 기록하고 싶다'는 이 책의 취지에 공감해주었기 때문이다. 한두 시간은 훌쩍 넘기고 때로는 여러 차례에 걸친 질문 공세에도 그분들은 인내심을 갖고 최대한 성실하게 답변해주었다. 이 자리를 빌려 한 분 한 분에게 깊이 감사드린다. 아울러 지면 사정으로 이 책 앞부분의 '주요 등장인물'에 넣지 못한 분들, 그리고 익명으로 남기를 원한 분들께도 감사하다는 인사를 전하고 싶다.

이 책을 쓰는 데는 인터뷰 대상자를 섭외하는 것이 매우 중요했다. 윤춘성, 조명제, 윤동준 등 세 분은 그 일에 가장 큰 도움을 주었다. 조명제는 이 책을 쓰려고 마음먹는 데 영감을 주었고 책 집필이 벽에 부딪힐 때마다 격려해주었다. 주요 관계자를 섭외하는 데 도움을 준 허윤에게도 감사한다.

김명환 전 LG에너지솔루션 사장은 여러 차례 인터뷰에 응해준 것은 물론, 이 책의 기술적인 부분을 읽고 감수해주었다. 이동채 전 에코프로 회장은 옥중 인터뷰라는 쉽지 않은 제안에 응해 장문의 답변을 보내주었다. 이경섭 포스코필바라리튬솔루션 대표는 리튬의 세계를 이해하는 것뿐 아니라 포스코그룹의 이차전지 계열사를 현장 취재하는 데 많은 도움을 주었다. 홍정기 전 LG경영연구원 수석연구위원과 박태성 한국 배터리산업협회 상근부회장은 집필 초기에 만났는데, 이들 덕분에 책의 방향을 제대로 잡을 수 있었다.

이재진 웅진씽크빅 전 대표는 이 책을 내려는 뜻에 공감하고 출간을 선뜻 결정해주었다. 김보람 과장과 김예원 편집장, 신동해 본부장은 이 책의 구성에 중요한 의견을 내주었다. 그들은 또 이 책이 지닌 의미를 일깨워주어 간혹 무뎌지려는 집필 의지를 다시 세우게 해주었다.

아내는 초고를 읽고 배우자가 아니면 하지 못할 솔직하고도 귀중한 코멘트를 해주었다. 이 책이 세상에 나오기까지 지지하고 응원해준 모든 분들께 다시 한번 감사의 마음을 전한다.

주

프롤로그

1 광물 가격 하락은 배터리 소재 업체들에 단기적으로 악재다. 광물을 가공해 만드는 배터리 소재의 가격은 광물 가격과 연동되기 때문이다. 또 과거에 높은 가격에 구매한 광물 재고가 현재 떨어진 시장가치에 따라 평가되면 손실이 발생한다.

1장 | 불이 나지 않는 배터리

1 M. 스탠리 위팅엄, 거브랜드 시더, 강기석, 최장욱, 『배터리의 미래』, 이음, 2021.
2 "LG화학, 中 ATL과 배터리 분리막 특허소송 합의… SRS 특허권 인정" / 전자신문, 2019.03.06.
3 선우준, 『배터리 다이제스트(종합판1)』, e퍼플, 2023.
4 그 전에 LG금속이 영국 원자력연구원과 공동으로 연구한 것은 요즘의 전고체 전지와 비슷한 것이어서 상용화 가능성이 거의 없었다. 근 30년이 지난 지금도 전고체 전지가 미래 기술로 꼽히는 것을 생각하면 당시로서는 시대를 너무 앞선 연구를 한 것이다.
5 "LG화학 2차전지 '지옥으로부터의 귀환'" / 동아일보, 2009.10.01.
6 정확히 말하면 시보레 볼트는 순수 전기차가 아니라 플러그인 하이브리드로 엔진과 배터리, 그리고 전기모터를 함께 탑재한 차량이다. 볼트는 1회 충전 주행거리인 64km까지는 전기의 힘으로만 달리며 64km를 지난 뒤에야 비로소 엔진이 작동한다. 이때 엔진은 바퀴를 돌리는 데 쓰이지 않고 전기를 생산하는

발전기 역할을 한다. 플러그인 하이브리드이긴 하지만 전기차에 가까운 성격을 띤다고 볼 수 있다.
7 세트 플레처, 『슈퍼 배터리와 전기자동차 이야기』, 한원철 옮김, 성안당, 2020.
8 선양국과의 인터뷰, 2023년.
9 "GM picks S. Korea's LG Chem to make Volt batteries" / The Associated Press, 2009.01.12.
10 "하이브리드카 2차전지 상용화 눈앞" / 동아일보, 2009.10.08.
11 Steve Levine, The Powerhouse: America, China, and the Great Battery War, Penguin Books, 2016.
12 아이미브와 리프는 플러그인 하이브리드가 아니라 엔진이 없는 순수 전기차라는 점에서 볼트와 달랐다.
13 그때까지 토요타의 하이브리드 자동차 프리우스는 전 세계에서 400만 대 가까이 팔렸고 2011년 미국에서만 13만 6,463대가 팔렸다.
14 "백조로 부활한 LG화학 美 홀랜드공장" / 매일경제, 2015.07.02
15 도원빈, 「이차전지 수출 변동 요인과 향후 전개 방향」, 한국무역협회 국제무역통상연구원, Trade Focus 14, 2024.
16 "LG 엔솔 美 공장, 가동 한 달 만에 수율 90% 달성" / 동아일보, 2024.06.05.
17 "AI 힘주는 LG엔솔… 조직 변화부터 스마트팩토리까지" / 뉴스핌, 2024.05.24.
18 "인상 경영 〈74〉 권영수 LG에너지솔루션 대표이사 부회장" / 이코노미조선, 2022.02.14.
19 "구본무 회장 "권영수 사장, LG화학 전지사업 키워달라"" / EBN 산업경제신문, 2011.12.02.
20 LG 고위 관계자와의 인터뷰, 2023년.
21 김명환과의 인터뷰, 2023년.
22 홍정기와의 인터뷰, 2023년.
23 홍영준과의 인터뷰, 2023년.
24 에너지 용량이 크다는 점을 풀어서 이야기한 것이다.
25 한국 배터리산업협회가 제공한 자료.
26 선우준, 앞의 책.
27 LG 고위 관계자와의 인터뷰, 2024년.
28 권영수와의 인터뷰, 2024년.

29 이경섭과의 인터뷰, 2023년.
30 "LG화학, 美 GM에 25조원 규모 양극재 공급" / 조선일보, 2024.02.08.
31 "'현대 전기차, 빅3 배터리 다 쓸 수도'… 이 말에 미래전략 있다" / 중앙일보, 2024.01.17.
32 K-배터리가 확보했다는 1,000조 원 수주 잔고는 그 뒤 20% 이상 줄었을 것으로 업계는 추정한다. 전기차 시장의 성장세가 급격하게 꺾인 상황에서 자동차 제조사들이 약속한 구매 물량을 모두 사주지는 않는다. 계약의 상당 부분이 약속한 물량을 사지 않을 경우 페널티를 물게 되어 있는 이른바 '바인딩(binding)' 계약이긴 하지만, 전부가 그런 것은 아니다.
33 조사 업체인 블룸버그NEF가 추정한 것으로 "What Xi Jinping gets wrong about China's economy" / The Economist, 2024.05.09.에서 재인용.
34 SNE리서치 추정.
35 토요타는 미국 노스캐롤라이나주에 139억 달러를 투자해 전기차용 배터리를 생산하는 공장을 짓고 있다. 이곳에서는 연간 40만 대의 전기차에 공급할 수 있는 물량의 각형 배터리를 생산할 계획이다.
36 LG화학은 LG에너지솔루션을 상장하고 배터리 사업을 분사시킨 뒤에도 양극재를 비롯한 배터리 소재 사업은 계속하고 있다.
37 『삼성SDI 40년사』.
38 삼성SDI에 대한 내용은 『삼성SDI 40년사』를 상당 부분 참고했다.
39 배터리 완전정복 ⑤ 한국은 어떻게 일본을 따돌렸나 / 아시아경제, 2023.09.30.
40 이상영과의 인터뷰, 2023년.
41 시간이 흐르면서 그런 단점을 극복하며 리튬 이온 전지가 니켈 수소 전지를 밀어내고 배터리 시장을 석권했지만, 당시에는 두 기술이 경쟁하고 있었다. 2020년 기준, 세계 이차전지 시장에서 니켈 수소 전지의 점유율은 1.8%, 리튬 이온 전지 점유율은 86.4%였다.
42 『삼성SDI 40년사』.

2장 | 틈새시장의 거인들

1 "신데렐라의 추락" / 매일경제, 2023.05.16.

2 "에코프로 이동채, 올해 주식 재산 4兆 가까이 늘어" / 조선비즈, 2023.10.04.
3 "[배터리 완전 정복]⑩, "中 85% 장악, 전구체 자립 없이 K - 배터리 없다" / 아시아경제, 2023.11.11.
4 이 내용을 포함해 에코프로에 관한 대부분의 서술은 『에코프로 20년사』를 참고했다.
5 에코프로비엠은 주재환과 최문호가 공동 대표이사다.
6 에드 캣멀, 에이미 월러스, 『창의성을 지휘하라』, 윤태경 옮김, 와이즈베리, 2014.
7 니켈을 80% 이상 넣은 NCM 양극재(예를 들어 NCM 811)는 하이니켈 NCA 양극재와 성능과 특성이 거의 비슷하다.
8 LG화학 블로그(https://blog.lgchem.com/2022/04/27_cathode-material).
9 "에코프로, 포항 2차전지 소재 공장에 올해 1조 1,800억 투자" / 한겨레, 2024.03.10.
10 James Morton Turner, *Charged: A History of Batteries and Lessons for a Clean Energy Future*, University of Washington Press, 2022.
11 "배터리 재활용은 100% 친환경일까?" / 비즈워치, 2022.10.13.
12 "에코프로, 세계 첫 양극재 밸류체인 수직계열화… K 배터리 고성장 이끌어" / 전자신문, 2023.09.20.
13 이 말은 이동채 전 에코프로 회장이 송호준 에코프로 대표이사에게 했던 말로, 송호준이 2023년 12월 '공익재단 설립 관련 CEO 메시지'라는 사내 공지문을 통해 직원들에게 전함으로써 알려졌다. 인터뷰의 나머지 부분은 이동채가 서면 인터뷰를 통해 이 책에서 밝힌 내용이다.

3장 | 철강 제국, 리튬을 만나다

1 지분율은 포스코홀딩스가 82%, 필바라가 18%다.
2 지분율은 포스코와 GS에너지가 합작해 세운 포스코GS에코머티리얼즈가 65%, 화유코발트가 35%다.
3 원자에서 전자가 빠져나가면 이온이 된다.
4 세트 플레처, 앞의 책.

5   이상득,『자원을 경영하라』, 김영사, 2011.
6   2021년 미국지질조사국(USGS)은 볼리비아의 리튬 매장량이 전 세계 매장량의 24.4%를 차지한다고 추정했다.
7   세트 플레처, 앞의 책.
8   루카스 베드나르스키,『배터리 전쟁』, 안혜림 옮김, 위즈덤하우스, 2021.
9   2009년 8월 이상득이 대통령 특사로 볼리비아를 방문해 한국광물자원공사-볼리비아 과학위원회-COMIBOL(볼리비아 국영 광업 기업) 간 '리튬광 개발을 위한 공동 연구 MOU'를 체결했다.
10 이상득, 앞의 책.
11 "볼리비아 리튬 개발 출장길서 지켜본 포스코 회장 권오준은" / 주간조선, 2014.01.24.
12 "대통령 친형, 광물공사 헛발질 볼리비아 리튬 개발 공중분해" / 신동아, 2015.08.
13 "MB 자원 외교의 재평가? 포스코 '리튬 대박'이 소환한 MB" / 중앙일보, 2021.03.30.
14 권오준,『철을 보니 세상이 보인다』, 페로타임즈, 2020.
15 "백색 엘도라도, 아르헨티나 리튬공장에 가다 ②해발 4000미터에서 꿈을 캐는 사람들" / 포스코 뉴스룸, 2022.04.15.
16 유성과의 인터뷰, 2023년.
17 권오준과의 인터뷰, 2023년.
18 "포스코, 아르헨티나에 전기차용 리튬 생산공장 짓는다" / 한국경제신문, 2016.02.15.
19 유성과의 인터뷰, 2023년.
20 옴브레 무에르토 염호에서 포스코 직원들의 생활상에 대해서는 포스코 뉴스룸(https://newsroom.posco.com)을 참고했다.
21 포스코 뉴스룸, 위의 자료.
22 장인원과의 인터뷰, 2023년.
23 다음 링크를 참고하라.
    http://wiki.hash.kr/index.php/%EC%98%B4%EB%B8%8C%EB%A0%88_%EB%AC%B4%EC%97%90%EB%A5%B4%ED%86%A0_%EC%86%8C%EA%B8%88%EC%82%AC%EB%A7%89

24 "한국이 100년 쓸 리튬 여기 있어요, 2030년 세계 3위 생산국 될 겁니다"/ 조선일보, 2022.12.21.
25 신흥식과의 인터뷰, 2024년
26 "해발 4000m 붉은 광야 지하서 '황금 소금' 리튬을 채취하다"/ 국민일보, 2022.12.21.
27 아타카마 염호는 리튬 함유량이 높고 연중 비가 거의 오지 않는다는 점에서 최적의 리튬 생산 장소로 꼽힌다. 이곳에는 1L에 평균 1.8g의 리튬이 포함되어 있는데 이는 옴브레 무에르토 염호의 2배에 달한다.
28 탄산리튬은 그 자체로 LFP 배터리 원료로 쓸 수 있다. 그러나 고가 제품이자 한국 배터리 업체들이 잘 만드는 NCM 배터리 원료로 쓰려면 탄산리튬을 다시 수산화리튬으로 가공하는 공정을 거쳐야 한다.
29 1L의 물에 1mg의 소금이 녹아 있다면 소금 농도는 1ppm이다.
30 기존 상용 기술이란 염수의 경우 반자연 증발법, 광석의 경우 중국 업체들이 많이 쓰는 가성소다법을 말한다.
31 정준양과의 인터뷰, 2023년.
32 "'마이크로 투자'로 출발한 포스코케미칼, 캐시카우됐다"/ 더벨, 2020.1.23.
33 "[사설] 포스코 CEO의 權力 지향 풍토가 경영 파동 자초했다"/ 조선일보, 2015.03.16
34 WSD의 2023년 평가에서 기술 혁신, 가공비, 인적 역량, 인수 합병·합작 투자, 국가 리스크, 후방·비철강 산업 등 6개 항목에서 최고 점수를 획득하며 8.62점(10점 만점)으로 종합 1위를 기록했다.

4장 | 전쟁의 시간

1 SK그룹은 SKC에서 영위하던 필름 사업을 2022년 사모 펀드인 한앤컴퍼니에 매각했다. '배터리, 반도체, 친환경 중심의 글로벌 ESG 솔루션 기업이라는 정체성을 확고히 하기 위해서'가 그 이유였다.
2 서울중앙지방법원 2011 가합 130851 사건.
3 특허심판원은 "특허 핵심 기술인 분리막에 도포된 활성층 기공 구조에 대한 특허 청구 범위에 선행 기술 분리막의 기공 구조를 일부 포함하고 있다"고 지적하

고, "전지 성능과 안정성을 개선한 일부 효과 또한 차이가 없는 부분이 있어 LG화학의 특허가 신규성이 있다고 보기 어렵다"고 밝혔다.

4 "SK이노베이션-LG화학 2차전지 특허분쟁에서 SK이노베이션 손 들어줘"/ 특허심판원 보도 자료, 2012.08.10.

5 특허 법원은 고등법원과 동급의 전문 법원으로, 지식재산권 분쟁을 전문적이고 효율적으로 해결하기 위해 설립되었다. 특허 법원은 특허심판원의 심결에 대한 불복 소송을 제1심으로 심리한다.

6 파기환송이란 2심 판결에 법적 하자가 있는 경우에 판결의 효력을 없앤 뒤(파기) 사건을 2심 법원에 돌려보내(환송) 새롭게 판결을 하도록 명령을 내리는 것을 말한다.

7 "[사건의 재구성] LG-SK 배터리 분쟁의 역사" / 오피니언뉴스, 2021.02.24.

8 "[나현철 논설위원이 간다] 길 하나 사이에 둔 LG화학·SK이노베이션 긴장이 팽팽" / 중앙일보, 2019.10.01.

9 "배터리 전쟁 어쩌다 법적분쟁까지… LG 'SK, 2차전지 핵심인력 76명 빼가'" / 조선비즈, 2019.04.30.

10 SK 측이 사전에 ITC 소송을 예상할 수 있었는가는 이 소송에서 쟁점 중 하나가 됐다. 증거 보존 의무가 언제부터 발생하느냐를 판단하는 데 영향을 미칠 수 있기 때문이다. LG는 ITC 제소에 앞서 SK에 보낸 채용 자제 요청 공문에 법적 대응을 시사했기에 SK가 미국에서의 소송 가능성도 예상할 수 있었다고 주장했다. 반면 SK는 LG가 언급한 법적 대응이 한국에서의 소송을 시사하는 것이라고 해석했으며, 한국에는 증거 개시 제도가 없기 때문에 증거 보존의 의무가 없다고 주장했다. 재판부는 LG의 주장에 동의한다고 밝혔다.

11 김우경과의 인터뷰, 2024년.

12 보통 기업이 미국에서 특허나 영업 비밀 침해 소송을 진행할 경우 ITC와 법원 제소를 동시에 진행한다. 대개 ITC 절차가 빨리 진행되기 때문에 ITC 절차가 진행되는 동안 법원에서는 소송 절차를 보류하며, ITC의 판정이 나오면 그 결론을 따르는 것이 일반적이다. 기업이 ITC 외에 법원에도 동시에 제소하는 이유는 ITC의 판정이 수입 금지나 판매 금지에 국한되고 손해배상은 불가능하기 때문이다. 손해배상을 받기 위해서는 법원 소송이 필요하다.

13 특허와 영업 비밀에 대해서는 특허청의 공식 유튜브 계정에 게시된 동영상을 참고했다(https://www.youtube.com/watch?v=Sbt2MCP4qeA&list=PL08dhJua-

PSyOTcB9r5zcKPTSnezOoKpPf&index=1&t=442s).

14　포렌식이란 컴퓨터 서버를 포함한 디지털 기록 매체에서 삭제된 정보를 복구하거나 남은 정보를 분석해 사실관계를 증명하는 조사를 말한다.
15　민경화와의 인터뷰, 2024년.
16　민경화와의 인터뷰, 2024년.
17　2021년 3월에 나온 ITC의 최종 판결 이유서(Commission's opinion)를 참고했다.
18　ITC에 따르면 이 엑셀 파일의 이름은 '외부에서 액세스할 경우 제목으로 인해 오해의 소지가 있는' 문서에 대한 키워드 검색을 기반으로 '추출된 문서'라고 되어 있었다고 ITC는 밝혔다.
19　키보드에서 'Shift'와 'Del' 키를 동시에 누르면 선택한 파일이 휴지통을 거치지 않고 완전 삭제되지만, 'Del'만 누르면 파일이 휴지통으로 이동한다. 그 직원은 'Del' 키만 눌렀을 것이다.
20　"LG-SK, 배터리 분쟁 극적 타결 막전막후" / 한겨레신문, 2021.04.11.
21　"전기차 육성 공약한 美, 적극 중재… "바이든이 승자"" / 조선일보, 2021.04.12.
22　앞의 기사.
23　"LG엔솔, SK이노 배터리 소송 자성 촉구… "ITC 판결 인정해야"" / 전자신문, 2021.03.11.
24　제프리 케인, 『삼성 라이징』, 윤영호 옮김, 저스트북스, 2020.
25　""십중칠팔 이직생각" SK 제소한 LG화학 직원들의 진짜 속내" / 비즈한국, 2019.05.16.
26　"SK Innovation banned from the US for 10 years following LG lawsuit" / *Automotive Logistics*, 2021.02.13.
27　"삼성SDI, 계열사 의존하다… '배터리 트렌드' 놓쳐" / 조선일보, 2016.09.19.
28　"LG 구본무 회장, 미래 먹거리 개발서 삼성 이건희 회장에 앞서나" / 한국증권신문, 2010.07.22.
29　""업황부진+실적하락'에도 흔들림없는 K-배터리 북미 투자" / 디일렉, 2024.02.05.
30　선우준, 앞의 책.

5장 | 자연의 법칙에 도전하다

1. 로버트 루트번스타인 외, 『생각의 탄생』, 박종성 옮김, 에코의서재, 2007.
2. "K 배터리 미래 이끌 어벤저스" / 매일경제, 2023.01.15.
3. 각 사 2023년 사업 보고서 기준.
4. M. 스탠리 위팅엄, 거브랜드 시더, 강기석, 최장욱, 앞의 책.
5. '최'는 최장욱 서울대 화학생명공학부 교수를, '강'은 강기석 서울대 재료공학부 교수를 일컫는다.
6. "High Nickel Pioneer', Bai Houshan, founder of Rongbai Technology" / Blue Chip Enterprise Review, 2022.07.01.
7. 엘앤에프와 엘앤에프신소재는 2016년에 합병했다.
8. 에코프로는 아직 의미 있는 규모로 생산하기 전이었다.
9. "[딜 인사이드] 中론바이 자회사 '재세능원' 다르게 보기" / 디일렉, 2022.08.01.

6장 | 차이나 포비아

1. "中 "배터리 인력난 없다" 대졸 전공자 年167만 명… 韓은 7만 명", 동아일보, 2024.02.16.
2. "[집중기획] 주목받는 인도네시아 니켈 ②변수" / 이코노미인사이트, 2022.02.01.
3. 위의 기사
4. IMIP에 대한 여러 내용은 아래 논문을 참고했다. Tritto, Angela, *How Indonesia Used Chinese Industrial Investments to Turn Nickel into the New Gold*, Carnegie Endowment for International Peace, 2022.
5. 칭산과 샹광다에 대한 여러 내용은 다음 기사를 참고했다. "모두가 탐내는 인도네시아 니켈 시장을 선점한 중국의 사업가" / The Wire China(PADO 번역), 2023.05.12.
6. 회사명은 REPT버테로에너지다.
7. "중국 전기차의 아버지가 된 아우디 엔지니어" / 조선일보 뉴스레터, 2021.02.

08.
8   "100년 자동차 왕국 깬 중국의 '863 계획'" / 중앙일보, 2023.07.31.
9   루카스 베드나르스키, 앞의 책.
10 다음 블로그를 참고하라. https://m.blog.naver.com/twkim2004/70136851412
11 다음 블로그를 참고하라. https://blog.naver.com/china_lab/221032304721
12 "韓 배터리 3사 '中 화이트리스트' 선정… 차별 조치 완화되나"/ 뉴시스, 2018.05.03.
13 Gong, Huiwen, and Teis Hansen, The rise of China's new energy vehicle lithium-ion battery industry: The coevolution of battery technological innovation systems and policies, Environmental Innovation and Societal Transitions 46 (2023): 100689.
14 쩡위친의 일대기는 다음 링크를 참고했다. https://investpension.miraeaset.com/common/fromSnsLink.do?pr=20155&pub=N
15 다음 링크를 참고하라. https://wisdom.nec.com/ja/series/tanaka/20230324 01/index.html
16 삼원계 배터리에 사용하는 코발트 가격은 톤당 3만 달러를 훌쩍 넘는다. 반면 LFP 배터리를 구성하는 철은 톤당 100달러를 조금 넘는 수준이다. 돈을 들여 재활용 과정을 거쳐봐야 남는 게 별로 없다.
17 중환반도체는 주로 태양광 사업을 하지만 반도체 웨이퍼도 만든다.
18 참고로 태양광 전지의 제조 공정은 다음과 같이 요약할 수 있다. 즉 '규소를 정제해 폴리실리콘 생산→원기둥 모양의 잉곳으로 가공→잘라서 얇은 원판 모양의 웨이퍼로 가공→웨이퍼에 전극을 형성하고 잘라 셀을 제조→셀을 여러 장 모아 판 형태인 모듈로 가공→태양광 패널(여러 개의 모듈을 구조물에 설치해 만든 태양광발전 시스템)' 순서다.
19 "배터리 말고… 中이 장악한 또 다른 산업, 태양광" / 머니투데이, 2023.04.23.
20 반덤핑 관세는 수입 제품이 정상 가격보다 낮은 가격으로 판매되어 자국 산업에 피해가 발생했을 때 수입국 정부가 부과하는 관세를 말한다. 상계관세는 수출국 정부의 부당한 보조금 지원으로 자국 기업들이 가격경쟁력을 잃었다고 판단될 때 수입국 정부가 부과하는 관세다.

21 최재희, "유럽 전기차 배터리 시장에서의 중국 기업 점유율 확대 요인 및 시사점", 「대외경제정책연구원 세계경제포커스」, 2023.
22 도원빈, 앞의 자료.
23 열 폭주(thermal runaway)란 배터리에 물리적 충격 또는 과도한 열이 가해질 경우 내부 온도가 걷잡을 수 없이 상승해 화재로 이어지는 현상을 말한다.
24 2024년 5월 19일에 열린 제10회 세계 물 포럼에서 일론 머스크의 연설.
25 Zhang, Runsen, and Shinichiro Fujimori, "The role of transport electrification in global climate change mitigation, scenarios", Environmental Research Letters 15.3 (2020): 034019.
26 장인원과의 인터뷰, 2023년.
27 다음 링크를 참고하라.
    https://www.energy.gov/eere/vehicles/articles/fotw-1303-august-14-2023-cradle-grave-electric-vehicles-have-fewer
28 "핵심광물 공급망 다각화 위해 폐배터리 리사이클링은 필수" / 디일렉, 2023.11.30.

7장 | 비전과 의지

1 제러드 J. 텔리스, 피터 N. 골더, 『마켓 리더의 조건』, 최종옥 옮김, 시아출판사, 2002.
2 유진녕, 이성만, 『연구원은 무엇으로 사는가』, 미래의창, 2020.
3 "20兆(2020년 시장 규모) 전기車 배터리 시장… 한국, 日 꺾고 1위 눈앞" / 조선일보, 2014.08.21.
4 한국무역협회, 「한·중·일 배터리 삼국지와 우리의 과제」, 2020.
5 船瀬俊介, 『EVガラパゴス』, ビジネス社, 2021.
6 『SK이노베이션 60년사』, 2023.
7 세트 플레처, 앞의 책.
8 프리우스의 플러그인 하이브리드 모델의 경우 용량이 13.6kWh지만 여기서 말하는 수치는 순수 하이브리드 모델의 그것이다.
9 한국무역협회, 앞의 보고서.

10 유진녕, 이성만, 앞의 책.
11 GM의 볼트(Volt)와 볼트(Bolt)는 한글 표기로는 같지만 전혀 다른 모델이다. 전자는 2010년, 후자는 2016년 출시됐다. 또 전자는 플러그인 하이브리드인 반면 후자는 순수 전기차다.
12 권영수와의 인터뷰, 2024년.
13 제러드 J. 텔리스, 피터 N. 골더, 앞의 책.
14 권오준과의 인터뷰, 2023년.
15 M. 스탠리 위팅엄, 거브랜드 시더, 강기석, 최장욱, 앞의 책.
16 "최고기술경영인 인터뷰 - LG화학 배터리연구소장 김명환 사장, 웹진 기술과 혁신" / 2017.01.
17 "'회사에 돈은 없는데'… SK온, 22조 몸값에 투자유치 걸림돌" / 조선비즈, 2024.03.12.
18 2023년 11월 1일 있었던 '2023 배터리 산업의 날' 행사에서 한국 배터리산업협회 회장 자격으로 한 말이다.
19 제러드 J. 텔리스, 피터 N. 골더, 앞의 책.
20 홍영준과의 인터뷰, 2023년.
21 홍정기와의 인터뷰, 2023년.

에필로그

1 캐롤린 듀어, 스콧 켈러, 비크람 말호트라, 『세계 최고의 CEO는 어떻게 일하는가』, 양진성 옮김, 토네이도, 2022.
2 요시노 아키라, 『노벨화학상 요시노 박사의 리튬이온전지 발명 이야기』, 한원철 옮김, 성안당, 2020.

찾아보기

1865(배터리) 96
2170(배터리) 85, 96, 353
4680(배터리) 85, 86, 96

ㄱ

각형 75, 76, 95, 96, 99, 105, 267, 315, 471
간펑 125, 215, 216
갤럭시리소스 219
골더, 피터 N. 441, 442, 450, 455, 456, 457
구본무 38, 39, 40, 41, 43, 45, 46, 47, 53, 54, 55, 59, 69, 70, 71, 72, 87, 99, 107, 108, 207, 279, 443, 457, 473, 485, 491
구디너프, 존 B. 373
권영수 4, 8, 13, 14, 69, 70, 71, 72, 73, 74, 75, 76, 77, 82, 97, 98, 99, 100, 113, 163, 288, 318, 458, 472, 479
권오준 5, 10, 13, 203, 204, 205, 206, 207, 208, 212, 214, 216, 220, 222, 245, 248, 249, 251, 253, 261, 462
김명환 5, 8, 13, 29, 33, 34, 37, 40, 41, 42, 43, 50, 52, 58, 67, 73, 99, 108, 116, 272, 273, 276, 281, 295, 319, 344, 345, 368, 379, 410, 431, 465, 466, 483

김명훈 326, 327, 328
김반석 50, 51, 52, 54, 108
김운혁 341
김주영 231, 232, 233, 234, 235, 478

ㄴ

난징 65, 66, 67, 410
농도 구배형 329, 339, 340, 343, 372
니치아 101, 168
니켈 11, 40, 51, 80, 81, 102, 106, 107, 108, 111, 123, 124, 125, 132, 135, 141, 143, 144, 145, 150, 151, 152, 153, 154, 155, 156, 157, 158, 159, 160, 162, 176, 178, 182, 186, 196, 225, 240, 242, 254, 259, 312, 323, 324, 325, 326, 327, 328, 329, 330, 331, 332, 333, 335, 336, 340, 349, 350, 351, 352, 359, 360, 362, 364, 366, 368, 371, 377, 378, 387, 388, 389, 390, 391, 392, 393, 394, 395, 396, 397, 398, 399, 400, 431, 433, 436, 448
닛산 31, 60, 63, 99, 451, 452, 455, 464

ㄷ

다나카화학 145, 177, 179, 325, 364
덴턴스 288, 297
디스플레이 15, 25, 54, 69, 70, 71, 72, 74,
　113, 114, 130, 315, 318, 378, 380, 381,
　385, 445, 460, 468

ㄹ

래텀&왓킨스 288, 297
론바이 125, 356, 357, 358, 359, 360, 361,
　362, 363, 366, 367
리사이클링 160, 161, 162, 195, 196, 361,
　438
리테아 216
리튬 10, 27, 28, 29, 40, 44, 46, 49, 51, 61,
　62, 80, 81, 82, 88, 102, 103, 104, 106,
　107, 108, 109, 119, 123, 125, 133, 134,
　135, 142, 143, 154, 155, 159, 160, 161,
　162, 173, 174, 189, 190, 192, 193, 194,
　195, 196, 197, 199, 200, 201, 202, 203,
　204, 205, 206, 207, 208, 209, 210, 211,
　212, 213, 214, 215, 216, 217, 218, 219,
　220, 221, 222, 223, 225, 226, 227, 228,
　229, 230, 231, 232, 233, 234, 235, 236,
　237, 238, 239, 242, 248, 254, 255, 256,
　257, 259, 261, 268, 272, 311, 324, 325,
　331, 332, 335, 336, 349, 350, 351, 363,
　373, 378, 380, 392, 436, 443, 446, 448,
　454, 459, 462, 464, 465, 473, 476, 483
리튬아메리카스 214, 215
리튬 트라이앵글 213, 392

ㅁ

마그네슘 201, 205, 207, 261, 340
망간 51, 123, 135, 143, 145, 157, 159,
　240, 323, 324, 325, 326, 332, 333, 340,
　350, 358, 364, 366, 448
막대형 양극재 341, 342
머스크, 일론 85, 200, 403, 431, 435, 452
멍거, 찰리 197
미드니켈 143, 150, 154, 155, 156, 157,
　159, 378, 433
미시간 48, 49, 53, 62, 63, 66, 74, 80, 98
민경화 13, 283, 287, 288, 297, 306

ㅂ

바라, 메리 458
바이호우샨 357, 358, 360, 362, 363, 365,
　366, 367, 369
박광석 13, 229, 230, 234, 235, 236, 237
박병천 329, 330, 331, 332, 333, 336, 337,
　338, 343
박태성 6, 13, 61, 92, 93, 94, 384, 419, 420,
　483
베드나르스키, 루카스 26
버핏, 워런 10, 191, 196, 197, 200
볼보 96, 453
분리막 27, 28, 29, 30, 31, 32, 33, 34, 35,
　36, 51, 59, 72, 93, 109, 134, 236, 240,
　254, 272, 274, 275, 309, 310, 311, 371,
　470
빈터코른, 마르틴 76

찾아보기　497

ㅅ

산요 43, 45, 72, 102, 104, 459
삼성SDI 95, 178, 314, 315, 316, 317, 318, 319, 368
삼원계 143, 176, 357, 358, 360, 361, 362, 367, 379, 383, 417, 428, 430, 431
상광다 394, 396, 397, 398
선양국 11, 13, 135, 157, 323, 324, 325, 326, 328, 329, 331, 332, 335, 336, 337, 338, 339, 340, 342, 343, 346, 349, 353, 368, 370, 372, 383, 465, 478
세라믹 29, 30, 31, 32, 33, 34, 35, 37, 51, 59, 109, 193, 273, 275, 339, 363, 371
셀 10, 36, 61, 68, 73, 83, 93, 94, 115, 175, 180, 254, 260, 265, 266, 290, 291, 292, 293, 294, 295, 296, 328, 333, 353, 371, 383, 425, 426, 460
소니 27, 37, 41, 72, 102, 103, 104, 105, 117, 143, 151, 459
소성 135, 154, 155, 179, 193, 378, 427
수산화리튬 160, 161, 162, 194, 195, 222, 227, 229, 230, 231, 233, 235, 237, 238, 256
스마트 팩토리 68, 119
스미토모 152, 155
스텔란티스 84, 85, 96, 317, 444
스포듀민 194
시보레 49, 63, 109, 316, 454
신광수 13, 422, 423, 427
신학철 279, 281, 285
신흥식 223, 224

ㅇ

아르곤 연구소 436
아우디 75, 77, 404, 405, 407, 453
아타카마 202, 227, 238, 239
안순호 32, 33
애플 44, 45, 58, 63, 105, 301, 414, 415, 458
앨버말 216, 227, 235, 236, 239
양극 25, 28, 29, 59, 123, 133, 193, 309, 310, 324
양극재 4, 72, 90, 93, 101, 123, 124, 125, 132, 133, 134, 135, 137, 138, 139, 141, 142, 143, 144, 145, 149, 150, 151, 152, 153, 154, 155, 156, 157, 158, 159, 160, 161, 163, 168, 169, 170, 171, 172, 173, 174, 175, 176, 177, 178, 179, 180, 181, 182, 193, 194, 196, 208, 210, 240, 241, 242, 254, 269, 309, 323, 324, 325, 328, 329, 330, 331, 332, 333, 334, 335, 336, 337, 338, 339, 340, 341, 342, 343, 345, 348, 349, 350, 351, 352, 353, 354, 356, 357, 358, 359, 360, 361, 362, 363, 364, 365, 367, 368, 369, 370, 371, 372, 373, 377, 384, 389, 419, 467
얼티엄셀즈 68, 83
에너지밀도 81, 82, 143, 144, 417, 421, 432, 464
에스엠랩 13, 348, 351, 353, 354
에코프로 7, 9, 10, 13, 126, 129, 130, 131, 132, 133, 134, 135, 136, 137, 138, 139, 140, 141, 142, 143, 144, 145, 146, 147, 148, 149, 150, 151, 152, 156, 158, 159, 160, 161, 162, 163, 164, 167, 184, 185, 186, 242, 247, 312, 325, 342, 343, 358,

361, 362, 364, 365, 368, 369, 372, 389, 390, 419, 438, 459, 467, 468, 478, 483
에코프로머티리얼즈 160, 161, 162, 361, 468
에코프로비엠 7, 13, 93, 123, 124, 125, 135, 136, 139, 153, 156, 157, 158, 161, 172, 336, 350, 360, 361, 372, 377, 468
에코프로씨엔지 160, 161, 162, 361
에코프로이노베이션 160, 161, 162
에코프로이엠 139, 161
엘앤에프 18, 93, 164, 166, 167, 168, 170, 171, 172, 173, 174, 176, 177, 178, 179, 180, 181, 182, 241, 242, 336, 360, 364, 368, 419, 438, 478
엘앤에프신소재 172, 173, 174, 175, 176, 177, 364
염호 10, 161, 195, 201, 202, 203, 206, 211, 212, 213, 214, 215, 216, 217, 218, 219, 220, 221, 222, 226, 227, 229, 235, 236, 237, 238, 239, 254, 255, 462
오바마, 버락 53
옴브레 무에르토 195, 212, 219, 222, 226, 227, 229, 237, 239
완강 376, 401, 402, 403, 404, 405, 406, 407
왕촨푸 197
왜거너, 릭 49
우유니 201, 202, 203, 209, 221, 222
웅진에너지 422, 423, 424, 427
원통형 41, 75, 86, 95, 96, 99, 103, 105, 111, 267, 269, 353, 451, 471
유미코아 138, 169, 174, 364, 365
유상열 13, 168, 169, 170, 171, 172, 360, 361, 362, 363, 364, 365, 366, 367, 368, 369

유성 13, 206, 218, 234, 248, 265
유진녕 33, 34, 37
음극 25, 28, 29, 30, 32, 59, 72, 133, 134, 193, 196, 240, 241, 254, 269, 309, 310, 312, 313, 331, 371, 372, 378, 419
이경섭 13, 89, 238, 239, 251, 254, 380, 483
이동채 9, 10, 13, 125, 126, 127, 128, 129, 131, 132, 135, 142, 146, 148, 150, 153, 158, 164, 167, 184, 362, 467, 483
이봉원 164, 165, 166, 167, 168, 169, 170, 171, 172, 173, 175, 176, 177, 178, 179, 181, 182, 183, 241
이상득 10, 173, 199, 200, 201, 203, 207, 209, 217, 244
이상영 6, 13, 27, 29, 30, 31, 32, 33, 36, 37, 73, 107, 111, 272, 274, 368, 380, 381, 382, 461, 465, 478
이온 25, 27, 28, 29, 40, 41, 44, 46, 49, 61, 81, 82, 102, 103, 104, 106, 107, 108, 109, 119, 123, 133, 134, 142, 143, 155, 159, 193, 200, 207, 236, 255, 261, 268, 272, 311, 327, 331, 335, 336, 337, 349, 363, 373, 443, 454, 464, 465, 473, 476
이존하 13, 265, 266, 304, 311, 312
이차전지 5, 6, 7, 13, 15, 16, 17, 26, 28, 37, 38, 39, 40, 41, 43, 44, 45, 46, 55, 63, 69, 70, 71, 79, 80, 84, 92, 93, 102, 104, 105, 117, 123, 124, 126, 129, 132, 133, 134, 135, 140, 142, 143, 144, 146, 147, 148, 151, 158, 163, 164, 168, 169, 170, 171, 174, 176, 180, 181, 182, 190, 191, 192, 193, 196, 197, 203, 208, 222, 223, 225, 226, 231, 238, 245, 246, 247, 248, 249, 250, 251, 254, 259, 26\0, 261, 262, 270,

274, 276, 285, 315, 319, 324, 332, 336,
338, 343, 346, 354, 359, 362, 365, 376,
381, 382, 387, 391, 392, 393, 395, 398,
401, 403, 404, 405, 406, 408, 409, 411,
418, 419, 420, 422, 427, 434, 435, 438,
443, 445, 446, 447, 448, 450, 453, 454,
457, 459, 460, 467, 468, 469, 470, 473,
474, 476, 483
이한선 13, 36, 111, 112, 283, 284, 345,
444, 445, 461
인산리튬 207, 227, 228, 229, 230, 231,
232, 233, 234, 235, 237

ㅈ

장인원 247
장인화 235, 251
재세능원 13, 356, 359, 360, 366, 367
전구체 134, 135, 136, 137, 138, 139, 141,
142, 143, 144, 145, 147, 148, 149, 150,
154, 155, 160, 161, 162, 176, 177, 179,
182, 193, 325, 326, 327, 330, 336, 357,
359, 361, 364, 365, 367, 368, 369, 372,
384
전극 30, 32, 33, 68, 240, 285, 291, 293,
295, 460
정준양 7, 10, 13, 196, 197, 198, 200, 203,
204, 205, 207, 211, 214, 217, 241, 242,
244, 245, 248, 249, 251, 252, 253, 254,
255, 256, 258
제일모직 132, 133, 134, 135, 137, 138,
139, 140, 144, 148, 459
조기 패소 295, 296, 297, 298
조재필 13, 175, 345, 348, 349, 350, 351,

352, 353, 354, 355, 368, 378
중국 제조 2025 계획 408, 409

ㅊ

최문호 7, 13, 124, 135, 136, 141, 142, 147,
150, 153, 154, 156, 159, 161, 350, 377
칭산 125, 388, 389, 393, 394, 395, 396,
397, 398, 492

ㅋ

카우차리 214, 215, 216
캣멀, 에드 140
코발트 51, 81, 123, 135, 143, 145, 157,
174, 176, 178, 180, 182, 195, 196, 240,
323, 324, 325, 326, 332, 333, 340, 350,
359, 364, 366, 395, 436, 448
코빙턴&벌링 289
코어 셸 324, 326, 327, 328, 330, 372
콤팩트 파워 60, 61, 62, 63
클로즈드 루프 에코 시스템 9, 160

ㅌ

탄산리튬 162, 196, 202, 206, 229, 235,
256, 489
테슬라 85, 96, 117, 152, 156, 182, 225,
312, 361, 380, 431, 437, 451, 452
텔리스, 제러드 J. 441, 442, 450, 455, 456,
467
토요다 463
토요타 10, 15, 55, 93, 98, 99, 100, 101,

107, 108, 181, 252, 253, 380, 454, 462, 463, 464, 465, 466

트럼프, 도널드 20, 82, 300, 301

필바라미네랄 219

ㅎ

하이니켈 123, 124, 132, 141, 143, 150, 151, 152, 153, 155, 156, 157, 186, 312, 349, 351, 360, 362, 368, 371, 377, 378, 398, 431

하이브리드 62, 77, 99, 107, 108, 109, 110, 111, 253, 270, 271, 278, 404, 405, 454, 462, 463, 464, 465, 466

하이엔드 132, 158, 362, 368

하켄베르크, 울리히 76

한국 배터리산업협회 61, 80, 92

현대차 55, 56, 80, 84, 91, 99, 107, 108, 109, 270, 307, 312, 317, 391, 393, 410, 431, 444, 457, 471

호건로벨스 288, 298

홍영준 13, 38, 280, 318, 378, 379, 385, 386, 450, 460, 468

홍정기 13, 64, 65, 89, 380, 382, 430, 464, 469, 472, 483

화이트리스트 11, 409, 410, 411, 416, 420, 421

황산리튬 232, 233, 234

후지오, 조 253, 259

ㅍ

파나소닉 37, 75, 99, 105, 107, 108, 156, 182, 317, 361, 371, 451, 452, 453, 459

파우치형 34, 75, 76, 91, 95, 96, 99, 105, 267, 309, 315, 460, 471

파일럿 41, 103, 137, 141, 208, 209, 214, 215, 216, 217, 221, 228, 231, 235, 255, 270, 480

파틸, 프라바카 62

포드 15, 62, 63, 85, 93, 109, 157, 298, 299, 300, 312, 316, 328, 431, 453, 471

포수엘로스 216, 217, 221

포스코그룹 5, 7, 10, 13, 163, 191, 223, 246, 251, 258, 261, 446, 447, 448, 462, 483

포스코퓨처엠 93, 172, 182, 192, 193, 204, 238, 241, 336, 342, 343

포스코필바라리튬솔루션 13, 192, 194, 223, 238, 254, 380, 483

포스코홀딩스 13, 18, 38, 89, 238, 245, 280, 318, 359, 378, 387, 388, 389, 447, 450

포스코HY클린메탈 195

폭스바겐 8, 33, 75, 76, 77, 99, 109, 278, 279, 298, 299, 300, 303, 304, 310, 311, 312, 316, 431, 437, 453, 462

폰드 215, 225, 226, 227

폴란드 8, 65, 66, 67, 277

풀 밸류 체인 163, 196

A

A123 시스템즈 50, 51, 371

AMS 288

ASEC 60

ATL 11, 36, 96, 119, 125, 283, 307, 315,

찾아보기 501

317, 344, 345, 360, 382, 386, 395, 398, 410, 411, 412, 413, 414, 415, 416, 417, 421, 452, 472

B

BMW 96, 110, 271, 380, 416, 453
BYD 96, 125, 190, 197, 382, 386, 395, 398, 411, 412, 417, 472

C

CATL 11, 36, 96, 119, 125, 283, 307, 317, 344, 345, 360, 382, 386, 395, 398, 410, 411, 412, 413, 415, 416, 417, 421, 452, 472

E

ESS 116, 117, 268, 362, 457

G

GM 8, 15, 31, 48, 49, 50, 51, 52, 53, 60, 62, 63, 64, 66, 68, 83, 84, 85, 90, 91, 93, 99, 108, 109, 110, 114, 226, 270, 271, 316, 317, 371, 416, 420, 437, 443, 444, 453, 454, 455, 457, 458, 459, 460

I

IMIP 389, 394, 395, 399, 400
IRA 78, 79, 80, 82, 83, 85, 88, 114, 357, 359, 362, 380, 420, 421, 426
ITC 279, 280, 282, 283, 284, 285, 286, 288, 290, 294, 295, 296, 297, 298, 299, 300, 301, 303, 304, 305
IWIP 388, 389, 399

L

LCO 123, 143, 174, 175, 176
LFP 11, 81, 123, 197, 240, 346, 357, 358, 360, 361, 362, 367, 371, 383, 417, 421, 430, 431, 432, 433
LG그룹 39, 40, 41, 46, 69, 71, 81, 87, 164, 279, 284, 288, 391, 469
LG금속 40
LG디스플레이 54, 69, 70, 71, 74, 164
LG에너지솔루션 4, 5, 8, 13, 14, 18, 35, 36, 38, 40, 44, 66, 67, 68, 71, 73, 75, 80, 82, 83, 84, 85, 88, 90, 91, 95, 96, 97, 98, 99, 100, 101, 111, 112, 113, 116, 119, 163, 182, 283, 301, 302, 303, 304, 307, 317, 318, 333, 343, 344, 345, 346, 368, 379, 393, 397, 399, 432, 433, 444, 445, 453, 457, 458, 461, 465, 469, 474, 478, 479, 483
LG화학 13, 27, 29, 31, 32, 33, 34, 35, 36, 37, 38, 39, 40, 41, 43, 44, 45, 50, 51, 52, 53, 54, 56, 59, 60, 61, 62, 63, 64, 65, 66, 67, 69, 70, 71, 72, 73, 74, 75, 76, 77, 90, 93, 99, 100, 101, 102, 104, 105, 106,

107, 108, 109, 110, 117, 141, 145, 146,
147, 148, 149, 169, 172, 174, 175, 177,
178, 180, 182, 207, 241, 266, 270, 271,
272, 273, 274, 275, 276, 277, 278, 279,
280, 281, 282, 283, 284, 285, 286, 288,
289, 290, 291, 292, 293, 294, 295, 296,
297, 298, 301, 305, 306, 315, 316, 336,
342, 345, 350, 359, 364, 366, 367, 371,
376, 399, 401, 402, 403, 409, 410, 416,
420, 443, 444, 451, 452, 453, 456, 457,
460, 461, 462, 465, 468, 469, 470, 473,
474
LS엠트론 241
LX인터내셔널 392, 393, 396, 399

N

NCA 123, 143, 144, 145, 150, 151, 152,
156, 157, 431
NCM 51, 143, 144, 145, 150, 151, 152,
155, 156, 157, 172, 176, 177, 178, 180,
240, 312, 345, 346, 357, 362, 382, 431,
432, 460

S

SB리모티브 110, 271
SK온 13, 14, 18, 85, 91, 96, 157, 182, 265,
266, 267, 309, 310, 311, 312, 317, 344,
432, 470, 471, 478
SK이노베이션 31, 110, 125, 126, 264,
265, 270, 271, 272, 273, 274, 275, 276,
277, 278, 279, 281, 282, 283, 284, 285,

286, 287, 288, 290, 291, 292, 293, 294,
295, 296, 297, 298, 299, 300, 301, 302,
303, 304, 305, 306, 307, 311, 316, 328,
358, 453, 454, 470
SKIET 311, 470
SRS 31, 32, 33, 34, 35, 36, 37, 272, 274,
460, 461

U

UNIST 13, 345, 348, 354, 355, 378
USABC 62

Z

Z폴딩 309, 310

K-배터리 30년 전쟁

초판 1쇄 발행 2024년 11월 10일

지은이 이지훈

발행인 이봉주 **단행본사업본부장** 신동해
편집장 김예원 **책임편집** 김보람
표지 디자인 데일리루틴 **본문 디자인** STUDIO 보글
교정 이정현
마케팅 최혜진 백미숙 **홍보** 송임선
제작 정석훈

브랜드 리더스북
주소 경기도 파주시 회동길 20
문의전화 031-956-7352(편집) 031-956-7129(마케팅)
인스타그램 www.instagram.com/woongjin_readers
페이스북 https://www.facebook.com/woongjinreaders
블로그 blog.naver.com/wj_booking

발행처 ㈜웅진씽크빅
출판신고 1980년 3월 29일 제406-2007-000046호

ⓒ 이지훈, 2024
ISBN 978-89-01-28985-4 (03320)

※ 리더스북은 ㈜웅진씽크빅 단행본사업본부의 브랜드입니다.
※ 이 책 내용의 전부 또는 일부를 이용하려면 반드시 저작권자와 ㈜웅진씽크빅의 서면동의를 받아야 합니다.
※ 책값은 뒤표지에 있습니다.
※ 잘못된 책은 구입하신 곳에서 바꾸어드립니다.